Collection Témoins

ELISABETH BURGOS

MOI,
RIGOBERTA
MENCHÚ

UNE VIE ET UNE VOIX,
LA RÉVOLUTION AU GUATEMALA

*Traduit de l'espagnol
par Michèle Goldstein*

GALLIMARD

AVANT-PROPOS

Ce livre est le récit de la vie de Rigoberta Menchú, une Indienne de l'ethnie Quiché, une des plus importantes des vingt-deux ethnies qui peuplent le Guatemala. Elle est née dans le hameau de Chimel, situé à San Miguel de Uspantán, dans le département de El Quiché, lequel est situé dans le nord-ouest du pays.

Rigoberta Menchú a vingt-trois ans. Elle s'est exprimée en espagnol, langue qu'elle maîtrise depuis trois ans seulement. L'histoire de sa vie est davantage un témoignage sur l'histoire contemporaine que sur celle du Guatemala. C'est pourquoi il est exemplaire, car il incarne la vie de tous les Indiens du continent américain. Ce qu'elle dit à propos de son rapport à la nature, à la vie, à la mort, à la communauté, nous le trouvons aussi bien chez les Indiens de l'Amérique du Nord, chez ceux de l'Amérique centrale, et chez ceux de l'Amérique du Sud. Par ailleurs, la discrimination qu'elle subit culturellement est celle que tous les Indiens du continent subissent depuis la conquête espagnole. Ce sont donc les vaincus qui s'expriment aujourd'hui par la voix de Rigoberta Menchú. En ce témoin privilégié, survivant du génocide dont ont été victimes sa communauté et sa famille, il y a une volonté farouche de rompre le silence, de faire cesser l'oubli pour faire face à l'entreprise de mort dont son peuple est victime. Son unique arme est sa parole : c'est pourquoi elle se décide à apprendre l'espagnol, sortant ainsi de l'enfermement linguistique dans lequel se sont retranchés volontairement les Indiens pour préserver leur culture.

Rigoberta a appris la langue de l'oppresseur pour la retourner contre lui. Pour elle, s'emparer de la langue espagnole prend le sens d'un acte, dans le sens où un acte fait changer le cours de l'histoire, car il est le fruit d'une décision : l'espagnol, naguère la langue qu'on lui imposait

7

de force, est devenu pour elle un instrument de lutte. Elle se décide à parler pour rendre compte de l'oppression dont est victime son peuple depuis bientôt cinq siècles : pour que le sacrifice de sa communauté et celui de sa famille n'ait pas été vain.

Elle lutte contre l'oubli, et pour nous donner à voir ce que nous nous sommes toujours refusés à voir. Car même si nous les Latino-Américains sommes toujours prêts à dénoncer les relations d'inégalité que l'Amérique du Nord entretient avec nous, jamais il ne nous est venu à l'idée de reconnaître que nous aussi nous sommes des oppresseurs, et que nous entretenons des relations que l'on peut qualifier aisément de *coloniales*. Sans crainte d'exagérer, nous pouvons affirmer qu'il existe, surtout dans les pays à forte population indienne, un colonialisme interne qui s'exerce au détriment des populations autochtones. La facilité avec laquelle l'Amérique du Nord exerce son pouvoir sur l'Amérique dite latine est due en grande partie à la complicité que lui offre l'existence de ce colonialisme interne. Tant que n'aura pas cessé cette relation de colonialisme interne, les pays d'Amérique latine ne deviendront pas des nations à part entière et seront par conséquent vulnérables. C'est pourquoi il faut entendre l'appel de Rigoberta Menchú, et nous laisser guider par cette voix singulière qui nous transmet sa cadence intérieure d'une façon si prégnante que, parfois, on a l'impression d'en entendre le ton, ou de sentir son souffle. Voix d'une beauté déchirante, car elle contient toutes les facettes de la vie d'un peuple, et d'une culture opprimée. Mais il n'y a pas que le récit des moments déchirants dans le témoignage de Rigoberta Menchú. Avec un orgueil discret, elle nous fait pénétrer dans son univers culturel, où le sacré imprègne le quotidien, où rite et vie domestique ne font qu'un, car chaque geste possède un but préconçu, chaque chose possède un sens. Dans sa culture, tout est réglé préalablement : c'est pourquoi tout événement présent doit trouver son explication dans le passé, et doit être ritualisé pour être intégré au quotidien, car le quotidien est aussi rituel. Suivre sa voix signifie aussi faire une plongée à l'intérieur de nous-mêmes, car elle éveille en nous des sensations, des sentiments que nous croyions périmés, encerclés que nous sommes dans notre univers inhumain, artificiel. Elle nous bouleverse parce que ce qu'elle dit est simple et vrai. Cette voix nous conduira vers un autre univers saisissant, poétique, souvent tragique, dans lequel se forge la pensée d'un grand dirigeant populaire. En effet, Rigoberta Menchú, en faisant le récit de sa vie, émet en même temps le grand manifeste d'une ethnie. Elle affirme son appartenance à cette ethnie, mais aussi elle affirme sa volonté de subordonner sa vie à un fait central : celui de consacrer sa vie de dirigeante populaire à lutter pour renverser la relation de domination et d'exclusion, propre à la situation du colonialisme interne, où elle et son peuple sont pris en considération seulement lorsqu'il s'agit d'employer leur force de travail ; car, en tant que culture, ils sont discriminés, rejetés. Si Rigoberta Menchú lutte, c'est pour modifier et détruire les rapports qui les lient, elle et son peuple, aux *ladinos* (métis), ce qui suppose nécessairement un changement de société. Pour Rigoberta Menchú, il ne s'agit nullement de prôner une lutte raciale, ni encore moins de nier la reconnaissance au fait irréversible de l'existence de la population métisse. Ce qu'elle exige, en revanche, c'est la reconnaissance de sa culture, l'acceptation de son altérité ; et la part de pouvoir qui lui revient de droit.

Les Indiens, au Guatemala ainsi que dans d'autres pays de l'Amérique latine, constituent la majorité de la population. De fait, il y existe une situation que l'on pourrait rapprocher — toute proportion gardée — de celle de l'Afrique du Sud, où une minorité blanche exerce un pouvoir absolu sur une majorité noire. Dans d'autres pays d'Amérique latine, où les Indiens ne constituent qu'une minorité, ils ne jouissent pas des droits les plus élémentaires dont doit bénéficier tout être humain. Bien au contraire, ceux que l'on appelle les Indiens de forêt sont systématiquement annihilés au nom du progrès. Mais ce n'est pas au nom d'un passé mythique, idéalisé que Rigoberta Menchú mène sa lutte, comme le firent jadis, au cours de leur histoire, les Indiens en révolte qui revendiquaient un retour au passé précolombien. Non, chez Rigoberta Menchú, il y a une volonté manifeste d'être partie prenante dans l'histoire, et en ce sens elle fait montre d'une pensée très moderne. À cette volonté, elle et ses compagnons ont donné une expression organique : la formation du Comité d'Unité Paysanne (CUC), et leur décision d'adhérer au « Front Populaire 31 janvier », mis sur pied en janvier 1981, date anniversaire du massacre d'un groupe d'Indiens venus du Quiché, qui avaient occupé l'ambassade d'Espagne à Ciudad-Guatemala afin de faire connaître leur sort. À la tête du groupe qui avait occupé les locaux de l'ambassade d'Espagne se trouvait Vicente Menchú, père de Rigoberta Menchú, devenu depuis un héros national pour les Indiens guatémaltèques. C'est pour commémorer cette date que le front a adopté le nom de « Front Populaire 31 janvier », qui regroupe six autres organisations de masse.

C'est en tant que représentante du « Front Populaire 31 janvier » que Rigoberta Menchú est venue en Europe au début janvier 1982, invitée par des organisations de solidarité ; et c'est à cette occasion que j'ai fait sa connaissance à Paris. L'idée de faire un livre du récit de sa vie est venue d'une amie canadienne qui porte les Indiens guatémaltèques dans son cœur et qui avait rencontré Rigoberta auparavant, au Mexique, où elle était venue chercher refuge comme beaucoup d'autres Indiens guatémaltèques fuyant la répression. N'ayant jamais rencontré Rigoberta Menchú, j'ai été d'abord réticente, sachant combien la qualité du rapport interviewer-interviewé est une condition préalable dans ce genre de travail : l'implication psychologique y est très intense et l'émergence du souvenir actualise des affects et des zones de la mémoire que l'on croyait à jamais oubliés, pouvant entraîner des situations anxiogènes ou de stress.

Dès la première fois que nous nous sommes vues, j'ai su que nous allions nous entendre. L'admiration que son courage et sa dignité ont éveillée en moi a facilité nos rapports.

Elle est arrivée chez moi un soir de janvier 1982. Elle portait son costume traditionnel : un *huipil* multicolore à broderies épaisses et variées ; les formes qui la composaient ne se répétaient pas symétriquement des deux côtés, et l'on pouvait croire que le choix des broderies s'était fait au hasard. Une jupe multicolore, elle aussi, d'un tissu épais manifestement tissé à la main, lui tombait jusqu'aux chevilles : j'ai appris par la suite qu'elle s'appelle *corte*. Une large bande aux couleurs très vives lui serrait la taille. Sa tête était couverte d'une étoffe fuchsia et rouge, nouée derrière le cou, qu'elle m'a offerte au moment de son départ de Paris. Elle m'a dit avoir mis trois mois à tisser cette étoffe. Autour du cou, elle portait un énorme collier de graines rouges et de monnaies anciennes d'argent, au bout duquel pendait une lourde croix, elle aussi d'argent massif. Je me souviens que c'était un soir particulièrement froid : je crois même qu'il neigeait. Rigoberta ne portait ni bas ni manteau. Ses bras sortaient nus de son *huipil*. Pour se protéger du froid, elle portait une petite cape courte en tissu, imitation du tissu traditionnel, qui lui arrivait à peine à la taille. C'est son sourire franc et presque enfantin qui m'a frappé à première vue. Son visage était rond en forme de pleine lune. Son regard franc était celui d'une enfant, ses lèvres toujours prêtes au sourire. Une étonnante jeunesse se dégageait d'elle. Plus tard, j'ai pu m'apercevoir que cet air de jeunesse se ternissait soudain, lorsqu'il lui arrivait de parler des événements dramatiques qui avaient frappé sa famille. À ce moment-là, une souffrance profonde émergeait du fond de ses yeux ; ils perdaient l'éclat de la jeunesse pour devenir ceux d'une femme mûre ayant connu déjà la souffrance. Ce qui au premier abord semblait être de la timidité n'était autre chose qu'une politesse faite de retenue et de douceur. Chez elle, le geste était suave et délicat. Selon Rigoberta, cette délicatesse, les enfants indiens l'apprennent depuis la plus tendre enfance, lorsqu'ils commencent à cueillir le café : pour ne pas abîmer les branches, il faut en arracher le grain avec la plus grande délicatesse.

Très vite, je me suis aperçue de son désir de parler et de ses facilités d'expression orale.

Rigoberta est restée huit jours à Paris. Elle est venue s'installer chez moi pour plus de facilité et pour mieux profiter de son temps. Pendant ces huit jours, nous commencions à enregistrer vers neuf heures du matin ; après le repas, pris vers treize heures, nous reprenions jusqu'à dix-huit heures. Souvent, après le dîner, nous continuions à enregistrer, ou bien nous préparions les questions pour le lendemain. À la fin de l'interview, j'avais recueilli vingt-cinq heures d'enregistrement. Pendant ces huit jours, j'ai vécu dans l'univers de Rigoberta. Nous nous sommes écartées pratiquement de tout contact extérieur. Nos rapports ont été excellents dès le début, et au fil des jours plus intenses, à mesure qu'elle me livrait sa vie, celle de sa famille, celle de sa communauté. De jour en jour, une sorte d'assurance se dégageait d'elle, une sorte de bien-être l'envahissait. Un jour elle m'a confié que, pour la première fois, elle pouvait dormir une nuit entière sans se réveiller en sursaut, sans s'imaginer que l'armée était venue pour l'arrêter.

Mais je pense que ce qui a privilégié cette confidence a été le fait d'avoir partagé le même toit pendant huit jours : cela a contribué grandement à nous rapprocher l'une de l'autre. Je dois dire que le hasard y a mis du sien. Une amie m'avait apporté de la farine de maïs du Venezuela, une farine à pain, et des haricots noirs : ce sont les deux éléments de base de la nourriture populaire vénézuélienne, mais aussi guatémaltèque. Je ne saurais dire le bonheur de Rigoberta. Le mien était grand aussi, car l'odeur des *tortillas* en train de cuire et celle des haricots noirs réchauffés m'ont ramenée à mon enfance vénézuélienne, lorsque les femmes se levaient pour faire cuire les *arepas*[1] du petit déjeuner. Les *arepas* sont beaucoup plus épaisses que les *tortillas* guatémaltèques, mais le procédé, la cuisson et les denrées sont les mêmes que pour les *tortillas*. Le matin, une fois levée, son réflexe millénaire amenait Rigoberta à préparer la pâte et à faire cuire les

1. Pain vénézuélien fait à base de maïs qui se mange d'habitude chaud.

tortillas pour le petit déjeuner, à midi de même, ainsi que le soir. Je prenais un plaisir immense à la regarder faire. Comme par miracle, en quelques secondes, des *tortillas,* aussi minces qu'un tissu, parfaitement rondes, sortaient de ses mains. Les femmes que j'avais observées dans mon enfance faisaient les *arepas* en aplatissant la pâte entre les paumes de leurs mains ; Rigoberta, elle, l'aplatissait en la frappant entre ses doigts allongés et serrés les uns contre les autres, en faisant passer la pâte d'une main à l'autre, ce qui rendait encore plus difficile à obtenir la forme parfaitement arrondie de la *tortilla.* La marmite de haricots noirs, qui nous a duré plusieurs jours, complétait notre menu journalier. Par chance, j'avais préparé depuis un certain temps des piments de cayenne conservés dans de l'huile. Rigoberta arrosait les haricots de cette huile qui devenait du feu dans la bouche. « Nous ne faisons confiance qu'à ceux qui mangent la même chose que nous », m'a-t-elle dit un jour où elle tâchait de m'expliquer les rapports des communautés indiennes avec les membres de la *guerrilla.* À ce moment-là, j'ai compris que j'avais gagné sa confiance. Ce rapport établi à partir des aliments est une preuve qu'entre Indiens et non-Indiens il existe des espaces d'entente et de partage : les *tortillas* et les haricots noirs nous ont rapprochées, car cette nourriture éveillait en nous le même plaisir, et mobilisait les mêmes pulsions. Dans la relation entre Indiens et *ladinos,* il serait abusif de nier que les seconds aient emprunté des traits culturels aux autochtones. Linton a déjà signalé que certains traits de la culture du vaincu tendent à s'incorporer à celle du vainqueur, en particulier par l'entremise de l'esclavage à base économique et du concubinage, qui découlent de l'exploitation des vaincus. Les *ladinos* ont fait leurs beaucoup de traits culturels venant de la culture autochtone, qui font déjà partie de ce que Georges Devereux appelle « l'inconscient ethnique ». Traits que les métis latino-américains, d'ailleurs, accentuent et revendiquent pour se démarquer de leur culture d'origine, de l'Europe : seule façon de signaler et proclamer une singularité ethnique, car ils éprouvent aussi le besoin de se sentir uniques et, pour ce faire, ils doivent se différencier de l'Europe dont ils ont reçu vision du monde, langue et religion. Et que peut-on brandir d'autre pour affirmer cette singularité, sinon les cultures autochtones d'Amérique ? Les Latino-Américains sont toujours prêts à assumer comme leurs les grands moments des cultures précolombiennes, aztèque, inca, maya, mais ils n'établissent aucun lien entre cette splendeur du passé et les Indiens pauvres, exploités, méprisés qui leur servent d'esclaves. D'autre part, il existe une démarche propre aux indigénistes qui veulent récupérer l'univers perdu de leurs ancêtres et se démarquer totalement de la culture d'origine européenne, mais en utilisant des notions et des techniques qu'ils empruntent à la culture occidentale. Par exemple, ils revendiquent la notion d'une nation indienne. De ce fait, l'indigénisme est aussi un produit direct de l'acculturation définie par Georges Devereux[1], acculturation dissociative, qui consiste à vouloir ressusciter le passé au moyen des techniques empruntées à la culture que l'on prétend nier, et de laquelle on veut se dégager. Un exemple frappant, ce sont les rencontres indigénistes, avec participation indienne, qui ont lieu à Paris. Tout comme les groupes avant-gardistes latino-américains qui ont mené ou mènent encore la lutte armée dans leur pays — qu'il ne faut pas confondre avec les mouvements de résistance aux dictatures militaires, par exemple les mouvements de guérilla au Guatemala (les associations de familles des disparus ; les innombrables groupes d'opposition syndicale et autres qui surgissent au Chili ou ailleurs, le Mouvement des Mères de la Place de Mai en Argentine) —, les mouvements indigénistes ont aussi besoin de faire connaître leur lutte à Paris. Paris leur sert de caisse de résonance. Tout ce qui se fait à Paris a une répercussion mondiale, y compris en Amérique latine. De même que les groupes qui font ou qui ont fait la lutte armée en Amérique ont leurs correspondants européens, qui partagent leur ligne politique, les Indiens ont, eux aussi, leurs correspondants européens parmi lesquels on compte surtout les anthropologues. Il ne faut nullement voir dans ces propos un désir de polémiquer ni d'enlever de sa valeur à une quelconque façon d'agir : il s'agit d'une simple constatation.

L'acculturation est le mécanisme propre de toute culture : toutes les cultures vivent en état d'acculturation. Mais l'acculturation est une chose, et l'imposition d'une culture à une autre, dans l'intention de l'anéantir, en est une autre. Je dirais que Rigoberta est un produit réussi d'acculturation, car les résistances qu'elle affiche par rapport à la culture ladine sont la base même du processus d'acculturation antagoniste. En résistant à la culture ladine, elle ne fait qu'affirmer son désir de singularité ethnique, et celui de son autonomie culturelle. Cette résistance peut se faire en dépit des avantages qui

---

1. G. Devereux, *Essais d'ethnopsychanalyse complémentariste*, Éd. Flammarion, Paris, 1972.

13

peuvent résulter de l'adoption d'une technique appartenant à l'autre culture. Exemple frappant, le refus d'employer un moulin pour moudre le maïs, base de l'alimentation. Les femmes sont obligées de se lever très tôt pour moudre le maïs, préalablement cuit, à l'aide d'une pierre, afin que les *tortillas* soient prêtes à l'heure de partir labourer les champs. D'aucuns crieront que c'est là du conservatisme, et c'est bien ce dont il s'agit : préserver les pratiques liées à la préparation de la *tortilla*, c'est empêcher l'écroulement de leur structure sociale. Des pratiques liées à la culture, à la récolte et à la cuisson du maïs sont l'assise de la structure sociale de la communauté. En revanche, Rigoberta, en se donnant des instruments politiques d'action (Comité d'Union Paysanne, Front Populaire 31 janvier, Organisation des Chrétiens révolutionnaires-Vicente Menchú), adopte des techniques empruntées à la culture ladine afin de renforcer les siennes pour mieux résister et protéger sa culture. Cette pratique, Devereux la définit comme l'adoption de moyens nouveaux destinés à étayer des fins existantes. Des moyens tels que la Bible, l'organisation de syndicats, la décision d'apprendre l'espagnol, Rigoberta les emprunte pour les retourner contre le prêteur. La Bible est pour elle une sorte d'ersatz qu'elle emploie délibérément parce que dans sa culture cet objet lui fait défaut : « La Bible est écrite et cela nous sert comme un moyen de plus », dit-elle, car les siens ont besoin d'étayer leur action présente dans une prophétie, dans une loi qui vienne du passé. Lorsque je lui ai signalé la contradiction entre la défense qu'elle fait de sa culture, et la Bible qui a été une des armes du colonisateur, elle a répondu sans la moindre hésitation : « La Bible parle d'un Dieu unique, nous aussi nous avons un Dieu unique ; c'est le Soleil, le cœur du ciel. » Mais la Bible nous apprend aussi (et voilà affirmée la nécessité de la prophétie pour justifier l'action) qu'il existe une violence juste, celle de Judith qui a coupé la tête au roi pour sauver son peuple. De même que Moïse est parti avec son peuple pour le sauver (l'exemple de Moïse leur a permis de transgresser la loi et de quitter leur communauté), David sert d'exemple pour que les enfants entrent dans la lutte. Hommes, femmes, enfants, chacun trouve dans la Bible le personnage avec qui s'identifier pour justifier son action. Les populations autochtones de l'Amérique latine ont dépassé l'étape du repli sur elles-mêmes. Quelquefois il est vrai que leur ouverture est interrompue, que les rébellions sont matées dans le sang, et qu'il y manque la volonté de continuer. Aujourd'hui, ces populations se donnent les moyens d'aller

14

de l'avant, tenant compte de la situation socio-économique dans laquelle elles évoluent.

Rigoberta a choisi l'arme de la parole comme moyen de lutte, et c'est cette parole que j'ai voulu ratifier par écrit.

Mais tout d'abord, je dois un avertissement au lecteur : si j'ai une formation d'ethnologue, je n'ai jamais étudié la culture maya-quiché, et je n'ai jamais travaillé sur le terrain au Guatemala. Ce manque de connaissance de la culture de Rigoberta, qui au départ m'avait semblé un handicap, s'est vite révélé très positif. J'ai dû adopter la position de celui qui apprend. Rigoberta l'a vite compris ; c'est pourquoi le récit des cérémonies et des rituels est si détaillé. De même, si nous nous étions trouvées chez elle, dans El Quiché, la description du paysage n'aurait pas été aussi réaliste.

Pour les enregistrements, j'ai d'abord élaboré un schéma rapide, lui donnant un fil conducteur chronologique ; enfance, adolescence, famille, engagement dans la lutte, que nous avons à peu près suivi. Or, au fur et à mesure que nous avancions, Rigoberta faisait de plus en plus de détours, en insérant dans le récit la description de ses pratiques culturelles, bouleversant ainsi l'ordre chronologique que j'avais établi. J'ai donc laissé libre cours à la parole. Je tâchais de poser le moins de questions possible, et même de n'en pas poser du tout. Lorsqu'un point demeurait obscur, je le notais dans un cahier, et la dernière séance de la journée, nous la consacrions à éclaircir ces points troubles. Rigoberta prenait un plaisir manifeste à m'expliquer, à me faire comprendre, à m'introduire dans son univers. En racontant sa vie, Rigoberta a fait un voyage à travers cette vie ; elle y a revécu des moments de grand bouleversement, comme lorsqu'elle a raconté la mort de son petit frère, âgé de douze ans, brûlé vif par l'armée devant sa famille, ou lorsqu'elle a fait le récit du véritable calvaire que sa mère a subi aux mains de l'armée, pendant des semaines, jusqu'à ce qu'on la laisse enfin mourir. L'exposé détaillé des coutumes et rituels de sa culture m'ont amenée à établir une liste dans laquelle j'avais inclus les coutumes sur la mort. Rigoberta avait lu la liste. Le thème précis de la mort, j'avais décidé de le laisser pour la fin de l'entretien. Mais le dernier jour d'entretien, quelque chose m'a retenue de lui poser la question à propos de ces rituels. J'avais la sensation que si je lui posais cette question, elle pouvait devenir prémonitoire, tellement la vie de Rigoberta a été frappée par la mort. Le lendemain de son départ, un ami commun est venu m'apporter une cassette que Rigoberta avait pris le

15

soin d'enregistrer à propos des cérémonies de la mort « que nous avions oublié d'enregistrer ». C'est par ce geste que j'ai compris définitivement ce qu'il y a d'exceptionnel dans le personnage de Rigoberta. Par son geste, elle montrait qu'elle était, culturellement, d'une intégrité totale, et en même temps elle me faisait bien sentir qu'elle n'était pas dupe. Dans sa culture, la mort est intégrée à la vie, et pour cette raison, elle est acceptée.

Pour opérer le passage de l'oral à l'écrit, j'ai procédé de la façon suivante :

D'abord, j'ai décrypté intégralement les bandes enregistrées. Et par là je veux dire que rien n'a été laissé de côté, aucune parole, fût-elle employée d'une façon incorrecte, n'a été changée. Ni le style ni la construction de la phrase n'ont été touchés. Le matériel original en espagnol couvre près de cinq cents pages dactylographiées.

J'ai lu attentivement une première fois ce matériel. Au cours d'une deuxième lecture, j'ai établi un fichier par thèmes : d'abord, j'ai relevé les thèmes majeurs (père, mère, éducation, enfance) ; et puis ceux qui revenaient le plus souvent (travail, rapports aux *ladinos,* problèmes d'ordre linguistique). Ceci dans l'intention d'opérer plus tard le découpage en chapitres. Très vite, j'ai décidé de donner au manuscrit la forme d'un monologue : c'est ainsi qu'il revenait à mes oreilles lorsque je le relisais. J'ai donc décidé de supprimer toutes mes questions. De me situer là où je devais être : d'abord être à l'écoute et permettre à Rigoberta de parler, ensuite être l'instrument, une sorte de double de Rigoberta, qui allait opérer le passage de l'oral à l'écrit. Je dois avouer que cette décision a rendu ma tâche difficile, car je devais faire des raccords pour que le manuscrit conserve cette allure de monologue dit d'un seul trait, d'un seul souffle. J'ai procédé ensuite au découpage par chapitres : en fait j'ai établi des blocs de parole, par thèmes. J'ai suivi par ailleurs le fil conducteur original, qui était chronologique (quoiqu'il n'ait pas été toujours suivi au cours des enregistrements), ayant le souci de rendre le manuscrit plus abordable à la lecture. En revanche, les chapitres où sont décrites les cérémonies de la naissance, du mariage, de la récolte, etc., m'ont posé quelques problèmes, car il fallait leur trouver leur place au cours du récit. Après les avoir déplacés à plusieurs reprises, je suis revenue au manuscrit original et je les ai placés là où elle avait associé ses souvenirs avec ces rituels et où elle les avait introduits dans son récit. On m'a fait observer que, tout au début du livre, le chapitre sur les cérémonies de la naissance risquait d'ennuyer le lecteur. D'autres m'ont conseillé d'en

16

supprimer carrément le récit, ou bien de le mettre à la fin du manuscrit, en annexe. Je n'ai écouté ni les uns ni les autres : peut-être ai-je eu tort, s'il s'agissait de séduire le lecteur, mais mon respect pour Rigoberta m'a empêchée de le faire. Si Rigoberta a parlé, ce n'est pas seulement pour nous faire entendre ses malheurs, mais aussi, mais surtout, pour nous faire entendre sa culture, dont elle est si fière et pour laquelle elle demande une reconnaissance. Une fois le manuscrit constitué dans l'ordre qu'il possède aujourd'hui, j'ai pu élaguer, supprimer les répétitions d'un thème repris dans plusieurs chapitres. Quelquefois, je conservais la répétition, qui servait à introduire un autre thème — tel est le style de Rigoberta. J'ai décidé aussi de corriger les erreurs de genre dues aux incompétences de toute personne qui vient d'apprendre une langue, car il aurait été artificiel de les conserver et, de plus, j'aurais fait là du folklore au détriment de Rigoberta, ce que je ne voulais surtout pas.

Il ne me reste qu'à remercier Rigoberta de m'avoir accordé le privilège de cette rencontre et de m'avoir livré sa vie. Elle m'a permis la découverte de cet autre moi-même. Grâce à elle, mon moi américain n'est plus une « inquiétante étrangeté ». Pour finir, je veux adresser à Rigoberta ce texte de Miguel Angel Asturias, tiré des *Méditations du Pied nu* :

> « *Monte et exige, tu es flamme de feu,*
> *Ta conquête est sûre où l'horizon définitif*
> *Se fait goutte de sang, goutte de vie,*
> *Là où tes épaules supporteront l'univers,*
> *Et sur l'univers ton espoir.* »

Montreux-Paris, décembre 1982.

NOTE DE LA TRADUCTRICE

Ce que je dois, d'abord, dire, c'est le plaisir que j'ai eu à lire, puis à traduire, les paroles de Rigoberta. Rigoberta parle, elle parle pour se libérer, elle parle pour analyser — et avec quelle acuité dans son jugement ! —, elle parle pour nous faire comprendre et nous convaincre. Quelquefois, elle répète : parce qu'elle a besoin de bien cerner ce qu'elle dit, au fil des souvenirs, des associations, et aussi parfois parce qu'elle ne connaît pas l'expression ou le mot espagnol qui lui permettrait de résumer rapidement. Aussi m'a-t-il paru bon de garder ces répétitions, ces maladresses, de rendre le plus fidèlement possible le rythme de cette parole intarissable, qui n'en aura jamais fini de conter les souffrances d'un peuple.

J'ai simplement allégé là où le style me semblait par trop difficile à suivre, j'ai explicité certaines allusions obscures. Pour le reste, je me suis laissé guider par le flux de cette langue de Rigoberta : un mélange d'espagnol appris chez les religieuses (avec des tournures bibliques, parfois si poétiques), d'espagnol appris au cours de ce qu'elle nomme son « travail politique », et de mots de sa langue natale, le quiché. Cette langue-là, qui finit par nous paraître si naturelle que nous ne savons plus si telle tournure est « correcte » ou non en espagnol, reflète admirablement bien ce que j'appellerais la sagesse de Rigoberta : à vingt-trois ans, elle exprime, au fond, des siècles d'expérience, et la gaucherie ou la naïveté apparente de son style en dit souvent plus long que les plus subtiles rhétoriques.

Nous avons décidé, bien sûr, de laisser en italiques les mots quichés, et d'en donner la traduction dans le lexique ; ces mots correspondent à des objets, ou à des concepts, qui nous sont inconnus, et le lecteur pourra, en consultant le lexique, se faire une petite idée de la richesse d'une

19

civilisation qui a su préserver des traditions qu'on s'est pourtant acharné à détruire. Je pense, par exemple, à tous les mots dont l'ethnie de Rigoberta dispose pour désigner les étapes successives de la croissance du maïs, ou encore aux mots qui à eux seuls expriment la révolte devant l'oppresseur : tel ce merveilleux ladinizar, *invention du père de Rigoberta, construit à partir de* ladino *(métis), et de* latinizar *(latiniser), qui stigmatise la colonisation espagnole.*

Les noms propres marqués d'un astérisque se trouvent eux aussi dans le lexique.

Un mot, enfin, m'a donné bien du souci : c'est le mot compañero, *que j'ai traduit par « compagnon » : mais le mot espagnol recouvre des acceptions beaucoup plus diverses et riches dans le texte que l'équivalent français. Les* compañeros *ou* compañeras, *ce sont d'abord les amis, les voisins du village, ceux qui partagent la vie quotidienne et l'expérience communautaire. Certains entreront dans la lutte, d'autres non ; d'autres même trahiront. Et puis le mot, progressivement, change de sens, à mesure que Rigoberta aborde plus directement la période de son engagement politique, et finit par devenir l'équivalent de « compagnon de combat », ou de « guerrillero ». Mais là encore, il me semble apercevoir tout un symbole : ce n'est pas un hasard si les paysans, les voisins, les amis du village n'ont d'autre solution que le chemin de la lutte, et parfois, de la « montagne ».*

Michèle Goldstein

I

La famille

> « Nous avons toujours vécu ici : il est juste
> que nous continuions à vivre là où il nous plaît
> et où nous voulons mourir. Ce n'est que là que
> nous pouvons ressusciter ; ailleurs jamais nous
> ne parviendrions à nous retrouver entiers et
> notre douleur serait éternelle. »
>
> POPOL VUH.

Je m'appelle Rigoberta Menchú. J'ai vingt-trois ans. Je voudrais
apporter ce témoignage vivant, que je n'ai pas appris dans un livre, et
que je n'ai pas non plus appris toute seule, vu que tout ça, je l'ai appris
avec mon peuple, je voudrais bien insister là-dessus. J'ai beaucoup de
mal à me rappeler toute cette vie que j'ai vécue, parce que souvent il y
a des moments très sombres, et il y a des moments où, ça oui, on passe
aussi du bon temps, mais l'important c'est, je crois, que je veux bien
mettre ça au point que je ne suis pas la seule, parce que beaucoup de
gens l'ont vécu, et c'est la vie de tous. La vie de tous les
Guatémaltèques pauvres, et je vais essayer de raconter un peu mon
histoire. Dans ma situation à moi, on trouve la situation réelle de tout
un peuple.

D'abord, j'ai beaucoup de mal à parler l'espagnol, vu que je n'ai pas
eu le collège, je n'ai pas eu l'école. Je n'ai pas eu l'occasion de sortir de
mon monde, de me consacrer à moi-même, et ça fait trois ans que j'ai
commencé à apprendre l'espagnol et à le parler ; c'est difficile quand on
apprend uniquement de mémoire, et pas en se servant d'un livre. Donc,
c'est vrai, j'ai un peu de mal. Je voudrais raconter depuis quand j'étais
petite fille, ou y compris depuis quand j'étais dans le ventre de ma

Les principaux groupes linguistiques mayas
(Carte établie par J. Berthelot, 1983)
Dans le cartouche : noms des localités mentionnées dans le récit.

mère, parce que ma mère me racontait comment je suis née, car nos coutumes nous disent que l'enfant, dès le premier jour de la grossesse de la mère, c'est déjà un enfant.

Pour commencer, au Guatemala, il existe vingt-deux ethnies indigènes, et il faut ajouter les *ladinos,* comme on les appelle, c'est-à-dire les métis, que nous considérons aussi comme une ethnie ; ça ferait donc vingt-trois ethnies, vingt-trois langues aussi. J'appartiens à une de ces ethnies, l'ethnie Quiché ; j'ai mes traditions, les traditions des indigènes quichés, mais en même temps j'ai vécu très près de presque la plupart des autres ethnies, à cause de mon travail d'organisation avec mon peuple. Je suis de San Miguel Uspantán*, département du Quiché. Le Quiché se trouve au nord-ouest du pays. Je vis au nord du Quiché, c'est-à-dire près de Chajul. Des peuples qui ont une longue histoire de lutte. Je fais six lieues, ou encore vingt-quatre kilomètres, à pied, pour arriver à ma maison depuis le bourg d'Uspantán*. Mon village, c'est le village de Chimel*, où je suis née. Ma terre, justement, c'est pour ainsi dire un paradis de tout ce que la nature a de beau dans ces régions, vu qu'il n'y a pas de routes, pas de véhicules. Il n'y a que les gens qui entrent. Pour transporter les chargements, c'est les chevaux, ou nous-mêmes ; pour descendre au bourg, en venant des montagnes. Moi, je vis pour ainsi dire au milieu de beaucoup de montagnes.

Pour commencer, mes parents se sont installés là à partir de l'année 1960, et ils ont cultivé la terre. C'était un endroit montagneux, où personne n'était venu avant. Eux, sans douter un instant qu'ils allaient passer leur vie dans ce coin et, même si ça devra beaucoup leur coûter, eh bien, c'est quand même là qu'ils sont restés. A cet endroit, l'osier poussait bien. Alors mes parents étaient venus pour chercher de l'osier, mais ça leur a plu, et ils ont commencé à défricher [1] la montagne pour s'établir là. Et, un an après, ils voulaient s'installer, mais ils n'avaient pas les moyens. Ils ont été expulsés du bourg, de leur pauvre petite maison. Alors ils se sont trouvés dans la grande nécessité de s'en aller à la montagne, et ils y sont restés. Je peux dire que maintenant c'est un village de cinq ou six *caballerías,* cultivées par les paysans.

Ils ont été délogés du bourg, vu que tout un tas de gens y avaient débarqué, des *ladinos,* qui s'y sont fait leur maison. Ce n'est pas vraiment qu'on les a expulsés comme ça, en les mettant dehors, mais

---

1. « *Bajar las montañas* » ; exactement : « nettoyer la terre des broussailles », « la préparer pour les semailles » *(N.d.T.).*

23

c'est que, peu à peu, les dépenses se sont emparées de leur petite maison. Il arrive un moment où, voilà, ils avaient pas mal de dettes envers tous ces gens. Tout ce qu'ils gagnaient se dépensait, et la maison, ils ont dû l'abandonner, elle est restée comme en paiement de la dette qu'ils avaient. Comme les riches ont toujours l'habitude de faire, quand les gens leur doivent, ils leur enlèvent un peu de terre, un peu de leurs affaires, et c'est comme ça qu'ils s'emparent de tout. C'est ce qui s'est passé avec mes parents.

Ce qui s'est passé, c'est que mon père était orphelin et ma grand-mère a dû le placer dans une maison de gens riches pour pouvoir manger et c'est comme ça qu'il a grandi, et ça a été pour lui aussi une étape très dure dans sa vie, avant qu'il devienne adulte.

Mon père est né à Santa Rosa Chucuyub *, un village du Quiché. Mais quand son père est mort, ils avaient un peu de *milpa,* et ce peu de *milpa* s'est épuisé, et ma grand-mère est restée avec ses trois enfants, et ces trois enfants, elle les a emmenés à Uspantán, qui est l'endroit où moi j'ai grandi. Ils étaient chez un monsieur qui était l'unique riche du bourg, des gens d'Uspantán *, et ma grand-mère est restée comme domestique de ce monsieur, et ses deux fils ont fait gardiens des bêtes du monsieur, ils faisaient aussi des petits travaux, comme aller transporter du bois, transporter de l'eau, et tout ça. Ensuite, à mesure qu'ils ont grandi, le monsieur disait qu'il ne pouvait plus nourrir les enfants de ma grand-mère, vu qu'elle ne travaillait pas assez pour payer la nourriture de ses trois enfants. Ma grand-mère a cherché un autre monsieur pour placer un de ses fils à son service. Et le premier fils était mon père, qui a dû aller servir chez un autre monsieur. C'est là que mon papa a grandi. Il faisait déjà des travaux importants, puisqu'il faisait son bois, travaillait déjà aux champs. Mais il ne gagnait rien parce que comme il avait été placé, ils ne lui payaient rien. Il a vécu avec des gens... comme ça... des blancs, des *ladinos.* Mais il n'a jamais appris l'espagnol vu qu'ils le tenaient isolé dans un endroit où personne n'allait lui parler, et qu'il servait seulement pour obéir aux ordres et pour travailler. Donc, il a appris très peu d'espagnol, malgré les neuf années où il a été placé chez un riche. Il n'a presque rien appris parce qu'il était très isolé de la famille du riche. Il était très rejeté par eux, et y compris il n'avait pas de vêtements et il était très sale, alors ça les dégoûtait de le voir.

Ça, jusqu'à ce que mon père il ait eu déjà ses quatorze ans, c'est alors qu'il s'est mis à chercher quoi faire. Et ses frères aussi étaient déjà grands, mais ils ne gagnaient rien. Ma grand-mère, c'est tout juste si elle gagnait de quoi nourrir les deux fils, alors c'était une situation assez dure. C'est comme ça aussi que mon papa s'est mis à travailler sur la côte, dans les *fincas*. Et c'était déjà un homme, et il a commencé à gagner de l'argent pour ma grand-mère. Et c'est alors comme ça qu'il a pu faire sortir ma grand-mère de la maison du riche, vu qu'elle était pour ainsi dire la maîtresse de ce monsieur-là chez qui elle servait, parce que par pure nécessité ma grand-mère était obligée d'habiter là et elle n'avait pas les moyens de s'en aller ailleurs. Lui, il avait son épouse, bien sûr, mais, en plus de ça... à cause de sa situation, ma grand-mère, ou bien elle le supportait, ou bien sinon elle s'en allait, parce que le riche n'était pas tellement en peine, vu qu'il y avait d'autres gens qui voulaient entrer là travailler. Alors, par pure nécessité, ma grand-mère devait obéir à tous les ordres. Donc après, ma grand-mère est sortie de là avec ses fils, et a retrouvé son fils aîné dans les *fincas* et c'est alors qu'ils se sont mis à travailler.

Dans les *fincas* où ont grandi mes parents, nous autres aussi on a grandi. Toutes les *fincas* se trouvent sur la côte sud du pays, c'est-à-dire vers Escuintla, Suchitepequez, Retalhuleu, Santa Rosa, Jutiapa, toutes les *fincas* donc, situées dans la partie sud du pays, où on cultive surtout le café, le coton, la cardamone ou la canne à sucre. Donc le travail des hommes, c'était le plus souvent de couper la canne à sucre, là, ils gagnaient un peu mieux. Mais, quand c'était nécessaire, il y avait des périodes de temps où tous, hommes et femmes, ils allaient couper la canne à sucre. Et bien sûr dans le commencement, ils ont eu de dures expériences. Mon père racontait qu'ils s'alimentaient uniquement avec des herbes des champs, parce qu'ils n'avaient même pas de maïs à manger. Mais, à force de travailler très dur, ils sont arrivés à avoir une petite maison dans l'*altiplano*. Dans un endroit qu'il fallait cultiver pour la première fois. Et mon papa, à dix-huit ans, était le bras droit de ma grand-mère, parce qu'ils étaient tellement dans le besoin, et mon père devait travailler beaucoup pour pouvoir soutenir ma grand-mère et ses frères...

Malheureusement, dès cette époque, il y avait déjà des accrochages, pour la caserne; ils emmènent mon père de force à la caserne, et de nouveau ma grand-mère reste seule avec ses deux fils. Et mon père est parti au service. C'est là qu'il a appris beaucoup de choses mauvaises, et il a appris aussi bien à être un homme complet, parce qu'il dit qu'en arrivant au service, on le traitait comme un objet quelconque, et on lui enseignait... à force de coups, il a appris surtout l'entraînement militaire. C'était une vie très difficile, très dure pour lui. Il est resté un an à faire son service. Ensuite, quand il rentre, il trouve ma grand-mère qui était revenue de la *finca*, en pleine agonie. Elle avait pris la fièvre. C'est la maladie la plus courante quand on s'en va sur la côte, où il fait très chaud, en venant de l'*altiplano* où il fait très froid, parce que ce changement est assez brutal pour les gens. Pour ma grand-mère, il n'y avait déjà plus de remède, et il n'y avait pas non plus d'argent pour la soigner, et ma grand-mère, elle a dû mourir. Donc, il reste les trois orphelins, qui sont mon père et ses deux frères. Même s'ils étaient déjà grands. Ils ont dû se séparer, vu qu'ils n'avaient pas d'oncle ni personne sur qui s'appuyer et tout. Ils sont partis sur la côte, chacun son chemin. C'est comme ça que mon père a trouvé un petit travail dans un couvent paroissial, où il ne gagnait presque rien non plus, parce que en ce temps on gagnait par jour trente centimes, quarante centimes, les travailleurs des *fincas* aussi bien que les autres.

Mon père dit qu'ils avaient une petite maison, construite en paille, humble. Mais qu'est-ce qu'ils allaient manger à la maison, vu qu'ils n'avaient pas de maman, et qu'ils n'avaient rien ? Alors, ils se sont séparés.

C'est comme ça que mon père a rencontré ma maman et ils se sont mariés. Et ils ont affronté des situations très dures. Ils se sont rencontrés sur l'*altiplano*, vu que ma maman était aussi d'une famille très pauvre. Ses parents sont aussi très pauvres et ils voyageaient aussi dans différents endroits. Ils n'étaient presque jamais stables, à la maison, sur l'*altiplano*.

Et ainsi ils sont allés à la montagne.

Il n'y avait pas de village. Il n'y avait rien.

Ils sont allés fonder un village à cet endroit. Elle est longue, l'histoire de mon village et elle est très douloureuse bien des fois.

Les terres étaient domaniales, c'est-à-dire qu'elles étaient au gouvernement et que pour entrer sur ces terres il fallait lui demander une autorisation. Après avoir demandé l'autorisation, il fallait payer un droit pour pouvoir défricher les montagnes et ensuite construire sa maison. Donc, à force d'avoir tant travaillé dur dans la *finca*, ils ont pu donner la somme du droit qu'ils avaient à payer et ils ont défriché les montagnes. Bien sûr, ce n'est pas facile qu'une terre donne une récolte quand on vient de la cultiver et de défricher les montagnes. Il faut comme huit ou neuf ans pour qu'elle donne la première bonne récolte, donc, le peu de terre que mes parents ont pu cultiver à cette époque, c'est seulement après ces huit ans qu'ils ont eu le produit de cette petite terre, et c'est pendant ce temps que mes frères ont grandi. Cinq frères aînés, et quand on était dans les *fincas*, moi j'ai vu mourir encore mes deux frères plus âgés, justement à cause du manque de nourriture, de la sous-alimentation dont nous autres, indigènes, nous souffrons. Très difficile qu'une personne arrive à avoir ses quinze ans, et reste en vie. Encore plus quand on est en pleine croissance et qu'on a rien à manger et qu'on reste avec des maladies... alors... la situation se complique.

Ils se sont installés là. Ce que ma mère voyait de beau, c'était les arbres, les montagnes incroyables. Ma maman disait qu'il y avait des fois où ils se perdaient, oui, en sortant de la montagne ils ne s'orientaient pas bien parce que les montagnes sont pas mal grandes et il n'y a presque pas de rayons de soleil qui arrivent sous les plantes. C'est très épais. Donc c'est là que nous pratiquement on a grandi. On aimait beaucoup, beaucoup notre terre, malgré qu'on marchait beaucoup pour arriver jusqu'à la maison des voisins. Peu à peu mes parents ont fait venir d'autres gens pour qu'il y ait plus de cultures et qu'il n'y ait pas qu'eux tout seuls, vu que pendant la nuit toutes sortes de bêtes descendaient de la montagne pour manger la *milpa*, pour manger le maïs quand il est déjà mûr, ou pour manger l'épi encore vert.

Tout ça, les bêtes de la montagne le mangeaient.

L'une d'elles, comme disait mon papa, c'est le *mapache* qu'on l'appelle. En plus ma maman s'est mise à élever ses poules, ses petits animaux, et il y avait suffisamment de place, mais comme ma maman n'avait pas de temps pour aller voir ses animaux, elle avait quelques petites brebis, qui s'en allaient de l'autre côté des plantes, et ne revenaient jamais. Les unes c'étaient les bêtes dans la montagne qui les mangeaient, ou alors elles se perdaient. Bon, alors, ils ont commencé à vivre là, mais, malheureusement, ça a duré beaucoup, beaucoup de temps avant qu'ils aient un peu de cultures.

Alors ils devaient redescendre aux *fincas*.

C'est ce que racontaient mes parents quand ils se sont établis là. Et ensuite quand nous avons grandi, quand on pouvait aller vivre quatre ou cinq mois dans ce village, on était heureux parce qu'il y avait de grands ruisseaux qui passaient dans la montagne, juste en bas de la maison. Nous, on n'a pratiquement pas de temps pour s'amuser. Mais, quand on était en train de travailler, c'était une distraction pour nous, parce que nous on avait à déboiser ce qui était le plus petit, et mes parents, ils devaient couper les grands arbres. Alors, on entendait des chants de différents oiseaux, des oiseaux qui vivent là, et aussi beaucoup de serpents. Et nous, nous avions peur, très peur de cette atmosphère. Mais on était heureux, malgré ça qu'il fait aussi très froid, parce que c'est montagneux. Et c'est un froid humide.

Je suis née à cet endroit. Ma mère avait déjà cinq enfants, je crois. Oui, elle avait cinq enfants et moi je suis la sixième de la famille. Et ma mère disait qu'il lui manquait encore un mois avant de faire ses couches, et elle travaillait à la *finca*. Il lui manquait vingt jours quand elle est retournée à sa maison et quand je suis née, je suis née uniquement avec ma mère. Mon papa n'était pas présent, vu qu'il devait terminer son mois à la *finca*.

Alors j'ai grandi. Ce que je me rappelle plus ou moins de ma vie, ce sera à partir de mes cinq ans. Donc, depuis tout petits, nous descendions toujours à la *finca*, et pendant quatre mois nous vivions dans la petite maison que nous avions sur l'*altiplano*, et les autres mois du reste de l'année nous devions vivre sur la côte, c'est-à-dire la Boca Costa *, où il y a le café, où on cueille le café, où on le trie, et aussi sur la côte Sud, où il y a le coton ; c'était surtout ça, notre travail à nous autres. C'est-à-dire les grandes étendues de terres que possèdent quelques familles, et où on fait la récolte, et les produits qui se vendent à l'extérieur. Les propriétaires terriens, donc, sont à la tête de grandes étendues de terres.

Á la *finca*, nous y travaillons en général huit mois de l'année et pendant quatre mois nous sommes sur l'*altiplano*, vu qu'on sème les récoltes à partir de janvier. Nous revenons un mois à l'*altiplano* pour semer notre petit maïs, nos haricots.

Nous autres, nous vivons davantage dans les montagnes, c'est-à-dire sur les terres pas fertiles, sur les terres qui donnent à peine un peu de maïs, de haricots, alors que sur les côtes, on peut faire venir n'importe quelle récolte, vraiment. Nous descendons travailler dans les *fincas* pendant huit mois. Ces huit mois bien souvent ne se suivent pas, parce que nous partons un mois pour aller semer notre petite *milpa* sur l'*altiplano*.

Nous descendons à la *finca* pendant que la *milpa* pousse et ainsi quand notre petite *milpa* est déjà mûre pour la récolte, nous retournons sur l'*altiplano*. Mais tout de suite la récolte s'épuise de nouveau, et nous devons redescendre à la production pour gagner de l'argent. Donc, à ce qu'ils racontent, vraiment, depuis voilà bien des années, ils ont vécu une situation très difficile, et très pauvres.

II

Cérémonies de la naissance

> « Si on te demande où nous nous trouvons,
> dis ce que tu sais de notre présence, et rien de
> plus. »

> « Apprends à te préserver, en gardant notre
> secret. »
>
> POPOL VUH.

Dans notre communauté à nous autres, il y a un élu, un monsieur qui jouit de beaucoup de prestige. C'est le représentant. C'est pas pour autant qu'il est le roi, mais c'est le représentant, que toute la communauté le considère comme un père. C'est le cas de mon papa et de ma maman, qui sont les élus de ma communauté. Donc, cette dame élue, c'est pareil comme si toute la communauté, c'étaient ses enfants. Pour cette raison, une future mère, dès le premier jour de sa grossesse, cherche appui auprès de l'élue ou de l'élu, parce que l'enfant doit appartenir à la communauté, et pas seulement à la mère. La femme enceinte ira donc avec son mari leur raconter qu'ils vont avoir un enfant, et que cet enfant va garder, dans toute la mesure de ses possibilités, les traditions de nos ancêtres. Après ça, l'élu va leur offrir tout l'appui nécessaire. Il leur dit : « Nous vous aidons et nous serons les seconds parents. » Ensuite, ils y retournent, voir l'élu, le représentant de la communauté, cette fois pour lui demander une autorisation, pour qu'il leur prête son aide dans la recherche d'une personne qui veille sur l'enfant, qui l'aide si un jour il se trouve seul, pour qu'il ne tombe pas dans toutes les erreurs, que beaucoup de gens de notre race y sont tombés, et tout ça. Les élus, nous autres nous les appelons les « petits grands-parents ». Donc, ils se mettent à chercher, ensemble avec les parents, qui pourraient être les parrains de l'enfant, les *compadres*, ceux qui prennent la responsabilité de l'enfant si les parents meurent. Ensuite vient la coutume des voisins, qui chaque jour doivent rendre une visite à la femme enceinte. Les autres dames du village viennent bavarder avec elle, lui offrir leurs petits cadeaux, même si ce sont les choses les plus simples. La femme va leur raconter tous ses problèmes. Ensuite, quand elle est à sept mois, c'est alors que la femme enceinte se met en relation avec toute la nature, comme le veulent les lois de notre culture. Elle va sortir aux champs, elle va marcher dans la montagne. C'est comme ça que l'enfant s'apprivoise avec toute la nature. C'est une obligation pour elle d'y aller, elle doit enseigner à l'enfant la vie que vit sa mère. Par exemple, si la mère se lève à trois heures du matin. Et ça d'autant plus quand elle est enceinte. Elle se lève à trois heures du matin, accomplit ses tâches, sort pour aller marcher, elle communique avec les animaux, elle communique avec la nature tout entière, en ayant bien à l'esprit que l'enfant reçoit tout ça, et elle commence à s'entretenir constamment avec son enfant, depuis qu'il est dans son ventre. Elle lui dit qu'il doit vivre une vie difficile. C'est comme si elle était accompagnée par un touriste, et qu'elle lui explique les choses. Par exemple : « De cette nature tu ne dois jamais abuser et cette vie tu dois la vivre tout le temps comme moi je la vis. » Elle sort aux champs, mais en expliquant à son enfant tous les détails. C'est une obligation, que la mère doit le faire absolument. Ensuite ils doivent se mettre à chercher le mensonge qu'ils vont avoir à raconter aux autres enfants de la maison, quand l'enfant naîtra.

Très souvent, la tradition, dans notre culture, a fait que nous autres nous respectons tout le monde, et pourtant, nous, jamais on ne nous a respectés. La maman ne doit pas être avec ses autres enfants quand naît le bébé. Il doit y avoir les parents, les élus de la communauté et le mari. Trois couples. S'il y a la possibilité, parce que bien souvent les parents se trouvent dans d'autres endroits. Mais si c'est possible, qu'il y ait le papa du jeune homme, et la maman du jeune homme, ça ferait un couple. Les élus, et le mari de la future mère. Ce sont eux qui vont recevoir l'enfant. Ça doit obligatoirement être organisé comme ça. Si les élus ne peuvent pas être présents, il y en aura un des deux, que ce soit l'élue ou l'élu, et il y aura un des parents, et s'il n'y a aucun des parents, alors il y a les oncles aînés, qui doivent représenter de même la famille de la femme et de l'homme, parce qu'on dit que l'enfant va être reçu dans une communauté, et ça signifie beaucoup pour notre communauté de recevoir un enfant, et cet enfant doit appartenir à la communauté, il ne doit pas être l'enfant d'une seule personne. Cet enfant est le fruit d'un amour, et ils commencent toute une explication là-dessus. Il doit naître obligatoirement en présence de trois couples, mais on ne fait pas appel à n'importe qui. Si l'élue est sage-femme, c'est elle qui doit accoucher, mais si elle n'est pas sage-femme, alors il faudra qu'il y ait aussi la sage-femme, qui sera la petite grand-mère, celle qui reçoit l'enfant la première.

Notre tradition ne permet pas qu'une femme célibataire voie un accouchement. Mais pourtant, moi, quand il a bien fallu, j'ai vu quand ma sœur était en couches et qu'il n'y avait personne à la maison. Ça, c'est quand nous étions déjà en pleine persécution. Même si je n'ai pas vu exactement, j'étais présente quand son enfant est né.

Ma mère a été sage-femme depuis l'âge de seize ans jusqu'à sa mort, à quarante-trois ans. Elle dit comme ça, ma maman, que la femme, quand elle est couchée et met au monde, n'a pas de force pour tirer l'enfant. Alors, ce qu'elle a fait avec ma sœur, ce que moi j'ai vu, c'est qu'elle a pendu un nœud au plafond, où ma sœur a pu s'accrocher, puisqu'il n'y avait pas son mari pour la soulever, et elle était dans cette position, et ma maman l'a aidée à faire sortir l'enfant.

Pour nous autres, ce serait un scandale qu'une indigène soit à l'hôpital et que son enfant naisse à l'hôpital. C'est difficile pour un indigène d'accepter ça.

Selon notre culture, nos ancêtres se scandalisent beaucoup de voir toutes les choses modernes. Par exemple, le planning familial, qu'avec ça ils trompent le peuple, lui prennent de l'argent. Et c'est en partie pour ça, la réserve que nous avons toujours gardée, pour empêcher qu'on en finisse avec nos coutumes, avec notre culture. L'indigène a toujours été très prudent avec beaucoup de détails concernant sa propre communauté, et la communauté ne peut pas accepter qu'on bavarde et qu'on raconte beaucoup de détails sur l'indigène. Et moi pas plus que tout autre, parce qu'il y a des théologiens qui sont venus et qui ont vu, et qui ont une autre conception du monde de l'indigène. Alors, pour un indigène, c'est assez douloureux de voir un *ladino* utiliser les vêtements indigènes. C'est un scandale pour l'indigène. Tout ça a contribué à ce que nous gardions beaucoup de choses pour nous, et que la communauté ne veut pas qu'on en parle.

Par exemple, nos coutumes. Tout de suite, quand l'Action Catholique * est arrivée, par exemple, bon, tout le monde va à la messe, va prier. Mais ce n'est pas comme une religion principale, la seule dans laquelle on s'exprime. Toujours, par ailleurs, quand un enfant naît, on lui fait son baptême dans la communauté avant d'aller à l'église. Donc, l'Action Catholique *, le peuple l'a prise comme une autre voie pour s'exprimer, mais ce n'est pas l'unique foi qu'il a pour ce qui est de la religion. Et il en va ainsi pour toutes les religions. Les curés, les prêtres, les religieuses, n'ont pas pu gagner la confiance de l'indigène, parce qu'il y a certaines choses qui contredisent nos propres coutumes. Ils nous disent par exemple : « C'est que vous faites confiance aux élus de la communauté. » Bon, si le peuple les élit, c'est à cause de la grande confiance qu'il leur fait, non ? Les curés arrivent et disent : « C'est que vous aimez les sorciers. » Et ils se mettent à parler d'eux et pour l'indigène c'est comme si on parlait du papa de chacun de nous. Alors on perd la confiance dans les curés, et les indigènes disent : « C'est que ce sont des étrangers, ils ne connaissent pas notre monde. » Voilà comment se perd tout espoir de gagner le cœur de l'indigène.

Pour revenir aux enfants, ils ne sauront pas comment naît le bébé. Il va naître dans un endroit bien caché, et seulement les parents sont au courant. Alors ils disent aux enfants qu'un autre enfant est arrivé mais que pendant huit jours ils ne vont pas être auprès de la mère. Ensuite, le compagnon de l'enfant, c'est-à-dire le placenta, il va y avoir une heure précise pour le brûler. Si l'enfant naît pendant la nuit, il faut brûler le placenta à huit heures du matin. S'il naît pendant les heures de l'après-midi, il faut le brûler à cinq heures de l'après-midi. C'est une marque de respect envers l'enfant et son petit compagnon. On ne va pas l'enterrer dans la terre, parce que la terre est mère et père de l'enfant, et ce n'est pas convenable d'abuser de la terre en y enterrant le compagnon de l'enfant. Ça aussi, c'est une explication qui a beaucoup d'importance pour nous autres. Si on le brûle dans un tronc d'arbre, la cendre va rester là. Ou bien on le brûle dans le *temascal*. Le *temascal* est un peu comme un four où se baigne l'indigène. Donc, dans une petite maison, comme un four, faite en torchis, il y a une autre petite maison, à l'intérieur, construite en pierre. Dans ces pierres on met du bois, pour qu'elles chauffent, et quand quelqu'un veut prendre un bain, il chauffe les pierres, ferme la porte, et c'est comme si on était dans un bain de vapeur, au fur et à mesure qu'on jette de l'eau sur les pierres, le four où se baigne l'indigène se réchauffe. Donc, avant la naissance de l'enfant, quand la femme en est à quatre mois, alors elle commence à se faire ses bains de feuilles de chêne, tout ce qu'il y a de plus naturel. Il y a une série de plantes qu'on connaît dans la communauté pour les femmes enceintes, pour les gens qui ont mal à la tête, les refroidissements, etc. Donc la femme commence ses bains avec les diverses plantes que recommande toujours l'élue de la communauté, ou la sage-femme. C'est comme une recette, elle doit se baigner tout le temps avec son eau de plantes.

Il y a beaucoup de plantes dans la campagne, mais je n'ai pas leur nom en espagnol. Par exemple la fleur d'oranger, les femmes l'utilisent beaucoup, l'eau des feuilles, pour se baigner. De pêche aussi. Il y a une feuille que nous appelons la feuille de Santa Maria qui sert aussi pour les femmes enceintes.

Ça calme, c'est surtout ça, ça calme la femme, parce qu'elle ne va pas avoir de repos pendant tout le temps de sa grossesse, elle travaille exactement comme si elle n'était pas enceinte. Donc, après son travail, ça calme la femme pour qu'elle dorme bien et pour que l'enfant soit bien, qu'il ne soit pas trop blessé par le travail. Et, en même temps, elle a ses médecines à prendre. Des feuilles également, pour nourrir l'enfant en quelque sorte. Je crois que, même si ce n'est pas une prescription scientifique, ça a beaucoup servi dans la pratique, parce qu'il y a des feuilles qu'on peut considérer comme une vitamine ; et vraiment, comment expliquer qu'une mère puisse ne pas manger, souffrir la faim, supporter de gros efforts, et qu'elle réussisse à avoir un enfant ? Je crois que ça a contribué à ce que notre peuple vive davantage.

Pendant huit jours on préserve la pureté que l'enfant apporte avec lui quand il est né. Ni le fils aîné ni les autres enfants ne vont s'approcher de lui, seulement la mère et les gens qui donnent à manger à la mère.

L'enfant se trouve dans un petit recoin où ne peuvent aller les autres enfants. C'est par pure tradition qu'on ne laisse pas les autres enfants s'approcher d'une mère quand vient de naître un nouveau petit frère.

C'est seulement celui qui vient de naître qui a le droit d'être avec sa mère, pour s'intégrer à la famille. On le garde ainsi huit jours. Pour qu'il soit membre de la famille. Après ces huit jours, on compte combien de personnes viennent visiter la mère. Si elle reçoit la plus grande partie de la communauté, c'est très important, c'est un enfant qui devra assumer beaucoup de responsabilités envers sa communauté quand il sera grand. L'enfant, à sa naissance, on lui tue une brebis, pour que tous ceux de la famille mangent. Beaucoup de voisins arrivent avec de la nourriture, du bois. On fait une fête dans la maison, mais c'est surtout au niveau de la famille. Ensuite, les voisins viennent rendre visite à la mère et on compte combien de voisins sont venus. Chaque fois que vient un voisin, il apporte un petit cadeau, que ce soit de la nourriture pour la maman, ou une babiole. Et alors la maman doit essayer tout ce qu'elle a reçu des voisins. C'est pour encourager, pour répondre à l'affection des voisins.

À huit jours, donc, on va déjà compter combien de visiteurs a eus l'enfant, combien il a eu de visites avec cadeaux. Par exemple les voisins apportent un petit animal, quelques œufs, en plus de ce qu'ils apportent à manger à la mère. Ils apportent un petit vêtement. Tout ce qu'on peut trouver. On tient compte des services que la femme a rendus à la communauté. Beaucoup de voisins viennent porter de l'eau. Il y en a qui apportent du bois. Un tas de choses, qu'on compte. Après les huit jours, tout est déjà rassemblé, et on tue un autre animal pour mettre fin au privilège de l'enfant qui est resté huit jours tout seul avec sa mère. Mais aussi pour l'intégrer « dans l'univers », disaient nos parents ; pour qu'on lui allume ses premières bougies, et que cette bougie c'est une partie de la bougie de la communauté tout entière, et c'est donc une personne de plus, un membre de plus, etc.

La maman, on lui lave tout son linge. Avant de laver son linge, on rassemble tout ce qu'elle a utilisé pendant le temps qu'elle était au lit. On change son lit de place, on nettoie pour elle un endroit de la maison où on place quatre bougies, une à chaque coin du lit. Avant d'installer le lit, on met de la chaux, de l'eau, sur le sol, et ensuite on lui fait son lit. La mère, qui s'est entièrement changée, sort du *temascal*, met ses vêtements propres ; et on met aussi des vêtements propres à l'enfant et on le déplace à l'autre endroit de la pièce. Cela signifie qu'il ouvre la porte aux autres membres de la communauté. Parce que l'enfant, depuis qu'il est né, ni la famille ni les voisins ne le connaissent. C'est-à-dire, on ne nous dit pas quand l'enfant naît. Une fois passés les huit jours, alors c'est là que tous les membres de la famille lui font un petit baiser. Tout de suite dès que l'enfant naît, on lui attache ses menottes, c'est-à-dire qu'on lui met bien droits ses petites mains et ses petits pieds. Cela veut dire que ses mains sont sacrées pour le travail, et que ces mains doivent agir là où elles doivent agir, c'est-à-dire qu'elles ne vont jamais voler, et que l'enfant ne va jamais abuser de la nature. Il saura respecter la vie de tout ce qui existe. Tout ça. À huit jours, on lui délie les mains. C'est quand les membres de la famille viennent l'embrasser, et ensuite on le remet à sa place et arrivent tous les voisins, dès le matin très tôt. Les uns arrivent avec de la pâte pour faire les *tortillas,* et ce seront les maîtres de maison pendant huit jours. Nous les membres de la famille nous ne faisons aucune dépense pendant ces huit jours.

La mère se tient là où on a placé les bougies. Ces bougies, c'est avant tout pour intégrer l'enfant à la famille. Et ça a un peu la signification d'une maison avec ses quatre coins, et ça doit être son foyer. C'est un peu pour représenter le respect que doit avoir l'enfant pour la communauté et la responsabilité qu'il doit assumer comme membre d'un foyer. Après ça, on lui enlève tous ses vêtements et l'élue de la communauté va les laver. Elle lave tout le linge, c'est-à-dire aussi la couverture, elle lave la maison, en particulier l'endroit où était la femme au moment d'accoucher, elle allume une bougie à cet endroit qu'elle a quitté.

Le linge, elle va le laver à la rivière. Jamais elle n'irait le laver dans un puits. Aussi loin que se trouve la rivière, c'est là qu'elle doit aller pour le laver. C'est quand l'enfant perd sa pureté. Il commence à se rendre compte de tout ce qu'est l'humanité. Ensuite les voisins apportent un animal déjà tué. On fait un très bon repas dans la maison de la femme. On fait une cérémonie, à laquelle assiste la communauté ; ou au moins, s'il n'y a pas toute la communauté, il y aura quelques membres de la communauté. Alors on allume pour l'enfant la bougie de tout ce qui existe, de la terre, de l'eau, du soleil, de l'homme. Et au milieu de tout ça, on met ses bougies à lui, avec un encens, avec le *pom.* Parce que cet enfant doit se déplacer dans tout ce monde. La chaux, c'est quelque chose de sacré, qui doit aussi être là, un peu de chaux, au milieu de tout ça. Parce qu'on estime que la chaux, elle fortifie les os de l'enfant. Je crois que c'est pas tellement une invention, ça, c'est quelque chose de réel. Ça dépend de la chaux que l'enfant ait davantage de vitalité, qu'il ait des os très solides. Et alors là, on évoque pour l'enfant toute la souffrance qui est celle d'une famille, et tout ce au milieu de quoi il devra vivre. Les parents, là, avec beaucoup de tristesse, expriment leur douleur, leurs peines, parce qu'ils ont donné un enfant de plus au monde pour venir y souffrir. Pour nous autres, c'est comme un destin toute cette souffrance, on fait entrer l'enfant dans la souffrance, et cet enfant, malgré toutes les souffrances, il saura respecter, et il saura vivre toutes ces douleurs. Donc on donne à l'enfant sa mission, qu'il doit être un membre de la communauté tout entière et qu'il doit veiller sur elle.

Après la cérémonie, on fait le repas et ensuite les voisins se retirent. Mais il manque encore le baptême. Dès le jour où naît l'enfant, on lui fabrique un petit sac, où il a de l'ail, un peu de chaux, du sel, un peu de tabac, que le tabac c'est aussi une plante sacrée pour l'indigène. Cette petite bourse, ou *morral,* on la met au cou de l'enfant. Cela signifie qu'il saura affronter tout le mal qui existe. Le mal pour nous c'est comme un esprit, nous imaginons seulement qu'il existe. Un exemple du mal, ce serait que l'enfant soit cancanier ; l'enfant saura tout respecter, il sera sincère et saura dire la vérité. Et, en même temps, l'enfant saura rassembler et préserver tout ce qui vient de nos ancêtres. C'est un peu l'idée du *morral.* Et un peu pour éloigner le mal parce que l'enfant devra continuer à être pur. Le petit *morral* doit aussi se trouver au milieu des bougies, comme un signe de l'engagement de l'enfant pour quand il sera grand. Il manque le baptême et l'intégration dans la communauté en général. On invitera tous les gens importants, par exemple l'élu de la communauté, ses enfants. L'élu devra donner son expérience, son exemple, comment il a préservé ce qui vient de nos ancêtres. C'est à ce moment que vient le discours de l'élu, de l'élue, de leurs enfants, sur comment ils ont préservé les traditions de nos ancêtres. En même temps ils font une nouvelle promesse pour l'enfant : qu'ils doivent continuer à enseigner à l'enfant quand il sera plus grand, et que cet enfant doit être exemplaire comme les élus. C'est ainsi qu'on fait un autre petit discours, mais quand l'enfant a déjà quarante jours, et quand les parents font à leur tour leur promesse et l'intègrent à la communauté.

Alors vient le baptême. Ils font une promesse. Que les parents doivent enseigner à l'enfant... — cela se réfère surtout beaucoup aux ancêtres —, pour qu'il apprenne à garder tous les secrets, et que personne ne puisse en finir avec notre culture, avec nos coutumes. Donc c'est un peu comme une critique vis-à-vis de toute l'humanité, et de beaucoup de gens qui ont perdu leurs traditions. Ils font comme une prière, en demandant que ces traditions entrent à nouveau dans l'esprit de tous ces gens qui les ont perdues. Ensuite on évoque les noms de gens importants qui sont morts au temps de nos ancêtres. Par exemple Tecún Umán*, d'autres personnages dont on se souvient, qui font partie de la cérémonie, comme une oraison, ou en tant que héros des indigènes et on rappelle tout ça. Et ensuite ils disent — ça, c'est comme ça que je l'analyse moi après —, ils disent : « Aucun propriétaire terrien ne pourra mettre fin à tout ça, et même les plus riches ne pourront en finir avec nos traditions. Et nos enfants, même si ce sont des travailleurs, même si ce sont des serviteurs, sauront respecter et préserver leurs secrets. » Et ainsi on évoque le maïs, le haricot, les herbes les plus importantes. L'enfant est là, mais bien enveloppé, que personne ne le voie. On dit à l'enfant qu'il va se nourrir de maïs, et bien sûr, il est composé de maïs vu que sa mère a mangé du maïs au moment de la formation de l'enfant. Donc, l'enfant devra savoir respecter le maïs, et ramasser un grain jeté par terre, et toute une série de leçons comme ça que nos parents nous donnent. Ensuite, il multipliera notre race, cet enfant il sera le multiplicateur de tous ceux qui sont morts. C'est le moment où l'enfant prend ses responsabilités. Et c'est le moment où on lui dit qu'il doit vivre comme ont vécu ses petits grands-parents. C'est une initiation à la vie en communauté. Les parents vont parler au nom de l'enfant, diront que l'enfant doit accomplir tout ça. C'est là que les parents font la promesse, et les élus aussi font la promesse comme l'exige la communauté. Cette cérémonie est assez importante, et on le considère alors comme fils de dieu, qui est comme je dirais le père unique. Peut-être que dieu, ce mot nous ne l'avons pas, mais ça a un rapport parce que le père unique, c'est le seul qui existe, mais comme voie pour arriver à cet être unique, il faut aimer le maïs, le haricot, la terre. Le père unique est le cœur du ciel, qui est le soleil. Il est masculin, parce que celle qui est la mère pour nous, c'est la lune. C'est une mère tendre. En même temps elle éclaire. Nous autres nous avons une série de conceptions quant à la lune, quant au soleil. C'est lui qui soutient l'univers.

Quand l'enfant termine déjà sa dixième année, c'est alors que ses parents et les élus ont le devoir de lui parler, de lui dire qu'il va commencer sa vie de jeunesse, qu'un jour il sera père ou mère. C'est là précisément qu'on lui dit qu'il ne doit pas abuser de sa propre dignité, que les ancêtres n'ont jamais abusé de leur dignité, et c'est là qu'on lui rappelle que nos ancêtres ont été déshonorés à cause des Blancs et de la colonisation. Mais ils ne le disent pas comme ça se trouve écrit, mais à travers les recommandations orales que nous ont données nos grands-parents et nos ancêtres. Parce que la majeure partie du peuple ne sait ni lire ni écrire, et ne sait pas non plus qu'il y a un texte pour les indigènes. Mais on dit que les Espagnols ont déshonoré les meilleurs des fils de nos ancêtres, les gens les plus humbles, et en l'honneur de ces gens les plus humbles nous autres nous devons continuer à préserver nos secrets. Et ces secrets, personne d'autre que nous les indigènes ne pourra les découvrir. Tout ça. Mais quand l'enfant a déjà ses dix ans, c'est aussi pour lui dire qu'il doit savoir respecter ses aînés, même si ça, ses parents le lui enseignent déjà depuis tout petit. Si on voit venir par exemple une personne âgée dans la rue, on doit passer de l'autre côté pour qu'elle puisse marcher. Nous autres, quand nous voyons dans la rue un monsieur qui est plus âgé, nous avons tous le devoir de courber la tête et de le saluer, et ça tout le monde le fait, si jeune qu'on soit. Et aussi respecter toutes les femmes enceintes. Et également quand nous mangeons quelque chose, nous devons en offrir au moins un morceau à la femme enceinte.

Pour les filles, il y a des sages-femmes qui, en même temps qu'elles leur coupent le cordon ombilical, leur font des petits trous dans les oreilles. Aussi bien le petit sac, qui est de couleur rouge, que le fil avec lequel on leur attache le cordon, doivent être rouges. La couleur rouge signifie beaucoup pour nous. Elle signifie chaleur, fort, quelque chose qui a de la vie et qui est en rapport avec le soleil, et le soleil est la voie pour arriver au dieu unique, que nous disons être le cœur de toute chose, de l'univers. Donc ça donne aussi de la chaleur, du feu. Ces petites choses rouges, c'est en quelque sorte pour donner de la vie à l'enfant, qu'il doit être plein de vie. Mais, en même temps, il doit aussi se sentir engagé vis-à-vis de tout ça, respecter tout ce qui existe. Il n'y a pas de vêtement spécial pour l'enfant, mais des morceaux d'étoffe [1], ce qu'on trouve enfin, pour l'envelopper, vu qu'on n'achète rien à l'avance pour l'enfant. Mais quand c'est un garçon qui naît, on fait une célébration spéciale, pas parce que c'est un homme, mais à cause de ce que son travail va être dur, à cause de toute la responsabilité que l'homme doit assumer en tant qu'homme. Maintenant, pour nous, c'est pas tant que le machisme n'existe pas, mais ce n'est pas une source de difficultés dans la communauté vu que de fait nous allons tenir compte des traditions. Donc, on donne au petit homme un jour de plus de pureté à passer avec sa mère. Le petit mâle, on lui tue une brebis, ou

1. *Corte :* voir lexique.

bien on lui donne des poulets, parce que c'est la nourriture la plus commune chez nous pour célébrer la venue d'un garçon. Le futur petit homme, on doit lui donner davantage, on augmente la nourriture à cause de tout son travail, qui sera difficile, à cause de toutes ses responsabilités. En même temps il est un peu comme le chef de la maison, mais pas dans le mauvais sens du mot, c'est quelque chose qui a à voir avec tout un tas de choses. Et ce n'est pas pour autant mépriser la petite fille. Elle aussi aura à travailler dur, mais il y a d'autres petits détails qu'on offre aussi à la petite femme, comme future mère cette fois. D'abord, la petite fille a de la valeur un peu comme la terre, qui donne son maïs, qui donne son haricot, qui donne ses herbes, qui donne tout. La terre est comme une mère qui multiplie la vie de l'homme. La fille aussi doit multiplier la vie des autres hommes de notre géneration, et précisément aussi celle de nos ancêtres que nous devons respecter. On donne une grande importance à l'intégration de la fille, mais à celle du petit homme aussi, donc, c'est en rapport, c'est relatif à chaque sexe, mais comparable. Pourtant, à la naissance, le garçon est accueilli avec plus de joie et ce sont les hommes qui se sentent fiers davantage quand un fils naît dans la communauté. Mais la fillette aussi a droit aux mêmes coutumes que pour le garçon, celle de lui attacher ses petites mains et ses petits pieds, de la cacher.

On nourrit l'enfant au sein. C'est plus efficace de lui donner à manger comme ça sans chercher d'autre nourriture. Mais l'important, c'est le sens de la communauté. Pour nous, c'est comme quelque chose que nous avons en commun. Dès le premier jour, on pense que l'enfant doit appartenir à la communauté, pas seulement à ses parents, et que c'est la communauté qui doit faire son éducation. Tout de suite, les parents ont dans l'idée que l'école de l'enfant... c'est comme dans les classes bourgeoises, tout de suite quand il naît, on pense que cet enfant doit s'éduquer, avoir un niveau de vie. Donc, nous aussi, les indigènes, nous pensons tout de suite que c'est la communauté qui doit être l'école de l'enfant, et qu'il doit vivre pareil que tous les autres. Et si on lui attache les mains, c'est justement aussi pour qu'il n'accumule pas des choses que la communauté ne puisse posséder, pour qu'il sache partager le peu qu'il a, et ses mains doivent donc être ouvertes. Ce sont les mamans qui se chargent de leur ouvrir les mains. C'est encore une forme de pensée liée à la souffrance, à la pauvreté. On estime que chaque enfant qui naît doit vivre pareil que les autres. Quand nous voyons une femme enceinte, il ne faut jamais manger quoi que ce soit devant elle. On ne peut manger devant elle que si on peut aussi lui en offrir un peu. Vu qu'on craint que la femme ne fasse une fausse couche, ou que l'enfant ne souffre à l'intérieur parce qu'il ne peut pas manger ce qu'on mange. Ça n'a pas d'importance qu'on se connaisse ou non. L'important est qu'on partage. Autre chose encore : quand nous voyons une femme enceinte, pour nous c'est quelque chose de différent de toutes les autres femmes parce que ce sont deux personnes, et si on sait respecter une femme enceinte, elle sent ce respect et l'enfant aussi peu à peu l'apprend. On pense tout de suite que c'est une image de l'autre qui va naître. Donc on lui témoigne de l'affection. Je crois aussi que c'est surtout parce que la femme n'a jamais l'occasion de se reposer ni d'avoir des distractions. Elle est toujours en peine, toujours en souci. Alors quand elle peut bavarder un moment, c'est là qu'elle se sent soulagée, la pauvre.

L'enfant, quand on lui fait sa cérémonie d'intégration avec toutes les bougies, il faut aussi qu'il y ait là sa petite bourse rouge, et il doit y avoir sa petite pioche, sa hache, sa machette, les instruments nécessaires pour vivre. Dès ce moment, l'enfant doit se familiariser avec les instruments de travail. Ce sont ses jouets. La petite fille de même doit avoir sa petite planche à laver. Ça doit être ça, ses jouets, le matériel qu'elle va utiliser quand elle sera grande. Et elle doit en même temps apprendre les choses de la maison, à nettoyer, par exemple, à laver la maison, coudre le pantalon du petit frère. Le petit homme, lui, doit se mettre à vivre tout comme l'homme fait, être responsable, se familiariser avec ce que représente le travail aux champs, même si l'enfant ne travaille pas encore. C'est une sorte de jouet. Quand la maman fait quelque chose, elle explique ce que ça veut dire. Y compris jusqu'aux prières, parce que nous autres les indigènes nous sommes très pieux. À tout instant la mère fait ses oraisons, elle fait sa prière. Par exemple, avant de se lever, on doit faire une prière pour rendre grâces au jour qui va commencer, et demander que ce soit un jour très important pour la famille. Avant de rassembler le bois pour faire le feu, par exemple, il faut bénir son bois, parce que ce feu doit cuire toute la nourriture pour les membres de la famille. Et comme la future petite femme est plus proche de la maman, c'est elle qui apprend tout ça. Avant de laver le *nixtamal*, par exemple, la femme souffle sur ses mains avant de les mettre dans le *nixtamal* pour tout bien enlever et le laver. Ça veut dire, ce souffle que la femme donne à ses mains, c'est pour que son travail rende bien, pour que tout ce qu'elle va préparer soit abondant. Elle le fait aussi avant de laver. Donc, chaque détail de tout ça, elle l'explique à sa fille. Et alors les enfants, depuis tout petits,

41

font la même chose qu'elle. Pareil pour les hommes. L'homme, avant de se mettre au travail, quel que soit le jour, quelle que soit l'heure, eh bien, le matin il salue le soleil pour commencer à travailler. Il enlève son chapeau et il parle avec le soleil avant de se mettre au travail. Donc le petit garçon, avant de se mettre au travail, enlève son petit chapeau, et parle avec le soleil. Bien sûr, chaque ethnie a sa façon à elle de s'exprimer. Tout ça, très souvent, c'est différent dans les autres ethnies. Par exemple la signification des tissages. Nous nous sommes rendu compte que dans les autres ethnies c'est différent. Mais c'est vrai qu'il y a quelque chose en commun. C'est la culture, oui, c'est ça.

Notre peuple est fondamentalement un peuple de paysans, mais il y a aussi des commerçants. Les gens, justement, se font commerçants après avoir mené une vie de paysans. Et dans le cas de quelqu'un qui va travailler dans les *fincas*, et qui y fait autre chose que le travail de la terre, quand il revient chez lui, il vaut mieux pour lui de se faire commerçant, d'installer sa petite boutique, pour le peu d'argent qu'ils en tirent. Et ils se mettent à chercher un autre mode de vie. Mais c'est vrai qu'on garde l'habitude, par exemple, avant de travailler, de saluer le soleil. Et on fait aussi ça pour tout. Et tout ce qui fait partie de notre culture vient de la terre. Le caractère très religieux de notre peuple, ça vient de notre culture, de notre récolte de maïs, de haricots qui sont deux éléments très importants dans une communauté. Donc même si l'homme se met à chercher à gagner de l'argent, il ne perd quand même jamais sa culture, qui est liée à la terre.

Il y a toute une série de devoirs. Nos parents nous enseignent à être responsables, comme eux-mêmes sont responsables. Par exemple, le fils aîné a des responsabilités dans la maison. Les choses que le père ne peut pas réparer, c'est le fils aîné qui peut le faire. C'est comme un deuxième papa pour tous. Il doit garder présent à l'esprit qu'il est aussi responsable de la formation. Très souvent c'est la maman qui doit tenir toute une série de comptes, qu'est-ce que c'est qu'on mange, qu'est-ce que c'est qu'on achète. Par exemple, quand un des enfants est malade, c'est la maman qui doit chercher comment il faut lui donner ses remèdes. L'homme, lui, se charge de toute une série de problèmes, qu'il faut aussi les régler comme il faut. Et chacune de nous autres, les filles, quand nous devenons grandes, nous avons aussi une petite responsabilité. Elle nous est donnée grâce à la promesse que font les parents pour leur enfant, quand il naît, tout l'ensemble des coutumes qu'on respecte, cette promesse que l'enfant ne pourra faire que quand on lui apprendra à la faire à son tour ; la maman, qui est plus proche d'eux, ou le papa de temps en temps, discute avec ses enfants, en leur disant qu'est-ce qui se fait, et qu'est-ce que faisaient nos ancêtres. C'est-à-dire, on ne nous impose pas une loi, mais, sur la base de ce que faisaient nos ancêtres, nous autres, nous devons agir de cette façon. Donc, c'est là que nous commençons à avoir de petites responsabilités. Par exemple, ils commencent comme ça, que c'est à la petite fille de porter l'eau ; mais ils lui expliquent pourquoi elle le fait. Ou par exemple, c'est au petit garçon que revient la charge d'attacher les chiens dans le *corral* pour la nuit, quand les animaux rentrent, ou, sinon, c'est à lui d'aller chercher le cheval, qui se trouve très loin de la maison. Il y a une série de tâches, pour la fille et pour le garçon. Et ça nous donne le sens des responsabilités, parce que si nous n'avons pas bien fait toutes ces choses, alors là, oui, le papa a le droit de nous gronder, de battre son enfant. Et ainsi, quand on fait bien attention, on apprend très bien à faire ces petites choses. Tout ce que fait la maman, elle dit à sa fille pourquoi elle le fait. Donc la fille a une idée bien claire de pourquoi elle le fait aussi. Il en va de même pour le petit homme. Par exemple, pour mettre sur le feu une marmite en terre cuite, que c'est la première fois qu'on la met sur le feu, pour que cette marmite dure, et en même temps pour qu'elle remplisse bien sa fonction, qui est de cuire toutes les choses, qu'elle doit le faire très bien, on la fouette cinq fois avec des branches. Ça, la fille le demande : « Pourquoi tu fais ça, maman ? — Parce que cette marmite doit remplir sa fonction et elle doit faire ceci et cela. » Et elle doit durer. Donc la fille a ça présent à l'esprit, et quand c'est son tour de s'occuper de la même tâche, elle le fait pareil que sa maman. Ça implique une fois de plus l'engagement que nous devons tous garder les coutumes, les secrets de nos ancêtres. Et que les parents, au niveau de la communauté, font comme un exposé, comme quoi nos grands-parents nous ont recommandé ça, et que nous devons le garder. Presque la plupart des choses que nous faisons se basent sur ce que faisaient nos ancêtres. C'est pour ça que nous avons l'élu, qui est la personne qui remplit toutes les conditions, qui sont encore valables, que réunissaient nos ancêtres. C'est l'homme le plus important de la communauté, les enfants de tout le monde sont ses enfants, c'est-à-dire, c'est quelqu'un qui doit mettre en pratique toutes ces choses. Et c'est avant tout un engagement qu'il prend vis-à-vis de toute la communauté. Donc, par rapport à ça, tout ce qu'on fait, on le fait en souvenir des autres.

III

Le nahual

« Cette nuit qu'il passa en hurlant, comme
un coyote, tandis qu'il dormait, comme un être
humain. »

« Être animal, sans cesser d'être un homme. »

« Animal et être humain coexistent en eux,
par la volonté de leurs ancêtres, depuis leur
naissance... »

MIGUEL ANGEL ASTURIAS,
Hommes de Maïs.

Tout enfant naît avec son *nahual.* Son *nahual* est comme son ombre.
Ils vont vivre en parallèle, et presque toujours c'est un animal qui est le
nahual. L'enfant doit dialoguer avec la nature. Pour nous autres, le
nahual est un représentant de la terre, un représentant des animaux, et
un représentant de l'eau et du soleil. Et tout ça fait que nous nous
construisons une image de ce représentant. C'est comme une autre
personne parallèle à l'homme. C'est quelque chose d'important. On
enseigne à l'enfant que si on tue un animal, le propriétaire de cet
animal va se fâcher avec la personne qui l'a tué, parce qu'il lui tue son
nahual. Tout animal a un être humain qui lui correspond, et si on fait
du mal à cette personne, on fait du mal à l'animal.

Nous autres nous répartissons les jours entre chiens, chats,
taureaux, oiseaux. Chaque jour a un *nahual.* Si l'enfant est né le

mercredi, par exemple, son *nahual* pourrait être une petite brebis. Le *nahual* est déterminé en fonction du jour de la naissance. Donc pour cet enfant, tous les mercredis, ça sera son jour spécial. Si l'enfant est né le mardi, c'est la pire des situations pour un enfant, parce qu'il sera très coléreux. Les parents savent ce que sera le comportement de l'enfant selon le jour où il est né. Parce que s'il est tombé sur le taureau comme *nahual*, les parents disent que le petit taureau se met toujours en colère. Le chat, lui, aimera se disputer souvent avec ses petits frères.

Pour nous autres, ou pour nos ancêtres, il y a dix jours sacrés. Ces dix jours sacrés représentent chacun une ombre. Cette ombre correspond à celle d'un animal.

Il y a des chiens, des chevaux, des oiseaux, il y a des animaux sauvages comme, par exemple, le lion. Il y a aussi des arbres. Un arbre qu'on a choisi il y a beaucoup de siècles, et qui a une ombre. Donc chacun de ces dix jours est représenté par un des animaux que je viens de mentionner. Ces animaux ne sont pas toujours au nombre d'un. Par exemple un chien tout seul ne va pas pouvoir représenter un *nahual*, il faut pour ça neuf chiens. Dans le cas des chevaux, c'est trois chevaux qui représentent un *nahual*. C'est-à-dire, c'est très varié. On ne sait pas le nombre. Ou plutôt si, on le sait, mais il n'y a que nos parents qui savent le nombre des animaux qui représentent chacun des *nahuales* de ces dix jours sacrés.

Mais, pour nous, les jours les plus humbles sont le mercredi, le lundi, le samedi et le dimanche. Les plus humbles. C'est-à-dire, ils devraient correspondre à une brebis, par exemple. Ou à des oiseaux. Des animaux comme ça qui ne font pas de mal aux autres animaux. En fait, les jeunes, avant qu'ils se marient, on leur donne l'explication de tout ça. Donc ils sauront, quand ils seront parents, quand naîtra leur enfant, quel animal représente chacun des jours. Mais il y a une chose très importante. Les parents ne nous disent pas quel est notre *nahual* quand nous sommes mineurs, ou quand nous avons encore un comportement d'enfant. Nous n'allons connaître notre *nahual* que quand nous aurons déjà un comportement sûr, qui ne change pas, qu'on sache déjà que c'est notre comportement. Parce que très souvent on peut tirer profit de son *nahual*, si mon *nahual* est un taureau, par exemple, j'aurai... des envies de me battre avec mes frères. Donc, pour pas qu'ils profitent de leur *nahual,* on ne le dit pas aux enfants. Même si bien des fois on compare les enfants avec l'animal, mais ce n'est pas pour l'identifier à son *nahual.* Les enfants mineurs ne connaissent pas le *nahual* des aînés. On leur dit seulement quand la personne a déjà un comportement d'adulte. Ça peut être à neuf ans comme à dix-neuf ou à vingt. C'est pour que l'enfant ne fasse pas de caprices. Et qu'il n'aille pas dire, moi je suis tel animal. Donc les autres doivent me supporter comme ça. Mais quand on offre à l'enfant ses animaux, à dix ou douze ans, il doit recevoir un animal, entre autres, qui représente son *nahual.* Mais si on ne peut pas lui donner un lion, par exemple, on le remplace par un autre animal semblable. Il n'y a que nos parents qui savent quel jour nous sommes nés. Ou peut-être la communauté, parce qu'ils étaient présents à ce moment-là. Mais les autres voisins des autres villages, eux déjà ils ne sauront rien. Ça serait seulement si on en arrive à devenir amis intimes.

Ça, ça vaut surtout pour la naissance d'un enfant. Quand c'est mardi et qu'il n'y a pas d'enfant qui naît, personne ne se rend compte, ou ça n'intéresse personne. C'est-à-dire, c'est pas un jour où on se recueille, ou qu'on fête. Ça arrive très souvent qu'on a de la sympathie pour l'animal qui correspond à notre *nahual* avant de le savoir. Nous avons certaines intuitions particulières, nous autres les indigènes. Le fait que nous aimons beaucoup la nature, que nous avons beaucoup d'affection pour tout ce qui existe. Mais quand même, il y a toujours un animal qui se détache, qui nous plaît plus que les autres. Nous l'aimons beaucoup. Et il arrive un moment où on nous dit que c'est notre *nahual,* alors nous avons encore plus d'affection pour cet animal.

Tous les règnes qui, selon nous, existent sur la terre ont quelque chose à voir avec l'homme, et contribuent à l'homme. Ce n'est pas quelque chose qui serait isolé de l'homme ; qu'il y aurait l'homme par-ci, l'animal par-là : au contraire, c'est une relation constante, c'est quelque chose de parallèle. Nous pouvons le voir aussi dans les noms indigènes. Il y a beaucoup de noms qui sont ceux d'animaux. Par exemple Quej, cheval.

Nous autres les indigènes nous avons dissimulé notre identité, nous avons gardé beaucoup de secrets, et c'est pour ça que nous sommes discriminés. Pour nous, c'est assez difficile bien souvent de dire quelque chose qui nous concerne personnellement, parce que nous savons que nous devons le cacher jusqu'à ce que nous ayons la garantie que ça va être perpétué comme une culture indigène, que personne ne peut nous arracher. C'est pour ça que je ne peux pas expliquer le *nahual*, mais il y a certaines choses que je peux dire dans les grandes lignes.

Moi je ne peux pas dire quel est mon *nahual* parce que c'est un de nos secrets.

IV

La vie à la finca

« La terre est ingrate quand ce sont des
hommes ingrats qui l'habitent. »

« D'autres préparaient le brûlage pour les
semailles, petits doigts d'une volonté obscure
qui lutte, après des millénaires, pour délivrer
le captif du colibri blanc, prisonnier de
l'homme dans la pierre et dans l'œil du grain de
maïs. »

MIGUEL ANGEL ASTURIAS,
Hommes de Maïs.

Après quarante jours, une fois l'enfant déjà intégré à la communauté, recommence la vie normale de descendre aux *fincas*.

Depuis toute petite, ma maman me portait sur son dos pour aller à la
finca. Elle disait que, quand j'avais plus ou moins un ou deux ans, ils
étaient obligés de me porter dans le camion parce que je ne voulais pas
entrer. C'était seulement à la moitié du chemin que je me fatiguais
enfin de tant pleurer, parce que ça me faisait peur. Le trajet dans le
camion, c'est une des choses que je me rappelle. C'est quelque chose
pour moi, que je ne savais pas seulement de quoi il s'agissait, et ça me
donnait tant de chagrin, parce que je suis une personne qui craint
beaucoup la mauvaise odeur et tout ça. Le camion, c'est pour des
cuadrillas, en tout quarante personnes. Et au milieu des quarante
personnes vont aussi des animaux, des petits chiens, des chats, des
petits poulets que les gens emportent de l'*altiplano* pour les avoir sur la
côte pendant le temps qu'ils vont rester à la *finca*. Et donc nous

48

voyageons avec les animaux. Il y avait des fois que nous roulions dans le camion plus de deux nuits et un jour. Depuis ma terre jusqu'à la côte. Quand nous nous mettions en route, les animaux commençaient à faire leurs saletés, comme les enfants aussi, dans le camion même, et alors c'était impossible à supporter, l'odeur de toute cette saleté, des animaux et des gens. Et il y a beaucoup de gens qui reçoivent leur paye, ce qu'ils vont gagner dans la *finca* — parce qu'ils nous font toujours une avance de cinq *quetzales* sur ce que nous allons gagner. Les gens, à cause de la joie, ou de l'amertume qu'ils doivent aller travailler sans repos, sans limite, et abandonner leur terre natale qui est l'*altiplano*, les gens donc se mettent à siroter, à boire du *guaro*, dans le village. Et je me rappelle, c'est ça qui se passait avec mes parents. Alors, dans le camion, il y a aussi des gens en train de vomir, des gens qui rendent tout ce qu'ils ont mangé pendant la journée. Et tout ça, ça fait un mélange, et on arrive à la *finca* à moitié fou. Quand nous roulons dans le camion, le camion, ils le couvrent avec une bâche et de l'intérieur on ne peut voir ni les paysages ni l'endroit par où on passe. Presque tout le temps du chemin, nous dormons parce qu'on en a marre de rester dans le camion. Je me rappelle que quand le camion était tout recouvert, avec toute l'odeur accumulée de l'atmosphère qu'il y a dedans, on se met soi-même à vomir, rien que de sentir cette odeur-là. Si bien que nous arrivons à la *finca* comme un désastre, mais un désastre, que nous avions l'air de poules qui sortent d'une marmite, et que nous pouvions à peine marcher en arrivant à la *finca*.

Moi je voyageais toujours de l'*altiplano* à la côte, mais je n'ai jamais connu le paysage par où nous passions. Nous entendions les bruits d'autres camions ou de voitures, mais nous ne voyions pas ça non plus. Je me rappelle, depuis l'âge de huit ans jusqu'à dix ans j'ai travaillé à la cueillette du café. Mais après ça, je descendais à la cueillette du coton, qui est sur la côte même, là où il fait très, très chaud. Et donc le premier jour que nous étions dans la plantation de coton, je me rappelle que je me suis réveillée comme ça vers minuit, et j'ai allumé une bougie, et quand j'ai vu le visage de mes petits frères, ils étaient couverts, mais alors couverts d'insectes, de moustiques, et je me suis touché le visage et j'avais ça moi aussi, c'est vrai, et ces bêtes elles allaient se mettre jusque dans la bouche de tout le monde. Ça me faisait un de ces effets, rien que de voir toutes ces bêtes, ça me donnait même de l'allergie, de penser qu'elles étaient en train de me piquer. Tout ça c'est un monde, que je voyais que c'était la même chose, la même chose, toujours la même chose, et que ça ne changeait jamais. Vu la façon qu'ils nous transportent, nous ne connaissons aucun village. Moi j'ai vu les endroits et les merveilles de la région quand ils nous ont chassés de la *finca* et que nous avons dû payer notre voyage et rentrer dans une camionnette. Presque tous les chauffeurs qui conduisaient ne voulaient pas nous prendre parce que, bien sûr, nous arrivions tout sales, tout noirs de soleil, et personne ne voulait nous emmener.

Le camion appartient à la *finca*, seulement il est conduit par les agents-recruteurs, les *caporales*. Les *caporales* surveillent chaque groupe de gens d'une *cuadrilla*, que ça fait quarante personnes ou plus, ce que peut contenir le camion. Quand elles arrivent à la *finca*, ces quarante personnes auront leur *caporal*. Les agents-recruteurs sont des gens du même village, avec la différence qu'ils sont allés faire leur service ou qu'ils sont restés loin de la communauté, et ils se mettent à avoir un comportement comme les propriétaires terriens eux-mêmes. Ils se mettent à maltraiter les gens et ils parlent avec brusquerie, ils maltraitent comme ça, ils se font très mauvais. Et donc, selon qu'ils s'adaptent à la vie du propriétaire terrien, ou à sa manière de traiter les gens, alors on leur donne leur chance à la *finca*. On leur donne un salaire en plus, et on leur donne une place, c'est ça. Ils sont là, je dirais, pour commander et punir la troupe. Ils parlent espagnol, et c'est justement qu'ils sont proches des propriétaires terriens, parce que nous autres les indigènes, nous ne parlons pas espagnol, alors très souvent ils nous trompent sur tout et comme nous ne parlons pas l'espagnol, nous ne pouvons pas nous plaindre et nous ne connaissons même pas le propriétaire terrien, où il vit, ni où il se trouve.

Nous ne connaissons que les *caporales* et les agents-recruteurs. Donc, je mets à part les agents-recruteurs, ceux qui emmènent les gens de l'*altiplano* ou les ramènent. Les *caporales*, eux surtout, ont un travail fixe dans les *fincas*. Une *cuadrilla* sort, il y en a d'autres qui arrivent, et eux ils continuent à commander. Le *caporal* est celui qui commande, par exemple quand quelqu'un se repose un instant pendant le travail, le *caporal* arrive tout de suite pour l'insulter : travaillez, que c'est pour ça qu'on vous paye. Ils nous punissent aussi si les gens ne se dépêchent pas, parce que des fois nous travaillons à la tâche, et des fois nous travaillons à la journée. Donc, quand on travaille à la journée, c'est là qu'on subit le plus les mauvais traitements du *caporal*. Parce qu'à chaque seconde, le *caporal* est là pour nous donner des ordres. À chaque seconde le *caporal* passe pour voir comment on travaille. D'autres fois on nous paye pour la quantité qu'on a ramassée. Les deux reviennent au même parce que bien des fois nous travaillons plus quand nous travaillons à la journée, parce que le *caporal* est toujours sur notre dos sans nous laisser souffler. Et quand nous travaillons à la tâche, ça dépend. Des fois nous ne terminons pas le travail dans la journée et nous devons continuer le jour suivant, mais ça permet qu'on se repose un petit moment. Mais le travail pèse pareil, que ce soit travailler à la tâche ou travailler à la journée.

Donc, avant qu'on aille au camion, l'agent-recruteur nous demande d'emporter toutes les choses dont nous aurons besoin à la *finca*. Les enfants ont le même verre et la même assiette que les parents, c'est-à-dire qu'on n'emporte pas les choses en double quand les enfants ne gagnent pas encore. Dans mon cas, quand je ne gagnais encore rien, mes parents ne m'achetaient ni verres ni assiettes, parce que chaque travailleur doit emporter son verre et son assiette et sa bouteille pour son eau, dans son petit *morral*, pour recevoir sa *tortilla*, à la *finca*. Donc, ma maman recevait sa ration, et une partie de la ration de ma mère, elle me la donnait à moi, parce que je ne gagnais pas encore, et ça se passait comme ça avec tous les enfants qui ne gagnaient pas. Et quand un enfant gagne déjà, alors il emporte sa petite assiette pour y recevoir lui aussi sa *tortilla,* sa ration, avec tous les *mozos.* Quand ils nous donnent seulement des *tortillas* et des haricots, quelquefois des haricots tellement pourris et des *tortillas* tellement pourries, là ils ne nous font rien payer, mais quand ils nous changent un peu la nourriture, par exemple, tous les deux mois peut-être, ils donnent des œufs au travailleur, un œuf chacun avec la *tortilla,* alors ça ils nous le font payer d'une autre manière, ils nous le décomptent. Ils nous décomptent les variantes dans la nourriture. Dans la *cantina* qui appartient au propriétaire terrien, là ils vendent de l'alcool, toute sorte de *guaro,* mais en même temps ils vendent des choses pour faire envie aux enfants. Par exemple, les sucreries, les biscuits. Toutes ces choses sont là, dans la boutique. Ou des rafraîchissements. Alors les enfants, avec toute cette chaleur et toute cette sueur et la faim et tout ça, ils réclament qu'on leur achète une petite friandise. Et les parents sont tristes de voir qu'ils ne peuvent pas en donner à un enfant, alors ils y vont et lui achètent. Mais ils le prennent à crédit, parce que les types de la *cantina* n'acceptent pas d'argent sur le moment, mais ils le marquent seulement, tout ce qu'on a emporté, tout ce qu'on a bu. Ils le marquent, et alors ensuite, quand on nous remet la paye, on nous dit, ça c'est ce que tu dois à la boutique, ça c'est ce que tu dois pour la nourriture, et ça c'est ce que tu dois pour la pharmacie, et ça c'est ce

51

que tu dois pour ceci, pour cela. Par exemple un enfant, sans faire exprès, a arraché un petit arbre de café, eh bien, par exemple ça, ça va être ce que tu dois pour le travail.

Ils nous décomptent tout. Si bien que nous devons leur remettre de l'argent pour payer notre dette. Et il y a aussi une situation que je me rappelle très bien, que mon père, de désespoir, et ma mère, à cause du désespoir où ils se trouvaient, ils s'en allaient à la *cantina*. Dans toutes les *fincas* du Guatemala, il y a une *cantina*. Nous disons *cantina*, nous autres, pour l'endroit où ils vendent le *guaro*, où ils vendent l'alcool. Ils s'en vont donc à cette *cantina*. Et là ils boivent l'alcool ou le *guaro* qu'ils veulent, et ensuite, à la fin du mois, on le leur fait payer, pardi. Cette *cantina* appartient au propriétaire en personne, et elle est installée là pour les travailleurs. Alors presque la totalité de la paye se dépense là.

Il y a eu des cas très durs où moi, mes frères et ma mère, nous étions obligés de donner tout notre salaire pour la maison à la fin du mois, parce que des fois mon père devait laisser tout son salaire à la *finca*, vu qu'il buvait tout le temps, et presque la totalité de sa paye y restait. C'était un homme très sensible. Pour n'importe quoi qu'il voyait que ça ne lui réussissait pas, ou n'importe quel moment difficile à passer, eh bien, en face de cette situation, il allait boire pour tout oublier. Mais ça lui faisait encore plus du tort, parce que son propre argent restait chez le propriétaire terrien. C'est bien pour ça que le propriétaire terrien a mis cette *cantina*. Une fois je me rappelle que mon papa a travaillé toute la journée, mais c'était à la cueillette du coton. Et donc il n'en a pas ramassé assez. Je ne sais pas seulement ce qui lui est arrivé, mais il n'est pas allé au bout de la quantité qu'il fallait. Alors mon papa, par colère, ou par envie de fuir ce milieu, est allé boire, et toute la nuit il est resté à la *cantina*. Quand est arrivée la fin du mois, presque tout le salaire de mon papa, tout ce qu'il avait gagné, il a dû le laisser à la *cantina*, parce qu'ils lui avaient décompté une note énorme. Nous, sincèrement, nous ne savions pas qu'il avait bu tout ce *guaro*. Et vraiment, après le travail, ça fait une grande peine de voir toute la dette qu'on a. Pour le moindre détail, il y a une dette. C'est ce qui nous apprenait à rester bien tranquilles, parce que ma maman disait, ne touchez à rien, qu'après il faut qu'on paye. Ma maman était toujours à nous surveiller pour qu'on se tienne bien et pour qu'il n'y ait pas davantage de dettes.

Ce qui s'est passé la fois où ils nous ont chassés de la *finca*, c'est un de nos voisins qui nous l'a raconté, lui il a continué à la *finca*. Quand eux ils ont reçu la paye, il dit que le *caporal* nous avait mis sur la liste des *mozos,* comme si nous avions terminé notre mois. Alors c'est sûr, ça faisait trois personnes : ma maman, moi et mon petit frère, que nous faisions pour ainsi dire le travail d'une personne, et le voisin aussi, qui nous a accompagnés pour rentrer. Il dit que quand est venue la fin du mois, le *caporal* nous avait mis sur la liste comme si on avait fini le mois et comme si on avait reçu la paye qu'on devait recevoir. La paye qui nous revenait à nous autres, elle est allée dans la poche du *caporal.* Comme ça, les *caporales,* d'abord, ils ont tout ce qu'ils gagnent, et ce qu'ils se mettent à soutirer des gens, et ils commencent à se faire leur bonne petite maison sur l'*altiplano,* et quand ils veulent, ils ont aussi d'autres petites maisons ; ils vivent là où ils ont envie, là où ça leur plaît le plus.

Beaucoup d'entre eux sont des *ladinos* de l'Oriente *, mais il y en a aussi beaucoup qui sont des indigènes de l'*altiplano* même. Mon papa les appelait des indigènes ladinisés. Quand nous autres nous disons ladinisés, c'est parce qu'ils ont déjà un comportement de *ladino,* et de mauvais *ladino,* parce que ensuite nous nous sommes rendu compte que tous les *ladinos* ne sont pas mauvais. Le mauvais *ladino,* c'est celui qui sait causer et qui sait comment voler le peuple. C'est-à-dire, c'est une image en plus petit du propriétaire terrien. Je me rappelle quand nous allions dans le camion, c'est que ça vous donnait envie de le brûler ce camion pour qu'ils nous laissent nous reposer. Et ce qui m'assommait le plus, c'est de rouler et de rouler et de rouler et des fois on avait envie d'uriner et qu'on ne pouvait rien faire parce que le camion ne s'arrêtait pas. Les chauffeurs, des fois ils étaient ivres, soûls. Eux ils s'arrêtaient beaucoup en chemin, et ils ne permettaient pas aux gens de descendre. Alors il nous prenait une de ces colères, contre eux, parce qu'ils ne nous laissaient pas descendre, alors qu'eux, tout le temps en train de boire pendant la route. Tout ça, ça me mettait en rage, et des fois, je lui demandais à ma maman : « Pourquoi nous y allons, à la *finca ?* » Et ma maman disait : « Parce que nous sommes obligés d'aller à la *finca,* et quand tu seras grande, tu te rendras compte de cette nécessité où nous sommes. » Mais moi je me rendais bien compte, ce qui se passait, c'est que j'en avais marre de tout. Quand j'étais déjà plus grande, ça ne me paraissait plus anormal, parce que peu à peu on voit que ce sont les nécessités, et on voit que ça devait être comme ça, et que nous n'étions pas les seuls, toute cette peine, ces douleurs, ces souffrances, tout ça c'était le lot de tout un peuple, même que nous venions d'endroits différents.

Quand nous étions déjà dans la plantation de coton, je crois que j'avais douze ans par là, j'étais déjà grande, je travaillais déjà comme une femme adulte et je faisais toute ma tâche. La première fois que j'ai connu un propriétaire terrien de la *finca*, je me rappelle que ça m'a même fait peur de le voir, parce qu'il était gros. Je n'avais jamais vu un *ladino* comme ce propriétaire. Il était bien gros, bien habillé, y compris avec une montre et tout ça, et en ce temps-là, nous autres, on ne connaissait pas la montre. Même que moi je n'avais pas de chaussures, malgré que beaucoup de gens avaient leurs *caitíos*, mais ça n'avait rien de comparable avec la chaussure du propriétaire terrien, ça non. Les *caporales* nous l'ont annoncé dès l'aube, et ils nous ont dit : « Messieurs, vous allez travailler un jour de plus après la fin du mois. » Et chaque fois qu'il se passe quelque chose, ils nous avisent tout à coup que nous ne devons pas nous en aller à la fin du mois, mais que nous devons rajouter encore un jour de travail. Si le mois a trente et un jours, nous devons rajouter le premier jour du mois suivant. S'il se passe quelque chose, ou s'il y a un jour de repos. Donc, les *caporales*, nous ont avisés que nous devions rajouter un jour de travail après le mois, parce qu'il fallait que nous connaissions le propriétaire terrien. Le patron, comme ils disent : « Notre patron arrive, et le patron va nous faire ses remerciements pour notre travail et en même temps il va discuter un moment avec nous, si bien que personne ne va aller au travail maintenant, personne ne va sortir d'ici et nous devons attendre le patron. » Alors nous sommes restés dans le campement où nous vivions, dans la baraque, et ils nous ont divisés en groupes. C'est alors que nous avons vu apparaître le grand propriétaire terrien, et que derrière lui venaient quelque chose comme quinze soldats, pour le protéger.

Je me suis retrouvée comme une idiote, ça oui, parce que j'ai pensé qu'ils avaient leurs armes braquées sur le propriétaire terrien. Et alors j'ai dit : « Comment c'est possible qu'on l'oblige par la force à venir nous voir, hein ? » Mais non, c'était pour le protéger. Il y avait quinze soldats, par là, et ils ont cherché un endroit bien propre pour le propriétaire terrien. Et nous, ils nous obligeaient... Le *caporal* a dit : « Quelqu'un de chez vous doit danser quand le propriétaire terrien sera là. » Ma maman refusait, ma maman nous a cachés. Ce qu'ils cherchaient surtout, c'étaient les enfants, pour qu'ils fassent un compliment au propriétaire terrien. Personne n'a eu seulement le courage de s'approcher de lui, parce qu'il était très bien protégé, même qu'il avait une arme dans la ceinture. Quand le propriétaire terrien est arrivé, il a commencé à parler en espagnol. Ma maman le comprenait un petit peu, un petit peu en espagnol, et ensuite elle nous disait : « Il est en train de parler des élections. » Mais nous, nous ne comprenions même pas ce que nous disaient nos parents, qu'il y a un gouvernement des *ladinos*. C'est-à-dire, le président qui a été à ce moment-là au pouvoir, pour mes parents, c'était un gouvernement de *ladinos*. Ce n'était pas le gouvernement du pays. Alors nous, toujours, c'est ça qu'on avait dans l'idée. Alors ma maman dit : « Il parle du gouvernement des *ladinos*. » Ah, qu'est-ce qu'il peut bien raconter ? Et donc le propriétaire terrien a parlé. Les caporaux viennent ensuite, ils commencent à nous traduire ce qu'il a dit, et ce que disait le propriétaire terrien, c'est que nous tous nous devions faire une marque sur un papier. C'est-à-dire, ça devait être les bulletins de vote, j'imagine que c'était les votes. Nous tous, nous devions aller faire une marque sur un papier, et il a donné un papier à mon papa, à ma maman, et c'était déjà tout indiqué, l'endroit où il fallait faire sa marque. Je me rappelle que c'était un papier avec trois ou quatre dessins encadrés. Alors mon papa, avec mes frèrs, ceux qui étaient déjà majeurs, sont allés faire une marque sur le papier là où le propriétaire terrien avait dit. Dès le début, le propriétaire terrien nous avait avertis que celui qui ne va pas faire la marque sur le papier, il allait être privé de son travail après le mois. C'est-à-dire, on le vidait tout de suite de son travail, on n'allait pas le payer. Les *mozos* étaient obligés d'aller faire la marque sur le papier. Donc, un autre jour de plus de repos, ça veut dire que le deux du mois suivant nous devons encore travailler. Et alors le propriétaire terrien est parti, mais après... très souvent j'ai rêvé... ça doit être la peur, l'impression que m'a laissée le visage de ce monsieur... et je me rappelle que je le disais à ma maman... « J'ai rêvé du vieux *ladino* qui est venu ici. » Et ma maman disait : « Ah, bêtasse. C'est un monsieur, il ne faut pas avoir peur de lui », disait ma maman. Mais tous les enfants de l'endroit où nous nous trouvions s'enfuyaient loin de leurs parents et pleuraient de voir ce monsieur *ladino*, et pire encore quand ils ont vu les armes et la troupe. Alors, ils pensaient qu'on allait leur tuer leurs parents. Et c'est ce que j'ai pensé moi aussi, qu'ils allaient tuer tout le monde, parce qu'ils avaient des armes.

Nous ne savions même pas le nom qu'il y avait sur le papier. Mon papa des fois disait des noms à cause des souvenirs qu'il avait, parce que quand il y a eu la défaite de 54, il dit qu'ils ont fait prisonniers tous les hommes de la région, de toutes les régions. Les indigènes, ils les ont envoyés à la caserne. En arrivant là, on leur a donné une arme et on leur a dit qu'ils devaient se battre. Mon papa y a été. Il fait partie aussi de ceux qui ont été pris, et il a des souvenirs très sombres de tout ça. Il dit que beaucoup, beaucoup d'indigènes sont morts, et que nous, nous nous sommes sauvés grâce à notre propre esprit d'initiative, et c'est comme ça que nous sommes en vie, c'est ce que disait mon papa. Donc il a de mauvais souvenirs de tout ça. Il parlait toujours du président qu'il y avait avant, mais les autres, nous ne les connaissions pas. Les autres, nous ne les connaissions pas, nous ne savons pas leur nom, ni comment ils sont. Nous ne savons rien d'eux. Ensuite les propriétaires terriens nous ont félicités. Ça a été la deuxième fois que nous avons vu le propriétaire terrien, son épouse et l'un de ses enfants, qui étaient presque pareils que lui, aussi gros. Ils sont arrivés à la *finca,* et ils nous ont dit que notre président avait gagné, celui que nous avions voté pour lui. Mais alors nous ne savions pas, nous autres, si c'étaient des votes, les papiers qu'ils nous avaient apportés, vraiment pas. Alors mes parents riaient quand on disait « notre président », parce que pour nous c'était le président des *ladinos,* ce n'était pas notre président. Voilà mes impressions, depuis toute petite, et je pensais beaucoup à comment serait ce président. Je pensais que c'était un homme encore plus grand que le propriétaire terrien. Parce que le propriétaire terrien était grand ; grand, et nous ne voyons jamais de gens de grande taille dans notre village. Donc, moi, je pensais que le président était plus grand que le propriétaire terrien. Quand j'ai été grande, là oui, j'ai connu de plus près le propriétaire terrien et il m'a demandée à mes parents. Ça c'est quand on m'a transférée à la capitale [1], c'est déjà l'étape suivante de ma vie.

1. *La Capital :* la ville de Guatemala.

V

Premier voyage à la capitale

« Quand j'ai été pour la première fois à la
capitale, je l'ai vue comme un monstre, comme
un autre différent. »

RIGOBERTA MENCHÚ.

À sept ans, c'est la première fois que je me suis sentie grande, quand je me suis perdue dans la montagne. Après le retour de la *finca,* nous sommes allés vivre sur l'*altiplano,* mais malheureusement mes frères et nous-mêmes, nous sommes tombés malades. Nous sommes rentrés en très mauvais état du voyage de la *finca.* L'argent s'est épuisé, et mon père disait, si nous retournons à la *finca* avec des enfants malades, ce sera seulement pour les enterrer là-bas. Alors mon papa a dit : « Il n'y a pas d'autre remède que d'aller chercher de l'osier dans la montagne. » Mes frères aînés, moi, et mon papa. En fait, nous autres, toujours, les jours qui nous restent de libres, nous allons chercher de l'osier, parce que nous nous trouvons plus près de la montagne, et chaque moment que nous avions de libre, une semaine où il n'y avait pas de travail par exemple, mon papa allait dans la montagne. Tout le monde, pour aller couper l'osier. Et, pratiquement, quand nous allions dans la montagne pour couper l'osier, à nous tous, moi, mon papa, mes deux frères aînés, nous arrivions en une semaine à en tirer un quintal, c'est-à-dire cent livres d'osier. Et on le sèche. L'osier, on essaye de le tirer, comme des cordes, et on rassemble tout, et d'autres enlèvent l'écorce, et d'autres l'enroulent. Nous nous sommes donc enfoncés dans la montagne, et quand on y est, si on ne s'oriente pas bien, où est notre terre, on se perd. Nous avions un chien, et ce chien nous guidait

57

toujours, parce que le chien savait chercher les animaux, et aussi il sait reconnaître le chemin, c'est pour ainsi dire notre guide à tous quand nous allons dans la montagne. Donc, ce malheureux chien a vu que nous n'avions pas de nourriture, que notre nourriture s'est épuisée, ça faisait plus de huit jours que nous étions dans la montagne, le pauvre chien avait faim, alors une nuit il est reparti au village. Quand nous nous sommes rendu compte, le chien n'était déjà plus là. Nous, nous ne nous orientions pas, nous ne savions pas seulement à quel endroit de la montagne nous nous trouvions. C'étaient les temps où il pleuvait. Si je ne me trompe pas, ce serait vers le mois de juin, juillet. Il y avait des nuages assez sombres, et nous ne savions pas où nous étions. Mon papa était très préoccupé, parce que si nous restions dans la montagne, nous pouvions nous faire manger par un animal quelconque. Qu'est-ce que nous allions faire pour retrouver notre chemin? Et c'est ainsi que nous avons commencé à marcher et à marcher et à marcher. Nous ne savions pas si nous nous enfoncions davantage dans la montagne, ou si nous en sortions. Nous n'entendions aucun cri des animaux du village, nous n'entendions aucun chien aboyer, parce que en général, quand les chiens aboient dans le village, le son de la voix des animaux porte loin dans la montagne, loin des animaux. Mais il n'y avait rien. À ce moment, à force de tant chercher, voilà qu'ils me perdent, eh oui. Je suis restée en arrière, je ne savais pas par où prendre, et mon papa, presque en pleurant, s'est mis à me chercher. Dans la montagne, celui qui marche le premier c'est celui qui fait le chemin, il ouvre la brèche par où passent les autres, et nous avancions comme ça à la file. Et comme moi j'étais petite, et mes frères, tellement qu'ils étaient en colère, tellement qu'ils étaient fatigués, ils ne voulaient rien entendre, et donc moi je suis restée en arrière, je suis restée, je suis restée là, je suis restée et j'ai commencé à crier et personne ne m'entendait et ils sont partis. Bien sûr, je n'avais qu'à suivre le chemin, mais il arrive un moment où on ne voyait plus par où nous passions. Alors mon papa a dû revenir en arrière et il a perdu le chemin par où il était passé, et donc ils m'ont perdue, quelque chose comme sept heures, que moi j'étais là en train de pleurer, de crier, et personne ne m'entendait.

C'était la première fois que je me sentais un peu comme une personne adulte, et que je devais être davantage responsable, que je devais être comme tous mes frères. Et mes frères se sont mis à me disputer quand ils m'ont retrouvée, que c'est ta faute, que tu ne sais même pas marcher. Et ainsi je crois que nous marchons environ trois jours, pendant lesquels nous n'avions rien à manger. Nous coupions des pousses [1] et nous mangions la partie tendre de la plante, comme si nous mâchions de la viande, en somme. Bien sûr, nous étions de plus en plus faibles, et nous transportions tout l'osier que nous avions coupé. Et c'est à ce moment que ce maudit chien, peut-être qu'il s'était rendu compte que nous étions déjà près du village, voilà donc que le chien arrive à notre rencontre. Il était si joyeux, ce pauvre chien, en venant nous trouver, et nous, nous avions presque envie de le tuer, le pauvre, tellement que nous étions en colère. Ma maman et les voisins étaient très préoccupés, ils ne savaient plus que faire, parce qu'ils savaient que si nous nous sommes perdus dans la montagne, un groupe de voisins devait sortir pour nous rechercher. Bien sûr, avec le chien, ils allaient nous trouver, mais ils nous attendaient encore au village, et tous très fâchés. C'est quelque chose que je n'ai jamais oublié, parce que c'est la colère qui me prend devant toute cette situation que nous avons vécue, parce que après être redescendus au village, que déjà ça nous avait tant coûté de couper l'osier, et nous avons pu en rapporter à la maison, même si nous en avons jeté une grosse quantité quand il a plu. Nous n'avons pas pu tout transporter. Nous avons laissé de côté une partie de l'osier que nous avions coupé. Après ça, mes parents l'ont mis à sécher, et l'ont très bien préparé et mon père est allé à la capitale avec un prêt qu'on lui a accordé, en lui avançant l'argent du billet ; à la capitale, à cette époque, ils nous payaient pratiquement cinquante *quetzales* le quintal d'osier. Là où à cinq, six personnes de la famille, nous faisions un quintal dans la semaine, c'est-à-dire qu'en travaillant toute la journée dans la montagne, ils nous payaient cinquante *quetzales* le quintal, avec tout le transport, qu'il fallait voyager avec cette charge jusqu'au village, et du village au bourg et du bourg à la capitale. Et tous ces frais, c'était pour notre poche.

Donc, nous nous mettons en route, et mon père m'aimait beaucoup et moi j'avais beaucoup d'affection pour mon père, alors c'est pour ainsi dire toujours sur moi que ça tombait de voyager avec lui, et de supporter ce qu'il devait supporter lui. Donc nous arrivons à la capitale, et ma colère, c'est qu'à cette époque, c'est que moi je ne comprenais pas de quoi parlait mon papa avec le monsieur chez qui il est allé vendre l'osier. Et le monsieur lui a dit qu'il n'avait pas d'argent et qu'il n'achetait pas l'osier. C'était un menuisier. C'était un vieux. Parce qu'on continue à utiliser l'osier pour les meubles au Guatemala, et en général ce sont les menuisiers et surtout les menuisiers d'Antigua * qui

1. *Bojones :* voir lexique.

achètent l'osier pour faire ce rotin qu'ils font. Donc nous arrivons là, et moi je voyais les gestes que les messieurs faisaient à mon papa, et que je ne savais pas, moi, ce qu'ils lui racontaient. Ensuite mon papa était très inquiet parce qu'ils ne lui achetaient pas l'osier. Alors mon papa cherchait d'autres gens, mais comme la capitale, pour nous autres, c'est comme un autre monde, que nous ne connaissons pas, parce que nous vivons dans la montagne, alors mon papa a dû laisser l'osier au monsieur qui lui a payé la moitié. C'est-à-dire que nous sommes retournés avec vingt-cinq *quetzales*. Et tout le travail que nous avions fait ! Alors nous sommes retournés à la maison, et nous nous sommes trouvés bien attrapés, parce que ma maman avait pas mal compté sur notre travail et elle pensait que nous arrivions avec une grosse somme d'argent. Et il n'y avait presque rien. Et ma pauvre maman se mourait presque de colère, tellement elle était fâchée de ce qu'il n'y avait même pas d'argent, et de tout ce que nous avions supporté. Elle en avait de la compassion, vraiment, pour tous mes frères et pour nous, parce qu'elle savait que nous avions même souffert la faim, tout mouillés, à chercher l'osier. Alors, nous avons été obligés de retourner à la *finca*, pour ramasser quelques centimes.

Il y avait des fois où nous rapportions aussi des champignons de la montagne, des herbes des champs, pour le village, pour aller les vendre et revenir avec nos quelques sous dans la main. Mais notre travail à nous, pratiquement, c'était d'aller à la montagne chercher l'osier.

Une autre chose qui m'est arrivée dans la vie, c'est quand j'ai été pour la première fois à la capitale. J'étais la préférée de mon papa. J'allais toujours avec lui. Ça a été la première fois que je suis allée dans une camionnette avec des fenêtres, parce que j'étais habituée au camion fermé, comme si nous étions dans un four, avec tous les gens, tous les animaux. Ça a été la première fois que je me suis assise sur un siège de la camionnette, et elle avait des fenêtres. Bien sûr, je ne voulais pas me mettre là-dedans, parce que pour moi c'était différent du camion. Alors mon papa me disait : « Non, je te fais un baiser, n'aie pas de chagrin. Nous allons bien arriver. » Mon papa m'a offert un bonbon pour que je me mette dans la camionnette. Nous sommes partis. Je me rappelle quand la camionnette a commencé à démarrer... Je n'ai presque pas dormi pendant tout le chemin, en voyant le paysage, depuis Uspantán * jusqu'à la capitale. C'était une de ces impressions pour moi, de voir tout ce que nous avions vu : des villages, des maisons très différentes de notre petite maison, et des montagnes. Ça me donnait une grande joie, mais, en même temps, ça me faisait peur, parce que j'avais l'impression, en voyant quand le camion partait, j'avais l'impression que nous allions au fossé. Et quand nous sommes arrivés à la capitale, je croyais que les voitures étaient des animaux, et qu'elles marchaient. Ça ne me passait pas par la tête que c'étaient des voitures. Et je demandais à mon papa : « Qu'est-ce que c'est que ça ? — Pareil que le grand camion, me dit mon papa, seulement que c'est plus petit et c'est pour les gens qui veulent transporter seulement de petites choses. Mais celui dans lequel nous allons à la *finca*, où vont les travailleurs, c'est le camion des indigènes, dit mon papa, et celui où nous allons maintenant, c'est pour les gens qui vont à la capitale, mais pour voyager, et pas pour travailler. Et les plus petits, c'est ceux des plus riches, et c'est seulement pour eux et ils n'ont pas de choses à transporter. » Quand je voyais ça, je pensais que tout le monde se rentrait dedans, et non, ils ne se rentraient presque jamais dedans. Quand ils s'arrêtaient, ils devaient tous s'arrêter. C'était impressionnant pour moi quand je suis arrivée, je me souviens, je racontais à mes petits frères comment c'était, les voitures, comment on les conduisait et que les gens ne se rentraient pas dedans, et que personne n'était mort, et tout ça. J'en avais un rouleau à raconter à la maison. Alors mon papa disait : « Quand tu seras grande, tu dois voyager, tu dois te déplacer. Tu sais déjà que tu dois faire ce que je fais », dit mon papa.

Après avoir vendu notre osier, et que nous n'avons pas touché un centime, mon papa devait entrer dans un bureau de l'INTA [1]. Pendant vingt-deux ans mon papa est allé dans les bureaux de Transformation Agraire, comme ils disent. C'est-à-dire, quand vous avez des problèmes avec les terres, quand ils vous vendent des terres, ou quand le gouvernement veut mettre d'autres paysans dans d'autres régions, vous devez aller à la Transformation Agraire. Ils vous convoquent là pour que vous alliez vous présenter. Et les gens qui ne vont pas se présenter, ils les punissent, ils leur donnent une amende. C'est ce que m'expliquait mon papa, qu'il y avait une prison pour les pauvres, et si quelqu'un n'allait pas à ce bureau, ils le mettaient en prison. Moi je ne savais même pas ce que c'était que la prison. Et mon papa disait : « Ces messieurs-là ne te laissent pas entrer si tu ne les salues pas et si tu ne les respectes pas. Quand nous y entrons, ne fais pas de bruit, ne parle pas », me disait mon papa. Nous entrons donc là, et je vois mon

---

1. Institut National de Transformation Agraire.

papa qui enlève son chapeau, et qui se plie presque en deux, à genoux, devant le monsieur, qui avait une table assez grande et qui était en train d'écrire à la machine. Autre chose, je rêvais toujours de cette machine. Comment c'est possible, qu'un papier en sorte, et que ça écrive ? Je ne savais pas quoi penser de tous ces gens. Mais je pensais que ce sont des gens importants parce que mon papa enlevait son chapeau et les saluait d'une manière très humble. Et ensuite nous sommes retournés à la maison et chaque fois que mon papa s'en allait à la capitale, moi je voulais y aller avec lui, mais il n'avait pas la possibilité de m'emmener. Il y avait beaucoup de choses qui m'intéressaient, et beaucoup de choses que je ne voulais déjà plus voir, ça non, ça me faisait peur. Que je pensais, si j'étais là toute seulette, je me meurs moi, ici. La ville pour moi c'est un monstre, un autre, différent. Toutes ces maisons et ces messieurs et je disais, ça c'est le pays des *ladinos*, c'est bien vrai. Pour moi, c'était le pays des *ladinos*. Que nous autres, nous étions différents. Ensuite, j'ai eu à voyager très souvent, alors ce n'était déjà pas si bizarre pour moi. L'impression que j'en gardais aussi est que nous avons beaucoup souffert de la faim, avec mon papa. Nous ne mangions pas. Donc mon papa disait : « Nous n'allons pas manger parce que nous devons aller à tel endroit et à tel endroit : nous déplacer dans la capitale. » Alors j'avais très faim et je le disais à mon papa : « Tu n'as pas faim, toi ? — Si, mais il nous reste encore à faire beaucoup de choses. » Alors, au lieu d'un repas, mon papa m'achetait une petite friandise, pour que je la suce. Voilà la mauvaise impression que j'avais chaque fois que je pensais que mon papa allait à la capitale, qu'il allait devoir souffrir de la faim. Comme jamais je n'avais goûté une glace de ma vie, une neige, comme ils appellent ça, une fois, mon papa m'a acheté une petite glace à cinq centimes, alors je l'ai goûtée, et j'ai trouvé ça très bon.

Nous sommes restés trois jours dans la capitale. Mon papa avait un ami qui avant était un indigène de la région, un voisin à nous. Mais petit à petit il s'est fait commerçant, et il est parti à la capitale. Alors, il a une petite maison dans la capitale, dans les quartiers du pourtour, une petite maison de carton, très petite elle est, sa maison. Nous restions chez lui. Ça me rendait très triste, avec les enfants de ce monsieur, parce que avant nous étions dans les champs et nous jouions ensemble et nous allions à la rivière, et ensuite, quand j'ai vu les enfants, ils ont pleuré et ils m'ont demandé, comment vont les animaux, comment vont les ruisseaux, comment vont les plantes ? Les enfants étaient très anxieux de retourner au village et moi ça me rendait triste. Ces amis, eux non plus n'avaient presque rien à manger à la maison. Alors ils ne pouvaient pas non plus nous donner à manger, parce que leur nourriture était très maigre. Et donc, nous restions chez eux.

VI

Une travailleuse agricole de huit ans

« Et c'est alors qu'est née ma conscience. »
RIGOBERTA MENCHÚ.

Je travaillais, depuis toute petite, mais je ne gagnais pas d'argent, j'aidais plutôt ma maman, vu que ma maman, elle avait toujours un bébé, et le petit frère, il fallait le porter tout en cueillant le café. Alors ça me faisait beaucoup de peine de voir le visage de ma mère couvert de sueur, et qu'elle ne pouvait pas venir à bout de sa tâche, et moi je devais l'aider. Mais malgré ça, mon travail n'était pas payé, c'était seulement une contribution à la tâche que faisait ma mère. Je cueillais avec elle, ou je gardais le petit frère pour que ma mère produise une bonne quantité de travail. Mon petit frère avait à cette époque peut-être un ou deux ans, et comme là-bas, chez nous les indigènes, on préfère que l'enfant boive le lait, et de ne pas lui donner de la nourriture, parce que ça multiplie la nourriture par deux quand l'enfant mange et que la mère mange, mon petit frère à cette époque tétait encore, et ma maman devait lui consacrer du temps pour qu'il tète et tout ça. Et à cette époque je me rappelle que le travail de ma mère, c'était de faire à manger pour quarante travailleurs. Elle devait moudre le maïs, faire les *tortillas*, mettre le *nixtamal* sur le feu, cuire les haricots, pour le repas des travailleurs. Et à la *finca* c'est difficile. Toute la pâte qu'on fait le matin doit être entièrement utilisée le matin même, parce que sinon elle tourne à l'aigre. Donc, ma mère devait faire ses *tortillas* en fonction de ce que mangent les travailleurs à chaque repas. Ma mère était très appréciée des travailleurs, vu qu'elle leur donnait de la nourriture très fraîche. Mais comme nous, nous dépendions d'une autre dame qui nous donnait à manger, il y avait des fois où nous mangions des choses très aigres, des *tortillas* toutes dures, des haricots qui sautent quand on les prend. Dans la *finca*, la femme qui fait à manger ne sait même pas les gens qu'elle va avoir, le *caporal* vient et lui dit, ça c'est ton groupe... ça c'est ce que tu leur donnes à manger... ça c'est les gens que tu vas avoir... donne à manger à telle et telle heure, et allez, au travail. Et nous mangions avec des femmes différentes qui nous donnaient les repas. Et ma mère, même si elle devait ne pas dormir de toute la nuit, elle aimait donner à manger aux travailleurs comme ils le méritent. Ils rentrent fatigués. Alors elle se souciait beaucoup de bien donner à manger, même si nous autres nous mangions mal par ailleurs.

Donc, à cinq ans, quand ma mère travaillait là-dedans, je devais garder mon petit frère, et je ne gagnais pas encore d'argent. Je voyais ma mère qui très souvent, à trois heures du matin, avait déjà la nourriture toute prête pour les travailleurs qui sortent tôt pour travailler, et à onze heures du matin, elle avait aussi la nourriture prête, pour le repas de midi. À sept heures du soir elle courait à nouveau pour donner à manger aux gens. Et tous ses moments libres, elle devait encore aller travailler à la cueillette du café pour faire des extras, pour arrondir ses gains. Et alors moi, en voyant ça, vraiment, je me sentais très inutile et sans courage, de ne rien pouvoir faire pour ma mère, juste garder mon petit frère. Et c'est alors qu'est née ma conscience, c'est vrai. Même si ça ne plaisait pas beaucoup à ma mère que je commence à travailler, à gagner mon argent, je le faisais quand même et je réclamais ça surtout pour l'aider elle. Économiquement, mais aussi pour lui donner de la force. C'est que ma mère était vaillante, et faisait très bien face. Mais il arrivait des moments où un de mes frères tombait malade, et si ce n'est pas celui-là qui est malade, c'est l'autre, alors, presque tout ce qu'elle gagnait partait pour les médicaments pour mes frères ou pour moi. Alors, ça me faisait beaucoup de peine. Et c'est ainsi que je me rappelle que, quand nous avons terminé les cinq mois que nous étions à la *finca,* nous rentrons à l'*altiplano,* et moi aussi, j'ai presque failli mourir. J'avais environ six ans, et ma mère était bien inquiète parce que j'étais presque en train de mourir. Le changement de climat, très brutal pour moi. Et, après ça, je faisais tous mes efforts pour ne pas tomber malade, et même quand j'avais très mal à la tête, je ne le disais pas.

Et ça a été quand j'ai déjà eu mes huit ans que j'ai commencé à gagner de l'argent à la *finca*, et c'est alors que je me suis proposée pour faire une quantité de trente-cinq livres de café par jour, et qu'ils me payaient vingt centimes, en ce temps-là, pour cette tâche. Et il y a des fois que je ne faisais pas ma quantité en un jour. Si je faisais les trente-cinq livres, alors je gagnais les vingt centimes par jour, mais sinon, je devais continuer le jour suivant à gagner ces mêmes vingt centimes. Mais je me proposais de le faire, et je me rappelle que mes frères terminaient leur tâche vers les sept, huit heures du soir, par là, et des fois ils m'offraient leur aide, et moi je disais : « Je dois apprendre, parce que si je n'apprends pas, qui va m'enseigner ? » J'étais bien forcée de faire ma tâche. Il y avait des fois que j'arrivais à peine à faire vingt-huit livres, parce que je me fatiguais, surtout quand il faisait très chaud. Alors ça me donnait mal à la tête et je restais à dormir sous les arbres de café ; et voilà que j'entends mes frères qui viennent me chercher. Le matin, nous devions pratiquement nous relayer pour aller dans le bois faire nos besoins. Il n'y a pas de latrines, il n'y a pas de waters dans la *finca*. Alors, il y avait un petit endroit où il y a beaucoup de bois, et c'est là que tout le monde allait. Nous étions quelque chose comme quatre cents personnes à vivre là. Tous les gens allaient dans le même bois, de sorte que c'était les latrines, les toilettes de tous. Donc, nous y allions à tour de rôle. Une poignée de gens revient, et une autre y va. Et il y avait beaucoup de mouches au-dessus de toute la saleté qu'il y a à cet endroit. Il y avait un seul robinet dans le baraquement [1] où nous vivions, et ce robinet ne nous suffisait même pas pour nous laver les mains. Alors, il y avait des puits d'eau plus loin, un peu retirés, qui servent au propriétaire terrien pour arroser le café ou pour faire des cultures. Donc nous devions encore aller jusqu'aux puits pour prendre de l'eau, pour remplir des bouteilles d'eau et les emporter pour la cueillette du café.

Le café, nous le cueillions sur la branche, et il y avait des fois où nous le ramassions simplement, ça, ça se fait quand il est déjà plus mûr et qu'il tombe tout seul. C'est plus difficile de le ramasser que de le cueillir. Des fois il faut secouer les arbres pour que les grains de café tombent. Et ceux qui sont le plus à portée de main, on les cueille bien soigneusement, vu que si nous arrachions en même temps une branche de l'arbre, nous devions la payer sur le salaire que nous touchions. Grain par grain. Encore pire quand ce sont des caféiers très jeunes. Alors une branche vaut plus que quand c'est un caféier déjà vieux.

1. *Galera* : voir lexique.

C'est pour ça qu'il y a les *caporales* qui sont là, qui surveillent les travailleurs, comment ils cueillent le café, s'ils n'abîment pas les feuilles des arbres.

Nous devions travailler avec beaucoup de soin. Ça oui, que, depuis toute petite, je me rappelle que c'est une des choses qu'on m'a apprises, à être très délicate ; cueillir le café, c'était comme de soigner un blessé. Je travaillais toujours davantage, vu que je me proposais pour des tâches, et je me fixais par exemple le but de ramasser une livre de plus de ce que je cueillais chaque jour, et c'est comme ça que je me suis mise à augmenter mon travail, mais malgré ça, ils ne me payaient pas ce que je faisais en plus, le reste. Ils me payaient très peu.

J'ai continué à travailler, et, comme je disais, pendant deux ans ils m'ont payée vingt centimes. Moi, tout le temps, je faisais davantage. Petit à petit j'augmentais d'une livre, deux livres, trois livres. Je travaillais comme une personne majeure. Alors, ils m'ont augmenté mon salaire. Quand je faisais déjà mes soixante-dix livres de café, ils me payaient trente-cinq centimes. Quand j'ai commencé à gagner, je me sentais déjà comme une femme, que je contribuais directement à notre subsistance avec mes parents, vu que quand j'ai reçu ma première paye, le peu que j'ai reçu, c'est allé en contribution du salaire de mes parents, et donc je me sentais déjà plus ou moins partie liée avec la vie qui est celle de mes parents. Je me sacrifiais beaucoup, et je me rappelle très bien que je ne perdais jamais mon temps, surtout par amour pour mes parents et pour qu'ils gardent un peu d'argent, déjà qu'ils ne peuvent pas le garder, parce que de toute façon, ils doivent se serrer la ceinture.

À cette époque, je tombe malade, donc, à huit ans. Ça faisait à peine trois mois que j'étais à la *finca*, et je suis tombée malade et nous avons dû rentrer à la maison. En fait, c'était l'époque où nous devions aller semer la *milpa*, sur l'*altiplano*, en mars. Donc nous rentrons et là c'est quand j'ai commencé à travailler avec mes parents, moi aussi, aux champs. C'était une autre vie, ça oui, plus gaie, aux champs. Même si nous souffrons beaucoup, beaucoup, quand nous revenons de la *finca*, vu que dans la montagne il pleut beaucoup et nous étions mouillés, et que notre petite maison ne nous permettait pas d'éviter d'avoir de l'air, l'air entrait tout le temps, les bêtes entraient aussi tout le temps dans notre petite maison. Ça, ça faisait que nous ne pouvions pas être bien, ni bien couverts parce que nous n'avions pas de vêtements. Et de nouveau nous descendons à la *finca*. C'était toujours vers le mois de mai, par là.

Mon papa est parti couper la canne à sucre, dans une autre *finca*. Un de mes frères est parti cueillir le coton, et nous autres les femmes nous sommes restées à la cueillette du café.

Quand mon père travaillait pas très loin, il rentrait, mais quand il travaillait dans une autre *finca*, nous ne nous voyions pas jusqu'à la fin du mois, bien sûr. Et c'est comme ça qu'est passé tout le temps, pour ainsi dire, que mon père allait couper, semer ou nettoyer la canne à sucre ailleurs. Mon père travaillait dans la canne à sucre et nous autres dans le café. Donc, nous n'étions pas dans les mêmes *fincas*. Il y avait des fois que nous nous voyions tous les trois mois, ou tous les mois.

Quand ils revenaient du travail ils étaient très fatigués, et, par exemple, mon père se fatiguait beaucoup, beaucoup. Alors, bien souvent, il n'avait pas envie de bavarder ou de parler. Et ma mère non plus. Même s'ils ne se disputaient jamais, mais c'était une situation où très souvent nous devions faire silence, nous devions faire tout très bien pour que la maman et le papa se reposent un petit peu. Et encore plus, avec tout le bruit des gens, quand on vit parmi des milliers de personnes, des inconnus. Et parmi eux, il y a beaucoup de gens qui ont subi des bouleversements terribles, c'est-à-dire, des gens qui se prostituent et ainsi de suite. Alors, c'est un milieu très difficile, et très souvent on cesse de s'occuper de ses enfants. La maman, tellement qu'elle est fatiguée, elle ne peut pas. C'est là justement qu'on remarque bien la situation de la femme au Guatemala, parce que la plupart des femmes qui travaillent à la cueillette du café et du coton, des fois à la canne à sucre, elles sont là avec leurs neuf ou dix enfants. Alors, parmi ces neuf, dix enfants, ou plus, il y en a trois ou quatre qui se portent plus ou moins bien, qui résistent un peu. Mais la majorité sont tout enflés à cause de la malnutrition. Face à cette situation, la mère pense que cinq, ou quatre, de ses enfants, peuvent mourir, et c'est difficile que l'homme se révolte devant cette situation. Il essaye de l'oublier, parce qu'il n'y a pas d'autre issue. Alors, c'est la mère qui doit assister ses enfants pendant leur agonie finale. Mais elle est présente partout. Bien des fois, la femme démontre plus de courage par rapport à toute cette situation. Et ça arrive avec les gens qui, par exemple, sont allés à la caserne, qu'ils abusent de toutes les jeunes filles. Beaucoup de jeunes filles qui n'ont pas de mère, qui n'ont pas de père et qui gagnent juste le peu qu'elles gagnent à la *finca*. Alors on commence à voir des prostituées, parce que dans notre peuple indigène, la prostitution n'existe pas, à cause de notre culture propre, à cause de nos coutumes propres, que nous respectons encore. Et donc, pour une communauté, le fait qu'on change notre façon de nous habiller, c'est un manque de dignité aux yeux de tout le monde. Donc celui qui ne s'habille pas comme s'habillent nos grands-parents, nos ancêtres, celui-là, il est en train de se perdre.

VII

Mort de son petit frère et isolement

« ... ceux qui se sont adonnés à semer le
maïs pour faire des affaires, laissent la terre
privée d'ossements : parce que ce sont les
ossements des ancêtres qui donnent l'aliment,
le maïs, et par conséquent la terre réclame des
ossements, et les plus tendres, ceux des
enfants, s'amoncellent sur elle et sous ses
croûtes noires, pour la nourrir. »

MIGUEL ANGEL ASTURIAS,
Hommes de Maïs

Nous devions être depuis quinze jours à la *finca,* quand un de mes
frères meurt de malnutrition. Ma mère a dû manquer des jours de
travail pour enterrer mon petit frère. Deux de mes frères sont morts
dans la *finca.* Le premier, qui était l'aîné, s'appelait Felipe, et je ne l'ai
jamais vu. Il est mort quand ma mère a commencé à travailler. Ils
avaient traité le café par fumigation, avec l'avion, comme ils ont
l'habitude de le faire pendant que nous autres nous travaillons, et alors
mon petit frère n'a pas supporté l'odeur de la fumigation, et il est mort
intoxiqué. Le deuxième, celui-là, oui, j'ai vu sa mort. Il s'appelait
Nicolás. Il est mort quand j'avais huit ans. C'était le plus jeune de nous
tous. C'était celui-là que ma maman portait dans ses bras. Il avait déjà
deux ans. Quand il se met à pleurer, mon petit frère, et à pleurer, et à
pleurer, ma maman ne savait pas quoi faire avec lui. Parce que en
fait, mon petit frère avait son ventre tout enflé, à cause de toute la
malnutrition dont il souffrait. Il avait un petit ventre tout gros, alors ma
maman ne savait pas quoi faire avec lui. Et il arrive un moment où ma

maman ne s'occupait même pas de lui, parce que, si elle le soignait, ils lui enlèvent son travail à la *finca*. Dès le premier jour que nous étions dans la *finca*, mon petit frère était mal, très mal. Ma maman a continué à travailler, et nous aussi. Il a duré quinze jours, mon petit frère. Quand nous étions depuis quinze jours dans la *finca*, le voilà qui se met à agoniser, et nous ne savions pas quoi faire avec lui. Les voisins de notre communauté et nous, nous étions tous dispersés, c'est tout juste si nous avions à la *finca* deux de nos voisins, vu que les autres étaient partis dans des *fincas* différentes. Donc nous n'étions pas ensemble. Et nous ne savions pas davantage parler espagnol. Nous ne nous comprenions pas ; et nous avions besoin d'aide. Qui appeler ? Il n'y avait ne parlions pas la même langue. Ils venaient d'endroits différents. Et nous ne savions pas davantage parler espagnol. Nous ne nous comprenions pas ; et nous avons besoin d'aide. Qui appeler ? Il n'y avait personne sur qui compter, et encore moins sur le *caporal*. Au contraire, c'était bien possible qu'il nous chasse de la *finca*. Et le patron non plus ; on ne le connaissait même pas, le patron, vu qu'il agissait par intermédiaires, les *caporales* et les agents-recruteurs, etc. Donc on ne le voyait jamais, le patron. Et ça s'est passé comme ça, quand on avait besoin qu'on aide ma mère pour enterrer mon petit frère, et que nous ne pouvions pas nous parler, avec tous les gens, je ne pouvais pas communiquer, et ma mère avait le cœur vraiment brisé de voir le cadavre de mon petit frère. Mais ça oui, je me le rappelle, qu'à cette époque, nous nous comprenions avec les gens rien que par signes. La majorité des gens ont connu les mêmes expériences : ils se voient un jour coincés dans une situation comme celle-là, où personne du dehors ne les aide, et que nous devons nous aider mutuellement. Mais c'est très difficile, parce que, y compris je me rappelle que je voulais avoir des amis, des petites amies, parmi les gens que nous vivions ensemble avec eux dans un seul baraquement... trois cents... quatre cents personnes ; tous travailleurs dans la *finca*, mais nous ne pouvions avoir de relations entre nous.

Un baraquement, une *galera*, c'est une maison, une petite baraque où ils nous mettent, tous les travailleurs. Je dis *galera*, parce que ça a juste un toit de feuilles de palme, de feuilles de bananiers de la *finca*. Mais ça n'a pas de murs, c'est ouvert. C'est là que vivent les travailleurs ensemble avec leurs petits animaux : les chiens, les chats, tout ce qu'ils emmènent de l'*altiplano*, et c'est un endroit où il n'y a pas de séparations, non, ils nous mettent n'importe où et nous dormons avec n'importe qui, c'est comme ça, sur les côtes. C'est une seule maison, qu'ils prévoient pour quatre cents, cinq cents personnes.

Nous ne pouvions pas avoir de relations entre nous. Bon, ce qui limitait aussi nos relations, c'est le travail, parce que, vu que nous nous levions, et que dès trois heures du matin nous commencions à travailler... Pire si c'est dans les plantations de coton, vu que le coton ne rend pas beaucoup en poids, il rend en quantité. Donc, très tôt, il fait très frais, et à midi c'est pareil que s'ils nous mettaient dans un four, il fait très, très chaud, et ça explique pourquoi nous nous mettons à travailler dès le matin. À midi nous mangeons un moment, et on attend juste que passe midi, et on recommence à travailler jusqu'à la nuit. Donc nous n'avions pas beaucoup de temps pour avoir des relations entre nous. Sans compter que nous appartenons à une communauté. C'est ce qui nous fait vraiment mal, à nous, les indigènes, parce que quand nous sommes réunis, là oui, justement, nous sommes dans une communauté, celle d'un même endroit. Mais quand nous nous déplaçons dans les *fincas*, nous nous rencontrons avec des indigènes, vu que tous les travailleurs qui se trouvent sur les côtes, à la cueillette du café, qu'ils soient fixes dans les *fincas*, ou qu'ils y émigrent, ce sont des indigènes. Mais ils appartiennent à d'autres ethnies et ils parlent d'autres langues. C'est très difficile pour nous parce que les barrières idiomatiques ne permettent pas le dialogue entre les indigènes eux-mêmes, entre nous. Nous ne comprenons que les gens de notre ethnie ou de notre groupe, puisque nous ne parlons pas l'espagnol et que nous ne parlons pas non plus les autres langues, donc c'est ça justement, pour peu qu'on veuille se rapprocher d'un autre groupe de gens, qui empêche vraiment le dialogue. Et ce que nous faisions dans les *fincas*, uniquement, c'est de continuer à célébrer nos rites, et tout ça, mais sans nous comprendre. C'est pareil que si nous étions en train de parler à des étrangers.

L'enfant. Il est mort à l'aube. Nous ne savions que faire. Les deux voisins se sont bien souciés d'aider ma maman, mais ils ne savaient rien de ce qu'il fallait faire de lui. Où l'enterrer, ni comment. Alors le *caporal* lui a dit qu'elle pouvait enterrer mon petit frère dans la *finca*, mais il fallait payer une taxe pour l'endroit où il allait rester enterré. Alors ma maman disait : « Mais je n'ai rien, pas un sou. » Alors le monsieur a dit : « Non, c'est que vous devez déjà beaucoup. Vous devez des médicaments, vous devez ceci, et alors, emportez-vous donc votre cadavre, et allez-vous-en, allez. » Alors, nous, nous ne savions que faire. Emporter le cadavre, ce n'était pas possible, jusqu'à l'*altiplano*. Tout de suite l'enfant commence à avoir de mauvaises odeurs, à cause de l'humidité, de la chaleur de la côte. Donc tous les gens qui vivaient là dans le baraquement, tous, ils ne voulaient déjà plus que le cadavre de mon petit frère reste là, parce que ça gênait tout le monde, ça rendait l'atmosphère très mauvaise. Alors ma maman s'est décidée, même qu'elle devrait travailler tout un mois sans rien gagner, mais elle devait acheter, ou payer, cette taxe au propriétaire terrien, au *caporal,* pour qu'on enterre mon petit frère dans la *finca.* Par pure amabilité, l'envie d'aider des gens avec qui nous vivions, un monsieur a apporté une boîte, un peu comme une valise. Alors, nous avons mis mon petit frère là-dedans et nous l'avons porté pour l'enterrer. Après ça, nous avons pratiquement perdu un jour à ne pas travailler, pour aller sur la tombe de mon petit frère. Que nous étions tous tristes pour lui. Alors, la nuit, le *caporal* nous a dit : « Demain, vous vous en allez d'ici. — Et pourquoi ça, disait ma maman ? — Parce que vous n'avez pas travaillé une journée, et vous partez aujourd'hui, et vous n'allez recevoir aucun salaire ni aucune paye, de sorte que demain, s'il vous plaît, je ne veux plus vous voir ici. » Alors ma maman se sentait bien mal... et ne savait pas quoi faire, vraiment. Et elle ne savait pas comment retrouver mon papa. Mon papa était dans un autre endroit. Nous avons dû accepter de nous en aller, donc ma maman s'est mise à ranger ses affaires. Mais quand ils expulsent quelqu'un de la *finca,* ils ne le ramènent pas chez lui, comme d'habitude. Chaque fois, quand arrive le moment où on rentre à l'*altiplano*, les mêmes agents-recruteurs nous ramènent au village, de façon qu'on n'a pas à se préoccuper, comment on va y arriver, quel moyen de transport on va prendre, où on se trouve. Nous autres, nous ne nous rendions même pas compte de l'endroit où on se trouvait, même pas ; nous ne savions pas seulement dans quel village nous étions, non, rien du tout. Ma maman ne savait pas non plus le nom du village où nous étions. Et alors, les voisins ont dit : « Nous allons vous accompagner ; même si nous aussi nous devons perdre notre travail. » Un des voisins a prêté à ma maman ; ça faisait comme quatre mois qu'il était à la *finca,* donc il avait un petit peu d'argent de côté, il lui a prêté pour payer la taxe de l'enterrement. Le travail que nous avions fait pendant quinze jours, ils ne nous l'ont pas payé. Et il n'y avait pas que nous deux, moi et ma maman. Nous avions aussi un frère, qui a travaillé aussi quinze jours, et qu'ils ne l'ont pas payé. Donc c'est ça qu'a dit le monsieur : « Non, c'est vrai que vous devez déjà beaucoup ici pour la pharmacie alors, maintenant, vous vous en allez, allez, que je ne veux plus vous voir ici. » Et ma maman elle était bien consciente qu'elle n'avait même pas pu acheter des médicaments pour son fils. Et qu'il est mort à cause de ça.

Ce qui est dommage c'est que nous ne savions pas parler espagnol et le *caporal* parlait notre langue parce que c'était un indigène de la même région et qu'il nous a chassés et nous a dit qu'il ne voulait déjà plus nous voir ici. C'est un ordre du patron. Alors nous sommes partis, nous sommes arrivés à la maison sur l'*altiplano*. Ma maman était très triste, et aussi le frère qui était avec nous. Mon papa ne savait rien de ce que son enfant était mort. Ni mes autres frères, parce qu'ils travaillaient dans une autre *finca*. Au bout de quinze jours, ils sont arrivés à la maison, sur l'*altiplano*, avec la mauvaise surprise, que l'enfant était mort, que nous avions une assez grosse dette. Grâce à mes frères et à mon père, qui avaient gagné dans les autres *fincas*, ils apportaient un peu d'argent, ils ont pu s'arranger avec le voisin, et le voisin a aussi fait cadeau de ce qu'il devait faire comme cadeau au mort. Alors c'est comme ça qu'ils nous ont aidés : la communauté, tout le monde, une fois rentrés à la maison. À partir de ce moment, alors, moi j'ai eu, je ne sais pas, comme une rage, et une peur de la vie, parce que je disais c'est pareil, je vais avoir droit à une vie comme celle-là, avec beaucoup d'enfants, et après ils meurent. Et ce n'est pas facile pour une mère qui voit son fils en train d'agoniser et qui n'a rien avec quoi le soigner ou faire que cet enfant il vive. Ces quinze jours de travail, je me rappelle que c'est une des premières expériences que j'ai, et c'est une des choses que je déteste dans la vie... que cette haine, vraiment, jamais elle ne s'est effacée en moi jusqu'à aujourd'hui.

Nous sommes descendus de nouveau à la *finca*. Noël, c'est le dernier mois que nous passons à la *finca*. En janvier on commence le travail de culture de la terre sur l'*altiplano*. En janvier, février, on sème. En mars, on revient de nouveau à la *finca* pour gagner l'argent qu'on va dépenser pour la *milpa*. Ensuite nous retournons à nouveau cultiver notre *milpa*. Et quand on a fini le premier travail de la *milpa*, on retourne à la *finca* pour continuer à gagner ce qu'on mange.

Quand j'ai eu neuf ans, c'est là qu'ils m'ont augmenté mon salaire ; vu qu'à ce moment je faisais comme quarante livres de café, à la cueillette. Pour la cueillette du coton, c'était encore très peu, vu que ça faisait beaucoup en quantité mais pas en poids...

Il y a un bureau où on rassemble tout le travail. Quand on remet son travail, ils le pèsent et ils le notent, pour marquer leur contrôle. Mais dernièrement, mes frères, qui ne sont pas bêtes, ont réussi à voir que tous ces poids... ils les trafiquaient. Ils trafiquaient toutes les pesées du travail. Ils ont leurs truquages pour que ça pèse moins, et en fait il y en a une plus grande quantité. Donc, ça, ça se passe partout. C'est surtout une manœuvre des messieurs qui contrôlent les travailleurs. Mais quand ils reçoivent le travail des mains du travailleur, c'est là qu'ils volent beaucoup de livres de café. Y compris ils en mettent de côté une grande quantité, ça fait qu'ils peuvent eux en livrer plus, et c'est à eux qu'on paye davantage. Donc, tout ça c'est un processus, enfin, depuis le moment où on quitte les villages, où les agents-recruteurs recrutent les gens comme un vulgaire animal, depuis qu'on vous met dans le camion, ils commencent à vous voler votre salaire. Ils vous prennent de l'argent pour tout et n'importe quoi, pour le moindre coup de main qu'ils vous donnent pour monter des choses dans le camion, ou dans ce genre-là. Et vous allez à la *finca*, et dès le premier jour, les mêmes messieurs qui contrôlent commencent à voler le travailleur. Et jusqu'au dernier jour, jusque dans la *cantina*, pour tout, ils volent le travailleur. De sorte que nous avons connu des expériences très dures, où nous sommes rentrés à la maison sans un centime. Là, le café, ils le payent à la tâche, mais le coton, ils ont une autre méthode pour vous le peser. Par exemple, si on fait soixante-quinze livres de coton par jour, ils vous payent en fonction de ces livres. Mais le café, c'est à la tâche. Tu dois forcément faire ton quintal par jour, et si tu ne peux pas, ils te décomptent tout ça et le jour suivant tu dois compléter le quintal avant d'en commencer un autre. Dans mon cas, quand j'ai commencé à travailler, on m'a proposé de faire le tiers de la tâche d'un adulte. Donc, ça faisait trente-cinq livres. Mais il y avait des jours où je pouvais juste faire comme vingt-huit livres de café, alors, le jour suivant, je devais continuer à faire la même tâche que le jour d'avant. Et c'est comme ça qu'on prend du retard, qu'on prend du retard, qu'on prend du retard, jusqu'à arriver à un moment où on a besoin, je ne sais pas, moi, de deux jours, pour compléter la tâche. Le coton, c'est une autre situation, parce que c'est plutôt difficile. Le travail est encore pire quand c'est de seconde main, vu que la première main, c'est quand il est bien fleuri, quand les fleurs sont bien groupées, mais quand c'est de seconde main, il faut aller choisir entre les branches le coton qui est resté derrière. Alors c'est plus dur, et on vous paye la même chose.

VIII

La vie sur l'altiplano

> « Terre nue, terre en éveil, terre à maïs en
> sommeil... terre à maïs baignée par les riviè-
> res... d'eau verte dans le réveil des selves
> sacrifiées par le maïs fait homme semeur de
> maïs. »
>
> MIGUEL ANGEL ASTURIAS,
> *Hommes de Maïs.*

Quand nous retournons sur l'*altiplano,* nous devons tous nous mettre à la pioche, et je me rappelle qu'à partir de neuf ans j'ai commencé à travailler avec la pioche aux champs, avec mon papa. Moi, j'étais presque un petit homme, je coupais le bois avec la hache, avec la machette [1]. Et sur l'*altiplano,* nous n'avions presque pas d'eau à côté. Pour aller chercher l'eau, nous devions marcher quelque chose comme quatre kilomètres. Alors ça aussi, ça doublait notre travail. Mais nous étions contents parce que c'est l'époque où nous semions notre peu de maïs, et ce maïs des fois nous suffit pour manger. Et aussi, il y avait bien des fois où nous arrivions à survivre sur l'*altiplano,* sans descendre aux *fincas,* parce que dans les champs nous avions beaucoup d'herbes pour manger. Le fait d'avoir un petit peu de maïs et un petit peu de *tortillas,* nous nous en tirions très bien là-haut. Y compris je me rappelle que ma maman, comme la terre était très fertile, nous donnait beaucoup de haricots, ainsi que de l'*ayote,* du *chilacayote,* des choses comme ça, des récoltes qui poussaient à cet endroit. Nous autres, nous ne mangions presque pas de haricots, parce que tous les haricots que ma maman ramassait, elle devait les porter au marché pour acheter du

1. *Machete :* voir lexique.

savon, pour acheter un peu de *chile*. On peut dire que notre nourriture, c'était le *chile*. Mais ça dépendait de nous, par exemple si on allait couper des herbes dans les champs. Donc, avec le *chile*, les herbes et les *tortillas*, nous nous en tirions très bien pour la nourriture. Et on peut dire que c'était quasiment ça, notre nourriture, tout le temps.

Chez nous, les indigènes, justement, en général nous n'utilisons pas de moulin pour moudre le maïs, pour faire la pâte. Nous n'avons pas non plus de cuisinière. Nous utilisons seulement du bois, et pour faire les *tortillas*, nous devons utiliser la pierre à moudre [1], c'est-à-dire la pierre antique de nos ancêtres. Donc, d'abord, nous nous levons à trois heures du matin. Se mettre à moudre, et à laver le *nixtamal*, transformer le maïs en pâte, en se servant juste de la pierre à moudre. Nous avons diverses tâches à faire tous les matins. Les uns lavent le *nixtamal*, d'autres font le feu pour mettre à chauffer de l'eau pour le café, ou ce qu'il y a. Dans mon cas, nous étions beaucoup. J'ai une sœur aînée, ma maman, moi et ma belle-sœur, l'épouse de mon frère aîné. Donc, pratiquement, nous étions quatre femmes à travailler à la maison. Chacune avait sa fonction, et nous devions nous lever chacune à une heure déterminée, et pour nous c'était trois heures du matin. Les hommes se lèvent comme ça vers la même heure parce qu'ils se mettent à aiguiser leurs pioches, leurs machettes, leurs haches pour aller travailler. Donc ils se lèvent aussi ; dans le village nous n'avons pas de lumière, alors nous la nuit nous nous éclairons juste avec de l'*ocote*. L'*ocote* est coupé dans un pin, sauf qu'il s'enflamme immédiatement comme si c'était de l'essence. Il brûle facilement. On peut y mettre le feu avec des allumettes et ça fait une flamme. Alors, nous nous déplaçons toujours dans la maison avec de l'*ocote*, d'un coin à un autre. Ça brûle petit à petit et on peut mettre dans un coin un petit tas d'*ocotes*. Ça éclaire tout. C'était notre lumière. Donc, celle qui se lève en premier, c'est à elle de faire le feu. Assembler son bois, le faire brûler pour tout tenir déjà prêt pour quand on va commencer à préparer les *tortillas*. Elle met l'eau à chauffer. Celle qui se lève en second, c'est à elle de laver le *nixtamal*, en dehors de la maison. Celle qui se lève la troisième, elle, doit laver les pierres à moudre, préparer l'eau, préparer tout ce qu'il faut pour moudre et faire la pâte. Ensuite, dans mon cas, moi, je faisais à manger pour les chiens, vu que mes parents avaient beaucoup de chiens, parce qu'il y avait beaucoup de bêtes qui descendaient de la montagne. Et ces chiens étaient les gardiens de nos

1. *Piedra de moler :* voir lexique.

petits animaux. Donc, c'était à moi de faire à manger pour les chiens, et leur nourriture, c'était la partie dure du maïs, de l'épi, l'*olote*.

Nous avons un coin, en dehors de la maison, un petit coin creux, comme ça, et chaque fois que nous égrenons le maïs, nous jetons tous les *olotes* dans ce trou. Petit à petit avec le temps ça pourrit et ça devient doux. On le met à cuire avec de la chaux. De la chaux, pour fortifier nos chiens, parce que sinon ils meurent tous. La chaux sert à fortifier... Après, il faut la moudre, pour la nourriture des chiens. Ils ne mangent pas notre nourriture à nous, qui est le maïs. Des fois, quand il n'y a pas de maïs, c'est nous autres qui mangeons aussi la nourriture des chiens. Il y a eu beaucoup de cas comme ça, que nous n'avions déjà plus de maïs, et que tous mes frères, nous tous, malades, alors, nous devons manger la nourriture des chiens. Nous le préparons comme la *tortilla,* nous faisons des galettes comme on fait avec la pâte de maïs. C'était mon travail à moi, de faire à manger pour les chiens. J'ai commencé à le faire à partir de sept ans. Une fois que les unes finissent de faire le feu, et les autres de laver le *nixtamal,* toutes se mettent à moudre. Il y en a une qui moud le maïs, l'autre travaille la pâte avec la deuxième pierre pour qu'elle soit bien fine, et qu'on se mette à faire des petites boulettes pour faire les *tortillas*. Ensuite, quand tout est déjà prêt, toutes se mettent à faire les *tortillas*, c'est-à-dire que nous avons un *comal* assez grand pour contenir toutes les *tortillas* qu'on y jette. Et à ce moment, déjà, les hommes, donc mes frères, mon papa, commencent à venir retirer leur *tortilla* du *comal,* et ils se mettent à manger. Et en général, des fois le matin nous prenons du café, ou des fois seulement de l'eau chaude. En général, nous faisons du *pinol,* c'est-à-dire que le même maïs, on le fait griller, et on le broie, alors ça s'utilise comme du café, vu que le café, mes parents ne pouvaient pas en acheter parce que ça coûtait très cher. Mais il y a des fois où mes parents n'ont pas non plus d'argent pour acheter du pain de sucre [1], parce que nous autres, nous n'utilisons pas de sucre. Donc, il y avait des fois où il n'y avait pas moyen d'avoir du pain de sucre, alors on ne buvait ni *pinol* ni café. Alors on boit de l'eau. En général, le matin, du moment que nous avons une bonne assiette de *chile,* tous nos *mozos* — nous disons *mozos,* nous autres, pour dire nos hommes —, et nous tous, nous mangions très bien, avec des *tortillas* et du *chile,* et tout le monde s'en va au travail. Nos chiens ont plus l'habitude de rester avec les hommes, vu que les chiens aiment aussi beaucoup profiter de

1. *Panela :* voir lexique.

la nature, ça leur plaît d'aller se promener quand les travailleurs vont au travail, et il fallait leur donner à manger, aux chiens, avant que les hommes partent, parce que les chiens aussi s'en vont tous avec les travailleurs. Et il fallait aussi faire les *tortillas* pour les travailleurs, s'ils vont loin. Maintenant, s'ils vont tout près, à ce moment-là une des femmes reste à la maison pour faire le repas de midi. Une fois déjà qu'on a mangé, alors on voit tout le reste, pour les animaux, et c'est déjà le matin.

En général nos *mozos* partent à cinq heures ou cinq heures et demie du matin. Ils vont à la *milpa,* ou cultiver la terre. Une partie des femmes s'en vont aussi travailler, vu que notre tâche à nous, c'était de semer les haricots, et quand on voit déjà plus ou moins les branches des haricots, il faut leur mettre quelques petits bouts de bois pour que le haricot puisse s'enrouler par-dessus et n'abîme pas la *milpa*. Donc, oui, nous autres aussi, des fois, nous sommes tout le temps plongées dans le travail ensemble avec les hommes. Ce que nous faisions, nous autres, c'est que ma belle-sœur restait à la maison vu qu'elle avait un bébé. Donc elle restait à la maison à s'occuper des animaux, à faire le repas, et à midi, elle devait aller nous porter à manger. Elle apportait l'*atol,* les *tortillas,* et puis, si elle voit quoi que ce soit, dans les champs, elle le prépare et l'apporte en guise de nourriture. L'*atol,* c'est la pâte de maïs aussi. On le sert comme boisson, comme rafraîchissement. On fait fondre dans de l'eau, on met à bouillir, et alors ça devient tout épais, tout dépend de la forme qu'on veut le boire. Bien sûr, des fois, on se relayait, parce que ma belle-sœur elle aussi, c'est une femme qui a grandi dans les *fincas,* et sur l'*altiplano*. Elle est habituée à faire beaucoup de tissus, et à faire très souvent des *petates*. Alors, il y a des fois qu'elle s'ennuie à la maison, parce que le repas se fait à un seul moment, et le reste, c'est du temps libre pour elle. Elle l'employait à faire des *petates* ou des tissus, des *huipiles* ou des blouses, ou dans ce genre. Bien des fois elle s'ennuie, et elle veut aller travailler aux champs, même avec son enfant sur le dos. Alors, nous nous relayons, ma sœur, moi, ma maman.

Nous avons une habitude, dans le village, c'est que nous parlons très haut et très fort, parce qu'il n'y a pour ainsi dire pas de voisins. Quand les travailleurs partent, ils se mettent à appeler tous les voisins, parce que les *milpas* se trouvent en somme côte à côte, celles de tous les voisins, alors tout le monde crie pour appeler ses voisins, pour qu'ils viennent aussi tous avec nous. Nous nous regroupons en famille. Dans notre cas à nous, nous n'avions pas de *milpa* dans le petit village lui-

79

même. La nôtre se trouve un peu à l'écart, plus profond dans la montagne, et donc nous devions appeler tous les voisins. Et ainsi, quand nous nous mettions en chemin, nous étions vingt ou trente personnes à aller au travail, avec tout le monde, et les chiens. Nous mangeons à midi, ou, ça dépend, selon l'heure où nous avons faim. En général, à six heures du soir nous descendons à la maison. À six heures, tous les *mozos* arrivent. Ils arrivent et ils ont soif et faim, alors la femme qui reste à la maison doit faire le repas. Et c'est alors qu'on se met aux travaux de la maison, en surplus. Les hommes se mettent à attacher les chiens dans les *corrales* où se trouvent les animaux, et nous les femmes, en général, nous nous mettons à apporter de l'eau, à préparer toutes nos affaires pour le lendemain. Et ainsi la nuit nous arrive quand nous sommes en plein travail. Par exemple, apporter de l'eau pour laver le *nixtamal,* la marmite où on va laver le *nixtamal,* préparer l'*ocote* pour s'en servir la nuit, couper du bois pour le matin. Tout ça, on le fait pour gagner du temps le matin.

Quand il faisait déjà nuit, mes frères, je ne sais pas comment ils ont fait, ils ont trouvé un accordéon. Nous les indigènes, nous avons des chansons dans notre langue, et alors nous chantions un moment. Les parents nous grondaient vu que nous étions très fatigués, et ils nous envoyaient dormir. Mais en général nous nous endormons à dix heures, dix heures et demie du soir, parce qu'il faut se lever tôt, parce que quand nous nous levons, tout le monde doit se lever, vu que notre maison est très petite.

Notre petite maison, elle faisait comme huit *varas.* Elle n'était pas en planches, non, elle était construite avec de la canne, des tiges bien droites qu'on trouve dans les champs et qu'on attache avec des fibres d'agave [1]. N'importe quel arbre fait l'affaire, je crois que ça fait partie de notre culture, sauf qu'il faut le couper à la pleine lune. On dit alors que les tiges durent davantage que si on les coupe quand la lune est jeune. Donc, chaque fois qu'on construit une maison, le toit est fait d'une sorte de palme qu'il y a dans les champs, et au pied des montagnes, nous autres nous l'appelons *pamac.* Pour nous, la maison la plus élégante est celle qui est faite de feuilles de canne, parce que la feuille de canne, il faut aller la chercher loin. Il faut avoir des gars sous la main pour se procurer les feuilles, pour construire la maison. Nous, nous étions pauvres, et nous n'avions pas les moyens d'acheter ou d'aller chercher des feuilles de canne, vu que la feuille de canne, il n'y

1. *Pita :* voir lexique.

80

a que dans les *fincas* qu'on la trouve et ils nous font payer pas mal cher le tas de feuilles, les propriétaires terriens nous faisaient payer soixante-quinze centimes la botte, et une petite maison comporte au moins cinquante bottes, à peu près. Donc, comme nous n'avions pas la possibilité d'acheter des feuilles de canne, ce que nous faisions, tout le monde, c'était d'aller à la montagne. Là il y a une feuille, qui est le *pamac*, qui dure plus ou moins deux ans. Après il faut refaire la maison. Donc nous allions tous au pied de la montagne couper les feuilles, quand elles sont bien grandes. En général, à nous tous, hommes, femmes et enfants, nous construisons une maison en quinze jours. Nous, nous étions beaucoup dans notre famille, et nous avions donc la capacité de mettre des petites tiges de canne à notre maison ; parce que beaucoup de gens utilisent la *milpa*. Quand on moissonne la *milpa*, il reste la tige, alors c'est ça que les gens coupent pour faire les murs, et comme les tiges de canne durent davantage, c'est de ça qu'était faite notre maison. Nos maisons ne sont pas tellement hautes, à cause de ce que très souvent quand il y a beaucoup de vent, le vent soulève les maisons, il emporte tout. Pour que ça ne se produise pas, nos maisonnettes sont toutes petites, et tout autour, on met des pieux. On les plante dans la terre et on les attache avec de la fibre d'agave. Dans notre maison, il n'y a pas de clous. Nous ne savons pas ce que c'est qu'un clou dans la maison. Par exemple les fourches, les coins, les troncs qui soutiennent la maison, c'est aussi des arbres. Et c'est là que nous dormons tous ensemble. La maison est faite de deux étages en quelque sorte. Un où on garde les épis, la *mazorca*, en haut, nous disons *tapanco*, nous autres, et un étage où nous vivons, en bas. Donc, dans les périodes où il n'y a pas de *mazorca*, beaucoup d'entre nous montent pour aller dormir dans le *tapanco*. Mais quand il y a la *mazorca*, nous devons tous dormir par terre. En général nous n'avons pas de lits, avec des matelas, comme ça, ni rien de tout ça. Ce que nous avons, plus ou moins, c'est le peu de vêtements que nous avons et nous sommes habitués à supporter, à souffrir tout le froid, parce que le toit ne protège pour ainsi dire pas. L'air entre comme si on était au pied de la montagne. Les couples dorment à deux. Et c'est quelque chose qu'il y a chez nous autres, les indigènes, parce que, par rapport au sexe, la plupart des membres de la famille s'aperçoivent de bien des choses, parce qu'il n'y a pas de chambres séparées pour chacun des couples. Bien des fois. Bien des fois même les enfants se rendent compte. Mais bien des fois même pas, parce que je crois que les gens mariés n'ont pas assez de temps pour jouir de leur vie, parce que, de toute façon,

81

nous nous trouvons tous dans le même lieu. Bien sûr, quand nous nous endormons, c'est comme une masse qui tombe, tellement nous sommes fatigués...

Très souvent, quand on rentre à la maison, on ne veut même rien manger, on ne veut rien savoir. Ce qu'on veut, c'est dormir. Alors, on va dormir. Qui sait, c'est peut-être là que les autres en profitent pour avoir leurs relations sexuelles, mais il n'y a presque pas de place. Très souvent, nous, les enfants, nous allons seuls à la *finca*, et les parents restent à la maison pour garder les petits animaux. Alors, ça pourrait être le moment où ils sont un peu plus libres. Mais en général mon papa s'en va à telle *finca*, et nous autres avec ma maman à telle autre, et nous nous séparons jusque pour trois mois. Ou nous allons ensemble aux *fincas*. Mais dans les *fincas* aussi, nous dormons encore pire que chez nous, parce qu'il y a des gens que nous ne les connaissons pas, et nous dormons dans une seule pièce, des centaines de personnes, avec les animaux. Là-bas, c'est très difficile... Nous nous entassons dans un seul endroit. Presque les uns sur les autres. Moi, ce que je crois, c'est que très souvent les propres enfants se rendent compte de bien des choses. Dans notre cas à nous, nous dormions tous, frères et sœurs, sur une seule rangée. Un de mes frères aînés était marié depuis un bout de temps, et il dormait avec sa compagne. Mais nous, qui n'étions pas mariés — les deux, celui qui est un garçon et l'autre qui est une fille, et moi, et mes trois frères qui étaient aussi en vie à cette époque —, nous dormions sur une seule rangée. Nous mettions ensemble tous les *cortes* des femmes et nous les utilisions comme des couvertures. Mes parents dormaient dans un autre petit coin, mais il n'y avait pas tellement de distance. Chacun a un *petate* pour mettre par terre et une petite couverture par-dessus, et c'est tout. On dort avec les mêmes vêtements qu'on a sur soi en rentrant du travail. C'est pour ça que nous sommes tellement mis en marge de la société. Moi, personnellement, j'ai souffert de ce rejet jusqu'au plus profond, au plus loin de mon être, parce qu'on dit que nous autres, les indigènes, nous sommes sales, mais c'est notre propre situation qui nous y oblige. Par exemple, pour laver les vêtements, si nous avons le temps, chaque semaine, chaque dimanche, nous allons à la rivière laver tous les vêtements, et ces vêtements doivent nous durer toute la semaine parce que nous n'avons pas le temps de laver, et nous n'avons pas non plus de savon. Donc, c'est comme ça que nous dormons avec les mêmes vêtements, nous nous levons le lendemain, nous nous arrangeons un peu, et au travail, voilà.

À dix ans, j'ai été traitée comme tous les autres. J'étais sur l'*altiplano*. Peut-être que ça n'a pas été exactement le jour de mes dix ans, parce que j'étais à la *finca*, et ensuite nous sommes rentrés, et c'est là qu'ils m'ont célébré ma fête. Mes parents m'ont fait venir, et m'ont expliqué un peu ce qu'est la vie d'un adulte. Mais, pour moi, il n'y avait pas tellement besoin d'expliquer, vu que c'est la même vie que j'avais vue, et que j'avais vécue avec ma maman. Donc, c'était seulement, en quelque sorte pour accepter ce que disent les parents.

Il y avait mes frères aînés, ma sœur qui est mariée aujourd'hui. Mais pas mes plus jeunes frères. Je suis la sixième de la famille. Mais j'ai eu encore trois frères après. Les frères les plus jeunes n'étaient pas présents parce qu'il s'agit d'une cérémonie où mes parents m'ont dit que j'allais commencer une autre vie différente. Ils me disaient que j'allais avoir à faire face à de nombreuses ambitions, mais que, malgré ça, je n'allais pas avoir la possibilité de les réaliser. Que ma vie n'allait pas changer, elle allait continuer pareil, le travail, la souffrance. En même temps mes parents m'avaient fait leurs remerciements pour ma participation directe au travail, pour gagner de l'argent pour tous. Ensuite, ils me situaient un peu ma condition en tant que femme. Que j'allais avoir mes règles, et que c'est quand la femme commence à pouvoir avoir des enfants. Qu'un jour ça allait m'arriver. Pour ça, ils me demandaient de me rapprocher plus de ma mère pour lui demander tout ça, et que ma mère, elle allait être à mes côtés pendant tout ce temps pour si j'avais des doutes, ou que je me sente seule. Et en même temps, ils m'ont raconté les expériences de mes frères et sœurs aînés. Ma sœur aînée, qui était déjà assez grande, elle avait vingt-quatre ans, je crois, à l'époque, m'a raconté ses expériences de quand elle était jeune. Dix, douze, treize, quinze ans. Mon papa disait que parfois, elle a cessé de faire beaucoup de choses comme il faut, et qu'au contraire, il ne s'agit pas de cesser de faire les choses comme il faut, mais d'accepter la vie comme elle est. Ne pas devenir amer, ni chercher une diversion, ou à s'en sortir en s'éloignant de la loi de nos pères. Ça aide à devenir une fille respectée par la communauté. Et mon papa expliquait un peu de l'importance de notre exemple à nous, et de celui de chaque enfant des voisins. Nous savons qu'il n'y a pas qu'une seule paire d'yeux au-dessus de nous, mais que nous avons les yeux de toute la communauté sur nous. Ce n'est pas que nous devons nous priver. Que nous ayons beaucoup de liberté, oui, mais qu'en même temps, avec cette liberté, nous sachions nous respecter.

Et ainsi, ma maman, mon papa, mes frères et sœurs, m'ont donné leurs expériences... Tout à coup, ils me situaient comme une personne adulte. Mon père me disait : « Tu as une grande responsabilité, beaucoup de tâches à accomplir avec la communauté. À partir de maintenant, tu dois remplir un rôle pour le bien de tous.. » Alors, ils me rappellent une fois de plus les engagements que mes parents ont pris quand je suis née. Et quand ils m'ont intégrée dans la communauté. Qu'ils ont dit que j'étais une fille qui appartenait à la communauté. Une fille qui devait servir les nombreuses personnes qu'il y aurait quand je serais grande. Nous avons pris ces engagements et c'est à toi de les tenir parce que maintenant tu dois participer comme un membre de plus. En ce temps-là, il y avait déjà le mélange avec la religion catholique, et la culture, ou, disons, les coutumes catholiques. Alors, mon devoir, c'était que je me propose de faire quelque chose pour la communauté. Donc, je cherchais dans quoi je pouvais me mettre, comme travail pour la communauté. Quand on a ses dix ans, on fait une réunion pour discuter avec la communauté, avec la famille. C'est très important. On fait une cérémonie pareil que si on priait Dieu. Donc, c'était très important, cette discussion, parce que justement, comme je disais, ils me situaient dans la vie adulte. Ce n'était même pas la vie d'un jeune, mais la vie d'adulte, avec ses responsabilités, que je ne suis déjà plus une petite fille, et on devient ainsi une femme. Donc je me suis proposée pour faire beaucoup de choses pour la communauté ; devant mes frères et sœurs, devant mes parents. C'est comme ça que je me suis engagée à servir la communauté, et c'est comme ça que j'ai commencé à remplir un peu la fonction de mon père. C'est-à-dire, mon père, il se consacre à prier dans la maison des voisins. Quand il y a une réunion, mon papa fait toujours un petit discours. Il coordonne beaucoup de choses de la communauté. Et moi, je me sentais responsable de beaucoup de choses, et ma mère nous confiait beaucoup de choses, que nous devions arriver à les faire comme elle y arrivait. Et c'est comme ça, je me rappelle, que j'ai commencé à être catéchiste, et à partir de cet âge, j'ai commencé à travailler avec les enfants, aussi bien à la *finca* qu'au village, vu que quand nous allons à la *finca*, beaucoup de gens de notre communauté restent sur l'*altiplano* à garder nos petits animaux, qu'est-ce que je sais, moi, nos poules, pour ne pas les transporter et ne pas les emmener sur la côte.

IX

Semailles et moissons

> « Ce qui est semé pour manger donne sa
> subsistance sacrée à l'homme qui fut fait de
> maïs. Ce qui est semé pour vendre apporte la
> faim à l'homme qui fut fait de maïs. »
>
> « Le maïs demande le sacrifice de la terre,
> qui est humaine elle aussi. »
>
> MIGUEL ANGEL ASTURIAS,
> *Hommes de Maïs.*

Il y a une autre coutume à respecter quand on a douze ans. On vous donne votre petit cochon ou votre petite brebis, ou vos deux petites poules à vous ; et ces petits animaux doivent se reproduire, et ça dépend de la personne, de l'affection qu'elle a pour le cadeau de ses parents. À douze ans, je me rappelle que mon papa m'avait remis un tout petit cochon, un porcelet. Ils m'ont remis aussi deux tout petits poulets et une petite brebis, que moi j'aime tant les brebis. Personne ne va toucher à ces petits animaux ni les vendre, sans que j'en donne moi la permission. C'est un peu pour qu'on commence à subvenir tout seul à ses besoins. Ces petits animaux, j'avais pour but qu'ils se reproduisent, mais je voulais aussi leur donner de l'affection, à ces petits animaux de mes frères et sœurs et de mes parents. Et on se sentait heureux. C'était le plaisir le plus grand qui soit, vraiment. Je me sentais contente comme tout, avec tous ces petits animaux à moi. Ils m'ont fait une fête. Nous avons mangé. Nous, les indigènes, nous mangeons un petit poulet seulement quand il y a une fête. Parce que des années et des années passent, que nous ne goûtons pas à la viande. Pour nous, manger une poule, c'est une grande fête. Un certain temps après, le porcelet grandit et il a donné cinq porcelets, moi je devais faire du travail en plus pour leur faire à manger. Mais sans prendre sur le travail des parents. Je dois me procurer moi-même la nourriture pour eux. Alors, ce que je faisais, après le travail aux champs, c'était de rentrer à six, sept heures du soir à la maison, je rendais tous les services qu'il faut, je préparais les affaires pour le lendemain et, c'était déjà vers neuf heures du soir, par là, je me mettais à tisser à la lumière de l'*ocote*. Des fois en quinze jours, je faisais comme trois, quatre tissus. Des fois, quand nous mangeons dans les champs, j'accrochais mon tissage à une branche, et allez, que je tisse, là, comme ça, en plus. Au bout de quinze jours je devais vendre quatre ou cinq tissus, et j'achetais du maïs ou des petites choses à manger pour mes petits cochons, pour qu'ils puissent se nourrir. C'est ainsi que j'ai pu entretenir mes petits cochons, et j'ai commencé déjà à travailler avec la pioche, à semer un petit peu de *milpa* pour eux. Quand est venu le moment où ils avaient sept mois, mes porcelets, je les ai vendus et c'est comme ça que j'ai pu semer un peu de maïs pour leur maman, et pour qu'elle puisse continuer à avoir des petits. Et alors j'ai déjà pu m'acheter un *corte,* des petites choses comme ça à me mettre, et j'ai pu acheter assez de fil pour pouvoir faire ou tisser une blouse, un *huipil.* Et c'est comme ça qu'on subvient peu à peu à ses besoins, et il vient un moment où j'avais trois grands cochons, qui étaient adultes, à point pour les vendre les trois.

Au début, on a du mal, on ne sait même pas quoi leur donner à manger. J'allais chercher des herbes des champs pour les donner à mes porcelets. En même temps, comme c'était à moi de faire à manger pour les chiens, j'en enlevais un peu pour mes porcelets. Avec les premiers petits qui naissent, c'est là que les parents voient bien si notre *nahual* nous met dans de bonnes conditions pour bien nous entendre avec les animaux. Moi, j'étais de celles qui s'entendent très bien avec. Les animaux me réussissaient très bien. Et ils m'aimaient aussi beaucoup. Par exemple les vaches ne s'énervaient jamais, jamais contre moi. Mes parents étaient très contents de moi.

Pour nous autres, les femmes, le dimanche c'est quand nous allons à la rivière laver les vêtements. La maman ou le papa s'en vont au marché pour acheter quelque chose. Mais il y a des dimanches où nous n'avons pas besoin d'aller au marché, parce que pour ainsi dire nous ne mangeons pas les choses qu'il y a au marché. Nous mangeons plutôt du maïs, et des herbes des champs. Nous vendons, par exemple, quand on ramasse les haricots. Nous cultivons de petits haricots, mais nous ne mangeons pas tout ça. Tout ça doit aller pour le marché pour que nos parents puissent acheter des produits. Nous autres, nous n'utilisons presque pas de produits du marché, mais nous achetons du savon, nous achetons du sel, un petit peu de *chile.* Mais des fois nous ne vendons rien de nos haricots, parce que les gens n'achètent pas. Tout le monde est là à vendre les quelques haricots qu'ils ont cultivés. Alors les commerçants viennent, ils payent ce qu'ils veulent bien payer. Si on demande un petit peu plus, ils n'achètent pas. Par exemple dans mon cas, pour aller à notre bourg, nous devons marcher presque une journée, oui. Très souvent nous ne trouvons pas de chevaux parce que les chevaux, justement, il n'y en a que deux ou trois qui en ont, alors, chaque fois que nous avons besoin d'un cheval, nous allons chez le voisin, est-ce qu'il peut nous prêter son cheval. Il y a beaucoup de gens qui prêtent et qui prêtent, alors on se retrouve sans cheval. Donc nous devons porter notre pauvre haricot sur le dos. Moi je portais, de la maison au bourg, quarante ou cinquante livres de haricots ou de maïs, oui, parce que nous vendons aussi du maïs quand nous avons besoin d'acheter d'autres choses.

Ainsi, nous autres, nous ne descendons presque jamais au bourg. Nous descendons seulement quand nous en avons grand besoin, que nous devons porter tout notre chargement au bourg, nous y allons à deux ou trois, frères et sœurs. Mais quand nous n'y allons pas, c'est ma maman ou mon papa, ou un voisin, donc. C'est l'habitude, dans notre village, le samedi soir, d'aller de maison en maison demander aux voisins s'ils vont au bourg, et s'ils disent, nous y allons, alors, rapportez-nous telle ou telle chose. Si bien que les voisins achètent tout ce dont la communauté a besoin. Comme ça, quand ma maman s'en va au bourg, elle avertit tous les voisins, je m'en vais au bourg, en criant, de loin. Alors les voisins lui demandent, achetez du savon, achetez du sel, achetez du *chile.* Ma maman faisait ses comptes, combien de livres de sel, combien de livres de *chile,* et combien de savons elle devait acheter. Et alors vient un autre voisin, et il dit, voilà un cheval, si vous avez besoin d'un cheval. C'est comme ça que nous nous entraidons tous. Et c'est comme ça qu'on vend de tout, parce que la plupart des gens font des tresses pour fabriquer des chapeaux, les gens font des *petates,* font des tissus. Alors on rassemble tout à la fin de la semaine. Les uns veulent qu'on leur vende leurs tresses, les autres qu'on leur vende leurs tissus, et ainsi de suite. Nous n'avons donc pas tellement besoin d'aller au marché. Les jours où nous restons dans la communauté, c'est plutôt joyeux, parce que ce sont justement les jours où nous récoltons le maïs, alors avant de le récolter nous faisons une fête. Mais la fête, elle commence à partir du moment où on demande à la terre son autorisation pour la cultiver. Cette cérémonie se fait avec du *pom*, avec les prières des élus et de tout le monde, de toute la communauté en général. On allume chacun ses bougies dans sa maison, et on met ses bougies en commun. Ensuite on choisit la graine qu'on va enterrer. Par exemple pour le maïs, dès que sortent les épis, on choisit les graines qu'on va semer l'année suivante. On fait une marque sur cette graine. Tous les épis, on les épluche ou on les laisse avec la feuille. Mais cette graine-là, on épluche l'épi et on l'entortille avec la feuille. On en fait une sorte de petite boule, et aucune femme ne devra passer par-dessus cette boule. Par exemple, en sautant. On doit la garder dans un endroit où aucun animal ne va passer par-dessus, ni coq, ni poulet. Un autre animal non plus ne peut pas passer par-dessus la graine, un chien, par exemple. Donc, avant de semer la graine, on la choisit, on fait une cérémonie, où la graine sera placée à un endroit précis, au centre des bougies de la terre, de l'eau, du soleil, des animaux et de l'univers, c'est-à-dire de l'homme. On considère que l'univers, c'est l'homme, dans notre culture indigène. D'abord, on respecte la graine parce qu'elle doit être enterrée dans quelque chose de sacré qui est la terre, et elle doit se reproduire pour donner à manger à nouveau pour l'année qui vient. C'est avant tout une coutume pour dire que la graine est quelque chose de pur, quelque chose de sacré. Pour nous autres, le mot graine signifie beaucoup. On prépare la graine, on l'entortille avec les feuilles, et on met le tout entre les branches d'un arbre, pour attendre. Ensuite on fait sécher cette graine avec toute la délicatesse possible. En face de la maison il y a un arbre où on met tout ça. Un enfant surveille pour qu'aucune poule ne monte. Qu'aucun autre animal ne monte au-dessus de la graine. On égrène ensuite cet épi avec toute la délicatesse possible. On met de côté les grains les plus petits, et on choisit les plus gros. Les petits, on les met tout de suite à cuire, dès qu'on a égrené l'épi. On met à cuire et le lendemain on en fait de la *tortilla* et on le mange.

Donc, on ne gaspille pas le plus petit grain de maïs de cette graine. Avant de la mettre dans la terre pour la cultiver, on fait une cérémonie pour la graine. Et on égrène le maïs, et la terre est déjà toute préparée. On n'apporte pas tous les épis qui vont servir de graine, on en choisit deux ou trois, environ, ce seront les plus grands, et on les met au centre des bougies qui éclairent chacun dans sa maison. On apporte un *ayote*. Parce qu'il va être semé ensemble avec la *milpa*. On l'apporte là où il y a les bougies. Le haricot, pareil. On sème l'*ayote* entre deux sillons. On profite de toute la place. On sème aussi les haricots. On sème les pommes de terre. On sème tout en même temps. Alors, c'est là que vient notre travail à nous les femmes. C'est nous qui devons apporter les haricots, les courges, le *chilacayote* aussi, les pommes de terre. Les hommes apportent les graines de maïs. Et nous les portons avec des bougies, oui. C'est comme une offrande, on offre ça au dieu unique. Ça va être notre nourriture pour l'année prochaine. On fait une fête spéciale où on évoque aussi la terre, la lune, le soleil, les animaux, l'eau, qui doivent tous contribuer, avec cette graine, à ce qu'elle nous donne à manger. Les membres de la famille font des prières et promettent de ne pas gaspiller cette nourriture. Ensuite, le jour suivant, tout le monde crie, on s'appelle pour aller semer. C'est une grande joie pour la communauté quand elle commence à semer sa *milpa*.

Nous arrivons dans le champ. Les hommes sèment la *milpa* et les haricots. Ils vont dans le même petit trou. Les femmes vont avec leurs *chilacayotes*, en semant entre les sillons. Les autres suivent en semant les pommes de terre. Les enfants, par exemple, ils aiment bien semer la pomme de terre. Ensuite on veille sur la *milpa*, parce que comme nous vivons dans la montagne, il y a toutes sortes d'animaux qui viennent. Si c'est la période des semailles, tous les animaux viennent gratter pour trouver les graines. Alors nous nous relayons pour veiller sur la *milpa*. La nuit, à tout moment nous sortons pour aller faire un petit tour par là. Les animaux qui viennent la nuit sont les *mapaches*, la *taltuza*, les écureuils. De jour, les oiseaux. Nous nous relayions, mais bien contents, parce que nous restions à dormir au pied des troncs d'arbres. Nous aimions bien mettre des pièges. Dans chaque coin où nous estimions qu'un animal entre, nous mettions un piège et quand les pauvres bêtes se mettent à crier, nous allons voir. Mais comme ce sont des animaux, nos parents nous ont interdit de les tuer, alors nous les laissons partir, sauf que nous les disputons, et ils ne reviennent pas. Si les chiens les tuent, nous devons les manger. Mais en général, nous ne tuons presque pas d'animaux. Nous tuons par hasard. Quand les feuilles sont déjà sorties, alors ils n'arrachent plus les graines.

Quand notre petite *milpa* est déjà d'une bonne taille, tout le monde s'en va sur la côte, aux *fincas*, travailler. Quand nous rentrons, la *milpa* a grandi. Elle a besoin de travail. La nettoyer. Après qu'on l'a nettoyée, nous retournons de nouveau à la *finca*. Ensuite il y a plus de travail, quand la *milpa* est déjà haute. Ce sont les deux travaux les plus difficiles. Ensuite elle tient déjà bon, mais il faut mettre des petites mottes de terre à la racine pour que les tiges ne tombent pas avec le vent. Quand elle pousse, les femmes très souvent ne descendent déjà plus aux *fincas*. Elles restent à s'occuper des haricots, à leur mettre des petits bouts de bois pour qu'ils n'abîment pas la *milpa*. Elles s'occupent des *ayotes* ; elles arrangent tout le total. Le maïs est au centre de tout, c'est notre culture. La *milpa*, c'est le maïs semé. Le maïs, c'est le grain. La *mazorca*, c'est le corps. La *tuza*, c'est la feuille qui couvre l'épi, surtout quand il est sec. Le *xilote*, c'est le cœur. C'est pour ça qu'on dit : *xilotear*, c'est quand le fruit commence à pousser. On utilise le maïs pour faire à manger ou à boire, mais le *xilote* s'utilise aussi pour fermer les bouteilles, ou pour la nourriture des porcs, des chiens. Donc, quand la *milpa* a déjà des épis verts, les animaux recommencent à venir y chercher à manger. Les animaux la mangent, et les animaux la font tomber pour manger. Alors, il faut à nouveau la surveiller. En mettant de la terre par-dessus les épis pour que les oiseaux s'en aillent.

En général, ce sont les enfants qui se mettent à surveiller la *milpa*, et toute la journée ils poussent des cris au milieu de la *milpa*, et tous les voisins sont là à pousser des cris au milieu de leur *milpa*. Quand il commence à y avoir des épis verts, on fait une cérémonie. Il y en a une autre également quand on commence à utiliser la feuille de la *milpa* pour faire des petits *tamales*. On ne va pas la couper tout de suite, ni l'utiliser. Il y a une certaine cérémonie avant de couper la première feuille de la *milpa*, pour faire le *tamal* ou pour l'enrouler. Après les avoir utilisées, quand on mange le *tamal*, on ne jette pas les feuilles qui ont servi à enrouler le *tamal*, mais on les entasse : on les enroule, et c'est ce qui reste dans un coin de la maison, en souvenir de la première récolte que la terre a donnée. Il y a une autre fête, différente. Parce que beaucoup de gens de la communauté, nous semons tous pareil, mais la *milpa* ne pousse pas pareil pour chacun. Il y en a qui sont toutes petites, d'autres qui sont grandes ; et d'autres encore plus grandes. Donc, les gens qui ont leur *milpa* plus grande doivent partager les feuilles avec tous les voisins, quand la *milpa* a déjà de grandes feuilles. Pour nous autres, utiliser une feuille de la *milpa* pour nos *tamales*, c'est assez savoureux, et nous donnons un sens à cela, c'est comme pour pouvoir étrenner à nouveau la feuille de *milpa*. C'est une grande joie. Cette première feuille se garde comme un souvenir, attachée dans un coin de la maison, où elle sera le souvenir de la première récolte. Ensuite, c'est déjà quand vient l'épi mûr. Très souvent nous en mangeons aussi quand il est encore tout jeune. Mais nous ne le coupons que quand nous en avons très besoin, parce qu'il y en a plus quand c'est déjà du maïs mûr. Mais comme c'est une région montagneuse, très souvent, avec le vent, beaucoup de la *milpa* tombe par terre. Il faut ramasser aussi ce qui est tombé par terre et le manger.

Et après quand vient la moisson, on fête aussi le premier jour, quand on cueille la *mazorca*, aussi bien la *mazorca* que les autres récoltes que doit nous donner notre pauvre petite terre. On récolte, et on fait une cérémonie où nous allons également manger ensemble, tous les gens de la communauté. Les femmes ramassent les haricots et les hommes la *mazorca*, et tous, nous cueillons les fruits de tout ce que nous avons semé. Avant ça, on fait une cérémonie dans la communauté, en remerciant la terre, et le dieu, qui nous a donné de quoi manger. Et les gens sont bien contents, parce que justement ça leur épargne de descendre à la *finca,* vu qu'ils ont à manger. Alors, il n'y a pas de raison de descendre aux *fincas*. Les gens sont bien heureux de faire leur récolte. La cérémonie pour célébrer la récolte est presque pareille à celle qu'on fait quand on demande à la terre l'autorisation de la cultiver. On la remercie pour la récolte qu'elle a donnée. Les gens manifestent leur joie, leur espoir, devant cette nourriture, cette *milpa*, qui a mis si longtemps à pousser. C'est un triomphe pour la communauté quand on fait la moisson. Donc, quand on commence la *tapizca,* on fait une célébration, et quand on finit la *tapizca,* on en fait une autre.

Dans toutes les communautés, il y a une maison de la communauté. C'est-à-dire qu'on l'utilise comme un lieu de prière, comme une maison de réunions, une maison pour toutes les choses comme ça, une fête. C'est une grande maison, où on tient à beaucoup. Elle a sa cuisine, son *tapanco* pour y mettre la *mazorca* de la collectivité. C'est dans cette maison que toute la communauté se réunit, et nous y célébrons notre foi, par des prières. Si ce n'est pas tous les vendredis, c'est tous les lundis, c'est-à-dire qu'il y a tout le temps une communication entre les gens de la communauté, en dehors de toutes les cérémonies et des fêtes spéciales. Nous nous réunissons pour prier, et, en même temps, très souvent nous nous réunissons pour bavarder et rien de plus. Pour nous raconter ce que nous vivons les uns les autres. Il n'y a pas besoin d'avoir un agenda pour bavarder. C'est un dialogue entre nous. En

91

même temps nous prions et les enfants jouent un petit moment. Ça se fait un jour de la semaine. Que ce soit le vendredi, ou le lundi.

Au départ, les gens travaillent en commun. C'est-à-dire, pour défricher les montagnes, une famille toute seule le ferait en combien d'années ? Mais comme on travaille tous ensemble, les femmes arrachant les petites plantes, en bas, et les hommes défrichant les grands arbres, alors, quand on commence à semer, tout le monde s'assoit, dans la communauté, pour discuter de comment on va faire sa petite culture, si chacun va avoir sa parcelle ou si on va travailler ensemble. C'est donc la discussion de tous... Par exemple dans mon village, on a dit, si nous voulons avoir un bout de terre à part pour chacun, alors ça va dépendre de nous si nous le décidons ou non. Et après ça, nous avons décidé d'avoir un bout de terre en commun, qui puisse servir à la communauté, quand il y a un malade, ou quand il y a un blessé, pour qu'ils aient de quoi manger. C'est ainsi qu'on travaillait. On avait nos parcelles, et une autre grande surface qui est commune. On avait un petit endroit où on gardait tout ce qui est commun pour les urgences de la communauté ou de la famille. En général pour aider les veuves. Chaque jour de la semaine, quelqu'un y va et sème leur parcelle.

X

La terre, mère de l'homme

« Nous devons respecter le dieu unique, le
cœur du ciel qui est le Soleil. »

RIGOBERTA MENCHÚ.

« Tojil, dans l'obscurité qui lui était pro-
pice, frappa avec une pierre le cuir de sa
sandale, et de celle-ci, à l'instant, jaillit une
étincelle, puis une lumière éclatante et enfin
une flamme, et le feu nouveau se mit à briller
dans sa splendeur. »

POPOL VUH.

Depuis tout petits, donc, nous recevons également une éducation différente de celle des Blancs, des *ladinos*. Nous autres, les indigènes, nous avons davantage de contact avec la nature. C'est pour cela qu'on nous dit polythéistes. Mais non, nous ne sommes pas polythéistes... ou, si nous le sommes, ce serait bien, parce que c'est notre culture, nos traditions. Ils disent que nous adorons, c'est pas que nous adorons, c'est que nous respectons une série de choses dans la nature. Les choses les plus importantes pour nous. Par exemple, l'eau est quelque chose de sacré. L'explication que nos parents nous donnent, depuis tout petits, c'est qu'il ne faut pas gaspiller l'eau, même si on en a. L'eau est quelque chose de pur, quelque chose de propre, quelque chose qui apporte la vie à l'homme. Sans l'eau, on ne peut pas vivre, nos ancêtres non plus n'auraient pas pu vivre. Donc, pour nous, l'eau, nous la voyons comme quelque chose de sacré, et on a ça dans l'esprit depuis tout petits, et jamais on ne va cesser de penser que l'eau est quelque

93

chose de pur. Nous avons aussi la terre. Nos parents nous disent :
« Enfants, la terre est la mère de l'homme parce que c'est elle qui
donne à manger à l'homme. » Et d'autant que nous, nous nous basons
sur la culture, parce que nous, les indigènes, nous mangeons du maïs,
des haricots, des herbes des champs, et nous ne savons pas ce que c'est
que manger, par exemple, du jambon ou du fromage, des choses
composées avec des appareils, des machines. Donc, on considère que
la terre est la mère de l'homme. Et dans les faits nos parents nous
apprennent à respecter cette terre. On ne peut blesser la terre qu'en cas
de nécessité. Cette conception fait qu'avant de semer notre *milpa*, nous
devons demander l'autorisation à la terre. Il y a le *pom*, le *copal*, c'est
un élément sacré pour l'indigène, pour exprimer ses sentiments face à
la terre, pour que la terre puisse se cultiver.

Le *copal* est une résine produite par un arbre et cette résine a une
odeur, comme de l'encens. Donc on la brûle, et ça donne une odeur
bien forte. Une fumée avec une odeur très agréable, très délicieuse.
Quand on demande son autorisation à la terre, avant de la cultiver, on
fait une cérémonie. Nous autres, nous nous basons beaucoup sur la
bougie, l'eau, la chaux. D'abord on allume une bougie devant ce qui
représente la terre, l'eau, le maïs, c'est-à-dire la nourriture de
l'homme. Nous pensons, selon nos ancêtres, que nous, les indigènes,
nous sommes faits de maïs. Nous sommes faits de maïs blanc et de maïs
jaune, ça dépend de nos ancêtres. Donc, on tient compte de ça. Et
ensuite, la bougie qui représente l'homme en tant que fils de la nature,
de l'univers. Donc, on allume ces bougies, et tous les membres de la
famille se joignent pour prier. Surtout, en demandant son autorisation à
la terre, qu'elle nous donne une bonne récolte. Nous prions aussi nos
ancêtres, nous récitons leurs prières, qui existent depuis longtemps,
depuis bien longtemps.

On évoque, d'abord, le représentant des animaux, on dit des noms de
chiens. On dit des noms de la terre, on dit le dieu de la terre. On dit le
dieu de l'eau. Et ensuite, le cœur du ciel, qui est le soleil. Les petits-
grands-parents disent qu'il faut demander au soleil qu'il brille sur tous
ses enfants qui sont les arbres, les animaux, l'eau, l'homme. Et
ensuite, qu'il brille sur ses ennemis. Pour nous autres, un ennemi c'est
comme qui dirait les gens qui se mettent à voler, à entrer dans la
prostitution. Donc, c'est un monde différent, ça oui. On ne se réfère
pas tellement à la réalité. Mais quand même, ça comporte une partie de
la réalité que nous vivons. Donc, cette prière est composée de tout ça,

et ensuite on fait une demande concrète à la terre, en lui disant :
« Notre mère la terre, toi qui dois nous donner à manger, parce que
nous sommes tes enfants et que nous dépendons de toi et que de ce
produit que tu nous donnes nous puissions engendrer et que nos enfants
et nos aminaux puissent grandir... », et toute une série de demandes.
C'est une cérémonie qu'on fait en commun, vu que la récolte commence
à se faire dès que tout le monde se met à travailler, à semer.

La prière, c'est pareil à comme la font les catholiques, qu'on parle
avec le saint ou avec une image. Une prière générale, que dit toute la
communauté. Mais ça varie. Ça dépend des gens. C'est plus ou moins
comme ça : « Pendant dix jours nous devons te vouer notre culte pour
que tu nous accordes l'autorisation, que toi, notre mère la terre, qui es
sacrée, tu dois nous donner à manger, tu dois nous donner tout ce dont
nos enfants ont besoin. Et nous n'abusons pas de toi, au contraire, nous
te demandons cette autorisation, vu que tu es une partie de la nature et
que tu es aussi un membre de la famille de nos pères, de nos grands-
pères. » C'est-à-dire, on considère... par exemple... le soleil est notre
grand-père. C'est pour dire qu'il est un membre de la famille de nos
pères, de notre famille... « Et nous te respectons et nous t'aimons et
toi aime-nous comme nous t'aimons. » C'est une des prières à la terre,
spécialement pour elle.

Ensuite pour le soleil, on dit : « Cœur du ciel, tu dois, comme une
mère, nous donner la chaleur, ta lumière, sur nos animaux, sur notre
maïs, nos haricots, sur nos herbes, pour qu'ils poussent, pour que nous,
tes enfants, puissions manger. » On fait aussi référence à la couleur du
soleil, parce que le feu a une bien grande signification pour nous. C'est
en relation avec la couleur du soleil, et quand nous parlons de la
couleur du soleil, c'est quelque chose de très important pour nous.
C'est ainsi que doivent vivre nos enfants. Qu'ils soient une lumière qui
éclaire, qu'ils soient généreux. Le feu pour nous signifie la chaleur, il
signifie une générosité bien grande. Il signifie un cœur bien vaste. Il
signifie aussi la vigueur, qui donne vie. Et quelque chose qui ne se
perd pas, qu'on retrouve à divers endroits. Donc, quand on évoque la
couleur du soleil, c'est comme si on évoquait tous les éléments qui se
trouvent réunis dans notre vie entière. On supplie le soleil, qui est une
voie pour transmettre au dieu unique notre demande, nous, ses enfants,
pour que nous ne violions jamais tous les droits indispensables aux
autres êtres qui vivent à nos côtés. Et là, on renouvelle notre demande,
ou on en fait une autre où on dit que nous autres, hommes, qui sommes
fils du dieu unique, devons respecter la vie des arbres, des oiseaux, des

animaux. On dit tous les noms des oiseaux qui existent, ou des animaux, les vaches, les chevaux, les chiens, les chats. Tout ça. On les mentionne tous. Nous devons respecter la vie de chacun d'eux. Nous devons respecter la vie, la pureté, le sacré, qui est l'eau. Nous devons respecter le dieu unique, le cœur du ciel, qui est le soleil. Ne pas faire de mauvaises actions quand le soleil est en train d'éclairer tous ses enfants. C'est une promesse en même temps. Ensuite, on promet de respecter la vie de l'être unique qui est l'homme. Et c'est très important. Et nous disons : « Nous autres, nous ne sommes pas capables de nuire à la vie de tes enfants, puisque nous sommes tes enfants. Nous ne sommes pas capables de tuer une de tes créatures, c'est-à-dire, ni aucun arbre ni aucun animal. »

C'est un monde différent. Et c'est ainsi que nous faisons toutes ces promesses. Et en même temps, quand vient la récolte, nous devons remercier de toute notre force, de tout notre être, surtout par nos prières. Ensuite on offre, par exemple, une brebis ou des poules, vu que nous considérons que les brebis sont des animaux très sacrés, des animaux tranquilles, des animaux saints, des animaux qui ne nuisent à aucun autre animal. Et ce sont les animaux les mieux élevés qui existent, comme les oiseaux. Donc, la communauté rassemble ses petits animaux pour les manger ensuite au cours de la cérémonie.

XI

Cérémonies du mariage

> « Fils : où que vous soyez, n'abandonnez
> pas les devoirs que vous a enseignés Ixpiyacoc,
> parce que ce sont des devoirs qui viennent de
> la tradition de vos pères. Si vous les oubliez, ce
> sera comme si vous trahissiez votre souche. »

> « Les secrets magiques de leurs pères leur
> furent révélés par des voix qui vinrent par le
> chemin du silence et de la nuit. »
>
> POPOL VUH.

Je me souviens que, quand nous avons grandi, nos parents nous ont parlé de quand on avait un enfant. C'est quand les parents se consacrent de nouveau à leur enfant.

Par exemple, dans mon cas, que je suis une petite femme, mes parents me disaient que j'étais une femme et qu'une femme doit être mère, et qu'en ce moment j'allais entrer dans la vie d'adolescente, où j'allais avoir envie de beaucoup de choses, et que je n'allais pas pouvoir les avoir. Donc, mes parents essayaient de me dire que tout ce que j'ambitionnais, il n'y avait pas moyen de l'obtenir. Et tout ça se produit dans la vie d'un jeune. Ils expliquent un peu ce qu'est la jeunesse chez l'indigène et ensuite ils disaient qu'il ne faudrait pas attendre longtemps avant que je sois mariée. Je devais penser et je devais apprendre à être indépendante et à ne pas dépendre de mes parents. Apprendre beaucoup de choses qui allaient me servir dans la vie, et qu'eux ils me donnaient la liberté de faire ce que je voulais de ma vie, mais en obéissant en premier lieu aux lois de nos ancêtres.

97

C'est là qu'ils commencent aussi à nous donner une éducation pour ne pas abuser de notre propre dignité, en tant que femme, en tant qu'indigène. Alors, ils donnent un peu l'exemple des *ladinos*. Ils disent que la plupart des femmes se maquillent et la plupart des *ladinos* se mettent à s'embrasser dans la rue et tout ça. Et nos parents nous disaient que c'était un scandale. C'était une façon de mépriser nos ancêtres, que moi jamais je ne le fasse. Parce que si tu as ta maison et si tu as un fiancé, lui peut entrer, en accord avec les lois des ancêtres, en respectant une série de traditions. C'est ce que les parents nous annoncent. Donc tu dois bien écouter ta mère, disent les parents. Elle va t'enseigner des choses qui vont te servir un jour. Donc, ce qu'ils m'ont dit, c'était pour que je m'ouvre les portes de la vie, pour que je puisse me rendre compte de choses nouvelles.

C'est ainsi que je commence à rester davantage auprès de ma mère, et je commence à me développer comme une femme. Ma mère m'expliquait que quand une fille a ses règles, c'est quand elle commence à se développer comme une femme et qu'elle peut avoir des enfants. Elle me disait comment il fallait que je me comporte pendant la période de mon adolescence. Et c'est bien vrai, chez nous les indigènes, jamais nous ne faisons une chose en dehors de la loi de nos ancêtres. Par exemple, si un garçon veut nous parler dans la rue, tout de suite, nous avons le droit de le rabrouer ou de ne pas faire attention à lui. Parce que, selon la loi de nos ancêtres, c'est un scandale pour eux si une femme commence à donner des baisers dans la rue ou à aller en cachette de ses parents.

Bien des fois, les enfants se rendent compte quand leurs parents ont des relations. Mais ça ne veut pas dire qu'on a les idées claires devant cette situation. Nos parents nous disent qu'on doit se développer et avoir les idées claires là-dessus, mais ils en restent là. Y compris, on ne connaît pas les parties de son propre corps. En même temps, on ne sait pas ce que c'est que d'avoir des enfants. Moi maintenant, je critique ça d'une certaine façon, parce que je pense que ce n'est pas bon, et que ça peut être problématique, d'ignorer tant de choses de la vie.

C'est rare que des couples n'aient pas d'enfants. Ça dépend des médecines des sages-femmes, parce qu'on a soigné beaucoup de gens avec des herbes. J'ai un cousin qui est marié et qui n'a pas d'enfants. La communauté veut lui apporter toute sa sympathie, parce qu'ils ont besoin d'un petit enfant. Mais face à cette situation, l'homme se jette dans les vices, il se met à boire. Comme il n'a pas d'enfants, il se met à s'occuper de sa propre personne. La femme commence à chercher des chicanes. Alors la communauté perd un peu de sa sensibilité, de sa sympathie directe pour ce couple.

La plupart des conflits, on peut dire que ça vient d'eux-mêmes, mais il y a des fois où il y a des femmes à qui ça ne plaît pas de voir une autre femme qui n'a pas d'enfants, et il y a des hommes à qui ça ne plaît pas de voir un homme qui n'a pas d'enfants. Ce n'est pas comme le rejet qu'on a en général devant les *huecos,* c'est comme ça que nous appelons les homosexuels, nous autres. Chez nous, les indigènes, nous ne faisons pas de distinction entre l'homosexuel et celui qui n'est pas homosexuel, parce que ça c'est une chose qui survient déjà quand on descend à d'autres endroits. Il n'y a pas chez nous un rejet des homosexuels comme il y en a un chez les *ladinos,* que c'est quelque chose qu'ils ne peuvent pas voir. Ce qu'il y a de bien chez nous, c'est que nous pensons que tout ça, ça fait partie de la nature. Donc, par exemple, un animal qui n'est pas bien réussi, ça fait partie de la nature, et de même une récolte qui n'a pas tellement donné, nous disons qu'il ne faut pas demander plus que ce qu'on peut recevoir. C'est quelque chose qui arrive avec le *ladino.* Un phénomène qui arrive en même temps que les étrangers...

Cela dit, quand les femmes, par exemple, partent, émigrent du village, et ensuite reviennent, alors elles apportent avec elles du sang mauvais, avec toute la saleté du monde du dehors. Alors dans ce cas, oui, elles ont fait usage de ces plantes qu'il y a dans les champs ; des plantes médicinales pour qu'elles puissent s'arrêter d'avoir des enfants. Dans les champs, on trouve aussi des remèdes qui, pendant une période vous font avoir des enfants, et pendant une autre période non. Mais comme la société, dégoûtante comme elle est, nous a donné le mauvais exemple, donc, ils ont commencé à nous mettre des pilules et des appareils. Au Guatemala, il y a eu un grand scandale, parce que l'Institut Guatémaltèque de Sécurité Sociale s'est mis à stériliser les gens sans rien dire pour réduire la population. Ce qui se passe, c'est que pour nous, prendre une plante pour ne pas avoir d'enfants, c'est comme si on tuait ses propres enfants. C'est détruire la loi de nos ancêtres, qui est d'aimer tout ce qui existe. Ce qui se passe, c'est que nos enfants meurent avant de naître, ou deux ans après, par là, mais ce n'est déjà plus notre faute. C'est la faute d'autres gens... Voilà comment ils se sont rendus bien coupables, tous ces gens qui ont commencé à semer de mauvaises graines dans notre terre. Donc, pour l'indigène, ce n'est pas sa faute quand il donne vie à un enfant et que malgré ça, l'enfant meurt de faim.

Une femme de vingt-trois ans, comme moi, est une femme dont la communauté se méfie beaucoup, parce qu'on ne sait pas où j'ai été, où j'ai vécu. Donc, c'est une femme qui perd la confiance de la communauté, et le contact avec les voisins, qui sont ceux qui se chargent de vous surveiller tout le temps. Dans ce sens, il n'y a pas tant de problèmes quand les parents sont sûrs que la femme est restée vierge.

En général, il y a quatre coutumes de mariage à respecter. La première est celle des « portes ouvertes » : elle est importante, mais il n'y a aucun engagement. La seconde est un engagement devant les aînés, quand la jeune fille a accepté le jeune homme. C'est une coutume de grande importance. La troisième cérémonie, c'est quand le jeune homme et la jeune fille se font un serment l'un à l'autre. La quatrième est enfin celle du mariage, l' « adieu ». Donc, en général, les rites du mariage se passent ainsi. D'abord, l'homme doit parler avec ses propres parents, que telle jeune fille lui plaît, et alors les parents vont lui dire tout ce que représente l'engagement du mariage. Tu dois avoir des enfants, et tes enfants doivent avoir à manger, et tu ne pourras pas revenir sur ta décision même pour une journée. Ils commencent à lui apprendre un peu la responsabilité de père. Ensuite, quand le jeune homme a les idées bien claires et les parents aussi, ils vont chez l'élu de la communauté lui dire que le jeune homme pense à se marier et pense se déclarer à une jeune fille. C'est alors que vient la première coutume, celle des « portes ouvertes », comme nous disons, nous autres. On ouvre les portes, avec l'élu, derrière l'élu les parents du jeune homme et le jeune homme. En général, les demandes en mariage se font vers les quatre heures du matin, vu que la plupart des indigènes, après cinq heures, ne sont déjà plus chez eux. À six heures du soir, ils rentrent du travail, ils se mettent tout de suite à faire autre chose. Donc, pour ne pas trop déranger, on le fait à quatre heures du matin, et on s'en va si les chiens se mettent à aboyer.

En général, le papa s'oppose dès le départ, parce que chez nous, les indigènes, on se marie très jeunes. La fille de quatorze ans, très souvent, s'engage déjà à se marier. Une fille de quinze ans, bien souvent, attend déjà un enfant. Les parents s'opposent et disent non :

que notre fille est très jeune, et très petite, notre fille est une fille obéissante, et nous faisons foi qu'elle sait beaucoup de choses. Alors, les autres vont supplier, supplier. Le papa résiste et ne leur ouvre pas la porte, et on n'invite pas les enfants à rentrer. Alors, les gens s'en retournent. Mais s'ils sont intéressés vraiment, ils doivent revenir au moins trois fois. Dès le premier jour que les gens sont venus, le papa commence à parler davantage avec sa fille. On lui dit qu'il y a un jeune homme qui s'intéresse à elle, et on commence à lui expliquer toutes les institutions qu'elle va avoir à affronter. La deuxième fois, les gens arrivent et en général ils apportent un petit peu de *guaro*; ils apportent des cigarettes en quantité, alors, si les parents acceptent une cigarette, ça veut dire qu'ils commencent à s'engager un peu. La porte commence à s'ouvrir pour le jeune homme. Mais, des fois, les gens — j'ai le cas de ma sœur par exemple — sont venus la première fois, et les parents ne les ont pas reçus. La seconde fois ils ne les ont pas reçus non plus, parce que mon papa insistait beaucoup sur le fait que sa fille était très jeune. Être maman ? Non ! Parce que chez nous les indigènes, la première chose qu'on pense c'est ce que c'est d'être mère et d'assumer toute la responsabilité d'un père de famille. Et aussi, recevoir tout le respect de la communauté, parce que quand un couple se marie dans notre communauté, il doit en même temps préserver toutes les traditions, être un exemple pour les autres enfants, pour les autres enfants des voisins. Pour nous c'est un engagement très important. Mais, malgré ça, la fille commence à parler avec ses parents, et ça lui plairait bien de connaître le jeune homme. Les gens sont venus la troisième fois demander ma sœur et c'est alors que mes parents leur ont ouvert la maison et comme mon papa était l'élu de la communauté, alors ils ont dû venir avec un autre élu d'une autre communauté. Et mes parents leur ont enfin ouvert la porte. Et là, mon papa a déjà accepté un verre de ces gens, il a accepté les cigarettes, et donc, au moins, la porte est déjà ouverte. Alors on dit au jeune homme que la jeune fille est une femme honnête, travailleuse. C'est la préoccupation principale des parents, vraiment. Que la femme soit résistante, que la femme soit travailleuse, que la femme soit pleine d'initiative pour pouvoir affronter la vie. Et pour ma sœur, ils disent que depuis l'âge de trois ans elle travaillait déjà comme une adulte.

Ma sœur est très matinale, très travailleuse. Elle aime venir à bout très rapidement de son travail. Et même, pour son travail, qui est de cultiver la terre, très souvent à deux, trois heures de l'après-midi, elle a déjà fini sa tâche. Alors les parents disent que nous ne voulons jamais recevoir de plaintes d'elle et de plaintes à son sujet, parce que c'est une femme travailleuse et qu'elle sait préserver toutes les coutumes de nos ancêtres. Et les parents du jeune homme disent également les faiblesses du jeune homme. Notre fils a tel et tel défaut. Et que notre fils a du mal à faire telle chose mais il sait par contre faire telle autre. C'est un dialogue. Et après ça les gens s'en vont parce que le papa doit travailler ; mais, s'il veut leur ouvrir la porte, il doit s'occuper d'eux, même s'ils doivent discuter une demi-journée ou une journée, pour connaître le jeune homme et la jeune fille. Ensuite, on donne au jeune homme l'autorisation de revenir un autre jour chercher la jeune fille. Mais il n'y va pas n'importe quel jour, parce qu'il sait que tous les gens, son papa et sa maman, travaillent aux champs. Donc, il n'y va que les dimanches. Et alors, les dimanches, la maman est très souvent à la maison en train de faire la lessive, ou le papa est à la maison et la maman est allée au marché acheter certaines choses. Mais il faut toujours qu'il y ait un des parents à la maison quand arrive le jeune homme...

Le jeune homme ne vient pas les mains vides. Un petit cadeau, quelques petits pains, quelques cigarettes, ou un verre à boire pour les parents. Le jeune homme arrive, et il commence à parler pour la première fois avec la jeune fille, parce que jamais, jamais, on ne se fiance dans la rue. Et la communauté va respecter cette femme. Elle va l'aimer beaucoup parce qu'on sait qu'elle a commencé son mariage avec les mains propres, on dit ça, que ça n'a pas été une femme qui traîne dans la rue, qu'on ne l'a jamais vue s'arrêter avec un jeune homme dans la rue.

Pour notre communauté, quand une femme s'arrête avec un jeune homme dans la rue, c'est parce qu'elle est en train de perdre sa dignité, et aussi parce qu'elle rompt avec les coutumes de nos ancêtres. Maintenant, si le jeune homme ne plaît pas à la jeune fille, elle peut le dire. La jeune fille ne s'arrête pas de travailler, si le jeune homme ne lui plaît pas, même quand les parents ouvrent la porte. La jeune fille cherche quelque chose à faire, et elle n'accorde pas le plus petit moment au jeune homme, et elle ne lui parle pas, et elle ne l'aime pas, donc. C'est donc un signal, et on attend quinze jours pour voir si la jeune fille veut parler au jeune homme, et sinon, on lui dit que ce n'était pas la famille, que c'était elle qui ne voulait pas, et qu'il se retire, s'il lui plaît. Il y a eu divers cas comme ça. Mais si elle l'accepte, il y aura toujours le papa à la maison et ils ne resteront jamais seuls. C'est un peu pour préserver la pureté de la femme. C'est quelque chose de sacré, ce n'est pas quelque chose de simple, c'est quelque chose qui doit donner de nombreuses vies. Donc, il faut respecter la femme, et que les parents soient tout près. Dans le cas de ma sœur, elle s'est décidée quelque chose comme sept mois après qu'ils ont discuté ensemble, elle et le jeune homme. Et le jeune homme venait toujours la voir, sans qu'il y ait engagement ni de sa part à elle ni de sa part à lui. Seulement, la porte était ouverte. Alors ma sœur s'est décidée, et à partir du premier jour où la jeune fille dit qu'elle veut bien, le jeune homme se met à genoux avec obéissance devant les parents et dit, tel jour, je vais revenir avec mes parents.

Il y a une série de traditions. Par exemple, quand on ouvre la porte, les gens, dehors, ne sont pas debout, quand ils viennent pour la première fois. Ils sont agenouillés devant la porte et mon papa n'ouvre pas la porte s'il ne veut pas. La seconde fois ils sont venus et ils se sont agenouillés à la porte mais mon papa ne leur a pas ouvert la porte. La troisième fois, c'est là qu'on leur a ouvert la porte et qu'ils ont offert à boire, le jeune homme qui va s'engager agenouillé par terre. C'est une forme de grand respect. C'est-à-dire, disent mes parents, la personne qui sait s'agenouiller est quelqu'un de humble. Donc à la façon qu'il a de s'agenouiller et de courber la tête, les parents peuvent voir comment l'homme sait respecter toutes les lois de nos ancêtres. Donc le jeune homme s'agenouille, et dit qu'il va revenir avec ses parents.

Tout de suite, on précise qui sont les personnes qui vont participer. Là justement on va avoir l'oncle aîné des jeunes gens, lui et sa femme, les frères, les frères aînés du jeune homme et de la jeune fille, l'élu, les grands-parents des deux jeunes gens. C'est déjà la deuxième étape du rite qui commence. On fait une fête, où il y aura la grand-mère et le grand-père à la maison, il y aura les oncles, il y aura les frères aînés.

Donc, en général, on fait comme pour la naissance d'un enfant. On a tué une brebis quand l'enfant est né. Les parents maintenant tuent la brebis la plus grosse de leur troupeau et l'apportent à la maison, et les oncles arrivent avec la pâte, et les frères et sœurs aînés de la fille, et ses parents, et les grands-parents y mettent aussi la main. La grand-mère devra apporter quelque chose en guise de souvenir à la petite-fille. Les grand-mères conservent toujours leurs bijoux qu'elles tiennent des ancêtres, des bijoux d'argent. Alors, elle va donner un petit collier à la jeune fille, en guise de souvenir, en guise d'encouragement aussi, et en même temps la jeune fille se trouve ainsi engagée, qu'elle doit être pareille à sa grand-mère, et surtout pour tout ce qui concerne nos ancêtres. Donc, on prépare la maison, on fait tout, la fête, on prépare le repas. Les parents du jeune homme eux aussi en personne vont faire la même chose de leur côté. Ils vont apporter un petit cadeau pour l'offrir à la jeune fille en signe d'engagement déjà. Ça va être toutes les choses que le jeune homme a reçues quand il est né, comment on lui a fait la fête quand il est né, et ils vont apporter une petite brebis vivante. En plus de celle qu'ils apportent, déjà tuée et préparée.

Pour les fêtes, on utilise la pâte sous forme de petits *tamales*, mais des *tamales* plus grands que d'habitude. En général, on fait quelque chose comme soixante-quinze grands *tamales*. Ces *tamales* durent longtemps. Par exemple les parents de la jeune fille vont avoir à manger des *tamales* pour plus d'une semaine. Parce qu'ils ne se décomposent pas vu qu'ils sont grands. Ce qui est autour, si, mais pas l'intérieur. C'est comme chez les Français, ça donne au repas un air de fête. Donc les parents apportent soixante-quinze grands *tamales*, de sorte que c'est un chargement de deux ou trois quintaux environ, vu que chaque petit *tamal* pèsera dans les huit livres. Les *tamales* représentent un peu les jours qui sont sacrés pour l'indigène. On tient compte des jours sacrés quand on demande l'autorisation à la terre pour la cultiver. On tient compte des jours sacrés d'un enfant, les huit jours. On tient compte des jours sacrés de toute autre fête. Pas seulement les cérémonies, parce qu'on tient compte aussi des jours de cérémonie de toute l'évolution de l'enfant, depuis sa naissance jusqu'à son mariage. Par exemple, quand il est né, quand il a été intégré dans la communauté, quand on a fait sa cérémonie de baptême, en somme, et sa cérémonie pour ses dix ans. On garde toujours un jour sacré pour l'enfant. Même s'il est au travail, c'est quand même son jour sacré. Tous ces jours-là sont sacrés. Ensuite on tient compte des autres jours sacrés. Par exemple, quand on fait une culture en coupant des arbres. On demande leur autorisation de la même façon aux plantes pour les couper quand il le faut. Chaque chose pour nous a son jour sacré. Même si nous ne pouvons pas bien pratiquer ces cultes, à cause de notre propre situation, parce que nous n'avons pas le temps de rester à nous reposer, mais quand même ce sont des jours sacrés. Et aussi tout ce qui a à voir avec les jours des saints, comme dans l'Action Catholique*. Mais chez nous, ce ne sont pas les saints des images, mais nous fêtons des jours particuliers, par exemple en parlant de nos ancêtres. Le mois d'octobre, pour nous, toute une partie du mois est sacrée, parce que c'était leur période de culte, et ils gardaient le silence, à cette époque, alors nous devons la célébrer. Même en travaillant, mais c'est des jours sacrés. Ainsi, tous les jours sacrés de l'année, ça ferait soixante-deux jours ou soixante-cinq jours. Donc chaque *tamal* représente un jour.

La famille du fiancé apporte les soixante-quinze *tamales,* une petite brebis vivante et une morte toute préparée. Si bien qu'ils sont arrivés avec un chargement assez important. En général, ils apportent une jarre de bouillon de la brebis qu'ils ont tuée. La viande cuite, ils l'apportent également et la mettent à un endroit. Rien que ça fait déjà le chargement d'une personne. Les *tamales* nécessitent pour le moins quatre *mozos*. Donc on voit arriver la file des *mozos*. Mais on ne prend pas pour ça n'importe quel *mozo*. Il faut que ce soient des *mozos* bien honorablement connus dans la communauté. Ces *mozos* vont servir, en même temps, à distribuer à boire, à offrir des cigarettes, pour la fête qui va suivre. Bien souvent ceux qui apportent tout ça sont les frères du jeune homme, ou des enfants de ses oncles. Mais si un des frères a très mauvais caractère, si c'est un frère qui n'aime pas tellement le dialogue, il n'aura aucune chance d'aller à une fête comme celle-là.

Quand ils arrivent, ils entrent en file. D'abord marche l'élu de la communauté du jeune homme, avec sa femme. Ils entrent, ils saluent les parents de la jeune fille, et le papa s'agenouille dans un coin. Le père de la jeune fille aura préparé pour ça un petit endroit dans sa maison. S'ils habitent dans la même maison, ce sera là où ils ont allumé les bougies de la fillette quand elle est née, quand on a mis les bougies pour intégrer l'enfant à la nature, les parents auront gardé les restes de ces bougies, c'est-à-dire que ces restes seront là pour la cérémonie. Mais cette cérémonie n'est pas encore celle du mariage. Il y a encore une série de rites. Ils arrivent et s'agenouillent à l'endroit où il y a les bougies de la fille. Sans aucune parole, sans se saluer. Les portes seront ouvertes, ils s'agenouillent et tous les autres gens entrent. On a aussi préparé l'endroit où on met les affaires du papa du jeune homme. Alors viennent la maman, et le papa, de la jeune fille. Là c'est important parce que c'est là justement que la maman va jouer son rôle. On estime que c'est la maman qui doit aller la première faire se relever les gens agenouillés parce que la maman est quelqu'un d'unique qui a donné la vie à sa fille, et en même temps, sa fille doit être à l'image de sa mère. Donc la maman fait se relever la mère du jeune homme. Elle se lève et elle salue tous ceux qui sont présents. Elle fait se relever chacun de ceux qui sont agenouillés. Le père vient leur indiquer où ils vont s'asseoir. Il ne faut pas qu'ils s'assoient en désordre, parce que c'est très important de servir à boire. On va servir aux aînés en premier, et ensuite aux autres, un verre de *guaro,* un coup. Nous buvons surtout du *guaro,* pas mal de *guaro.* Il y a un *guaro* clandestin qui est interdit par le gouvernement du Guatemala. Il n'y a que les indigènes qui le fabriquent, et c'est celui qu'on utilise dans toutes les fêtes rituelles. C'est un *guaro* très fort. Il est bon marché. À eux, ça ne leur va pas. Ça ferait baisser le prix, dans les *cantinas.* Le *guaro* se fabrique dans la montagne, dans des troncs d'arbre, dans des marmites en terre cuite. Les parents apporteront la quantité de *guaro* nécessaire. Le *guaro* se fait à partir de ferment de maïs, ou avec le son qui sert de nourriture aux chevaux. Ou comme ça avec du blé, des restes de blé, et ça peut se faire aussi avec du riz ou de la canne à sucre. Ça donne la même chose, c'est très fort.

La mère fait se lever d'abord la mère du jeune homme, puis la grand-mère du jeune homme, et ensuite toute la série de personnes qu'elle doit faire se relever. Le papa de la jeune fille s'emploie à indiquer à chacun d'eux où ils vont s'asseoir. Il y aura une chaise précise pour chacun d'eux. Ils commencent à discuter, la jeune fille sort. Le jeune homme ne se relève pas, il reste agenouillé. La jeune fille rentre et s'agenouille loin du jeune homme. Ils vont rester agenouillés quelque chose comme quinze ou vingt minutes. La cérémonie commence par les grands-parents qui se mettent à raconter toute leur vie de souffrance, leur vie de tristesse, leur vie de joie. Ils racontent une sorte de panorama général de leur vie. Qu'à telle époque, et à telle époque nous avons été malades, mais jamais, malgré ça, nous n'avons perdu confiance, que nos ancêtres ont souffert la même chose, et tout ça. Ensuite vient une prière qui sera prononcée par les jeunes gens qui vont se marier. « Notre mère la terre, tu dois nous donner à manger. Nous sommes des hommes de maïs, nous sommes faits de maïs jaune et blanc. Nos enfants vont marcher sur toi. Nos enfants ne vont jamais perdre l'espoir que tu es une mère pour nous tous. » Et c'est ainsi qu'ils se mettent à dire leurs prières, ceux qui vont se marier. Ils parlent avec notre dieu unique à nous, c'est-à-dire le cœur du ciel qui embrasse la nature tout entière. Ils parlent avec le cœur du ciel à qui ils disent : « Père et mère, cœur du ciel, tu dois nous donner la lumière, tu dois nous donner la chaleur, tu dois nous donner l'espérance et tu dois punir nos ennemis, tu dois punir ceux qui veulent en finir avec nos ancêtres.

Nous autres, bien que nous soyons les plus pauvres et les plus humbles, nous ne t'abandonnons jamais. »

Ils font à nouveau un serment de leur appartenance indigène. Ils disent que nous sommes importants. Que c'est à nous tous qu'il appartient de reproduire la terre, mais qu'en même temps il nous appartient de reproduire les coutumes de nos ancêtres qui furent humbles. Et ils font un peu un parcours en arrière jusqu'à l'époque de Colomb, et ils disent : « Nos pères ont été déshonorés par les Blancs, les pécheurs, les assassins. » Et que nos ancêtres n'étaient pas coupables. « Nos ancêtres sont morts de faim parce qu'on ne les a pas payés. Nous autres, nous voulons détruire, mettre fin à ces mauvais exemples qu'ils sont venus nous donner, et que s'il n'y avait pas eu ça, nous serions unis, nous serions égaux et nos enfants ne souffriraient pas ainsi et nous n'aurions pas besoin d'avoir de limites à notre terre. » Et ils font comme ça un rappel et ça a quelque chose d'une prise de conscience. Ensuite, ils font leur serment et disent : « Nous allons être père et mère, nous essayerons de défendre les droits de nos ancêtres jusqu'au dernier, et nous nous engageons à ce que nos ancêtres vont continuer à vivre avec nos enfants, et aucun riche, aucun patron de *finca* ne pourra en finir avec nos enfants. »

Une fois leur serment fait, les jeunes gens se lèvent. Ensuite c'est à la grand-mère de la jeune fille et au grand-père du jeune homme de les faire se lever et de les faire asseoir. Ceux qui distribuent à boire se lèvent. Ils vont donner un verre en premier aux grands-parents, aux aînés, ensuite aux élus, ensuite aux parents des jeunes gens. Au troisième verre, c'est alors que les jeunes gens s'agenouillent de nouveau et se mettent à baiser la main de tous ceux qui font partie de la cérémonie. Ils demandent pardon pour toutes les fois où ils ont abusé de la loi de nos ancêtres. Ils reconnaissent qu'ils n'ont pas tenu compte de telle ou telle chose. Ils n'ont pas tenu compte de beaucoup de choses de leur éducation, ou des indications que chacun de nos parents nous a données. « Nous avons manqué au devoir de demander pardon à un tel, ou pour avoir offensé les règnes de la nature. » Ensuite ils demandent pardon, et ils demandent leur aide aux parents, qu'ils doivent à jamais les aider, pour que leurs enfants soient des indigènes et qu'ils ne perdent jamais leurs coutumes et, même s'il y a des conflits, de la tristesse ou de la faim, qu'ils continuent à être des indigènes. Et ensuite les parents disent : « Passeront les générations et les générations, et nous serons toujours des indigènes. » Ils disent : « Le devoir des parents est de garder tous leurs secrets jusqu'aux dernières, toutes dernières générations, pour ne pas révéler leurs secrets aux *ladinos*, pour ne pas apprendre aux *ladinos* les ruses des ancêtres », et il y a ensuite tout un tas de choses avec les grands-parents. Ils sont les témoins de tout ça, parce que après ça leurs enfants aussi vont être les témoins de nos ancêtres. Témoins qu'ils n'ont pas été des pécheurs, qu'ils ne savaient pas tuer. Et alors ils commencent à se placer dans le contexte actuel de la situation. Ils disent : « Maintenant les hommes ne savent pas respecter la vie des humains, maintenant il y a des morts, maintenant nos enfants meurent, nos jeunes frères, qu'autrefois les jeunes ne mouraient pas. Nos ancêtres nous disaient que les plus âgés arrivaient jusqu'à cent vingt-cinq ans, alors que maintenant nous mourons vers quarante, vers trente ans. Vous autres, vous êtes bien placés pour réfléchir pourquoi c'est comme ça. » Et les plus âgés font une longue analyse. Les aînés sont ceux qui ont la parole maintenant, grâce à leurs exemples et leurs expériences et leur vie. Et ils disent : « Nos ancêtres n'ont jamais passé outre le fait qu'il fallait demander son autorisation à tout être qui existe pour pouvoir l'utiliser et pour pouvoir manger et tout ça. Et maintenant, ca n'existe plus. Nos ancêtres pleurent, ils se plaignent de voir toute cette situation.

« Beaucoup de gens de notre race indigène ont déjà appris à tuer. Ce sont les Blancs les coupables. Et c'est ainsi qu'on dit que c'est la faute aux Blancs qui sont venus nous apprendre à tuer et que nous autres nous ne savions pas tuer, et que jusqu'à présent nous ne savons pas tuer et nous ne voulons pas les laisser nous apprendre. »

C'est très joli à écouter parce que c'est l'occasion pour les grands-parents de se soulager de tout ce qu'ils ont vécu.

Quand on reçoit les invités, il doit seulement y avoir les aînés. Mais quand vient le tour de nos grands-parents, de nos parents, nous devons tous être là pour les écouter. Nous les enfants, nous attendons dehors pendant que se déroule la première partie, ensuite ils nous appellent tous, les frères et les sœurs, une fois que les fiancés ont parlé. Notre petite maison est complètement envahie. Nous sommes tous à un seul endroit. Tout ça occupe environ la moitié de la journée. Ensuite vient le moment de fumer des cigarettes, et de boire un verre, ce qui signifie beaucoup. À chaque verre, on dit comme une prière : que c'était le vin sacré de nos ancêtres, que eux n'étaient pas empêchés de cultiver leur propre vin et de faire leur propre boisson. Donc, cette boisson est sacrée, disent-ils. Cette boisson nous fait beaucoup réfléchir. Vient le second verre, et c'est encore une autre prière. Cette prière dit que nous nous engageons à défendre cette boisson. Que même si nous devons nous cacher, nous allons la faire, et nous continuons à la fabriquer. Que nos enfants continueront à fabriquer cette boisson jusqu'à ce que passent toutes les générations qui vont passer. Le troisième verre, c'est pour quand les fiancés se déclarent. Ensuite, avec le quatrième verre, c'est quand les grands-parents ont le droit de parler comme ils veulent.

Après que les grands-parents ont parlé, ce sont les deux élus qui parlent, et ils font également une série de recommandations aux deux mariés. Que pour l'amour de nos ancêtres ils doivent avoir des enfants ; que le premier des enfants portera le nom des parents du jeune homme et ensuite celui des parents de la jeune fille, pour que nos semences ne meurent pas, ne s'effacent pas. Et après tout ça, ils font encore tout un tas de discours. Les parents, ensuite les oncles, ceux qui versent à boire. Alors, ils nous laissent aussi une petite place à nous pour parler, mais nous, nous ne disons presque rien et nous sommes habitués à respecter beaucoup, beaucoup, les aînés. Un mot qu'on va dire, ça peut être qu'on manque de respect aux aînés. Là, nous participons très peu. Les fiancés se relèvent. C'est comme une punition aussi. Ils resteront agenouillés jusqu'à ce que les oncles finissent de parler. Ensuite le couple se lève et ils s'assoient.

Alors on commence la cérémonie plus large, comme un dialogue. Ça dure une journée entière où on est assis à parler. Qu'ils racontent que nos grands-parents étaient comme ceci, que les Blancs ont fait telle chose, et ils commencent ainsi à rejeter la faute sur les Blancs. Que nos ancêtres semaient bien assez de maïs. Que le maïs ne manquait pour aucune tribu, pour aucune communauté, et que nous étions tous réunis. Et alors ils commencent à dire, nous avions un roi, et le roi savait distribuer toutes les choses entre tous ceux qui existaient. Le cacao, ça ne nous appartient déjà plus, c'est une chose pour les Blancs, les riches. Le tabac. Nous ne pouvons pas semer du tabac. Qu'avant il y avait beaucoup de tabac pour tout le peuple. Avant nous n'étions pas divisés en communautés, ni en langues différentes. Nous nous comprenions tous. Et qui est coupable ? Les Blancs le sont, qui sont venus ici. C'est pour ça qu'il ne faut pas avoir confiance en eux. Les Blancs sont des voleurs. Les grands-parents nous recommandent beaucoup de garder les secrets de nos ancêtres. Avant il n'y avait pas de médicaments, il n'y avait pas de pilules. Notre médecine, c'étaient les plantes. Notre roi savait semer beaucoup de plantes. C'est pour cela que nos enfants doivent connaître les plantes. Avant les bêtes ne nous piquaient même pas, et maintenant, ils y sont même arrivés, à ce résultat-là.

Ensuite, la dernière partie de la cérémonie est un peu triste, parce que avec beaucoup de chagrin les grands-parents se souviennent de tout ça, et ils commencent à dire comment cela sera ensuite. Ils ont beaucoup d'inquiétude. Maintenant nos enfants ne peuvent pas vivre de longues années. Comment cela va être ensuite. Maintenant beaucoup de gens vont en voiture. Avant notre Guatemala n'était pas ainsi. Nous marchions tous à pied, mais nous vivions tous très bien.

Ils ont tué nos principaux ancêtres, les plus respectés. C'est pour cela qu'il faut savoir respecter la nature. Savoir respecter les arbres, la terre, l'eau, le soleil, et savoir respecter son frère. Respecter nos aînés. C'est comme un discours que tient chacun, chacun participe, chacun donne son opinion. Et ensuite ils vont laisser le *guaro* de côté, celui qu'ils ont apporté, parce qu'on ne le boit pas tout. Personne ne se soûle, parce que ça doit être une fête sacrée. On laisse tous les restes. On mange après que les gens ont fini de parler, les jeunes gens se lèvent et on apporte la nourriture. C'est pour ça que nous sommes là nous autres, les frères et sœurs, les autres oncles secondaires de la famille, les voisins les plus importants. Quand c'est le moment de la conversation, tous les voisins les plus proches participent, les amis qui sont le plus près. Dans la communauté, presque tous les gens sont nos amis. Et ensuite quand on commence à manger, on ne va pas manger la nourriture que le jeune homme a apportée, mais c'est la jeune fille qui va d'abord nous l'offrir. Ça va être tout prêt, on se passe la nourriture et on mange bien joyeux. Ensuite, après le repas, de nouveau on se met à parler, les parents, les voisins, avec beaucoup de sentiment. Un dialogue commun commence. À quatre heures de l'après-midi, les gens se retirent.

Après la deuxième fête rituelle, nous avons dû descendre travailler à la *finca*. Nous avons passé quatre mois sur la côte, et ça a été au bout de cinq mois qu'on a fait la troisième fête. Il y avait les mêmes gens qu'à la seconde. Pour la troisième cérémonie, il y a aussi à boire et à manger. Ils apportent la boisson en assez grande quantité. Mais peu de *tamales*. C'était l'époque où nous commençons à cultiver notre petite terre. Les gens sont venus de nouveau. Les fiancés se sont revus après quatre mois. Ma sœur était une femme très mûre.

Chez nous, on commence à être adulte dès qu'on est tout petit. Il n'y a pas d'enfance. Depuis tout petit on commence à être responsable. Ma sœur était très mûre, et si elle ne voyait pas son fiancé, elle savait que c'était dû aux circonstances. Il n'y avait aucun problème. Au retour, le jeune homme est venu nous rendre visite. C'était une chose normale. Il n'y avait rien de bizarre. Le jeune homme a dit que ses parents étaient disposés à faire la troisième fête rituelle, et ils se sont mis d'accord sur quand ça allait avoir lieu. Nous, nous avions tellement besoin de cueillir très vite le maïs, parce qu'il pleut beaucoup et il pourrit. Le jeune homme doit travailler pour les parents de la jeune fille au moins trois mois environ, en tant que membre de la famille. Après la deuxième fête. Donc, le jeune homme a dit, je m'en viens vivre avec vous. Après trois mois, il est retourné chez lui. C'est pareil comme s'il était allé à la *finca*. La troisième cérémonie, c'est quand le jeune homme et la jeune fille se font un serment entre eux. C'est un peu comme le style de l'Action Catholique *, quand ils font une promesse à l'église en tant que mari et femme. Mais ce qui se passe, c'est que chez nous, les gens ne font pas un serment devant Dieu, mais devant les aînés. Alors la jeune fille dit, je serai une mère, je souffrirai beaucoup, mes enfants aussi souffriront beaucoup, beaucoup de mes enfants vont mourir avant d'être grands, vu que c'est comme ça, notre situation, vu que les Blancs nous ont conduits à ça. Ça me coûtera d'accepter de voir mes enfants morts, mais je devrai continuer ainsi, vu que nos ancêtres ont dû supporter tout ça, et ils ne se sont pas soumis à force de voir ça, et nous non plus. Et c'est comme ça que la jeune fille fait son serment. Ensuite, c'est le tour du jeune homme et il dit, je serai responsable. Et lui aussi dit, nous verrons mourir nos enfants avant d'être grands, mais malgré tout ça nous devrons continuer à vivre comme des indigènes. Et les deux font enfin serment. « À nous deux nous essaierons de laisser deux, trois graines qui continuent à reproduire la race de nos ancêtres. Même si nos enfants meurent avant le temps, il en restera quand même toujours quelques-uns pour continuer à vivre. Donc, à partir de maintenant, nous allons être père et mère. »

C'est ainsi que les deux s'engagent. Ils s'engagent devant les aînés. Pendant cette troisième cérémonie, les fiancés font leur serment. Il s'agit davantage du mélange de ce que va vivre le couple, de ce que vont vivre les enfants. Dans la cérémonie précédente, ce dont il s'agissait, c'était de représenter la tradition de nos ancêtres, depuis les temps les plus anciens. C'était ce qu'ils utilisaient pour eux, ce qu'ils conservaient.

Pour représenter le mélange, on apporte des caisses de limonade, un peu de pain, du *guaro* acheté, des bougies achetées, toutes ces choses qui sont comme un scandale pour l'indigène, et c'est là que vient le tour d'une grande explication qu'on donne aussi à propos de chacune des choses qu'ils apportent. Au début, on allume la bougie, mais c'est une bougie en cire. C'est-à-dire, les bougies qu'on allume quand l'enfant naît, et celles de la seconde fête de mariage, ce sont des bougies faites avec la cire des abeilles du champ. Ce n'est pas de la bougie achetée au marché, mais tout doit être au contraire naturel. Jusqu'à la marmite où ils apportent le bouillon, c'est une marmite de terre cuite, faite par la grand-mère, par la maman ou par la tante. Le *guaro* aussi. Pour allumer les cigarettes, par exemple, on utilise des petites pierres. Tout est naturel, et tout vient de chez nous. Ils apportent les *tortillas*, comme symbole du maïs qui est quelque chose de sacré pour l'homme, et c'est sa nourriture et c'est sa vie. Et ensuite ils montrent toutes les choses modernes. Ils apportent de la limonade ; un huitième du *guaro* qu'ils vendent, un peu de pain, des œufs, du chocolat, du café. Avant le café n'existait pas, selon eux. Ils se présentent à nouveau, pareil comme ils se sont présentés la première fois, et ils se mettent à donner leur opinion là-dessus. Par exemple, si c'est du « coca-cola », les grands-parents disent, enfants, n'allez jamais enseigner à nos enfants à boire cette cochonnerie, parce que c'est quelque chose qui essaye de détruire nos coutumes. Ce sont des choses qui sont passées par des machines et nos ancêtres n'ont jamais utilisé de machines. Ces *fincas*, c'est elles qui sont la cause que nous mourons jeunes. C'est la nourriture des Blancs et les Blancs se sentent riches avec ça. Ne disons pas à nos enfants de boire ces cochonneries.

Voilà, c'est ça le contenu de la cérémonie. Ensuite le pain, ils disent, le pain a une grande signification pour l'indigène. Le fait que le pain soit mélangé avec de l'œuf, farine et œuf. Donc, avant, nos ancêtres cultivaient le blé. Les Espagnols sont arrivés, et ils l'ont mélangé avec de l'œuf. C'est déjà mélangé, ce n'est déjà plus ce que mangeaient nos ancêtres. C'est de la nourriture de Blanc, et les Blancs sont pareils que leur pain, parce qu'ils sont mélangés. Le sang de nos meilleurs pères s'est mêlé avec le sang des Blancs. Ils sont mélangés, pareil que leur nourriture. Et comme ça, les grands-parents disent leurs plaintes à propos du pain. Ensuite ils disent, c'est fini, le jus de notre récolte, de nos cannes à sucre qui étaient si naturelles, avec une machine, ils l'ont transformé en sucre, ils mettent du sucre dans cette canne. Elle est mélangée. Nous autres, nous ne devons pas mélanger nos coutumes avec toutes celles qui sont celles des Blancs. Et ça, nous, nous ne le mangeons pas. Ce n'est pas notre *tortilla*. Donc, ils disent,

n'allez jamais habituer vos enfants à manger du pain, parce que nos ancêtres n'avaient pas de pain. Et comme ça, tout un tas de choses, des
grands-parents. Ensuite c'est au tour des parents. Les parents disent,
nous autres, nous ne vous avons jamais appris à manger du pain. Ce n'est
pas que nous n'avons pas voulu vous en donner. Nous n'en avions pas.
Pourquoi nous n'en avions pas ? Parce que ce n'était pas notre récolte.
C'était la récolte des Blancs. Et tout ça, ce sont comme des recommandations, comment ils vont avoir à traiter leurs enfants par la suite.
Les oncles insistent un peu plus sur les coutumes catholiques. Là ils
apportent déjà un petit tableau, une image de saint. Et ils disent, voici
saint Un Tel. Saint Judas, par exemple, ou saint Augustin, ou saint
Antoine, qui est celui qui apporte le plus de choses surprenantes ou le
plus de bonnes choses, selon l'idéologie de tout le peuple. Ils disent,
ces saints sont des saints, mais ce ne sont pas non plus les seuls. Voilà
le dieu du ciel, voilà le dieu de la terre. Et ils font un rappel de tout ça.
Qu'ils conduisent tous à un seul dieu, qui est le dieu unique. Ils disent,
ce saint est une voie pour que nous puissions communiquer avec le dieu
unique. Alors ils donnent une grande explication, et les deux
s'engagent enfin. Et on n'a plus qu'à attendre le mariage.

Tous les gens parlent pour dire que nous les félicitons, et pourvu
qu'ils soient de bons parents, qu'ils aient de bons enfants, et qu'ils
supportent la vie et qu'ils puissent vivre comme des êtres humains et
que leurs enfants n'abusent pas de la nature. On laisse la parole aux
fiancés. Après que les fiancés ont parlé, vient l'explication à propos
des choses qui se voient maintenant dans le pays. Ils parlent aussi des
voitures, des toilettes des *ladinos,* des riches. C'est quelque chose
comme pour se libérer de toute cette situation. Par exemple, ils disent
que les riches, ils font briller jusqu'à leurs toilettes, comme une tenue
spéciale, et nous autres les pauvres, nous n'avons même pas un petit
trou où aller. Et que notre vaisselle pour manger n'est pas non plus
pareille à la leur. Mais ils disent aussi que nous ne voulons pas non
plus ce qu'ils possèdent. Nous autres, nous avons des mains pour
fabriquer nos marmites, et nous ne les perdons pas. Quand bien même
il y a des choses modernes, quand bien même vous auriez de l'argent,
n'achetez jamais une cochonnerie comme celles qu'ils ont, mais
employez-vous à fabriquer vos marmites. Par exemple, il n'y a pas de
moulin dans le village. Ce n'est pas parce qu'ils n'ont pas voulu, parce
que beaucoup de propriétaires terriens auraient aimé mettre un moulin
pour moudre la pâte de tout le village. Mais le peuple dit non. Petit à

petit ils entrent avec leurs machines, et ensuite, ils sont les propriétaires de tout. Et enfin, après la dernière cérémonie, c'est quand on offre ses affaires à la jeune fille. C'est le plus triste de la dernière cérémonie. On a déjà fixé la date à laquelle ils vont se marier, et s'ils vont passer par l'église.

Une autre chose très importante qu'ils disent, que disait ma grand-mère : « Enfants, même pour se marier maintenant il faut signer une cochonnerie de papier. » Même pour le peuple ils disent qu'il y a un maire, qu'il a des archives, qu'il y a un papier. Ça n'existait pas avant. Avant on se mariait à travers nos coutumes, nos cérémonies, et il n'y avait pas besoin de signer un papier. Et en même temps, avant, l'homme ne pouvait pas se séparer de la femme, rien que pour obéir à la loi de nos ancêtres. Mais si la femme souffrait beaucoup, elle pouvait abandonner son époux. Et maintenant, parce que c'est signé sur un papier, elle ne peut pas abandonner son époux. Les lois de l'Église, c'est pareil que les lois des *ladinos*. C'est-à-dire, ils vont devant l'état civil et quand ils vont devant l'état civil, l'homme et la femme ne peuvent déjà plus se séparer.

Comme l'indigène se sent responsable pour tout membre de sa communauté... si une femme souffre, et que la communauté ne peut rien faire pour elle, parce que la loi dit qu'ils ne peuvent pas se séparer, pour l'indigène, c'est difficile d'accepter ça. Après cette cérémonie, ils s'en vont tous, et la jeune fille reste très affligée. C'est là aussi qu'on fait des plans, comment la jeune fille va vivre. Si elle va avoir sa petite baraque à part, si elle va vivre avec les parents du jeune homme. Nous autres, nous sommes habitués dans la communauté à vivre comme des frères et sœurs, alors ce serait triste pour l'indigène s'il s'en va tout seul. Après la troisième cérémonie, on leur fait une petite fête à part, avec leur famille.

Pendant cette fête on dit à la femme que son père a déjà terminé avec sa responsabilité qui était de la protéger et de lui donner de quoi vivre. Maintenant c'est à elle qu'il appartient de vivre une autre vie, mais elle doit toujours rester dans la communauté avec les indigènes. On lui recommande qu'elle doit rester en communion avec la nature. Après, la maman achète quelque chose pour sa fille, ou elle commande quelque chose à tisser pour sa fille, en cachette. On lui montre toutes les affaires qu'on va lui offrir pour emporter. Mais ça, on le lui remet en présence des parents du jeune homme et en présence du jeune homme. Cette fête se fait un jour, n'importe lequel. Quand ils ont le temps. Mais avant, disait mon grand-père, oui, il y avait un moment déterminé pour cette fête. C'était quand il lui manquait encore quarante jours avant de s'en aller. Mais avec ma sœur on n'a pas pu faire ça, parce qu'on n'avait déjà plus le temps. Et au cours de cette fête familiale, les frères et sœurs de la jeune fille peuvent déjà parler, les aînés, mais aussi les plus petits, ils disent par exemple : « Nous te remercions pour tout ce que tu as fait pour nous, tu nous as aidés à nous soigner, tu nous as changé nos couches, tu nous as portés. » On reconnaît la sœur comme une mère aussi, parce qu'elle a fait en partie ce que la mère a fait pour nous. Donc on remercie tout spécialement la sœur pour tout ce qu'elle a fait pour nous. On reconnaît sa présence dans le travail, dans les dures expériences des parents, et tout ça. On lui exprime tous les sentiments qu'en tant que frères et sœurs on veut lui exprimer.

Nous considérons les fleurs comme faisant partie de la nature, et c'est quelque chose que vous n'allez jamais voir dans la maison d'un indigène, une fleur plantée dans la maison. Il y a certaines fleurs, par exemple le *cartucho*, qui est une fleur blanche, et qui pousse mieux dans les terres froides. On le sème, mais pas dans la maison, on le sème à la limite de la maison des voisins. Ou sinon, on le sème dans un petit endroit retiré de la maison. Et ces fleurs, on les utilise seulement quand il y a une fête ou une grande cérémonie. On ne les utilise pas n'importe quand. Et comme nous autres pour ainsi dire nous vivons au milieu des plantes et des arbres, alors nous n'avons pas besoin, expliquait mon papa, d'avoir une plante dans la maison, vu que la plante fait partie de la nature. Donc, les frères se chargent de chercher pour elle et de lui préparer une fleur naturelle pour le jour de l'adieu. « Je te donne les fleurs de ton adieu au nom de tous nos frères et sœurs. » C'est seulement à ce moment qu'on lui indique la plupart des affaires qu'elle va avoir en s'en allant. Les frères et sœurs aînés la conseillent, lui disent qu'elle est pure, propre et que eux aussi l'ont soignée depuis toute petite. Et elle, la femme, elle remercie ses frères aînés et ses sœurs de ce qu'ils ont fait pour elle. Et ensuite les parents. La jeune fille saura s'agenouiller devant ses parents, et les remercier pour tout ce qu'ils ont fait pour elle. Et en même temps, avec douleur, avec peine, elle va dire adieu à cette communauté qui a été la sienne pendant bien longtemps. Alors là, on lui fait encore une série de recommandations, davantage au niveau familial. On lui dit, ne nous oublie pas.

La fête se termine. Il n'y a pas d'heure limite à la fête. Pas d'heure définie. Si on veut, on bavarde tout le temps. Les parents lui indiquent en partie ce qu'ils vont lui offrir. Par exemple, ses petites poules, son petit chien, une petite brebis, sa vaisselle. La maman, à l'avance, fait ses marmites en terre cuite, sa vaisselle en terre cuite, que nous utilisons, nous les indigènes. Nous n'avons pas de choses comme ça, qu'on achète au marché. La maman est celle qui est chargée de faire tout ça. Et la maman est aussi chargée de faire quelques tout petits *petates*, parce que pour nous, les indigènes, c'est un scandale de s'asseoir sur une chaise. La femme tout spécialement, parce la femme, nous la considérons comme la mère d'un foyer, et la terre est mère d'un monde entier, parce qu'elle est la mère de tous les indigènes. Donc la maman a un peu quelque chose à voir avec l'importance de la terre et l'importance de la mère. Donc, en général, nous nous asseyons par terre. Sauf que les mamans tissent leurs petits *petates* pour s'asseoir sur le sol. Donc, la jeune fille s'en va. Elle emportera sa demi-douzaine de petits *petates*, elle emportera quelques *petates* plus grands, et des choses, comme ça, que sa maman lui offre et qui seront déjà toutes préparées quand on annonce à la jeune fille son départ.

Après toute cette cérémonie de la joie ou de la tristesse que nous éprouvons avec notre sœur, les parents, en signe de joie ou aussi en signe de tristesse, toujours, toujours, ils font brûler du *pom*. Et dans toutes les fêtes rituelles qu'on a célébrées, c'est-à-dire, la première, la seconde, la troisième, la quatrième cérémonie, on brûle toujours du *pom*, qui a une fumée sacrée pour nous autres. C'est un peu en rapport, comme pour l'offrir au seigneur unique, un sacrifice. Donc on fait aussi brûler du *pom*, et on lui fait, je ne sais pas moi, un repas, un déjeuner, à la jeune fille. Bien sûr, elle va être très triste, parce qu'elle va laisser ses frères, son papa et son travail et tout. Elle devra elle aussi faire le travail des autres. C'est presque pareil, ce travail, parce que la plus grande partie des gens de la communauté ont les mêmes habitudes. Mais le problème de ma sœur c'est qu'elle s'en est allée dans une autre communauté où ils ont une autre langue et d'autres coutumes.

Après ça, vient la quatrième cérémonie, où doivent être présents les parents des deux. C'est déjà l'adieu de la jeune fille à la communauté, parce qu'elle s'en va à la maison de ses beaux-parents. Quand arrivent les parents du jeune homme, la maison sera également toute préparée, ça oui, on la décore, on y met ses petites fleurs. Ce sont les frères et sœurs de la jeune fille qui se chargent de le faire. Ce sont eux qui doivent prendre l'initiative, chercher comment décorer la maison pour l'adieu de la jeune fille. Ça se fait dans deux endroits. Une chose, d'abord, c'est qu'on fait la cérémonie de nos traditions, avant le mariage civil ; ou à l'église, donc, aussi, parce qu'à cette époque il existe déjà les deux formes de mariage. Ce serait comme qui dirait l'Église Catholique et la tradition indigène. Ensuite, le civil... Beaucoup ont fait comme ça qu'ils vont et à l'état civil et à l'église.

Après l'église, la jeune fille rentre à la maison et on fait son adieu en accord avec la tradition, et ensuite elle s'en va directement à la maison du jeune homme. Mais beaucoup ont fait comme ça qu'ils fêtent d'abord l'adieu de la jeune fille, et ensuite ils vont à l'état civil et à l'église, et on amène la jeune fille à la maison du jeune homme. La fête de l'adieu elle-même, ça se fait comme ça. D'abord, on arrange la maison. Les parents font une petite dépense, mais c'est surtout la communauté qui fait des dépenses. On sait qu'on va dire adieu à la jeune fille. Alors les voisins arrivent, les uns avec du bois (ils font pareil quand naît un enfant), les autres avec de la pâte, les autres avec de la viande. Les parents se chargent seulement de faire le *guaro,* la boisson qu'on va boire... Et, chez nous, on fabrique deux sortes de *guaro.* L'un qui est un alcool plus fort que le rhum, que la tequila, et l'autre qui est comme un vin, doux. Il est un peu sucré. Les parents se chargent de faire la boisson. Les voisins apportent toutes les autres choses. Ils savent que c'est le jour de l'adieu à la jeune fille. Alors ils viennent tous. Ils agissent comme s'ils étaient chacun dans leur maison. Ils prennent les affaires, ils se mettent à préparer la maison, ils se mettent à faire à manger. C'est la communauté qui se charge de tout. Pareil quand on accueille la jeune fille dans la maison du jeune homme : la communauté va accueillir la jeune fille qui arrive. La jeune fille sera là, toute prête, avec toutes ses affaires, sauf les affaires qu'on va lui donner quand viendra le jeune homme, et celles qu'elle a toujours. Alors, beaucoup de voisins apportent quelques petites choses. Par exemple, tiens, voilà une petite casserole, tiens, voilà une petite marmite. On fait une grande fête. Si les gens doivent arriver à dix heures du matin, par exemple, les voisins, à partir de cinq heures du matin, vont être dans la maison de la jeune fille, à tout préparer, pour que, maison et repas, tout soit prêt à dix heures. Il y a quelque chose d'important qui vient aussi du fond du cœur des voisins. Tout le bois que va recevoir la jeune fille doit être coupé le jour même de son adieu. C'est-à-dire que les voisins sont là dès cinq heures du matin ; les hommes coupent, découpent le bois pour l'apporter à la jeune fille, pour qu'on puisse faire tout ce qu'on doit faire. Ensuite ils désignent un membre de la communauté qui va lui remettre au nom de tous les voisins toutes les petites choses qu'on a réunies.

D'abord on reçoit les parents de la jeune fille. Ils vont manger avec les voisins de la communauté. C'est justement à ce moment que les parents du jeune homme arrivent, accompagnés d'un autre couple, en plus des oncles, des frères et sœurs aînés, des grands-parents et de l'élu de la communauté. C'est là que la jeune fille va connaître les parrains du jeune homme. Le papa de la jeune fille devra aussi présenter les parrains de la jeune fille. Il va y avoir deux couples en plus, ce n'est pas pareil que dans toutes les autres fêtes qu'il y a déjà eu. Les parrains de la jeune fille, on les choisit à sa naissance. Ce sont eux en personne qui devront être présents. Après le salut des beaux-parents, la maman sort avec toutes les affaires qu'elle va donner à la jeune fille. Voilà, c'est tout ce que nous pouvons donner, un encouragement pour notre fille, et elle lui donne tout un tas de choses.

Après que les beaux-parents ont accepté toutes les choses de la jeune fille, la grand-mère de la jeune fille se met à parler de tout ce qui se passe en ce moment. Les frères de la jeune fille lui auront préparé un grand bouquet de fleurs. Ce bouquet de fleurs, ce ne sera pas à eux de l'offrir, mais à la grand-mère. Alors la grand-mère commence à faire comme un petit discours en offrant le bouquet de fleurs à la jeune fille, et c'est là qu'elle lui explique que cette fleur est bien sacrée, qu'elle est pure, et qu'elle, la jeune fille, doit vivre comme vivent toutes les femmes. Qu'elle doit être mère. En même temps, la dame va faire allusion à tout ce qui existe, ce qui s'est passé avec notre race. En particulier elle fait allusion aux prostituées, aux servantes, aux femmes qui travaillent sur la côte, aux mauvais exemples. Elle lui donne des conseils pour qu'elle en tienne compte. Qu'elle ne doit pas avoir ni deux ni trois maris, parce que nos ancêtres étaient contre cette vanité. Et alors la grand-mère essaye de retracer l'ensemble de ses sentiments, de ce qu'elle pense sur ce qui se passe dans le monde. Sur le Guatemala, en général. Elle a beaucoup de peine, à la fin. Ça lui donne beaucoup de chagrin, que ça ce soit passé comme ça. Elle dit : « Jamais je ne voudrais qu'une de mes petites-filles soit prostituée. » Si c'est du jeune homme qu'il s'agit, alors ce serait son grand-père qui parlerait, et il y a aussi certaines coutumes qu'on fait pour le propre compte du jeune homme, là-bas dans sa maison, avec sa famille, avec ses frères et sœurs. Donc la grand-mère offre le bouquet de fleurs, et c'est l'adieu.

Ensuite, on commence à avoir toute une discussion avec la jeune fille. Surtout les femmes. Qu'elle n'oublie pas ses souvenirs de la communauté. En tant que femme, elle doit se faire respecter. Elle doit préserver les traditions de nos ancêtres. Elle doit être une femme très

118

courageuse pour affronter la vie, et que la vie est dure. Qu'elle doit être mère. Qu'elle doit avoir un cœur de mère. Que ses enfants doivent respecter la nature comme les ancêtres l'ont respectée. Nous autres, nous ne nous embrassons pas, mais notre geste pour démontrer notre respect, c'est surtout de nous agenouiller, de prendre la main des parents et de la baiser. Donc elle s'agenouille devant tous les gens qui sont là présents et elle baise la main de ses parents, de ses grands-parents, de ses oncles, jusqu'à celle de son frère aîné, et ensuite elle prend la main des gens qui vont être ses beaux-parents. Ensuite elle baise tous les membres de la famille du jeune homme. Ils lui disent de se relever, et elle se relève. Ensuite le jeune homme s'agenouille devant ses parents, il prend aussi la main de ses parents et de ses oncles et de ses grands-parents et de son frère. Ensuite il va vers les parents de la jeune fille, et c'est le serment de l'engagement. C'est le mariage, cette fois.

Ensuite les parents disent : « Dans les quinze jours qui viennent nous voulons voir notre fille ici. » La jeune fille, quand elle quitte la porte de sa maison, ne peut pas regarder en arrière, et elle ne pourra pas revoir sa maison avant ces quinze jours. L'explication que donnaient mes parents là-dessus, c'est que la jeune fille va désormais être une personne adulte, et, face à tous les problèmes qu'elle doit affronter dans la vie, elle ne doit jamais retourner en arrière. Elle va continuer toujours à marcher de l'avant. Qu'en même temps, son nid, sa maison où elle est née, ça ne sera déjà plus jamais sa maison. Et jamais, jamais plus, elle ne se remettra à vivre comme une enfant.

Bien souvent on n'a pas assez de temps pour satisfaire à toutes les coutumes de nos ancêtres. Mais, si on a le temps, les grands-parents de la jeune fille, ou ses parents, l'accompagnent. Dans le cas de ma sœur, on n'a pas eu le temps, mais quand même, comme mon papa était l'élu de la communauté, il a pu envoyer les parrains de ma sœur et son frère aîné l'accompagner à la maison de ses beaux-parents. Là, dans la maison du jeune homme, il va y avoir toute la communauté, qui l'attend. Quand elle est arrivée, ils l'ont accueillie aussi avec un bouquet de fleurs. Là, ils lui donnent sa pierre à moudre, sa marmite, qui doit rester près d'elle pour laver son *nixtamal,* sa vaisselle, pour laver le maïs. On lui donne aussi son *petate* et ses petits *petates,* et ensuite on lui indique l'endroit où elle se tiendra dans la maison. Parce qu'il n'y a pas beaucoup de maisons qui ont une petite pièce pour les familles. Auparavant on demande à la jeune fille de couper un petit bout de chaque coin de la maison. Comme la maison est faite de feuilles de palme ou de canne. On coupe les quatre coins. À ces quatre coins, on allume la bougie du jeune homme. On fait brûler le *pom*, et on brûle aussi les quatre coins coupés pour accueillir la jeune fille. De sorte que c'est une façon de demander à la maison son autorisation, puisqu'elle va abriter une autre personne.

S'il arrive un moment où, je ne sais pas, moi, le couple ne s'entend pas, et où ils ne mènent pas une bonne vie, alors, les problèmes surgissent. Mais c'est quelque chose d'important qu'on va essayer collectivement de résoudre les problèmes dans le mariage en leur expliquant bien qu'ils doivent faire eux-mêmes leur propre vie, à eux deux, et que c'est une autre vie différente.

L'élue ou l'élu de la communauté va venir. Ils essayeront de leur parler comme à leurs propres enfants. Les parrains sont ceux qui ont le plus la responsabilité de continuer à aider ce couple, des deux côtés. Mais s'il n'y a pas de solution, la jeune femme est protégée par ses parents. Elle peut rentrer chez elle, à condition qu'elle n'ait pas rompu avec les coutumes des anciens. On a vu des cas où la jeune fille en a assez d'attendre toutes les coutumes, et le jeune homme la prend. Avec ça, elle court le risque que si les mariés ne s'entendent pas, le papa de la jeune femme la rejette. De même, les parents du jeune homme rejettent leur fils parce qu'il n'a pas appliqué les lois. Ce que disaient nos grands-parents.

Avant il n'y avait pas une loi qui nous lie pour toujours, comme par exemple l'église ou l'état civil, mais il y avait des lois qu'il fallait appliquer, mais ce n'était pas quelque chose qui nous lie pour toujours. La jeune fille qui s'en va recevra de la part de la communauté tout le soutien possible. C'est pour ça que la communauté est présente quand la jeune fille part. Alors, on lui exprime tous nos sentiments. N'importe quoi qu'il arrive, nous sommes là. Tu dois réaliser ta vie, mais si un jour ça ne te réussit pas, nous te défendons. Une femme indigène, elle a ça, qu'elle a tout l'appui d'une communauté, si elle ne rompt pas avec les lois. Mais si elle rompt avec, bien sûr, la communauté a du cœur, mais on la regardera avec d'autres yeux. Ça dépend de la jeune fille. Parce que ça existe aussi dans les groupes d'indigènes, des hommes qui rentrent bourrés et qui commencent à battre leur femme. Mais ça dépend de l'affection que la femme a pour l'homme, et si elle considère que c'est le papa de tous ses enfants, alors elle ne se plaindra pas trop, comme elle pourrait le faire, parce qu'elle a de l'appui...

Dans le cas de ma sœur, ça n'a pas été très bien pour elle avec son mariage. Parce qu'il est arrivé un moment où, à cause de la langue différente, et des coutumes différentes des parents du jeune homme, et du jeune homme lui-même, elle ne s'est pas habituée à l'autre communauté. Parce que comme nous autres, nous sommes habitués à vivre dans une communauté, si on ne comprend pas l'autre communauté, alors, comment donc on va vivre ? Donc, ils ont discuté cette problématique, mes parents, avec les parents du jeune homme, et avec l'élu de la communauté. Mon papa a dit : « Ici la communauté est prête à vous aider comme une famille. Je crois que ma fille doit venir vivre par ici, plus près, pour qu'on puisse mieux vous aider. » Alors, ils sont arrivés à la conclusion que ma sœur rentrerait dans notre communauté. Bien sûr, ma sœur n'est pas retournée à la maison. La communauté l'a aidée, et quinze jours après, elle arrangeait sa petite maison... Elle n'est pas revenue à notre maison à nous, parce que la famille était très grande. Nous avions aussi avec nous mes belles-sœurs. Ma sœur avait un enfant et les parents en personne ont dit qu'elle devait mener sa propre vie. La communauté s'est employée à leur donner une part du travail collectif. Du maïs et des haricots, un petit peu, pour qu'ils puissent vivre et travailler. Parce que si c'est une femme qui travaille pour son compte, ou qui travaille collectivement, qu'elle soit mariée ou célibataire, elle n'a aucun problème si elle n'use pas à tort des lois de la communauté. Si elle a quoi que ce soit comme problème, il y aura toujours ses voisins, et elle peut compter sur la communauté. Ça fait précisément partie de ce que les parents nous disent quand on a dix ans.

XII

Vie dans la communauté

> « Vous ne comprenez pas que le jeu est signe de liberté et de mort, et de hasard qui régit la sentence des juges ? Les seuls qui pourraient avoir assez d'audace pour oser jouer sont morts. »
>
> POPOL VUH.

> « Je suis une catéchiste qui sait marcher sur la terre et non une catéchiste qui pense seulement au règne de Dieu. »
>
> RIGOBERTA MENCHÚ.

Quand j'ai eu mes douze ans, alors là je me rappelle bien, très bien. Ce qu'il y a, c'est que je raisonnais déjà comme une femme qui a des responsabilités. Par exemple, quand nous travaillons en commun, pour mettre de côté un peu en réserve, pour un mort, pour un malade, dans la communauté, il n'y a que les grands qui travaillent. Bien sûr, cette relation avec la communauté, nous l'avons toujours eue, mais quand même, elle se concrétise quand on commence à prendre déjà un engagement direct avec sa communauté. Chaque membre de la famille a toujours une tâche à accomplir. Par exemple aller visiter les voisins. Discuter un moment avec eux, quand on a un peu de temps libre. Ne pas se disputer avec les voisins. Sinon, bien des fois, se produisent des cancans. Parce qu'un enfant ne fait pas de commérages comme les gens qui petit à petit deviennent grands. Ils se mettent à se disputer avec les gens de leur âge, avec les voisins.

C'est à cette époque-là que je me suis intégrée au travail collectif. Comme de récolter la *milpa*, et je pouvais déjà travailler ensemble

122

avec les autres. C'étaient les temps où j'ai commencé à me faire des amis, des amis, comme ça, plus intimes, dans la communauté, et en même temps, j'ai commencé à assumer le rôle de ma maman. Ma maman était une femme qui coordonnait certaines choses avec la communauté. Qu'est-ce que nous allons semer, avant de semer la *milpa* ? Est-ce que nous semons seulement des haricots ou est-ce que nous semons autre chose ? Comment allons-nous le faire ? C'est surtout ça, notre travail à nous, de semer des haricots, des pommes de terre, toutes sortes de légumes qui peuvent pousser dans la même terre où on va semer la *milpa*. Mettre des petits bouts de bois aux haricots pour qu'ils n'abîment pas la *milpa,* ou arranger les lianes des *chilacayotes,* ou tout autre fruit semé dans la *milpa*. Nous définissons une tâche, que nous devons faire chacun notre part. Chaque compagnon, chaque voisin a sa petite parcelle dont il va s'occuper, qu'il va récolter, il va ramasser la moisson. Il va s'en occuper dès le premier jour des semailles, la surveiller au cours de toutes les étapes qu'il faut à la plante pour donner son fruit, jusqu'à ce qu'il cueille ce fruit. On s'engage à ça. C'est un engagement collectif, enfin. C'était donc le temps où j'ai commencé à être responsable. En ce temps-là il y avait déjà la religion catholique dans notre région. La religion catholique choisit, ou plutôt les curés, les prêtres choisissent une personne, au moins, pour qu'elle soit catéchiste. Et à partir de douze ans, c'est moi qui ai été catéchiste. Le curé venait tous les trois mois dans la zone. Il nous apportait des documents pour enseigner la doctrine à notre communauté. Nous l'avons fait aussi de notre propre initiative, parce que mon père, il a été très chrétien.

Accepter la religion catholique, ce n'était pas comme accepter des conditions, abandonner notre culture ; non, c'était comme un autre moyen. Si tout le village croit dans ce moyen, c'est comme une autre voie qui nous permet de nous exprimer. C'est pareil comme si nous nous exprimions à travers un arbre par exemple, nous considérons que l'arbre est un être, qu'il fait partie de la nature, et cet arbre a son image, son représentant ou son *nahual,* qui nous aide à acheminer nos sentiments jusqu'au dieu unique. C'est cela, notre conception indigène. Bien sûr, c'est là justement que nous voyons une fois de plus la confirmation que c'est bien vrai qu'il y a un Dieu, que c'est bien vrai qu'il y a un père de tous. Mais cependant c'est quelque chose que nous prenons en compte seulement pour les choses de là-haut. Pour ce qui concerne la terre, nous devons continuer à adorer nos intermédiaires à nous, comme nous l'avons fait, tous les éléments de la nature. Bien sûr, ça nous a beaucoup aidés à être catéchistes et à avoir la responsabilité d'enseigner aux autres, la façon qu'on a dans notre communauté d'essayer d'enseigner, d'être un exemple pour les autres qui grandissent. Dans l'Action Catholique*, par exemple, il y a beaucoup d'images semblables à chez nous, bien que chez nous, ce ne soit pas écrit. Mais il y a beaucoup de ressemblances. Par exemple, nous autres, nous croyons qu'il y a eu des ancêtres ; et nos ancêtres sont importants parce que ce sont des gens de bien, parce qu'ils ont obéi aux lois de nos ancêtres. La Bible aussi parle de certains ancêtres. Donc, ce n'est pas quelque chose d'étrange. Nous autres, nous adaptons les ancêtres de la Bible comme si c'étaient nos ancêtres, tout en restant dans notre propre culture et nos propres traditions. En même temps, ils se référaient très souvent à des chefs, des rois. Par exemple il y avait avant des rois qui ont battu le Christ, tout ce que la Bible raconte. Nous autres, nous le mettons en relation avec notre roi, Tecún Umán*, qui a été vaincu par les Espagnols, qui a été persécuté, nous prenons ça comme notre réalité. C'est comme ça que nous avons adapté, accepté ce qu'est la religion catholique et le devoir d'un chrétien, comme notre culture. C'est un autre intermédiaire, comme je disais. Ce n'est pas notre unique façon, fixe, de nous exprimer, mais un moyen pour continuer à nous exprimer et pour ne pas abandonner notre manière d'exprimer ce qui nous vient de nos ancêtres. C'est un travail double pour nous, parce que nous devons apprendre la doctrine, nous devons apprendre à prier. Nous autres, nous prions toujours pendant nos cérémonies, dans notre culture, alors ce n'est pas si différent, seulement que nous devons mémoriser les prières qu'ils nous envoient, et c'est une autre prière que nous intégrons à notre rite. Ça doit être tout dans notre langue. Bon, bien des fois, c'est aussi quelque chose qu'il ne faut pas croire que nous le faisons parce que nous le comprenons, mais parce qu'il doit en être ainsi. Parce que au début je me rappelle que les prières, elles n'étaient même pas en espagnol. Elles étaient en latin, ou quelque chose comme ça. Donc, pour nous, c'est quelque chose que nous disons, que nous exprimons avec toute la foi que nous ressentons, mais nous ne comprenons pas ce que ça veut dire. Comme les curés ne savent pas notre langue, comme ils font leurs prières en espagnol, alors notre devoir à nous, c'est de mémoriser les prières, les chants. Mais nous ne comprenons pas exactement ce que cela veut dire. Mais c'est un moyen que nous acceptons, comme une voie pour nous exprimer.

Cela signifie beaucoup pour nous, mais nous ne le comprenons pas.

Le curé venait tous les trois mois au village. Mon père a été *huechajal* de l'église, et ensuite il s'est marié et il a eu ses enfants et il a très bien accepté ce qu'est l'Action Catholique *. Il nous enseignait qu'il y a un Dieu, qu'il existe, et que nous devons avoir un autre intermédiaire, adorer les saints. Mais il ne s'agit pas d'adorer les saints, les images, non, c'est seulement une forme d'expression. Par exemple, avoir l'image de la terre, qui est mère, c'est important. Qu'elle est créée par un père, un seigneur unique, et pareil que les saints, qui ont été les ancêtres. Nous autres, nous nous exprimons par le biais de nos dessins, par exemple sur notre *huipil*, sur notre costume, qui est comme une image des ancêtres. Ce serait comme ce qu'est un saint pour l'Action Catholique *. C'est là qu'on voit un peu le mélange de notre culture et de la religion catholique. Nous nous sentons très catholiques, parce que nous croyons dans les choses catholiques, mais en même temps nous nous sentons très indigènes, fiers de nos ancêtres.

Au début, pour moi, ce qu'était vraiment cette histoire de catholique, je ne la comprenais pas, mais malgré ça, j'étais toute prête à me développer. Alors j'ai commencé à enseigner la doctrine à la communauté. Ma tâche, c'était surtout les enfants. Le curé venait célébrer la messe, former les groupes de catéchistes, leur laisser un document à étudier. Mais comme nous ne savions pas lire, ni écrire, bien souvent nous devions l'apprendre par cœur. C'est comme ça que nous avons commencé à apprendre un peu. Mes frères ont eu la possibilité d'apprendre à lire et à écrire, depuis lors, avec les cousins. J'ai des cousins qui ont eu la chance de faire leur école primaire, jusqu'à la sixième année. Ils en sont restés là parce qu'ils n'ont pas eu la possibilité de continuer. Ces cousins leur apprenaient à lire. Quand mes frères ont été jeunes, ils ont eu des contacts avec beaucoup d'amis. Ils ont commencé à apprendre à lire entre amis. Dans mon cas, comme toutes mes amies, j'étais analphabète... Quand nous sommes entre amies, nous ne parlons pas de distractions, nous ne parlons pas de choses comme ça, non, nous parlons de travail ou de ce que nous allons faire. Encore davantage, quand nous avons déjà nos petits animaux, et alors, nous parlons, tout en jetant un œil sur eux, pour voir ce dont nous rêvons, ce que nous voulons faire avec eux. En parlant, comme ça, un peu de la vie, mais en très général. On ne parle pas d'aller à d'autres endroits se promener ou danser ou apprendre à danser. Ça, on n'en parle pas. Les garçons, si, ils commencent à s'apprendre les uns aux autres ce qu'ils savent et ils se mettent à jouer. Par exemple, les indigènes ont un jeu, comme un sport. C'est une cire, mais pas d'abeilles, d'une autre sorte d'animal dans la montagne, qui fait une cire noire. Ces animaux, quand ils abandonnent leur maison, en construisent une autre, et les cires restent dans les arbres. Alors les jeunes gens, ravis, dès qu'ils ont un petit moment de libre, vont à la montagne chercher de la cire, ils reviennent avec leur cire et ils en font de petites boules pour jouer. C'est comme une sorte de loterie pour eux. Celui qui gagne le plus, c'est celui qui réussit à retourner la petite boule de cire des autres. Il gagne un centime, ou on lui donne autre chose. Ce jeu qu'ils font avec la cire est un jeu avec des concurrents. On y joue aussi avec une petite pièce de un centime, et cette pièce de monnaie, on la met sur quelque chose en fer ; on lance un centime, qui frappe l'autre centime et le fait se retourner, et alors ça veut dire que la personne a gagné. S'il ne se retourne pas, alors on ne gagne pas. C'est un jeu où on acquiert de la pratique peu à peu. Les jeunes gens indigènes, pendant leur temps libre, quand ils sont dans la montagne, discutent beaucoup entre eux, et aussi ils redescendent dans la communauté pour jouer, en groupe. Mais en général nous autres, les filles, nous ne jouons pas, parce que, y compris pour notre maman, c'est difficile qu'elle laisse sa fille aller jouer seule. La jeune fille, elle doit avant tout apprendre les petites choses de la maison, les détails de la vie de la maman.

La maman ne reste jamais à la maison sans rien faire. La maman est toujours en train de s'activer, et si elle n'a rien à faire, elle a son tissage, et si elle n'a pas de tissage, elle a autre chose à faire. Notre jeu à nous, c'est surtout de faire du tissage ou des choses comme ça. Mais nous pouvons aussi le faire collectivement parce qu'il y a un endroit dans la campagne qui est si merveilleux et si beau, et il y a de l'ombre, alors toutes les jeunes filles se réunissent, comme à sept ou huit, et elles s'en vont sous les arbres, elles accrochent leurs tissages, et elles bavardent et tissent. C'est plutôt ça, notre distraction, avec nos amies. Et, par exemple, quand nous allons chercher de l'eau, nous nous appelons, toutes les filles du village, nous crions les unes aux autres, nous allons chercher de l'eau, et on s'en va toutes en file, en discutant, pour chercher l'eau. Et comme pour la transporter nous utilisons toujours des jarres de terre cuite sur la tête, alors, au retour, nous marchons lentement, nous posons notre jarre, nous nous asseyons un moment. Encore plus quand il n'y a pas d'eau dans les alentours, il faut marcher loin pour rapporter l'eau. C'est une autre partie de nos distractions, la conversation directe avec les voisins, avec les amies. C'est en ce sens que nous nous faisons des amies. Ça oui, n'importe quelle tâche que nous devons réaliser, nous autres, les femmes, nous prévenons toujours notre voisine. Surtout quand nous sommes jeunes filles. Nous n'aimons pas tellement nous mêler aux dames. Même si, oui, nous avons beaucoup de respect pour elles, nous préférons bavarder avec nos compagnes du même âge.

L'éducation qu'on nous donne, qu'il ne faut pas nous mélanger, une jeune fille de vingt-deux ans, par exemple, et nous autres qui avons douze ans, parce que ces adultes-là ne vont pas nous comprendre, ce que nous, nous comprenons. Donc nous allons toujours avec des gens de notre âge, de notre taille. Une autre occasion de nous voir, c'est quand nous voulons les feuilles des plantes de la montagne pour faire les *tamales*. Nous nous appelons un soir, par exemple, toutes les jeunes filles, pour aller couper les feuilles dans la montagne. Dans mon cas, j'aimais beaucoup me mettre en haut, dans les arbres. Nous grimpions aux arbres, mais quand la maman ne nous voyait pas : parce que, pour la maman, c'est un scandale, une fille perchée en haut d'un arbre. Elles nous disputent beaucoup, quand elles nous voient. Nous grimpions aux arbres, en criant, en chantant, en nous appelant les unes les autres, et comme ça, heureuses. Pour nous, ça nous suffit, ces distractions que nous avons, parce que dans les fêtes, déjà, aucune jeune fille ne va se séparer de sa maman, même si c'est une fête du village. Même que nous soyons dans le village lui-même, mais nous devons toujours rester avec la maman, pour préserver tout le respect de la communauté envers la jeune fille qui est en train de grandir. Parce que, disent nos parents, une jeune fille devient une fille des rues rien qu'en se séparant de ses aînés, alors elle apprend des choses mauvaises. Elle doit rester avec ses parents. Ainsi, dans toutes les fêtes, même si nous saluons, et tout, mais nous allons toujours avec la maman.

Dans le cas des hommes, ils sont moins privés, dans beaucoup de domaines. Peut-être que ce n'est pas du machisme, mais le fait que les hommes, par exemple, il ne leur arriverait rien de ce qui arriverait à une femme si elle a une relation avec un homme. Alors, les hommes sont un peu plus libres, mais par exemple, les hommes savent très bien respecter la loi de nos pères. Si le papa dit, je veux te voir à telle heure à la maison, bon, alors, c'est à telle heure. Ils peuvent sortir seuls avec leurs amis pour jouer, mais quand ce sont déjà des hommes de quatorze, quinze ans, ils ont plus de travail et ils n'ont pas le temps de sortir se promener. Pour nous, on peut dire, se promener, c'est aller chercher du bois, ou faire un travail. Parce que les jeunes gens eux aussi s'appellent pour aller faire du bois, pour couper des plantes, ou toute autre tâche. Ils se rassemblent et ils y vont. C'est presque pareil, la distraction des femmes et des hommes. Maintenant, ça oui, c'est quelque chose de défendu par nos parents que nous nous mêlions avec des groupes de jeunes gens, même si ce sont des voisins, des cousins, des oncles, ou dans ce genre, non, nous autres, nous devons aller avec les filles, et pas avec les garçons, parce que très souvent les garçons sont très grossiers. Et à eux non plus ça ne plaît pas qu'une femme aille avec eux, alors, dans ce sens, il y a une grande séparation. Par contre, oui, des fois nous entreprenons une discussion, en parlant des jeunes gens, nous les filles, ou alors eux ils parlent des filles.

A la maison, je parlais beaucoup avec mon père parce que j'étais sa fille préférée. Il y avait mes frères et sœurs, et tous, mais, je ne sais pas, mon papa m'aimait beaucoup et moi aussi j'ai eu beaucoup, beaucoup d'affection pour lui. Il y a des fois qu'il me donnait la parole pour que j'aille parler avec la communauté et pour que la communauté me prenne en affection comme elle le fait pour mon père. Ce n'était pas tant que j'étais importante parce que j'étais catéchiste, mais qu'il s'agissait de ma participation dans la communauté. Les parents se préoccupent toujours de notre participation dans la communauté. Mais il ne s'agit pas non plus de participer à un niveau adulte, parce que les adultes ont des fois des réunions où ils discutent de choses plus sérieuses.

Ce qui se passe, c'est que l'indigène garde toujours un secret. Ce secret, des fois, il ne convient pas que les enfants le connaissent. Ce n'est pas parce que c'est inconvenant, mais parce qu'on n'en a pas besoin... Ce sont ces niveaux que nous respectons dans la communauté. S'il y en a besoin, alors on va être au courant des affaires des adultes. S'il n'y en a pas besoin, alors l'enfant sait respecter la conversation des adultes. Par exemple, si un voisin arrive à ma maison pour discuter avec mon papa ou ma maman, et s'ils me disent : « Va chercher un peu de bois », cela signifie pour moi qu'ils ne veulent pas que je participe à la discussion. Dans ce cas-là, mon père voulait que nous, ses enfants, nous nous intégrions comme partie prenante de la communauté, et que nous prenions au sérieux les affaires de la communauté et notre participation directe à la vie de notre peuple. C'est comme ça que j'ai commencé à enseigner la doctrine.

Beaucoup de gens, je dois le reconnaître, la plus grande partie de ma communauté, sont catholiques, très catholiques. Il y a des rosaires, il y a des neuvaines, la célébration de la parole de Dieu et tout ça. Alors, je me suis mise à apprendre le saint rosaire par cœur et les voisins me demandaient pour aller prier à l'anniversaire d'un petit enfant de deux ans, par exemple. Et c'est ainsi, j'ai commencé à participer en tant que catéchiste, que missionnaire catholique dans la communauté. Il n'y avait pas que moi. Il y avait mes frères et sœurs et les autres enfants des voisins, que nous avons tous un petit rôle à jouer dans la communauté. C'est comme ça que nous avons commencé à nous organiser et à faire une collecte chaque fois que nous nous réunissions. Donner un centime, donner deux centimes, et au bout d'un certain temps, on a réuni une quantité d'argent dans notre tirelire, et on a pu acheter des choses pour la communauté. C'est-à-dire, installer une petite boutique qui ait du sel, qui ait d'autres choses que la communauté peut utiliser. C'est une initiative du village, aidé par le curé lui-même, parce que le curé essaye toujours de nous dire que nous devons nous unir, que nous devons être tous ensemble. Et, de fait, nous sommes unis. Ce que je faisais moi, en ce sens, par exemple, c'était de commencer mon travail quotidien une heure avant le moment où je commençais toujours à travailler. Par exemple, si je commençais à travailler à six heures du matin, à quatre heures je sortais déjà pour aller au travail, si bien que je commençais à cinq heures. Parce que nous avons toujours à marcher pour aller travailler. Ça nous prend une heure, une heure et demie, pour y arriver. En principe je devais partir à cinq heures du soir du travail, mais je partais une heure avant et j'arrivais à cinq heures du soir à la maison, prête à aller prier avec les voisins.

Le cadre dans lequel on vit, au village, est très agréable, ça nous permet de nous appeler entre voisins pour aller prier. Les gens ne réclament pas qu'on leur dise leur rosaire individuel, dans leur maison, non, nous avons une réunion, régulière. Notre réunion culturelle en tant qu'indigènes, nous la faisons le vendredi. Notre réunion en tant que catholiques, le lundi. Le lundi, la personne, ou les personnes qui veulent le rosaire, le demandent à la réunion de catéchistes. Les personnes qui veulent une cérémonie différente, pas catholique, la demandent le vendredi. C'est-à-dire qu'on ne confond pas les deux.

C'est comme cela que je me suis tellement, tellement intéressée à apprendre à jouer des instruments de nos ancêtres. Par exemple, le *tún*, le tambour, le *sijolaj*, que nous conservons encore, la *chirimia*. Nous nous sommes mis à les pratiquer, avec mes frères. Nous priions comme des catholiques, avec les voisins, et en même temps, nous jouions de nos instruments. Nous savons quelques chants catholiques. Les premiers chants que mes parents ont appris, ils nous les ont enseignés à nous autres, et c'est presque toujours ceux-là que nous chantons, mais les chants nouveaux, nous avons beaucoup de mal, parce que ça veut dire qu'il faut les mémoriser. Donc, nous décidons de nous réunir le lundi. Le lundi est un jour réservé. À quatre heures de l'après-midi, nous devons nous trouver à la réunion. On met en pratique tout ce que la Bible exige. Quand il y a un malade, on a recours à nos méthodes indigènes, mais en même temps, on croit que l'Action Catholique * est un moyen pour nous exprimer, alors, la personne demande un rosaire pour le malade, les voisins arrivent et nous prions de cette manière. D'abord on fait une prière pour ouvrir la cérémonie. Ensuite, comme ils nous ont appris les litanies et les mystères, on dit les mystères, les litanies, le *Credo,* que nous utilisons aussi beaucoup. Et ensuite, au milieu du *Credo,* il y a une place en général pour le malade. C'est-à-dire que tous les voisins supplient pour le malade. Et ensuite, vient la fin de la prière. En général, nous prions toujours une heure et demie, deux heures, avec le malade. Et après ça, tout le monde a bon espoir que le malade va guérir. Tout le monde donne son soutien aux gens qui ont le malade chez eux, pour qu'ils ne se désespèrent pas et continuent de l'avant. Nous récitons les chants de l'Action Catholique *. Nous mettons la doctrine en pratique. Nous rendons compte à nos parents qu'est-ce que c'est que leurs enfants savent, et ensuite nous discutons de choses de la religion catholique. Par exemple, le curé vient tel jour, qu'est-ce que nous allons faire, quelle fête nous allons lui faire, où est-ce que nous allons le recevoir, et ainsi de suite, on discute des choses collectives.

Il y a aussi des fois qu'il n'y a pas tellement de points à discuter parce que les curés nous envoient aussi une série de questionnaires, que très souvent il faut y répondre ou les élaborer dans la communauté. C'est ainsi que nous nous réunissons et nous discutons de ce qu'il faut discuter comme catéchistes, et s'il n'y a pas tellement à discuter, on ne perd toujours quand même pas notre temps, parce qu'il y a des choses à dire à propos de la communauté. Par exemple, un voisin a besoin d'une maison parce que son fils va aller vivre de son côté. Alors, comment on va faire pour l'aider, quels sont ceux qui vont aller l'aider, à qui c'est le tour. Il y a toujours quelque chose à régler en commun, que ce soit le vendredi ou le lundi. En plus de ça, il y a une autre réunion qui est la réunion des hommes et des femmes importants de la communauté. Et par rapport à la terre. Ça, c'est quand ils ont commencé à nous enlever nos terres. Tous les jeudis la communauté se réunit pour discuter qui va à la capitale, qui allait accompagner mon papa, qui était l'élu de la communauté. Comment va se passer son voyage. Ça implique que nous devons consacrer du temps à nous occuper de la communauté pour tout. Ça implique que nous devons donner notre temps pour nos cérémonies, nos célébrations indigènes. Ça implique de donner du temps à la religion catholique, que nous utilisons aussi comme un moyen. Et par conséquent, notre situation se complique davantage. Mais toute la communauté est prête à le faire. Personne ne refuse, parce que la plus grande partie de notre peuple n'est pas athée, parce que nous, les indigènes, nous ne vivons pas au contact des *ladinos*.

XIII

La fumigation tue dans la finca

« J'avais toujours vu pleurer ma mère...
J'avais peur de la vie et je me disais, qu'est-ce
que ça sera quand je serai plus grande ? »
RIGOBERTA MENCHÚ.

Dans la communauté, par exemple, depuis toute petite, ils m'aimaient beaucoup, ils me manifestaient toute leur peine, ou leur joie, parce que notre famille était très ancienne dans la communauté. Nous ne laissions pas passer la plus petite occasion. N'importe quelle fête, nous organisions une petite réjouissance, avec nos coutumes. C'était notre engagement, cette fois direct, vis-à-vis de la communauté. Je me rappelle, ça a dû commencer vers mes quatorze ans, quand nous sommes descendus à la *finca*. Nous étions déjà un groupe de gens plus uni à y aller, parce que avant, chacun allait séparément dans n'importe quelle *finca*, et nous ne nous voyions plus jusqu'à notre retour sur l'*altiplano*. À cette époque, nous sommes descendus ensemble, avec les voisins, les enfants des voisins, et bien contents comme ça. Nous sommes arrivés à la *finca*, et avec une amie de la communauté, nous sommes tombées sur la cueillette du coton. Un jour que j'étais avec elle, c'était une catéchiste, nous allions toujours ensemble parce que nous étions très amies, mon amie s'est intoxiquée avec la fumigation du coton. Alors, nous avons dû l'enterrer, à nous tous, dans la *finca*... Alors, nous avons décidé de ne pas travailler pendant deux jours. Ce n'était pas tant une grève, que pour respecter notre douleur. Elle s'appelait Maria. C'était mon amie. Nous étions comme dix personnes à être descendues à la *finca*.

Parmi les catéchistes, il y avait des jeunes gens, des hommes, des femmes. La présidente du groupe était ma maman. C'est un groupe de femmes qui a commencé à mieux s'organiser à travers les pratiques chrétiennes. Il y avait un groupe de jeunes, qui étaient ceux dont s'occupait mon petit frère, qu'ils ont tué depuis. Le groupe des enfants, c'était moi qui m'en occupais, parce que j'avais beaucoup d'affection pour les enfants. J'avais beaucoup de patience. Il y avait aussi un groupe d'hommes. Les jeunes à cette époque participaient déjà ensemble, les garçons et les filles. Nous organisions beaucoup de choses dans la communauté, mais une organisation en tant que telle, il n'y en avait pas. C'est surtout les femmes qui allaient pratiquer la doctrine, chanter, discuter un moment, et ensuite elles rentraient à la maison. C'était pareil avec les enfants, leur enseigner la doctrine, leur enseigner quelque chose, et jouer un petit moment avec eux. Il y avait des fois que nous préparions des textes grâce à mes frères, qui savent déjà lire, alors on lisait un texte et on analysait ce que c'était que le rôle d'un chrétien. Ça nous faisait nous rapprocher davantage, nous préoccuper davantage des problèmes de chacun de nous. J'ai eu tort de dire quatorze ans tout à l'heure, j'en avais treize. Pour la communauté, mon amie était quelqu'un de très important. On l'aimait beaucoup. À partir de ce moment, je ne sais pas, mais je me sentais bien malheureuse dans la vie, parce que je pensais, qu'est-ce que ça allait être, notre vie, quand on serait grands ? Je pensais à toute mon enfance, à tout le temps qui avait passé. J'avais toujours vu pleurer ma mère, bien des fois en cachette, parce qu'elle ne nous disait jamais quand elle avait de grands chagrins. Mais je la trouvais tout le temps en train de pleurer, à la maison ou au travail.

J'avais peur de la vie et je me disais, qu'est-ce que ça sera quand je serai plus grande ? Et cette amie m'avait laissé beaucoup de témoignages sur sa vie. Elle me disait qu'elle n'allait jamais se marier parce que si elle se mariait ça voulait dire avoir des enfants, et avoir des enfants, elle supporterait mal de voir son enfant mourir de faim ou de souffrance ou de maladie. Ça me donnait beaucoup à penser, et j'en devenais folle à force de penser, je me rappelle que je pensais que je ne pouvais pas continuer comme ça, que je devais devenir une femme adulte. Et que chaque jour je devenais plus grande, et j'avais davantage de responsabilités. Ça me faisait peur. À cette époque, j'ai décidé de dire que moi non plus jamais je n'allais me marier. Quand mon amie est morte, je disais, jamais je ne vais me marier, comme elle avait dit pareil. Rien que pour ne pas passer par toutes les peines qu'il y avait à endurer.

Toutes mes idées ont complètement changé ; j'avais beaucoup d'idées qui me venaient. Qu'est-ce que je vais faire ? Très souvent, je disais, je vais peut-être me consacrer à travailler sur l'*altiplano,* même si je dois souffrir la faim, mais je ne descendrai pas à la *finca,* vu que moi je détestais la *finca.* Justement parce que mon amie y était morte, et mes deux frères aussi y sont morts. Un de mes frères, me racontait ma mère, est mort d'intoxication, lui aussi, et l'autre, celui que j'ai vu mourir de faim, de malnutrition. Je me rappelais tous les moments qu'avait vécus ma mère, que je voyais travailler et suer et que jamais elle ne se plaignait. Elle continuait à travailler. Bien des fois elle n'avait rien. Vient le mois, et elle disait, nous n'avons pas même un centime. Qu'allons-nous faire ? Ça me mettait tellement en colère, et je disais, mais qu'est-ce qu'on peut bien faire de plus dans la vie ? Pour moi, je ne voyais aucune issue pour ne pas vivre la même chose que tous, la même souffrance. Et j'étais très inquiète.

À cette époque, ils ne nous ont pas expulsés du travail, vu qu'ils ont reconnu que nous avions raison. Bon, c'est que nous étions tombés sur un *caporal* qui était moins criminel que les autres. Il a fait en sorte de ne pas nous chasser à cause des deux jours qui manquaient, et il ne nous les a pas non plus fait payer à la fin du mois. J'avais alors une douleur bien grande. Je disais, pourquoi est-ce que nous ne brûlons pas tout ici pour que les gens ne viennent plus y travailler ? J'avais de la haine pour les gens qui faisaient la fumigation. Je pensais qu'ils étaient coupables, pourquoi est-ce qu'ils jetaient leur poison si nous avions des gens en dessous ? J'étais très mal, cette fois-là, quand je suis rentrée à la maison. J'étais seule, avec mes voisins, avec ma sœur aînée, parce que mon papa était resté sur l'*altiplano.* Quand je suis arrivée à la maison, j'ai raconté à ma maman, telle compagne est morte. Et ma maman pleurait et moi je lui disais : « Ay, maman, je ne veux plus vivre ! Pourquoi est-ce qu'on ne m'a pas tuée quand j'étais petite ? Maintenant, comment est-ce que c'est possible pour nous de vivre ? » Ma maman me grondait et me disait de ne pas raconter de sottises. Mais pour moi ce n'étaient pas des sottises. C'étaient des choses très sérieuses. Ensuite je me suis rapprochée des curés. Je me rappelle que je ne savais pas parler l'espagnol. Je ne pouvais pas m'exprimer avec eux. Mais je les voyais comme de bonnes personnes. J'avais beaucoup d'idées mais je savais que je ne pouvais pas arriver à dire toutes mes idées. Je désirais pouvoir un jour lire ou écrire ou parler l'espagnol. Je disais ça à mon papa, je veux apprendre à lire. Peut-être que quand quelqu'un sait lire, c'est différent. Alors mon papa me disait : « Qui va t'apprendre ? Tu dois l'apprendre par tes propres moyens, parce que moi, je ne les ai pas. Je ne connais pas de collèges, et je ne pourrai pas non plus te donner de l'argent pour le collège. » Alors je lui disais : « Si tu discutes avec les pères, qui sait, peut-être ils peuvent me donner une bourse. » Et mon papa me disait : « Là-dessus c'est vrai que je ne suis pas d'accord avec toi, parce que tu essayes de sortir de notre communauté, de t'éloigner et de te chercher ce qui te convient le mieux. Alors, tu essayerais d'oublier ce que nous avons en commun. Si tu t'en vas, alors, ce sera une fois pour toutes. Tu te sépares de notre communauté et moi je ne te soutiendrai pas. » Mon papa avait une grande méfiance pour les écoles, tout ça. Et il me donnait comme exemple que beaucoup de nos cousins ont appris à lire et à écrire, mais ça n'a pas été utile pour la communauté. Les gens essayent de se mettre à part et de se sentir différents quand ils savent lire et écrire. Tout ça, mon papa me l'expliquait. Moi je disais non, je veux, je veux apprendre, et ainsi de suite, je continuais.

Il est venu un moment où ça a été la dernière fois que nous sommes descendus à la *finca*. Naturellement, ça a été dans une autre *finca*. Un des propriétaires terriens demandait à mon papa que je m'en aille comme domestique chez lui. Mon papa disait non. « Ce sont des choses mauvaises. Ils vont te traiter mal, comme nous autres jamais nous ne t'avons traitée. Je ne pourrais pas supporter que ma fille soit en train de souffrir à un autre endroit ; il vaut mieux que nous souffrions ensemble. » Comme j'étais en plein dans ce grand problème et que je réfléchissais beaucoup pour savoir quoi faire, comment trouver une solution, le propriétaire terrien m'a alors offert vingt *quetzales* par mois si je me décidais à devenir domestique. J'ai dit non, il vaut mieux pas. Et nous avions le même problème avec ma sœur plus âgée. Alors ma sœur aînée a dit, moi j'y vais. Et elle s'est décidée. Mon papa lui disait, mais, ma fille, tu vas aller te perdre. Je ne sais pas seulement où ils vont t'emmener. Mon papa était très préoccupé, parce que ça n'avait jamais été dans ses intentions que nous autres nous soyons domestiques à la capitale. Bien plus grandes, il pensait, étaient les déformations que nous allions subir après. Il avait peur que nous perdions toutes les choses qu'on nous avait enseignées depuis toutes petites. Ma sœur s'en est allée, et moi je suis restée encore quelques jours avec mes parents et je pensais, comment elle se trouve, ma sœur ? À la fin du mois, mon papa est allé chercher ma sœur, et quand il est revenu il m'a dit : « Ta sœur se porte bien, mais, malgré tout, elle souffre beaucoup. Parce que le travail n'est pas le même que le nôtre, et aussi parce qu'ils la traitent comme une ordure dans la maison d'un riche. » Et alors moi je disais que ça n'avait pas d'importance qu'ils la traitent mal, mais si elle peut apprendre l'espagnol, si elle peut lire... C'étaient mes ambitions. Ensuite ma sœur n'a pas supporté et elle est rentrée à la maison. « Pour rien au monde je ne vais servir chez un riche une autre fois », elle disait. « J'y suis déjà allée et j'ai appris que les riches sont mauvais. » Et moi je disais, est-ce que ce serait que c'est plus difficile que notre travail ? Parce qu'on pense que plus difficile que ce que nous faisons, ça ne serait pas possible, alors, pourquoi nous supportons tout ce que nous faisons ? Voilà comment je suis allée faire la domestique à la capitale. Je n'avais pas fini mes treize ans, j'étais toute jeune.

XIV

Rigoberta domestique
à Ciudad-Guatemala

> « Je n'étais pas capable de désobéir. Et ces patrons abusaient de toute mon obéissance ; ils abusaient de toute ma simplicité. »
>
> RIGOBERTA MENCHÚ.

Quand nous sommes sortis de la *finca,* le propriétaire terrien marchait protégé par tous ses gens, derrière lui. Y compris ils avaient des armes. Moi j'avais une de ces peurs ! Mais en même temps je disais, je dois être courageuse. Ils ne vont rien pouvoir me faire. Et mon papa me disait : « Je ne sais pas, ma fille, ce qui va t'arriver ; mais tu es une femme mûre. »

Nous arrivons donc à la capitale. Je me rappelle que je portais mes habits bien vieux parce que je venais de travailler à la *finca,* et j'avais mon *corte* tout sale ; et mon *huipil,* bien vieux. J'avais aussi un châle, et c'était le seul que j'emportais. Je n'avais pas de chaussures. Je ne savais même pas ce que c'est que d'essayer une paire de souliers. La femme du monsieur était à la maison. Il y avait une autre domestique qui était pour la cuisine, et moi j'aurais le travail de nettoyer la maison. La domestique était aussi indigène, mais elle avait changé son costume. Elle portait déjà des vêtements de *ladino* et elle parlait l'espagnol, et moi je ne savais rien. Je suis arrivée et je ne savais pas quoi dire. Je ne parlais pas l'espagnol, mais je comprenais. Avec tous les *caporales* qui nous commandaient, qui nous maltraitaient et qui nous distribuaient les tâches, beaucoup d'entre eux sont indigènes, mais ils ne veulent pas parler notre langue comme nous parce qu'ils se sentent différents des *mozos.* Alors, je comprenais l'espagnol, mais je ne le parlais pas. La

137

madame a appelé la domestique : « Accueille cette fille ; emmène-la à la pièce de derrière. » La jeune fille est venue et elle me regardait de tous ses yeux les plus indifférents. Et elle me dit, viens par ici. Elle m'a emmenée à l'autre pièce. C'était une pièce où ils avaient entassé dans un coin un tas de caisses, de sacs de plastique où ils mettaient aussi les ordures. Il y avait un petit lit, et ils me l'ont descendu et ils m'ont mis un petit *petate* dessus, et ils m'ont donné une couverture ; et ils m'ont laissée là. Moi je n'avais rien pour me couvrir ni rien. Alors la dame, plus tard, m'a appelée.

La première nuit, je me rappelle, je ne savais pas quoi faire. C'est à ce moment que j'ai senti ce que ma sœur avait ressenti. Bien sûr, ma sœur, elle était chez un autre monsieur. Donc, ils m'ont appelée. La nourriture qu'ils m'ont donnée, c'était un petit peu de haricots avec quelques *tortillas* bien dures. Ils avaient un chien dans la maison. Un chien bien gros, bien beau, blanc. Quand j'ai vu que la domestique a sorti la nourriture pour le chien... Il y avait des morceaux de viande, du riz, des choses comme ça qu'avaient mangées les maîtres. Et à moi ils m'ont donné un peu de haricots et des *tortillas* toutes dures. Ça me faisait très mal, ça, à moi, très mal, que le chien avait très bien mangé et que moi je ne méritais pas la nourriture que le chien méritait. Alors, j'ai mangé, j'étais déjà habituée, alors. Je ne regrettais pas la nourriture du chien, parce qu'à la maison je ne mangeais que des *tortillas* avec du *chile* ou du sel, ou de l'eau. Mais je me sentais très rejetée. J'étais moins que l'animal qui vivait dans la maison. La jeune fille est venue plus tard et elle m'a dit, dors, parce que demain tu vas travailler. Moi j'étais habituée à la maison à me lever à trois heures du matin, pour aller au travail, et eux ils se levaient à sept heures du matin, huit heures. Moi, à partir de trois heures j'étais réveillée dans mon lit. Le lit sans draps, ça n'avait rien non plus de bizarre pour moi, parce que chez moi je dors par terre sur le *petate,* et des fois nous n'avons même pas de quoi nous couvrir. Mais, je suis allée voir le lit de l'autre fille, elle avait plus ou moins un peu de confort. À cause de ce qu'elle avait des vêtements *ladinos,* et qu'elle parlait espagnol. Mais ensuite, nous nous sommes très bien connues. Elle mangeait les restes des maîtres ; ce qui était sur les assiettes. D'abord les maîtres mangeaient, et s'il en restait, c'était pour elle. S'il ne restait rien, elle aussi se cherchait des *tortillas,* ou des haricots, qui restaient, bien durs, par là, ou des restes de nourriture dans le frigo. Elle les mangeait et elle m'en donnait une partie, ça c'est ensuite, quand nous nous sommes déjà bien connues. Moi je me disais, mon Dieu, mes parents

138

doivent être en train de travailler, et moi, ici. Mais je pensais, je dois apprendre, et je dois rentrer à la maison. Je disais toujours, je dois rentrer. Trois heures du matin, cinq heures, six heures. À sept heures, la fille s'est levée et elle est venue me dire, viens par ici, tu vas laver la vaisselle. Moi j'y suis allée avec les mêmes vêtements que j'avais, et la dame arrive et elle dit : « Souillonne, enlève-moi cette fille de là. Comment peux-tu lui permettre d'approcher de la vaisselle, tu ne vois pas comme elle est sale ? » La fille m'a dit, laisse là la vaisselle. Mais la fille aussi s'est fait insulter. Voilà le balai et va balayer, me dit la dame. Et je suis allée balayer le patio. Arrose les plantes. C'est ton travail, elle m'a dit. Ensuite, viens laver par là. Voilà les vêtements, elle me dit. Mais tu les laves très bien, parce que sinon je te mets à la porte.

Bien sûr, je me trouvais à la ville, et je ne savais même pas comment, alors. Je ne savais rien de la ville. Même si j'avais voyagé avec mon père, mais nous allions à un seul endroit et dans certains bureaux. Je ne savais pas comment m'orienter dans la ville et je ne savais pas non plus lire ni les numéros ni les noms des rues. Alors, j'ai dû faire ce que la dame m'a ordonné de faire, et ensuite, vers onze heures du matin, par là, ils ont fini de manger et ils m'ont appelée. « Tu as déjà mangé ? — Non. — Donne-lui un peu à manger. » Alors ils m'ont donné à manger des restes de nourriture. Moi je mourais de faim. Bien sûr, chez nous on ne mange pas la quantité suffisante qu'on devrait manger, mais quand même on est habitué à manger nos *tortillas*, même si c'est juste avec du sel. J'étais bien inquiète. Ensuite, la dame, vers onze heures et demie, m'a dit, viens par ici. Elle m'a mis dans une pièce et m'a dit : « Je vais t'avancer deux mois de ton salaire. » Elle m'a dit : « Deux mois et tu dois t'acheter un *huipil*, un *corte* neufs, et une paire de chaussures parce que tu me fais honte. Mes amis vont venir et tu es à la maison. Qu'est-ce que ça serait pour mes amis ! Mes amis sont des personnalités, et par conséquent tu dois te changer de comme tu es. Je vais acheter tes affaires, toi tu restes à la maison parce que ça me fait honte que tu ailles avec moi au marché. C'est pour ça que je t'avance deux mois de ton salaire. » Alors, moi, je ne savais pas quoi lui dire, vraiment, parce que je ne savais même pas parler l'espagnol comme pour protester ou pour lui dire ce que je ressentais. Je la maltraitais dans ma tête. Je me disais, si je pouvais envoyer cette femme à la montagne et si elle pouvait faire le travail que fait ma mère. Je crois qu'elle n'en était même pas capable. Je n'avais aucune estime pour sa forme physique.

139

Elle est partie au marché. Quand elle est rentrée, elle avait déjà le *corte*. Un *corte* de huit *varas*. Le modèle le plus simple qui existe. Elle apportait un *huipil* aussi très simple, elle a dû l'avoir pour trois *quetzales,* ou deux cinquante. Et le *corte* lui a peut-être coûté quinze *quetzales,* ou même moins, vers les douze *quetzales.* Et ma petite ceinture de toujours ; elle ne m'en a pas acheté d'autre. Alors elle m'a dit, je ne t'ai pas acheté les chaussures parce que l'argent des deux mois que tu dois gagner n'a pas suffi. Et elle m'a donné le *corte.* J'ai dû le couper en deux, pour qu'une des parties me serve pour me changer. J'ai coupé le *corte* en deux parties. Moi, je suis une femme qui sait tisser, broder, qui sait tout faire. Ensuite la fille a commencé à me prendre en confiance et elle m'a dit : « Tu sais broder ? — Oui », je lui ai dit. « Tu sais faire des corsages ? — Oui », je lui ai dit. « Alors, je te donne une cotonnade. J'ai des fils par là, si tu veux, tu te couds un corsage », elle m'a dit. Et elle m'a offert une cotonnade pour que je la brode et me fasse un corsage. Alors, j'ai coupé le *corte* en deux morceaux et je me suis changée immédiatement. « Va te changer. Tu vas aller dans ma chambre et va faire mon lit quand tu te seras changée », me dit la dame. Je suis allée me changer... Elle m'a envoyée prendre un bain. Je suis revenue et je me suis mise à faire son lit. Quand j'ai eu fini de faire le lit, la dame arrive pour vérifier mon travail et me dit : « Recommence-moi ce lit parce que tu ne l'as pas bien fait. » Elle commence à disputer l'autre fille. « Pourquoi tu ne lui as pas appris ? Ici je ne veux pas de gens qui s'entassent s'ils ne savent même pas gagner leur nourriture », elle dit. Alors, nous nous mettons à refaire le lit. Je ne savais pas passer le chiffon parce que ce n'était pas non plus mon travail. Alors, la fille m'a appris à passer le chiffon, elle m'a appris à laver les toilettes.

Et c'est là que j'ai découvert exactement ce que disait mon grand-père, que chez ces riches même leurs assiettes brillent, oui ; même leurs toilettes brillent. Que nous, nous n'avons même pas ça chez nous. J'étais drôlement affligée, et je me rappelais tous les conseils de mes parents et de mes grands-parents. J'ai appris très vite à passer le chiffon, à laver, à repasser. Repasser, c'est là où j'ai eu le plus de mal parce que je n'avais jamais repassé. Je n'avais jamais su comment tenir un fer. Et je me rappelle que les vêtements s'entassaient devant moi. Le propriétaire terrien avait trois fils. Ses fils se changeaient plusieurs fois par jour. Tous les vêtements qu'ils laissaient de côté, il fallait les laver de nouveau, les repasser de nouveau, les pendre dans leurs endroits respectifs. Et la dame tous les jours venait surveiller et elle me maltraitait beaucoup. Elle me traitait comme si j'étais je ne sais quoi, même pas comme un chien, parce que le chien, elle le traitait bien. Le chien, elle l'embrassait. Alors je disais, mais elle ne me compare même pas avec son chien. Comme elle avait un jardin, alors moi je semais les plantes dans le jardin ; comme c'était mon travail aux champs... Alors, avec ça, je m'arrangeais un peu. C'était ça que je voyais tous les jours. Il est arrivé un moment où je travaillais beaucoup, je faisais tout très bien. Je terminais tout ce que j'avais à faire en un instant. Pour moi ce n'était pas difficile.

J'ai dû travailler les deux mois de ce que la dame avait dépensé pour mes vêtements ; sans gagner un centime. Je ne sortais pas non plus me promener même si les samedis la dame disait, tu peux sortir, tu peux t'en aller d'ici ; je suis fatiguée de voir des domestiques ici. Et ça, ça mettait en colère, vraiment, parce qu'on travaillait, on faisait tout. Peut-être bien qu'on ne se donnait pas tant avec ses parents qu'avec tout ce qu'on faisait pour cette vieille riche. Mais les samedis, elle disait, sortez d'ici, je ne veux pas voir des tas de domestiques ici. C'est ça, la transformation que subissent les indigènes à la capitale. Les samedis, ils nous laissaient sortir le soir, mais c'était un peu pour adapter leurs domestiques à la prostitution, alors, ils nous envoyaient dehors et nous autres nous devions trouver où aller dormir. On pouvait sortir le samedi et rentrer le dimanche. Alors, la jeune fille, grâce à Dieu, c'était une fille très honnête. Elle me disait, j'ai des amies là, allons avec elles. Et j'allais avec elle, mais si j'étais toute seule, je n'aurais pas où rester, dans la rue, parce que je ne pouvais pas non plus parler pour demander à la dame de ne pas me renvoyer de chez elle et je n'avais aucune connaissance non plus de la capitale. Alors la jeune fille m'amenait à la maison de ses amies. Nous allions dormir chez ses amies, tous les samedis. Les dimanches, nous rentrions la nuit parce que tout le dimanche, ils nous permettaient aussi d'aller danser, d'aller dans les bals, dans tous les endroits que c'est le milieu des jeunes filles à la capitale. Les fils nous traitaient mal. L'un avait dans les vingt-deux ans, l'autre quinze et le plus petit dans les douze. Ce sont des petits-bourgeois qui ne savent même pas ramasser un torchon. Ils ne savent pas faire attention à leurs assiettes. Ils aiment lancer leurs assiettes à la figure des domestiques. C'était ça, notre travail. Ils nous lançaient les assiettes et ils nous criaient dessus à tout moment, ils nous maltraitaient à tout moment. Quand la dame rentrait, va à savoir où diable elle s'en allait toute une partie de la journée, des disputes tout le temps. Qu'il y a de la poussière sur mon lit, qu'il y a de la poussière ici, que vous ne l'avez pas bien secouée, que les plantes, que les livres... La dame, elle était là pour nous disputer sec tous les jours. Elle ne faisait que vérifier et dormir dans son lit. Et le soir, la dame disait, passez-moi mon repas parce que je suis fatiguée. Alors, la jeune fille, qui était la plus propre, selon elle, lui apportait son repas au lit, avec de l'eau chaude pour se laver les mains. Elle lui apportait tout. Le matin, aussi bien le papa des enfants que les enfants criaient depuis leur lit pour que nous leur passions leurs pantoufles, leurs savates, tout ce qu'ils voulaient.

La fille s'appuyait beaucoup sur moi. Elle a découvert que je ne la rejetais pas, et que je l'aidais toujours pour beaucoup de choses. Pour le petit déjeuner, s'il n'y avait pas quelque chose qu'ils aimaient manger, ils faisaient tout un scandale. Ils commençaient à nous parler de notre salaire : c'est une pitié pour l'argent, parce que ces femmes ne savent rien faire. La dame avait l'air d'un perroquet, tous les matins.

Il y avait des fois où on en avait assez aussi. Une fois, nous avons fait la tête, d'accord avec l'autre jeune fille. Elle a dit, si la dame nous dispute, qu'elle nous dispute. Et nous avons cessé de faire certaines choses pour la provoquer. Alors elle se levait et commençait à nous maltraiter et comme elle voyait que nous faisions encore plus la tête quand elle nous disputait, ça ne lui servait à rien. Et la fille me disait, allons-nous-en d'ici, cherchons un autre travail. Mais à moi, ça me faisait tellement de la peine parce que je ne pouvais pas me décider, je ne connaissais pas la capitale et si je lui faisais confiance, peut-être elle m'emmène dans un autre endroit encore pire. Qu'est-ce que j'allais faire ? Bien vite je me suis rendu compte que la dame disputait cette jeune fille parce qu'elle ne voulait pas être l'amante de ses fils. Ensuite, c'est la fille qui me l'a raconté. « La vieille, elle veut que j'initie ses fils, elle disait. Parce qu'elle dit que les garçons doivent apprendre à faire l'acte sexuel et s'ils ne l'apprennent pas quand ils sont jeunes, ils auront des difficultés quand ils seront grands. Alors elle m'a mis le contrat en main, qu'elle allait me payer un peu plus si j'initie tous ses fils. » C'était la condition qu'elle lui mettait. Et c'est pour ça qu'elle la disputait tellement, parce que la jeune fille n'a pas accepté ça. Peut-être qu'elle espérait que j'arriverais à être propre, elle disait que j'étais sale. Alors qu'un jour peut-être je servirais à initier ses fils. C'était ça qu'elle espérait, la dame, même si elle me maltraitait, même si elle me rejetait, mais elle ne me chassait pas directement.

Je me rappelle que ça faisait deux mois que je me trouvais dans cette maison d'un riche quand mon papa est venu me rendre visite. Et moi je priais Dieu que mon papa n'arrive pas, parce que je savais que s'il arrivait, comment est-ce qu'il allait être rejeté ! Et je n'étais pas capable de supporter que la vieille repousse mon papa quand il arriverait. Mon papa était humble, pauvre, pareil que moi. Il est arrivé juste à ce moment, pas parce qu'il lui restait du temps pour venir me voir, mais parce qu'il est resté sans un sou en poche quand il était à la ville. Mon papa est venu à ce moment pour voir cette affaire de la terre. Il dit qu'on l'a envoyé à Quetzaltenango, et ensuite on l'a envoyé dans le Quiché. Et après on l'a convoqué à la capitale et il a épuisé tout l'argent qu'il avait avec lui pour le voyage. Et mon papa n'avait pas même un centime. La domestique est sortie pour voir qui c'était, quand mon papa a sonné à la porte, et il a dit qui il était. La fille lui a dit d'attendre un moment, parce qu'elle savait comment était la patronne. Elle a dit à la dame : « C'est son papa, à Rigoberta, qui est là. » « Ah, bien » dit la dame et elle est sortie, elle est allée voir mon papa. Alors elle a vu que, bien sûr, mon papa était très pauvre. Il était tout sale. Et, pour sûr, mon papa avait voyagé dans beaucoup d'endroits. C'était notre façon de vivre, à nous les pauvres. La dame est juste allée voir et est rentrée. Alors elle m'a dit : « Va voir ton papa. Mais ne va surtout pas le faire entrer ici, s'il te plaît. » Voilà ce que m'a dit la dame, et j'ai dû sortir pour voir mon papa dehors. Et elle m'a dit : « Ne l'amène pas ici. » Tout de suite, la dame m'a prévenue qu'il ne fallait pas que je le fasse entrer, même pas dans le couloir. J'ai dû le laisser dans le patio, et je lui ai expliqué la situation. Je lui ai dit que la dame était quelqu'un de très mauvais et que ça la dégoûtait, que ça lui faisait horreur de voir mon père et qu'il ne pouvait même pas entrer dans la maison. Et mon papa l'a très bien compris. Ce n'était pas bizarre pour lui, parce que nous avions été tellement rejetés souvent, dans différents endroits. Et mon papa me disait : « Ma fille, j'ai besoin d'argent. Je n'ai rien pour rentrer ou pour manger. » Moi, je n'avais même pas terminé les deux mois que je devais à la dame, et je n'avais pas un sou en main. Alors je lui ai dit, à mon papa : « La dame a dû m'acheter des vêtements et pour les vêtements qu'elle m'a achetés, elle m'a pris deux mois de salaire, je n'ai même pas gagné un centime. » Mon papa s'est mis à pleurer et il a dit : « Ce n'est pas possible. » Je lui disais : « Si ; tous les vêtements que j'ai sur moi, c'est ce que m'a acheté la dame. » Alors je suis allée voir la jeune fille et je lui ai dit que mon papa était sans un sou et que je ne savais pas quoi faire avec lui, et je ne pouvais pas demander de l'argent à la dame parce que je ne pouvais pas parler l'espagnol. Et la fille a parlé pour moi à la patronne, même si elle me comprenait très souvent par signes, et elle lui a dit : « Son papa n'a pas un sou et il a besoin d'argent. » Cette fille était très forte et elle savait affronter toutes les situations. Elle était très en colère contre la dame. Elle a dit : « Elle a besoin d'argent et elle doit recevoir un peu d'argent pour son papa. » Alors la dame a commencé à dire que nous voulions lui enlever sa richesse, manger tout son argent, et que nous ne savions pas remplir les fonctions qu'elle nous donnait. Que c'était ça, les filles, les domestiques. Qu'elles n'ont pas de quoi manger chez elles et elles viennent lui manger ce qu'elle a. Elle a ouvert son sac, a pris quelque dix *quetzales* et me les a jetés à la figure. J'ai dû emporter les dix *quetzales*. Je lui ai dit, à mon papa, je crois qu'elle va me prendre encore un mois de plus. Ça va être une dette de plus, mais c'est ce que je peux te donner, tiens. Alors mon papa est rentré avec dix *quetzales*. Ça, même la fille ne le supportait pour ainsi dire pas. Elle était très blessée elle-même et bien des fois elle me conseillait, laisse-ça là, ne le fais pas, et s'ils te disputent, je te défends. Elle avait un plan, la fille, parce qu'elle s'en allait. Alors, elle a commencé à manifester de grandes résistances contre la dame.

Moi j'ai travaillé et je n'ai pas reçu d'argent pendant plus de quatre mois, je crois. Ensuite la dame m'a un peu payée. Elle m'a donné vingt *quetzales* et j'étais contente, je les gardais pour mon papa. Alors elle m'a dit : « Tu dois t'acheter des chaussures parce que ça me fait honte à moi que les gens aillent ici sans chaussures. » Je n'avais pas de chaussures. Alors je me suis dit, je ne vais pas acheter. Si elle veut, elle n'a qu'à l'acheter elle, quoi. Je me rappelle, nous avons passé un Noël là, ensemble avec la jeune fille, dans la maison du monsieur. C'étaient des grands messieurs. Nous n'avions pas le droit de leur dire un mot, par exemple, comme toi, nous devions leur donner du vous, parce qu'ils étaient très respectés. Une fois, que moi j'avais du mal avec l'espagnol et je commençais à peine à dire certains mots, j'ai dû lui dire tu, à la dame. Elle me bat presque. Et elle m'a dit : « Toi, c'est pour ta mère. Tu dois me respecter telle que je suis. » Ça, bien sûr, ce n'était pas si difficile à comprendre, parce que je savais déjà qu'ils nous traitent toujours ainsi. Moi, des fois, ça me faisait rire, mais, comme on est un être humain, ça vous fait toujours mal toutes ces choses. Je sortais avec la jeune fille et j'essayais de garder le peu que je recevais. J'étais contente parce que je comprenais déjà très bien l'espagnol. Mais comme personne ne m'enseignait, mot par mot, pour mémoriser, je ne pouvais pas tout dire. Je savais dire les choses principales qui me servaient dans le travail, mais je ne savais pas commencer un dialogue, ni répondre quelque chose, protester contre quelque chose. Cinq, six mois déjà, je devais être à ce travail. La dame ne me parlait pas. Comme je savais déjà faire mon travail, je n'avais pas non plus besoin de parler à la dame. Il y avait des moments que nous parlions, avec l'autre fille, mais comme elle non plus n'avait pas de temps pour discuter, chacune faisait son travail. Il est arrivé un moment où la dame m'a privée de parler avec l'autre fille et elle m'a dit, ne parle pas avec elle. Si tu parles, je te chasse. Parce qu'elle pensait que la jeune fille m'apprenait beaucoup de choses, comme par exemple protester, et tout ce qu'il ne fallait pas. En cachette je lui racontais, à la jeune fille, ce que me disait la dame. Bien sûr que si, elle me répondait ; parce que ça lui fait très mal quand nous lui répondons. Mais ne sois pas idiote. Ne te laisse pas faire.

Au bout de huit mois, Noël est arrivé et nous avions beaucoup à faire, parce que la dame nous a dit qu'il allait y avoir quelque chose comme deux cents *tamales*. Que nous autres, nous devions faire les deux cents *tamales*, parce que ses amis venaient, et parce qu'elle s'était engagée à faire des *tamales* pour ses amis. Alors la fille a dit que si elle voulait, elle n'avait qu'à se mettre elle au travail, parce que nous, nous n'allions rien faire. J'avais de la peine parce qu'elle ne m'avait pas payé les deux mois et elle était capable de me chasser sans me payer. Comme j'avais de la peine, je le disais à la fille : « Et si elle ne me paye pas ? — Si elle ne te paye pas, nous allons partir d'ici avec un de ses bijoux », répondait la jeune fille. « Nous devons nous en aller avec quelque chose, si bien que tu n'as pas à t'en faire. Ne t'en fais pas, je te défends. » Le 23 décembre, j'étais très préoccupée à me demander si nous allions faire ou non ce qu'elle nous demandait. Alors est arrivé le monsieur, il nous apportait quelques petites boucles d'oreilles à cinq centimes. C'était le cadeau qu'il avait pour nous pour Noël : des boucles d'oreilles toutes petites. Le monsieur nous a dit que nous devions faire les *tamales*, parce que les invités allaient venir. Le monsieur n'était pas aussi violent avec nous, parce que bien des fois il ne se rendait pas compte de comment la dame se comportait avec nous.

D'abord, ils nous ont mises à tuer les dindons. Ils nous ont envoyées en tuer quatre. Et nous les avons tués, mais nous avions un plan avec la fille. Nous allons les tuer, nous allons les plumer, mais nous n'allons pas les préparer. Et s'ils pourrissent sur place, qu'ils pourrissent et que la dame elle voie ce qu'elle fait. Nous allons demander deux jours de congé et s'ils ne nous les donnent pas, nous allons passer Noël ailleurs. Moi j'avais de la peine. En ce temps-là, je n'étais pas capable. Peut-être à cause de l'éducation même, avec mes parents. Je n'étais pas capable de désobéir. Et ces patrons abusaient de toute mon obéissance. Ils abusaient de toute ma simplicité. N'importe quoi, je le faisais, je le prenais comme un devoir. La fille avait son plan, et la dame s'est rendu compte, alors, que nous étions en train de la tromper bien comme il faut, et elle a renvoyé la fille de sa maison. Elle l'a chassée, la nuit avant Noël. Ça, elle l'a fait aussi pour que je ne puisse pas sortir. Moi, si je sortais, je ne saurais pas même où aller. Je ne connaissais encore rien, rien du tout, de la capitale. Alors elle a renvoyé la fille en lui disant que si elle la voyait s'arrêter près de sa maison, elle était capable de lui tirer dessus, de lui mettre deux balles dans le corps. Elle l'a chassée, et la fille aussi lui a dit : « Moi aussi je suis capable de le faire. Ne croyez pas que je ne sois pas capable de le faire. » Il y a eu une grande bagarre entre elles. La fille m'a dit : « Un jour je dois lui tirer dessus ; un jour je reviendrai et elle saura ce que c'est que de s'affronter à moi. » Et la fille est partie. Tout le travail, c'est moi qui ai dû le faire. La dame m'a fait servir toutes les choses, même si elle a dû aussi travailler un peu pour faire les *tamales* qu'elle avait promis. Je n'ai presque pas dormi, j'ai fait tout ce qu'elle avait promis. Nous avons fait les *tamales,* nous avons fait tous les travaux qu'il y avait à faire à la maison. Les vêtements se sont accumulés, que je devais laver, et la maison était sale parce que je n'avais pas le temps de la faire. C'était une grande maison, il y avait beaucoup de pièces. Ah, un vrai fouillis !

Le 25 décembre est arrivé, je me rappelle qu'ils se sont mis à boire : à siroter et à siroter. Ils sont devenus ivres. Ils m'ont envoyée de force dans la rue, après minuit, le 25, pour chercher des vins, pour chercher du *guaro* dans les bars. J'ai dû marcher. Bien sûr, je ne suis pas allée loin de l'endroit, parce que je savais qu'ils étaient soûls à l'intérieur, mais je ne savais pas non plus comment faire, parce que si je rentrais, ils me chassaient. J'étais très préoccupée et je suis sortie. Je n'ai rien trouvé. Tout était fermé autour de la maison. Loin de la maison, déjà au-delà du quartier, là je n'y suis pas allée. Et j'ai passé mon temps à marcher dans la rue, en pensant que dans ma petite maison, peut-être nous aurions passé ce jour dans la tristesse aussi, parce que nous n'aurions rien eu, mais je n'aurais pas souffert ce que je souffrais dans la maison du riche. Je suis rentrée à la maison et ils m'ont dit : « Tu as le *guaro ?* — Non, je n'ai rien trouvé. — Tu n'es pas allée le chercher.

Elle t'a appris à faire ta mauvaise tête. Tu n'étais pas comme ça, tu n'étais pas aussi mal élevée que le sont les Indiens, comme l'autre qui est partie. » Et alors ils se mettent à discuter des Indiens dans la maison et ils disent : « C'est que les Indiens, ce sont des cons, ils ne travaillent pas, c'est pour ça qu'ils sont pauvres. Ils sèment la merde parce qu'ils ne travaillent pas. » Et ils se mettent à parler. À moitié soûls qu'ils étaient. Moi, je supportais, je les entendais depuis l'autre pièce. Alors la dame me dit : « Je te laisse là un *tamal* pour que tu goûtes à mon travail. » Et elle m'a laissé un *tamal*. Moi, tellement j'étais en colère, que c'était quelque chose que je ne pouvais pas supporter, je ne suis même pas allée voir le *tamal* qu'elle m'avait laissé sur la cuisinière. Une foule de gens est arrivée et ils ont sorti toute la vaisselle de luxe qu'il y avait dans la maison. Moi j'étais très inquiète à l'idée de passer deux jours à laver la vaisselle, parce que je pensais toujours au travail qui vient après. Ils ont sorti toute la vaisselle, les choses les plus modernes. Les gens apportaient des cadeaux qui brillaient, ça... Tous les gens qui arrivaient apportaient de grands cadeaux pour eux. Et eux ont donné aussi des paquets avec des cadeaux à tous les amis. Ils étaient bien contents. Et moi, d'un côté, j'étais triste, parce qu'il n'y avait pas l'autre fille. Si elle avait été là, peut-être que nous n'aurions pas accepté de supporter tout ça. Nous aurions trouvé une autre solution, nous serions sorties, au moins. Ensuite, la patronne m'a dit : « On a fini les *tamales*. Demain on va t'acheter un autre *tamal*. » Et elle m'a pris le *tamal* qu'elle m'avait donné au début. Elle a dû le donner, celui-là, à un autre de ses amis qui est arrivé plus tard. Pour moi, c'était quelque chose d'insupportable, vraiment. Je ne lui ai rien dit. Ce n'était pas parce que je voulais manger le *tamal*. Ce n'était pas de ne pas le manger qui me blessait. Ils me l'avaient donné comme un signe de mépris, comme pour dire, voilà pour toi, ce qui reste. Mais, malgré ça, ce qui est resté, ça aussi elle a dû me l'enlever. Pour moi, ça signifiait beaucoup, beaucoup, ça. Je lui ai dit, je ne veux même pas le manger, le *tamal*. Alors la dame est partie et je me suis endormie. Je me suis enfermée dans la pièce en me disant, qu'ils voient un peu comment ils se débrouillent avec leur désordre ; qu'ils voient comment ils vont s'arranger avec tout ça. Moi je ne suis pas là pour ramasser la vaisselle ni rien. Et la dame était déjà en train de crier : « Rigoberta, viens ramasser les assiettes. » Et que moi je ne me suis pas levée. J'ai fait la tête et j'ai dormi. Bien sûr, je ne dormais pas vraiment, non. Je pensais à toute notre façon de vivre humble, la nôtre, et à leur vie à eux, de débauches. Et j'ai dit : « C'est bien triste les

147

gens qui ne savent même pas se moucher tout seuls. Nous les pauvres, nous jouissons davantage qu'eux. »

La journée a passé. Toute la journée du 26, les patrons ont dormi. Alors, qui est-ce qui devait ramasser les assiettes ? nettoyer la maison ? tout faire ? moi. Si je ne le faisais pas, la vieille était capable de me chasser de la maison. Je me suis levée tôt, j'ai ramassé la vaisselle, j'ai ramassé toutes les enveloppes des *tamales*, qu'ils avaient laissées dans tous les coins. J'ai entassé toute la vaisselle dans un seul endroit. Ça m'a pris presque toute la moitié de la journée. Je ne savais pas par quoi commencer. Laver la vaisselle ou nettoyer la maison. Je n'avais envie de rien faire parce que je voyais tout le travail. Rien que de penser que c'était à moi de faire tout ça. La dame s'est levée et elle m'a dit : « Tu as préparé à manger ? — Je ne sais même pas ce que nous allons manger, je lui ai dit, parce que je ne sais rien. — Ah, tu n'es pas comme la Cande », elle me dit. L'autre s'appelait Candelaria. « La Cande faisait des choses avec de l'initiative, et toi tu es là rien que pour manger. Tu ne sais rien faire. Va au marché acheter de la viande. » Moi je ne savais pas où était le marché. « Pardon, madame, mais je ne sais pas où se trouve le marché. » Je savais déjà protester pour des choses comme ça, directes, mais il y avait beaucoup de choses que je ne pouvais pas dire. « Ah, non ? Indienne, va, fille de pute, me dit la dame. Tu sais nous embêter, mais tu ne sais rien faire, tu ne sais même pas dire merde », elle me dit. Elle était très grossière pour parler. Moi je n'y faisais pas attention, et je ne m'arrêtais même pas. Je continuais à travailler, même qu'elle parlerait toute la journée. Ensuite elle a appelé un autre voisin pour se plaindre. Elle disait que sa domestique ne valait rien, qu'elle gagnait son argent sur leur dos. Moi je savais très bien que je ne volais pas ma nourriture, que ma nourriture, elle sortait tout droit de mon travail. Mais je ne pouvais rien faire. Elle a dû envoyer sa voisine au marché, pour tout lui acheter. Ils ont fait leur repas, moi je n'ai rien fait. Pendant deux ou trois jours, environ, j'ai été dans l'angoisse de ne rien avoir eu à manger, parce que je n'ai même pas goûté aux *tamales* que nous avions faits, avec tous ces efforts, toutes ces souffrances. Je n'ai même pas dormi à cause des *tamales*, pour les faire. On en sortait de dessus le feu et on en mettait d'autres et ainsi de suite. Je disais, cette partie de ma vie, je ne vais jamais l'oublier. Le mois de décembre a passé. J'ai continué à travailler. Le travail de Noël, sans doute, m'a rendue malade pendant deux semaines. Tous les vêtements neufs qu'ils avaient sortis se sont entassés, la vaisselle ; ils ont sali la maison. Je devais tout faire. La dame faisait l'inconsciente. Elle se levait et elle sortait. Elle ne me disputait pas tellement parce qu'elle savait qu'elle avait besoin de moi pour que je lui fasse tout... C'est alors que j'ai pensé, je dois sortir de cette maison. Je vais retourner à la maison de mes parents.

Elle m'a donné l'argent de deux mois. Ça faisait quarante *quetzales* et j'avais gardé les quelques sous qu'ils m'avaient donnés. Alors, je me disais, avec ça, je peux rentrer chez mes parents en toute satisfaction. Peut-être que ce n'était pas tellement, mais pour eux, c'était une aide. Je devais rentrer. Je lui ai dit, à la dame : « Je m'en vais, je rentre à la maison. » Et elle qui me dit : « Non, comment est-ce possible, nous t'aimons beaucoup ici ! Tu dois rester. Si tu veux, je vais t'augmenter ton salaire, je vais te donner un *quetzal* de plus. » « Non, je lui ai dit, je vais m'en aller, c'est comme ça. » J'annonçais mon départ, malheureusement, je dis malheureusement parce que ça a été une situation très difficile pour moi quand un de mes frères est arrivé et m'a dit : « Papa est en prison. »

XV

Conflit avec
les propriétaires terriens et création du CUC

> « Entassez le grain et les semences, et
> rassemblez les jeunes pousses, parce que
> s'approchent des temps de sécheresse et de
> faim. Aiguisez vos armes, parce que des
> ennemis cachés derrière les montagnes et les
> collines ne vont pas tarder à guetter avec
> avarice l'étendue et la richesse de ces terres. »
>
> POPOL VUH.

Ce fut la première fois que mon père est allé en prison. Et mon frère disait : « Nous ne savons pas seulement quoi faire avec lui, parce que d'après les avocats, papa doit rester emprisonné dix-huit ans. Maintenant nous avons besoin d'argent, pour chercher des avocats. » Et comme au Guatemala, ça se passe surtout avec les pauvres, avec les indigènes, justement, parce qu'ils ne savent pas parler espagnol, l'indigène ne peut pas réclamer comme il veut. Et, quand ils ont attrapé mon père et l'ont mis en prison, les propriétaires terriens avaient laissé de l'argent en grande quantité au juge qu'il y avait à cette époque, le juge du Quiché, parce qu'il y a toute une série d'autorités. Il y a d'abord le fondé de pouvoir militaire, qui très souvent vit dans les villages ou est installé dans le bourg. Ce militaire essaye d'imposer sa loi. Ensuite il y a le maire, que nous disons nous autres. C'est déjà la branche des autorités qui rendent la justice quand quelqu'un l'enfreint, selon eux. Ensuite il y a les gouverneurs, qui gouvernent chaque région, chaque département. Ensuite il y a les députés, que je ne sais même pas qui diable ils sont. Pour parler avec le fondé militaire, il faut d'abord lui donner un pot-de-vin ; nous disons une *mordida*, nous autres, au

Guatemala, pour dire une quantité d'argent pour être soutenu. Pour parler avec le maire il faut chercher des témoins, signer des papiers, et en même temps il faut aussi lui donner un pot-de-vin, une somme d'argent pour qu'il donne raison à la cause. Ensuite, pour parler au gouverneur, alors là non seulement on cherche des témoins du même village, non seulement on lui donne un peu d'argent, mais on a besoin d'avocats, d'intermédiaires pour lui parler. Parce que le gouverneur est un *ladino*. Le gouverneur ne comprend pas la langue du peuple. Et le gouverneur ne croit que si c'est un avocat ou un magistrat qui travaille ou qui parle. Parce qu'un indigène, il ne l'accepte pas. Le maire aussi est *ladino*. Et le fondé militaire aussi. Mais ça, c'est vrai que ça varie dans beaucoup d'endroits parce que beaucoup de fondés militaires sont des indigènes, mais ce sont des indigènes qui ont fait leur service, qui ont fait la caserne, et il arrive un moment où ils reviennent comme des hommes détruits, des criminels.

Mon père a lutté vingt-deux ans pour nous défendre, pour livrer sa lutte héroïque contre les propriétaires terriens qui voulaient nous dépouiller de la terre, nous et nos voisins. Quand notre petite terre donnait déjà des récoltes, après beaucoup d'années, et que le peuple avait déjà des cultures étendues, deux propriétaires terriens sont apparus : les Brol, ils disent là-bas, qui ont été plus célèbres comme criminels que les Martinez, et les García. Les Martinez et les García avaient une *finca* en commun avant l'arrivée des Brol. Les Brol étaient une grande famille, une foule de frères. Si bien qu'ils étaient comme cinq frères qui s'étaient installés dans une *finca* qu'ils se sont faite par la force, grâce à leur capacité de dépouiller les Indiens de la zone. C'est notre cas à nous. Nous vivions dans un petit village. Dans ce village, nous cultivions le maïs, les haricots, les pommes de terre, toute sorte de légumes. Alors, les García sont venus, les propriétaires terriens, et ils ont commencé à mesurer la terre de notre village. Ils ont amené des inspecteurs, des ingénieurs, je ne sais même pas qui diable. Des gens qui selon eux étaient des gens du gouvernement. Et au Guatemala, s'il s'agit du gouvernement, ça veut dire que nous autres nous ne pouvons rien faire contre eux. Alors, ils sont venus mesurer notre terre. Ce que mon papa a fait, ça a été de recueillir immédiatement les signatures de la communauté. Ils faisaient tout de suite des réunions, et mon papa allait à la capitale. Il allait à l'INTA. Mais ce que les propriétaires terriens et les gens du gouvernement ont fait, c'est un pacte pour enlever la terre aux paysans. Mon papa allait protester contre la façon

151

que les propriétaires terriens nous enlèvent la terre. Alors ces messieurs de l'INTA convoquaient les propriétaires pour leur demander une somme d'argent, pour qu'ils puissent continuer à mesurer la terre. De l'autre côté, ils donnaient aux paysans un papier qui selon eux leur permettait de ne pas quitter leur terre. Ils jouaient sur les deux tableaux. Ils convoquaient mon père. Mon papa, avant, était très comme ça... Je ne peux pas dire idiot, parce que les idiots, ce sont ceux qui volent, qui nous prennent la terre. Mon papa, ils l'envoyaient pour signer un papier, et lui il ne savait même pas ce que le papier voulait dire. Parce que mon papa n'a jamais lu, il n'a jamais écrit. Le résultat, c'est que le papier disait que les paysans confirmaient, une fois de plus, qu'ils devaient quitter la terre. Et comme l'élu de la communauté a signé le papier, alors, les propriétaires terriens avaient le pouvoir. Mon papa retournait pour protester de nouveau, par le biais d'avocats. Alors nous avons commencé à engraisser ceux de l'INTA et à engraisser les avocats. Beaucoup d'avocats voulaient nous aider et nous offraient de l'aide sous toutes les formes. Ils disaient, nous, vous pouvez être sûrs que nous allons bien le faire. Les paysans leur donnaient leur confiance et ensuite ils voyaient qu'ils étaient en train de les voler, même pour une signature. Ils allaient en voir un autre, pareil ; et un autre, pareil. Alors mon papa s'est consacré complètement aux problèmes de la communauté.

Ensuite ils ont dit à mon papa, fais venir des ingénieurs, mesure la terre, et ensuite vous allez être les maîtres de la terre où vous êtes. N'ayez pas de soucis, cultivez tout ce que vous pouvez et n'ayez pas de soucis, défrichez les montagnes que vous voulez, parce que la terre est à vous. Mon papa revenait avec toute cette espérance pour faire des réunions de la communauté. Et nous étions déjà contents, les paysans continuaient à travailler, quand de nouveau sont arrivés les propriétaires terriens avec leurs ingénieurs. Notre petite terre, peut-être bien qu'on l'a mesurée, si je ne me trompe pas, quelque chose comme vingt fois. Les ingénieurs sont passés. Ce que je n'arrive pas à avaler, dans la vie, et c'est quelque chose qui contribue à ma haine envers ces gens-là, c'est que les ingénieurs disaient qu'ils venaient pour aider les paysans. Mon papa, ma maman, la communauté, nous nous sentions très tristes. Parce que c'était des *ladinos*. Ils ne savaient pas manger notre nourriture, les *tortillas* avec du sel. Et si nous ne donnions pas bien à manger à ces gens, ils étaient capables de se mettre du côté des propriétaires terriens, ça oui. Alors, avec quelle peur on s'occupait d'eux ! La communauté donnait ses animaux les meilleurs, les plus gros. Par exemple, une poule, pour la tuer et la donner à manger à ces gens. Aux inspecteurs, justement. La communauté, qui jamais de la vie n'achète même pas une petite bouteille d'huile, parce que nous autres, nous ne mangeons jamais d'huile, quand ces messieurs venaient, il fallait qu'elle achète du riz, de l'huile, des œufs, des poules ou de la viande pour eux. Du café, du sucre, ce que jamais nous ne mangeons dans la communauté. Du sucre, parce que ces messieurs ne savaient pas manger le pain de sucre. Tout le monde s'en allait au bourg. La communauté se réunissait, déposait sa collecte, ses dix centimes ; que pour nous autres, gagner dix centimes, c'est difficile. On les gagne à la sueur du front. On déposait la collecte. Ensuite on achetait le nécessaire. C'était pire quand les inspecteurs restaient une semaine au village. Quand ils s'en allaient, le village respirait, et c'était encore plus de pauvreté pour nous. Nous autres, nous ne mangions pas de viande. Eux, si, ils en mangeaient. Ils prenaient des renseignements en toute tranquillité. Ils allaient voir les limites des terres. Ils avaient besoin de quelqu'un de la communauté pour les accompagner. Et le peuple, il n'est pas là pour perdre son temps.

C'était mon père qui donnait tout son temps par amour pour la communauté. Même si nous autres, bien des fois nous n'avions pas de quoi manger à la maison. Ma mère se sentait la femme responsable de tout pour s'occuper de ces messieurs. Elle voyait dans quel besoin étaient tous les voisins. Alors ma maman restait et disait, travaillez, mes enfants, parce que moi je dois m'occuper de ces messieurs. Mon papa s'occupait d'eux parce que c'était aussi sa responsabilité en tant qu'élu de la communauté ; et aussi ma maman. C'étaient les gens les plus importants pour la communauté. C'était une grande responsabilité, ils s'en occupaient très bien. Y compris on leur faisait même des *tortillas* toutes petites, à ces messieurs, parce qu'ils ne savaient pas manger les grandes. Nous devions les faire conformément à ce qu'ils mangeaient eux. Face à cette situation, ni ma maman ni mon papa ne pouvaient travailler. Les voisins contribuaient en tout comme ils pouvaient mais ils n'avaient pas la capacité de tout faire. Nous ne savions pas parler espagnol. Mon papa savait un peu, pour se comprendre avec les messieurs. On l'appelait de l'INTA. Il y avait des fois qu'ils le faisaient voyager à Quetzaltenango, à Huehuetenango*, dans le Quiché et à la capitale rien que pour signer un papier. Imaginez-vous le voyage que mon papa devait faire. La dépense de nourriture et tout ça. Et, en plus, nous devions payer l'avocat qui brasse les papiers.

Le Gouvernement dit que la terre est domaniale. Cette terre me revient à moi, et je vous la donne pour que vous la cultiviez. Et quand nous avons déjà nos cultures, c'est alors qu'apparaissent les propriétaires terriens. Mais ça ne veut pas dire qu'ils apparaissent tout seuls, non, ils sont liés avec toute la série des autorités pour pouvoir faire leurs manœuvres. Face à ça, nous affrontions les Martinez, les García et aussi les Brol à un moment. Ça veut dire que nous autres, ou bien nous restions comme travailleurs agricoles, *mozos*, ou bien nous quittions la terre. Il n'y avait pas d'autre solution. Alors, devant cette situation, mon papa voyageait, voyageait ; il demandait des conseils. Nous ne nous rendions pas compte, ça non, que c'était la même chose d'aller voir l'autorité que d'aller voir le propriétaire terrien. C'était pareil. Mon papa ne restait pas en paix et il essayait de demander de l'aide à d'autres secteurs, comme par exemple les syndicats d'ouvriers. Mon papa s'est adressé à eux, devant l'urgence, parce qu'ils nous chassaient déjà.

Ils nous ont chassés la première fois de nos maisons, si je ne me trompe pas, ça a été l'année 1967. Ils nous ont chassés du village, de la maison. Tous les voisins ont sorti leurs affaires... Nous autres les indigènes, nous n'utilisons pas des ustensiles comme ça, spéciaux. Nous avons nos ustensiles de terre cuite. Sauvagement, c'est comme ça qu'ils sont entrés, les gardes du corps des García. C'étaient aussi des indigènes. Des soldats de la *finca*. Ils ont fait sortir tous les gens de leurs maisons. D'abord ils nous ont fait sortir, nous, les gens, tous, et sans nous permettre d'entrer dans la maison. Ensuite, ils sont entrés pour jeter dehors toutes les affaires des indigènes. Je me rappelle qu'en ce temps-là, ma maman avait encore ses colliers d'argent, des souvenirs de ses grands-parents, et qu'on n'a jamais revu tout ça. Ils ont tout volé. Ensuite, ils ont jeté nos ustensiles, nos marmites en terre cuite. De loin, ils les lançaient. Et, ay mon Dieu, ça arrivait par terre et c'était déjà tout cassé. Toutes nos assiettes, nos verres, nos marmites. Ils les ont jetés, et ça s'est tout cassé. C'était la haine du propriétaire terrien envers les paysans, parce que nous n'abandonnions pas les terres. Nos épis qui se trouvaient dans le *tapanco*, ils les ont aussi jetés, lancés. Nous les paysans, nous avons dû nous mettre en commun pour faire le travail de ramasser tout ça. Tout ça, tous ensemble, pour l'emporter à un endroit. Il pleuvait beaucoup, beaucoup, je me rappelle. Nous n'avions rien pour nous couvrir. Pour construire un petit abri de feuilles

154

de plantes, nous devions mettre au moins deux jours. Alors, nous n'avions que le nylon que les paysans utilisent pour se protéger de l'eau. Mais pendant la première nuit que nous avons passée dans les champs, il y avait des torrents d'eau qui passaient par terre. L'eau ne nous pleuvait pas sur la tête, mais passait sur le sol.

Ça a été le moment où s'est le plus renforcé mon dégoût envers ces gens-là. C'est pour ça que nous disions nous autres que les *ladinos* étaient des voleurs, des criminels, qu'ils étaient des menteurs. Tout ce que disaient nos parents. Parce que nous voyions qu'ils nous faisaient ça. Nous avons passé plus de quarante jours dans les champs, sans pouvoir entrer dans nos petites maisons. Ensuite la communauté s'est unie, et nous avons dit que s'ils nous chassaient à nouveau, nous allions mourir de faim. Nous n'avions pas de marmites pour cuire nos *tortillas*. Nous n'avions pas nos pierres. Ils les avaient jetées dans la montagne. Tout le monde, en train de chercher ces affaires, qui en sont sorties à moitié en mauvais état. Alors, nous nous sommes organisés, nous tous, et nous avons dit, prenons nos affaires. Et mon papa disait, s'ils nous tuent, eh bien, qu'ils nous tuent mais entrons dans nos maisons. Et pour les gens, mon père, c'était comme le père de chacun d'eux. Et nous nous sommes mis dans les maisons. Il y avait un autre village qui se trouvait près du nôtre, et ce village nous a défendus. Beaucoup de gens ont apporté leurs marmites et leurs assiettes pour que nous puissions manger et cuire notre maïs et le manger.

Ils ont tué nos animaux. Ils ont tué beaucoup de chiens. Et pour nous, les indigènes, qu'on tue un animal c'est la même chose que s'ils avaient tué une personne. Nous autres nous avons une grande estime pour toutes les choses qu'il y a dans la nature. Pour nous, c'étaient de grandes blessures qu'ils aient tué nos animaux. Alors, nous sommes retournés dans les maisons. Et voilà les propriétaires terriens qui reviennent pour faire les négociations collectives, comme ils les appelaient eux. Pour nous dire que nous acceptions de devenir des *mozos*, parce que la terre appartenait au propriétaire terrien. Nous restions dans nos petites baraques, mais seulement avec ça que la terre n'était pas à nous. Et si nous n'acceptions pas, ils nous enlevaient de nouveau la terre. Mon papa disait, nous autres nous sommes les premières familles qui sommes venues cultiver la terre et personne ne peut nous tromper sur le fait que la terre serait à eux. Et si eux veulent se rendre les maîtres de toutes les terres, qu'ils aillent cultiver les montagnes. Il y a davantage de terres, mais ce ne sont pas des terres

155

cultivables. Qui sait, si la communauté avait été toute seule, peut-être nous serions devenus des *mozos,* et maintenant notre terre serait une grande *finca.* Mais mon papa a dit, rien de tout ça. Même s'ils nous enlèvent la vie, nous le faisons. Bien sûr, c'est vrai, à cette époque, nous n'avions pas les idées politiques suffisamment claires comme pour nous unir avec les autres et protester pour notre terre. C'était surtout au niveau individuel de chaque communauté. C'est ainsi que nous sommes arrivés à entrer, et nous n'avons pas accepté le contrat des propriétaires terriens. Ils nous ont laissés quelque chose comme un mois ou deux dans la maison. Tout à coup, une autre violation de domicile. Toutes les affaires que les paysans nous avaient données, les voisins de l'autre communauté, ils les ont cassées pour la seconde fois. Ce n'était déjà plus supportable, ce qu'ils faisaient avec nous, et nous avons décidé d'aller tous en même temps à la *finca* et d'abandonner la terre. Mais ce n'était pas possible de vivre tout le temps à la *finca ;* qu'est-ce que nous allions faire ? Qu'est-ce qui allait nous arriver si nous retournions à la *finca ?* C'est comme ça que nous nous sommes unis et avons dit, nous allons partir.

Nous autres nous aimons beaucoup notre terre. Plus angoissés que nous, il n'y en avait pas, depuis que ces gens ont décidé de nous enlever la terre. C'était pour ça que mon grand-père pleurait amèrement et il disait, avant il n'y avait pas un seul propriétaire de la terre. La terre était à tous. Il n'y avait pas de limites pour contenir notre terre. Nous sommes restés très peu de temps loin de la maison après qu'ils nous ont dépouillés comme ça pour la deuxième fois. Mon grand-père disait, si eux sont capables de tuer nos animaux, alors, il faut les tuer eux. Et c'était ça l'idée qui lui venait, à mon grand-père. C'était un homme très respecté pour son âge. Et ça nous donnait encore plus de pitié de voir que même nos propres animaux souffraient de la faim pour nous. Si nos animaux s'approchaient de nos cultures, ils les tuaient aussi, parce que la terre était surveillée par les gardes du corps des García. Je me rappelle que le plus criminel était Honorio García. L'autre était Angel Martinez. Nous sommes restés environ quinze jours hors de nos maisons et nos grands-pères nous conseillaient de brûler les maisons et que nous nous en allions. Mais où ? c'est ça ! Nous ne savions pas s'il fallait descendre dans les *fincas,* ou s'il valait mieux accepter de devenir les *mozos* de ces propriétaires terriens. Mais nous ne pouvions pas non plus nous décider. Nous sommes entrés dans une grande discussion avec les voisins, avec la communauté.

À ce moment nous ne pouvions déjà plus célébrer nos cérémonies, nos traditions. C'est alors que mon papa a pris sa résolution et a dit : « S'ils me tuent, rien que pour défendre cette terre qui nous revient, alors ils n'ont qu'à me tuer. » Alors, pour nous autres, c'était dur d'imaginer de vivre sans père, ou que notre père soit abattu par ces gardes du corps-là. Il y avait des fois que ma maman s'angoissait et elle suppliait mon papa pour qu'il n'expose pas sa vie face aux gardes du corps. Mon papa continuait à voyager, à voyager. Et il n'était pour ainsi dire presque pas à la maison. Il ne faisait déjà plus attention à nous, il ne discutait plus avec nous. Il arrivait, il réunissait la communauté, il discutait avec eux, et il y avait des fois qu'il ne venait que pour un jour et il repartait le jour suivant. Nous avons commencé à perdre le contact avec mon père. Et ainsi, quand mon papa s'est mis à tant se préoccuper pour la terre, ils ont commencé à le menacer. Alors lui, il disait, le meilleur gardien et le meilleur garde du corps pour l'homme, ce sont les animaux. Nos chiens doivent apprendre à nous défendre. Nous avions quelques bons chiens, qui étaient très braves. Nous essayions de consacrer du temps à nos chiens pour qu'ils mordent les messieurs quand ils arrivaient chez nous ; aux heures de la nuit des fois. C'était une vie où ne pouvions pas descendre à la *finca* parce qu'il était possible que si nous descendions, nous ne retrouvions déjà plus nos maisons en rentrant.

La communauté s'est préparée à manger des herbes, ou à manger ce qu'il y aurait dans les champs, mais sans descendre à la *finca*. Ou alors, nous descendions juste une partie de la famille. L'autre partie restait à la maison, à garder et surveiller la maison. C'est alors que nous avons commencé à nous unir mieux, et chaque fois qu'arrivaient les propriétaires terriens, nous nous unissions tous : ou ils nous chassaient tous, ou ils nous tuaient tous, ou ils nous laissaient en paix. Nous avons commencé à entraîner les enfants à surveiller les propriétaires terriens, quand ils arrivaient. Et c'est comme ça que nous sommes restés pendant un bon moment ; avec ces tensions. Pour ma part, je ne cessais jamais d'aller à la *finca,* parce que j'y allais avec mes frères. Ma maman restait à la maison. Ou alors c'était mon papa qui venait. Mais mon papa ne pouvait pour ainsi dire pas se permettre d'aller à la *finca,* parce que les propriétaires terriens en profitaient pour entrer dans le village. Alors ils ont commencé à mettre d'autres conditions. Nous avions beaucoup de maïs, nous avions des haricots. Mais comme le bourg se trouvait très loin, pour descendre du village, nous devions transporter tous nos produits. Alors les propriétaires terriens ont installé un marché temporaire, un endroit où on vend des produits. Pour s'emparer mieux, plus tranquillement, de notre terre, ils essayaient de nous isoler davantage du bourg.

L'INTA est arrivé et a dit, le problème est résolu. Je vais vous donner un titre pour que vous le signiez et pour que la terre soit à vous. Maintenant personne ne va vous embêter sur cette terre. Cultivez, défrichez les montagnes. Vous pouvez vous installer davantage dans les montagnes. C'est une proposition du Gouvernement. Nous autres, nous avons signé. Je me rappelle, même les enfants ont signé. Nous, nous ne savons pas signer avec un stylo, avec des crayons. Nous signons avec de l'encre, avec nos empreintes digitales sur le papier. Mon papa insistait pour qu'on lise le papier, même si nous ne comprenions pas tout, mais une partie, nous pouvions le comprendre. Eh bien non, eux, ils n'ont pas voulu lire. Ils ont dit, ce papier est sûr. C'est le titre de la terre que nous allons vous donner, ont dit les inspecteurs envoyés par l'INTA. Nous l'avons signé, ce papier. Ils nous ont laissés, je crois que c'est deux ans, sans nous embêter, pour nous tranquilliser. Alors le peuple a continué à travailler. Comme nous ne descendions déjà pas tout le temps à al *finca*, nous avons davantage cultivé la terre. Nous avons essayé de défricher de grandes étendues de terre, de défricher les montagnes.

Nous avions un rêve, ça oui. Dans cinq ou huit ans, notre terre allait nous donner une récolte. Deux ans sont passés, ou deux ans et demi, quand nous avons vu arriver de nouveau les ingénieurs sur notre terre. Qui criaient, qui mesuraient la terre avec tous les gardes du corps des propriétaires terriens. Ce n'étaient plus seulement les García et les Martinez, les Brol aussi se sont mis à mesurer une partie de la terre. Alors, l'affaire était plus compliquée, parce que y compris ils nous apportaient ce même document que nous avions signé, où il y avait la preuve, sur ce document, que nous autres nous acceptions de vivre et de recueillir le produit de la terre seulement pour deux ans. Quand les deux ans seraient terminés, nous avions un autre endroit pour aller y habiter, et nous abandonnions la terre. Et ce n'était pas vrai, bien sûr, parce que nous autres nous ne savions pas seulement ce que c'était que nous avions signé. Alors mon papa a dit, ça, ce n'est pas juste, parce qu'ils nous ont trompés.

Et c'est comme ça que mon papa s'est rapproché des syndicats déjà de façon plus concrète. Je me rappelle qu'il y avait quelques syndicats dans la FASGUA [1]. Mon papa s'est rapproché d'eux en leur demandant

---

1. Fédération Autonome Syndicale du Guatemala.

de nous aider, c'est ça, en tant que syndicats des travailleurs, des ouvriers. Que nous aussi, nous étions des paysans, et qu'ils nous aident. Alors, là, les syndicats l'ont beaucoup aidé. Ils lui ont dit, nous allons protester contre le fait qu'on vous dépouille de vos terres. Mon papa allait tout le temps aux syndicats, il allait à l'INTA, il allait chez les avocats. Si bien que mon papa, il en devenait presque fou. Alors, il nous a dit : « Mes enfants, vous devez savoir où je me déplace, parce que s'ils me tuent moi, ils vont enlever toute la terre à la communauté. » C'est bon. Un de mes frères aînés s'est mis à voyager avec mon papa, à apprendre l'espagnol ; et ils voyageaient de partout. Tous les déplacements de mon papa, la communauté devait y contribuer. Et comme c'était très souvent que mon papa n'avait pas même un centime en poche, alors ma maman devait vendre ses petits animaux pour lui payer le voyage. De sorte que nous n'avons pas abandonné les terres. C'est davantage ma maman qui pensait à nous. Parce que, c'est sûr, eux, ce sont des gens qui sont de plus en plus grands. Ses enfants, combien ils vont souffrir après. C'était ce que pensait la communauté. Avec ça, que mon papa est entré dans les syndicats et a reçu leur appui, les propriétaires terriens sont allés déposer une quantité d'argent chez le juge d'instance et c'est alors qu'ils ont attrapé mon papa et l'ont accusé comme un homme qui compromettait la souveraineté du pays. La souveraineté de la tranquillité des Guatémaltèques, lui, il la mettait en danger !

Voilà donc comment ils le mettent en prison. Et je me rappelle, je venais de passer un an comme domestique. Le peu d'argent que j'avais accumulé, selon moi, c'était pour faire une surprise à ma famille, à ma maman... Épargner pour que ma maman ne travaille pas deux mois à la *finca*. Alors mon frère m'a dit, ils réclament de l'argent, nous ne savons pas quoi faire. Alors je me suis décidée à arrêter d'être domestique et de retourner à la *finca*. Avec mon argent que j'avais accumulé et la paye de mes frères, qui avaient travaillé à la *finca,* nous avons dû payer des témoins, payer des avocats, payer des documents, payer des secrétaires. Nous avons payé une quantité de choses pour pouvoir parler avec les autorités. Comme nous ne parlions pas l'espagnol, alors nous devions chercher un intermédiaire qui traduise les déclarations de ma mère. L'avocat était un *ladino*, et il ne comprenait pas notre langue à nous. Nous devions chercher un intermédiaire pour qu'il traduise. Immédiatement, les propriétaires terriens ont payé l'interprète pour qu'il ne dise pas ce que nous autres disions. L'interprète s'est vendu aux propriétaires terriens et ne disait pas ce que nous disions nous, mais il disait d'autres choses au lieu de notre déclaration. Ils ont fait de grandes manœuvres avec nous. La conséquence, c'est que l'avocat n'avait aucun travail à faire, parce que, de notre propre aveu, disait l'interprète, nous reconnaissions que la terre était aux propriétaires terriens. C'était un travail qu'ils nous avaient payé, pour cultiver la terre. Et ce n'était pas vrai. Alors, nous avions très peur qu'on n'envoie mon père à la prison d'État. Tant qu'il était dans la prison du bourg, son cas n'était pas grave. Mais quand il arriverait au *penal*, à la prison de la région, qui est la prison du Quiché, c'était impossible que nous puissions chercher des solutions pour qu'il ne fasse pas les années auxquelles il était condamné. Et si mon père allait à la prison des criminels, selon les autorités de Quetzaltenango, ça voulait dire que mon père allait faire les dix-huit années, ou plus, de prison.

Nous nous donnions beaucoup de peine pour tirer mon père de la prison. Ma mère a dû aller comme domestique à Santa Cruz du Quiché, à laver les vêtements dans une maison étrangère, et ce qu'elle gagnait, elle le donnait en contribution pour payer les avocats, les intermédiaires, pour payer tout le nécessaire pour l'enquête sur le cas de mon papa, et nous autres, à la *finca*... Je me rappelle que toute l'année que mon père a été en prison, je ne suis pas rentrée une seule fois à la maison. Je n'ai pas cessé de travailler. Chaque mois, mon frère faisait le voyage sur l'*altiplano* pour remettre l'argent à ma maman. Et elle continuait à travailler ensemble avec la communauté pour mon papa. Pendant une année entière, nous sommes passés d'un tribunal, d'un procès à l'autre, et encore, et encore, et encore.

Nous avons pu tirer mon papa de prison également grâce à l'aide de toute la communauté. Les propriétaires terriens pensaient que mon père était un roi ou un chef de la communauté, et s'ils triomphaient du roi ou du chef de la communauté, ils pouvaient triompher de toute la communauté. Mais ils se sont rendu compte qu'il n'en était pas ainsi. Mon papa exécutait les ordres de la communauté mais ce n'était pas lui qui élaborait la loi. C'est comme ça, avec l'aide de la communauté, que nous avons pu le tirer de prison. Le plus pénible pour nous, ça a été que nous ne pouvions pas parler. Et moi à cette époque je disais, je dois me donner pour but d'apprendre l'espagnol. Pour que nous n'ayons pas besoin d'intermédiaires. Ils ont demandé dix-neuf mille *quetzales* à la communauté pour que la terre nous appartienne. C'est ce que le Gouvernement a demandé par l'intermédiaire de l'INTA. C'était comme pour se moquer de nous ; comme pour dire qu'ils ne valent même pas une merde, quoi, les paysans. Ils savaient que dix-neuf mille *quetzales*, jamais nous autres, pauvres paysans, ne pouvions même en rêver, nous qui à peine arrivions à trouver dix centimes. Comment dire, dix-neuf mille, c'est comme pour nous dire, dépêchez-vous de quitter la terre. Alors, mon papa est sorti de prison. Il est sorti avec tellement de courage, tellement de joie.

Je me rappelle, la première fois, quand j'ai cessé d'être domestique, et je me suis dit, avant de me mettre à travailler à la *finca*, je vais aller visiter mon père qui est emprisonné. Alors je suis passée par la prison de Santa Cruz. Je ne connaissais pas la prison de Santa Cruz du Quiché. Mon père était parmi tous les prisonniers. Les prisonniers se battaient, se mordaient. Ils étaient fous, la plupart des prisonniers qui se trouvaient là. Et mon père était au milieu de tous ces gens. Des gens qui avaient des poux sur eux, qui mangeaient avec leurs doigts, qui se battaient tout le temps. On voyait du sang sur le visage de tous les prisonniers. Et moi je disais, comment c'est-il possible qu'il doive vivre là. Je pensais que s'il faisait les dix-huit ans, lui aussi allait devenir fou. J'ai pensé que c'était un châtiment très grand, très pénible, que celui qu'ils imposaient à mon père. Je disais, je fais tout le possible, même si ma mère doit souffrir elle aussi en travaillant et même si tout son travail doit partir en avocats. Mais nous étions disposés à le faire. C'est à ce moment que j'ai travaillé avec le plus de cœur ; nous travaillions avec mes frères. Dans l'attente de savoir des choses sûres par rapport à la cause de mon père, pour qu'il n'aille pas à la prison d'État. Comment ça allait être là-bas, je me disais, si cette prison déjà était un enfer ? Comment serait l'autre, alors ? Mon papa, humble comme il était, a rencontré un ami dans la prison. C'était un monsieur qui avait déjà, je crois, fait trente ans de prison. Je ne sais pas quelle faute il avait faite. Ce monsieur faisait déjà ses affaires, dans la prison, comme par exemple sa nourriture et tout ça. Il était le chef de tout le travail des prisonniers. Ils fabriquaient des sacs, des *morrales* typiques, ils faisaient des paniers, tout un tas de choses, les prisonniers. Alors, le monsieur les payait selon le travail qu'ils faisaient. Mon papa a réussi à se lier d'amitié avec ce monsieur, et mon papa a commencé à bien manger. Ce que mangeait le monsieur, mon papa aussi en mangeait dans la prison. Il s'est mis à faire son travail, ses *morrales* et tout ça, et il le payait. Alors mon papa aussi, depuis la prison, nous aidait de son argent pour payer le nécessaire pour le faire sortir. Ils lui ont fait un chapelet sans fin de déclarations, à mon père. Il disait que tous les cinq jours ils l'emmenaient chez le juge et ils lui posaient les mêmes questions pour voir s'il changeait d'opinion ou s'il changeait de déclaration pour défendre sa cause. C'est-à-dire, ils n'avaient aucune raison valable, mais ils en cherchaient une pour la tranquillité des propriétaires terriens. Parce que chaque fois les propriétaires terriens arrivaient avec davantage d'argent et ils faisaient pression sur les juges pour qu'ils se vendent et que mon père reste comme un criminel en prison. Nous autres, nous avions beaucoup de chagrin, parce que nous ne voyions ni ma mère ni mon père. Nous étions en train de travailler, à la *finca*.

Nous avons réussi à le faire sortir. Papa est resté prisonnier un an et deux mois. Ses ennemis étaient furieux quand il est sorti. Et lui, il est sorti avec une telle envie, un tel courage pour lutter. Il disait, mon papa, nos ancêtres ne se sont jamais sentis lâches. Et il ne faut pas croire non plus que la prison mange les gens. La prison est un châtiment pour les pauvres, il disait, mais elle ne mange pas les gens. Si bien que je dois rentrer à la maison et je dois continuer à lutter. Mon papa n'a pas pris de repos. C'est comme ça qu'il a très bien assuré le contact avec les syndicats pour qu'ils l'aident.

Nous avions une de ces peines chaque fois qu'il quittait la maison et qu'il nous disait au revoir. Il disait : « Mes enfants, faites bien attention à vous, parce que si je ne rentre pas, vous devez continuer le travail, parce que ce n'est pas seulement moi qui le fais, mais vous aussi, vous êtes partie prenante de tout. Et nous n'allons pas donner satisfaction aux propriétaires terriens, jamais. J'ai de grandes espérances, disait mon papa, et nous devons continuer à lutter. » Pendant trois mois, mon papa, après sa sortie de prison, a voyagé de nouveau. Ensuite, ils l'ont séquestré, et nous nous sommes dit, ça y est, ils l'ont achevé. À cette époque, c'étaient des criminels, mais d'une autre manière. Ce sont les gardes du corps des propriétaires terriens qui ont séquestré mon papa. Il sortait de la maison pour aller au bourg quand ils l'ont trouvé, près de la maison. Un de mes frères était avec mon papa. Nous autres, on ne le laissait pour ainsi dire déjà plus s'en aller tout seul, parce qu'il avait déjà reçu des menaces directes comme quoi ils allaient le tuer. Alors nous autres, nous étions bien en peine, mais même si notre travail devait en diminuer, c'était plus utile pour la communauté que quelqu'un accompagne mon papa. Et donc il sortait toujours avec quelqu'un de la communauté ou avec un de ses fils. Mon frère a pu s'échapper et il a immédiatement mobilisé la communauté. Ils n'ont pas pu l'emmener loin de l'endroit, vu que tout de suite nous avons tout encerclé.

Ça a été la première fois que nous avons utilisé nos armes populaires. Les gens avaient des machettes, des bâtons, des pioches, des pierres pour affronter les gardes du corps. Ils étaient bien capables de donner une raclée ou de tuer l'un d'eux. Il fallait voir toute la colère des gens. Passé midi, nous avons trouvé mon père, torturé, dans un endroit, abandonné là ; mais nous n'avons plus trouvé les bourreaux. Nous savions que c'étaient les gardes du corps des propriétaires terriens. Mon papa était par terre, et ils lui avaient arraché, d'un côté, le cuir chevelu. Il avait toute la peau tailladée. Ils lui ont donné des coups de bâton sur les os, de sorte qu'il ne pouvait pas marcher, il ne pouvait pas se lever, il ne pouvait pas remuer même un doigt. Il était comme s'il agonisait, mon père. Pour nous autres, c'était quelque chose d'insupportable. Alors la communauté lui a fait une chaise, comme en utilise le peuple pour transporter ses blessés, et nous l'avons descendu au bourg. Il était presque, presque à moitié froid. Il était presque en train de mourir. Nous sommes arrivés au centre de santé, et là, on ne lui a pas donné de soins parce que les propriétaires terriens étaient venus en avance pour empêcher qu'on soigne mon père. Ils avaient déposé de l'argent, alors aucun docteur ne voulait donner de soins à mon père. Tous les docteurs étaient des *ladinos*. Alors, ma maman a dû appeler une ambulance à Santa Cruz del Quiché pour qu'on l'emmène. Il a été interné dans un hôpital qui s'appelle San Juan de Dios, dans le Quiché. Mon père est arrivé là encore à demi vivant. Ils lui ont donné du sérum et ils ont dit qu'il allait rester au moins quelque chose comme neuf mois hospitalisé pour voir si on peut arriver à guérir des parties de son corps, parce qu'ils le lui avaient beaucoup abîmé. Ils lui avaient brisé ses os en beaucoup d'endroits et c'était un homme déjà âgé, alors ce n'était pas facile qu'il se guérisse rapidement. Et alors ma maman, rien que des peines bien amères, elle a dû aller dans le Quiché pour s'occuper de mon père. Et elle y est restée aussi pour gagner de l'argent pour les remèdes de mon père, pour qu'il reçoive des soins spéciaux.

À ce moment-là, mes frères ont dit, à partir de maintenant nous n'allons plus à la *finca*. À partir de maintenant nous devons rester ici même si nous nous mourons de faim mais nous devons cultiver notre petite terre. Cultiver et calculer pour que ça nous suffise pour manger, et ne pas aller à la *finca*. Nous nous sommes décidés à rester à la maison. Ma maman arrivait des fois, tous les quinze jours, elle passait une journée et elle retournait. Nous avions déjà la petite sœur, la toute petite. Nous nous en occupions pour que ma maman n'aille pas avec sa fille. Les voisins avaient une petite chèvre qui donnait du lait. Alors, nous avons dû lui donner du lait de chèvre parce que nous n'avions pas de vaches pour lui donner du lait de vache. Ma petite sœur, elle avait un an et demi, par là.

Ensuite une autre menace nous est arrivée à la maison. Un message disait qu'ils allaient séquestrer mon père, l'enlever à l'hôpital. Alors, de peur, la communauté a dit, c'est mieux qu'il vienne à la maison et que nous le soignions ici, pour ne pas qu'ils le séquestrent. Nous avons tout de suite appelé ma maman. Un de mes frères a dû aller dans le Quiché pour avertir ma maman du message que nous avions reçu. Et avec l'aide des curés, et des religieuses de cette région, qui nous ont aidés avec de l'argent et tout, pour que mon père soit dans un lieu privé et que les propriétaires terriens ne sachent pas où il était. Si bien qu'il a été six mois à l'hôpital San Juan de Dios. Quand on l'a transporté dans un autre endroit, il y est resté enfermé cinq mois de plus. Ensuite il est rentré à la maison. Mais c'était avec de telles douleurs, il n'était déjà plus pareil qu'avant. Il ne pouvait déjà plus porter certaines choses, il ne pouvait pas marcher beaucoup. Pour descendre au bourg, il avait beaucoup de mal à marcher. Y compris la nuit il ne pouvait pas dormir parce que les os lui faisaient mal, il avait mal aux endroits où il avait reçu les coups. Il est rentré avec davantage de haine envers ses ennemis, parce que si déjà c'étaient les ennemis de la communauté, maintenant, c'étaient encore plus les ennemis de mon papa. Nous autres, ça nous a donné une grande colère envers tous ces gens. Non seulement les propriétaires terriens mais tous les *ladinos*. Pour nous, tous les *ladinos*, c'étaient tous des mauvaises gens, dans cette région, dans tout le peuple. Mon papa a discuté avec bien des gens à l'hôpital et il y avait beaucoup de choses qui étaient communes aux indigènes en d'autres endroits. Ça nous donnait à nous une autre vision, une autre façon de voir les choses. Après ça, mon papa a continué à travailler, cette fois déjà avec l'aide des syndicats. Il y avait des fois que mon papa ne pouvait pas aller à la capitale, mais les syndicats pouvaient s'occuper de l'affaire que mon père allait voir. Toutes les questions que mon papa devait s'en occuper, certains des syndicats qui donnaient leur aide pouvaient les voir.

Et ainsi, quand, en 1977, mon père se retrouve pour la deuxième fois en prison. Ils ne nous ont pas laissés en paix. Après que mon papa est sorti de l'hôpital et qu'il est rentré à la maison, ils n'arrêtaient pas de le menacer sans cesse, parce qu'ils savaient qu'ils ne pouvaient pas entrer avec des ingénieurs à la maison ou dans les villages, vu que la communauté était tout entière unie. Elle prenait ses machettes, ou ses pierres. Alors, ils continuaient à menacer mon papa et ils disaient qu'ils allaient l'attendre sur le chemin pour le tuer. Mais mon papa disait, ceux-là, ce sont des lâches, ils ne font jamais rien, ils ne font que causer. Mais nous, ça nous donnait du chagrin, parce que s'ils le faisaient, ce serait dur pour nous. Même si mon papa, à cette époque, a déjà commencé à nous recommander de ne pas compter seulement sur lui, mais de compter sur la communauté. « Maintenant je suis votre père, il disait, mais après c'est la communauté qui sera un père pour vous. » Et mon papa sortait ; il ne restait pas en place. Il continuait à travailler. C'est alors qu'ils l'ont accusé de nouveau et l'ont mis en prison en 77. Moi à cette époque j'étais déjà en train d'apprendre un peu l'espagnol avec les pères, avec les religieuses. Je ne restais pas à un seul endroit, je voyageais. Par exemple les pères m'emmenaient en auto-stop, pour aller à la capitale, pour que je connaisse un peu la capitale ou pour que je reste quelques jours dans un couvent, avec les religieuses. C'est alors que j'ai commencé à sortir un peu. Quand mon père a quitté l'hôpital, je voyageais aussi avec lui. Un peu pour connaître le milieu où il allait, parce que nous autres, nous pensions pratiquement toujours, dès cette époque, à la mort de mon père. Un de ces jours ils le tuent et quand ils le tuent, qu'on sache où il se trouve, mon papa.

C'est alors que j'ai commencé à sortir sans arrêt du village. Avec l'aide de la communauté, avec l'aide des prêtres, et avec l'aide d'autres amis de mon papa. Il y avait certains Européens qui nous aidaient. Ils nous envoyaient une quantité d'argent. C'étaient des personnes qui ont travaillé un temps à enseigner l'agriculture aux paysans. Mais la façon dont on sème là-bas n'est pas la même que chez nous. L'indigène rejette tout type d'engrais chimique qu'on essaye de lui apprendre à utiliser. Alors, ils n'ont pas trouvé assez d'intérêt pour notre endroit, et ils s'en sont allés, mais ils sont devenus très amis avec mon père. Ces messieurs nous aidaient et ils connaissaient les problèmes de ma communauté. Ils sont retournés dans leur pays. Mais ils aiment toujours le Guatemala et c'est ainsi qu'ils aidaient mon papa. Alors nous recevions l'argent et cet argent, nous essayions de le mettre de côté pour les voyages de mon père, nos voyages à nous, et pour que la communauté travaille sans devoir nous donner de l'argent. Mais pourtant, à cette époque, l'INTA nous collectait de l'argent, si bien que chaque mois nous devions envoyer comme quarante à cinquante *quetzals* pour les papiers ou les dépenses qu'il nous demandait. Ils ne nous donnaient pas de reçus. Allez savoir où pouvait bien aller l'argent.

Quand mon père est pris pour la deuxième fois, là déjà ils l'accusaient en tant que prisonnier politique. Il avait des condamnations qu'il pouvait aller jusqu'à mourir en prison, parce qu'ils l'accusaient cette fois comme politique. C'était un communiste, c'était un subversif, qu'ils disaient. Pareil que la première fois, à coups de crosse, les mêmes fondés de pouvoir militaires l'ont fait sortir de la maison et l'ont emmené à la prison. Rien qu'avec des coups, attaché. C'était un prisonnier politique. Son cas était bien pire. À cette époque, la communauté était plus dégourdie pour toutes ces choses. Elle avait, plus ou moins, ses moyens d'autodéfense pour se protéger des propriétaires terriens. Mes frères parlaient déjà un peu l'espagnol et ma maman, pour avoir passé par tant de souffrances, de coups, de responsabilités qu'elle a dû affronter, elle a appris, plus ou moins bien, à parler l'espagnol. À cette époque, nous avions déjà l'appui des prêtres, des religieuses, des syndicats, de la communauté. Mon papa n'était déjà plus seul, c'était un peuple entier qui était derrière lui. Et mon papa était déjà connu en d'autres endroits comme quelqu'un qu'on aimait. Alors, la protestation s'est organisée contre l'emprisonnement de mon père. Plus précisément, ce sont les syndicats qui ont fait pression pour qu'on libère mon papa. Bien sûr, pour ça, ils ont encore demandé des témoins, ils ont demandé des avocats, ils ont tout demandé. Mais très vite mon père est sorti de la prison. Ils l'ont menacé avant de le laisser partir libre. S'il continuait ses activités, il serait la victime d'un assassinat, parce qu'ils allaient le tuer. Et s'ils ne pouvaient pas le tuer lui, un de ses enfants, ça ils pouvaient. Alors, il a reçu de la part des autorités l'annonce de sa mort. Bien sûr, les autorités n'ont pas dit clairement qu'elles allaient le tuer elles-mêmes. Mais ils ont dit que le propriétaire terrien se chargerait de le tuer.

Il est resté quinze jours en prison. Il est rentré à la maison. Il était plein d'orgueil, plein de grandes joies, parce qu'il a rencontré quelqu'un, un prisonnier, qui était vraiment un prisonnier politique. C'était quelqu'un qui défendait les paysans. Ce monsieur qui était dans la prison, il disait à mon papa qu'il devait s'unir avec tous les paysans et former un groupe de paysans pour revendiquer les terres. Et le monsieur lui disait que ce n'était pas seulement le problème de nous autres. Nos ennemis n'étaient pas les propriétaires terriens, mais c'était tout le système. Le monsieur voyait plus clair que mon père. Alors mon papa est rentré avec une si grande fierté, et il a dit, nous devons nous affronter à ces riches qui sont devenus riches grâce à nos cultures, grâce à nos récoltes. C'est comme ça que mon père a commencé à s'unir avec les autres paysans. À partir de là, donc, il a été en discussion avec les paysans pour la création du CUC [1]. Beaucoup de paysans parlaient de ce comité, oui, mais il n'y avait encore rien de concret. Alors mon père s'est ajouté comme un élément de plus pour participer au CUC, et il faut voir avec quelle clarté. À partir de 77 mon père a été clandestin. C'est-à-dire, il s'est caché ; il a quitté la maison pour ne pas nous griller, nous autres. Il a abandonné toute sa famille et il est allé dans d'autres régions travailler avec les paysans. Il venait de temps en temps. Mais il devait passer par les montagnes pour arriver à la maison. Pour ne pas passer par le bourg et pour que les propriétaires terriens ne se rendent pas compte que mon père était à la maison. À mon père, il n'a pas fallu lui expliquer beaucoup ce que c'est de s'organiser. Ils étaient beaucoup de paysans qui pensaient à comment ils allaient former le CUC. De fait, les paysans avaient déjà démontré leur refus d'accepter toute la situation que nous vivons.

Mon père venait de temps en temps nous saluer. Pour nous autres, c'était très triste de penser que mon père ne pouvait pas vivre à la maison. Il entrait de nuit et il sortait des fois la nuit. Ou bien il restait des jours entiers à la maison mais il ne sortait nulle part. Et comme ça, la communauté a commencé à souffrir beaucoup, parce qu'ils l'aimaient comme un père. C'est comme ça, tout a passé comme un film dans notre vie. Une souffrance constante. Nous nous sommes mis à penser, avec l'aide d'autres gens, d'autres compagnons, que nos ennemis n'étaient pas uniquement les propriétaires terriens qui vivaient près de nous, ni encore moins uniquement les propriétaires terriens qui nous avaient obligés à travailler par la force et ne nous payaient pas bien. Ce n'était pas maintenant qu'ils nous tuaient, non, ils nous tuaient depuis tout petits, depuis notre enfance, par la malnutrition, la faim, la misère. Nous avons commencé à réfléchir à quelles étaient les racines de ces problèmes. Et on tirait la conclusion que la racine de nos problèmes venait de la possession de la terre. Les meilleures terres, ce

1. Comité d'Union Paysanne.

n'est pas nous qui les avons entre nos mains. Ce sont les propriétaires terriens qui les ont. Chaque fois qu'ils voient que nous découvrons de nouvelles terres, ils essayent de nous en déposséder ou de nous voler d'une autre façon.

XVI

Période de réflexion

> « Une obscure vision, obscure parce qu'il
> n'osait trop la ramener à sa conscience pour
> l'examiner, se contentant de l'entrevoir ainsi,
> sans explication... »
>
> MIGUEL ANGEL ASTURIAS,
> *Hommes de Maïs.*

Je voudrais dire que je n'étais pas la seule importante. J'étais une personne de la famille, comme tous mes frères et sœurs. Qu'il y avait toute ma communauté aussi. Nous nous mettions à discuter de beaucoup de choses de la communauté. C'était encore pire quand il y avait un malade et nous ne trouvions pas de remèdes, parce que nous avons été de plus en plus pauvres. Alors nous nous mettions à discuter et nous insultions ces riches qui nous ont fait souffrir tant d'années et tant de temps. À cette époque, j'ai commencé ma formation, plus politique déjà, au sein de la communauté. J'ai essayé de me rapprocher de beaucoup de gens pour dissiper mes doutes, pour demander comment était le monde de l'autre côté. Parce que je connaissais la *finca*, je connaissais l'*altiplano*, je connaissais déjà une partie de la capitale, mais pourtant, je ne connaissais pas les problèmes de tous les indigènes du Guatemala. Je ne connaissais pas non plus les problèmes qu'ils ont aussi avec la possession de la terre dans d'autres peuples. Je savais qu'il y avait d'autres indigènes, sur d'autres terres, parce que depuis que j'étais petite fille nous faisions la connaissance de beaucoup d'autres ethnies dans la *finca*. Malgré ça, nous ne savions pas le nom du peuple d'où ils viennent, ni comment ils font ni ce qu'ils mangent, même si nous étions tous des travailleurs. De fait, nous nous imaginions qu'ils étaient pareils que nous sommes. J'ai commencé à analyser mon enfance, et j'arrivais à une conclusion : que je n'ai pas eu d'enfance, pas eu de jeunesse, pas eu d'école, pas eu suffisamment à manger pour grandir, je n'ai rien eu. Je disais, comment est-ce possible ? Je comparais à la vie des enfants des riches par où je suis passée. Comme ils mangeaient. Les chiens. Ils allaient jusqu'à éduquer les chiens pour qu'ils ne connaissent que leurs propres maîtres et qu'ils repoussent même les domestiques. Tout ça se mêlait en moi, et je ne savais pas comment départager mes idées. C'est comme ça que j'ai commencé à me faire des amis dans une autre communauté, toujours à Uspantán *. Je parlais : et vous, qu'est-ce que vous mangez ? Comment est-ce que vous faites le petit déjeuner ? Qu'est-ce que vous mangez à midi ? Et le soir ? Et eux, ils disaient exactement la même chose, voilà : le matin nous mangeons des *tortillas* avec du sel et un peu de *pinol,* ils me disaient, et à midi, notre maman va chercher des herbes des champs, et des *tortillas.* Le repas du soir, nous mangeons plutôt du *chile* avec des *tortillas,* elles disaient. Du *chile* avec des *tortillas,* et nous allons dormir. C'était la même chose, alors.

Ça, ça me donnait beaucoup à penser. Je peux dire, je n'ai pas eu un collège pour ma formation politique, non, c'est ma propre expérience que j'ai essayé de voir comment elle correspondait à la situation générale de tout un peuple. Ça me donnait davantage de joie quand je me suis rendu compte exactement que le problème n'était pas seulement mon problème. Que mes inquiétudes de petite fille, de ne pas vouloir être une femme adulte, ce n'était pas seulement mon problème, mais que c'était également l'inquiétude de tous devant la vie amère qui nous attend. Le CUC a commencé à apparaître, à fermenter, pour tous les paysans du Guatemala. Nous avons réussi à comprendre que toute la racine de nos problèmes, c'était l'exploitation. Qu'il y avait des riches et des pauvres. Que les riches exploitaient les pauvres ; notre sueur, notre travail. C'est pour ça qu'ils étaient toujours plus riches. Ensuite, le fait qu'on ne nous écoutait pas dans un bureau, que nous devions nous agenouiller devant les autorités, ça faisait partie de toute la discrimination que nous subissons, nous les Indiens. L'oppression culturelle, qui essaye de nous arracher nos traditions pour que nous soyons divisés et qu'il n'y ait pas de communauté parmi nous.

Tout ça se radicalise précisément au moment où arrivent les généraux assassins qui ont pris le pouvoir ; les présidents successifs, moi je ne les connaissais pas. Je les ai connus justement à partir de 74, quand le général Kjell Laugerud est arrivé au pouvoir. Il est venu dans la région et il a dit, nous, nous allons résoudre le problème de la terre, parce que la terre vous appartient. Cultivez la terre et je me propose de la répartir entre vous. Nous autres, pleins de confiance... Y compris moi, j'étais au meeting où est venu Kjell Laugerud. Et après, ce qu'il nous a donné : mon père a été torturé, a été emprisonné. J'ai découvert toutes leurs manœuvres. J'avais une de ces haines envers ces gens-là. Je disais, qu'est-ce qu'ils peuvent dire de la faim, alors que chaque jour ils sucent le sang de nos frères ? J'avais une de ces colères de ne pas pouvoir voir mes frères grands ; qu'ils sont morts de faim, de malnutrition, parce qu'ils n'ont pas eu à manger à la *finca*. Je disais, s'ils avaient eu à manger, ces frères vivraient ensemble avec nous, ils seraient avec nous, comme nous autres nous sommes vivants. Ils ne sont pas morts parce qu'ils l'ont bien voulu. Ensuite, j'ai eu l'occasion de connaître d'autres indigènes, des indigènes Achies, qui sont ceux qui vivent le plus près de notre région. Et j'ai eu aussi l'occasion de connaître quelques indigènes Mam. Et les indigènes me disaient : « Les riches sont les méchants. Pas tous les *ladinos* sont méchants. » Et c'est comme ça que j'ai commencé à penser, est-ce que c'est vrai que tous les *ladinos* ne sont pas méchants ? Pour moi ils étaient tous méchants. Et eux ils disaient que chez nous vivent des *ladinos* pauvres. Il y a des *ladinos* pauvres et des *ladinos* riches. Les *ladinos* riches sont ceux qui nous exploitent. Les *ladinos* pauvres eux aussi sont exploités.

C'est comme ça que j'ai commencé à reconnaître l'exploitation. Je continuais à descendre à la *finca*. Cette fois avec l'envie de connaître, pour vérifier si c'était vrai, voir tous les détails. À la *finca* il y avait des *ladinos* pauvres. Ils travaillaient pareil. Leurs enfants étaient tout gonflés comme mes petits frères. Alors je disais, c'est bien vrai, donc, que tous les *ladinos* ne sont pas méchants. J'ai commencé à m'entendre avec les *ladinos*. À cette époque, j'essayais déjà, plus ou moins, de parler espagnol. Alors j'essayais de me joindre aux *ladinos*. Et j'ai dit à un *ladino* pauvre : « Vous êtes un *ladino* pauvre, pas vrai ? » Et lui c'est tout juste s'il n'allait pas me donner un coup de poing, comme ça. Et il m'a répondu : « Qu'est-ce que tu en sais, toi, l'Indienne ? » Alors moi je me disais, mais comment est-il possible que je dise que les *ladinos* pauvres sont pareils que nous, si celui-là me repousse, hein ? Je ne pensais pas que c'était le système, le même, qui a essayé de nous isoler, de mettre comme des barrières entre indiens et *ladinos*. Je savais que nous sommes rejetés par tous les *ladinos,* mais je ne trouvais pas la

171

raison ; et je me suis trompée encore plus à cette époque. Je continuais dans mon idée que les *ladinos* sont mauvais.

Après ça, une fois que j'étais chez les religieuses, nous sommes allées à un village du même bourg, d'Uspantán *. Sauf qu'il est peuplé par davantage de *ladinos*. Alors la religieuse a demandé à un petit enfant si c'était vrai qu'ils étaient pauvres. Et l'enfant a dit : « Nous sommes pauvres, mais nous ne sommes pas indiens. » Et moi je suis restée avec tout ça. La religieuse ne s'est pas rendu compte. Elle a continué à discuter. Elle c'était une étrangère. Elle n'était pas guatémaltèque. Et elle a discuté avec une autre personne, et cette personne lui a dit : « Oui, nous sommes pauvres, mais nous ne sommes pas indiens. » Pour moi c'était plutôt douloureux d'accepter l'idée que l'Indien est moins que le *ladino*. Moi, j'avais toujours les mêmes inquiétudes... C'est une barrière très grande, celle qu'ils nous ont élevée, la barrière entre Indien et *ladino*. Et on ne se comprenait pas.

Nous autres, au village, nous avons continué à travailler. Moi, sans avoir les idées politiques bien claires sur qui exactement étaient nos ennemis. Nous avons commencé à utiliser nos mesures de sécurité dans le village. Nous avons commencé à mettre en pratique les pièges qu'utilisaient nos ancêtres, selon ce que nous ont raconté nos grands-pères. Nos ancêtres, qui nous ont laissé ces pièges comme un témoignage. Et nous disions, si les soldats des propriétaires terriens arrivent, c'est ici que nous allons les tuer. C'est là que nous nous sommes décidés à faire usage de la violence. Je me rappelle que ma tâche dans la communauté était de discuter avec les enfants de ce que cette situation n'est pas un mauvais sort qui nous est tombé dessus, mais quelque chose qu'on nous a imposé. J'apprenais aux enfants à se défendre contre tout ça. À défendre les droits de nos pères. C'était comme une réunion politique, ce que je faisais avec les enfants. Mais malgré ça, moi, je n'avais pas les idées tellement claires, politique-ment, sur la situation. Mais pour moi, pas besoin de discussion, de cours, rien de tout ça. Je connaissais très bien toutes les expériences. Ce n'était pas comme de se mettre à lire un livre, parce que les expériences étaient nées pour nous de nos souffrances. Que moi, c'est à peine si j'ai essayé une paire de chaussures quand j'avais quinze ans. En même temps, j'avais une grande adoration pour ma paire de chaussures, qui me protégeait les pieds quand il faisait très chaud et quand il y avait beaucoup de pierres. C'était une situation telle que je ne savais même pas quoi faire de ma paire de chaussures. C'étaient des temps où je ne m'endormais pas, en réfléchissant à comment ça serait après. Et comment ça serait si nous tous les indigènes nous nous soulevions et si nous enlevions la terre et la récolte et tout aux propriétaires terriens. Est-ce qu'ils nous tueraient avec les armes ? Je faisais de grands rêves. Bien sûr, mes rêves n'ont pas été vains. Mes rêves sont arrivés quand nous nous sommes tous organisés.

Les enfants devaient être comme les adultes. Nous les femmes nous devions agir comme des femmes dans la communauté, ensemble avec nos parents, avec nos frères, avec nos voisins. Tous, nous devions tous nous unir. Nous faisions des réunions. Nous avons commencé par réclamer une école pour notre communauté. Il n'y avait pas d'école. Nous avons réuni nos signatures. Moi j'étais mêlée dans tout ça. Bien sûr j'étais une femme qui était un peu la clef de tout, par le fait que j'apprenais l'espagnol et le fait que j'étais connue des curés, connue des autres amis de mes parents. Je demandais et j'obtenais de l'aide à tout moment. Nous avions un ami dans le bourg qui était *ladino* et il nous donnait un peu d'argent pour mon papa et pour la maison. Mais l'argent qu'il nous donnait, nous ne le mettions pas pour la maison, non, nous le donnions dans la tirelire commune de la communauté. Et nous nous sommes mis à nous organiser. De fait, nous avions déjà nos organisations, comme ça, nos petits groupes d'enfants, les groupes de jeunes, de femmes, de catéchistes. Alors nous avons commencé à renforcer tous ces groupes qui existaient pour voir ce qu'il fallait faire et pour que tous apprennent à parler espagnol. Nous avions une après-midi pour enseigner aux enfants le peu d'espagnol que je savais. Pas à écrire, parce que je n'écrivais pas. Je ne savais ni lire ni écrire. Mais parler avec eux, comme on parle notre langue. À la fin de 77, c'est là que je me suis décidée à m'incorporer à un groupe plus formel, qui était un groupe de paysans à Huehuetenango *. C'étaient des paysans très secrets, et nous descendions à la *finca*. Les compagnons du CUC eux aussi faisaient bouger la masse des travailleurs dans les *fincas*. Malgré ça, moi je n'avais pas encore atteint une richesse suffisante pour pouvoir m'intégrer d'abord, comme indigène ; ensuite, comme femme, comme paysanne, comme chrétienne, dans la lutte commune. Et mon père continuait ses activités. C'est alors qu'il a commencé à mieux s'occuper de nous. Mon père disait, mes enfants, il y a des riches et des pauvres. Les riches se sont faits riches parce qu'ils ont enlevé tous leurs biens aux ancêtres, et, en même temps, ils se nourrissent de notre sueur. Ce n'est pas un mensonge parce que c'est ce que nous vivons, dit mon papa. Ce n'est pas parce que le voisin nous l'a raconté. Les riches

173

essayent de nous mettre des obstacles. C'est-à-dire, les riches viennent de là où il y a le gouvernement des *ladinos*, le gouvernement des riches, des propriétaires terriens même. Nous avons déjà commencé à voir les choses plus clair, et, comme il disait, nous n'avons pas eu de mal à comprendre qu'il fallait lutter ensemble avec les autres, parce que c'était quelque chose de réel, que nous avions vécu.

Je me suis mise à voyager en différents endroits. À vérifier toutes ces choses. Et une de ces choses, ce n'est pas tant pour mésestimer, parce que les curés ont aussi fait beaucoup pour nous autres, ce n'est pas tant pour dévaloriser ce qu'ils nous ont aussi appris de bon, mais il y a beaucoup de choses auxquelles ils nous ont appris à nous adapter, qu'ils nous ont endormis, comme peuple. Par exemple la religion nous disait que c'est un péché de tuer. Mais quand même, nous, on nous tue. Et ils nous disaient que Dieu est tout là-haut et que Dieu avait un royaume pour ses pauvres. Ça, ça m'avait trompée, parce que j'ai été catéchiste depuis toute jeune. Alors j'avais déjà beaucoup d'idées dans la tête. C'est un obstacle pour développer la vérité toute simple de ce que vit le peuple. Moi, dissipant mes doutes, je demandais aux religieuses : « Et si on lutte contre les riches, qu'est-ce qui arriverait ? » Alors les religieuses essayaient de dévier cette idée. C'était avec des intentions, ou peut-être c'était sans intentions. Mais de façon à ce que personne n'éclaire ces doutes. Moi j'étais très inquiète. À cette époque j'étais une femme déjà majeure, pour la communauté. J'avais beaucoup de honte à montrer mes doutes, parce que beaucoup de gens de ma communauté comprenaient mieux que moi, parce qu'ils avaient l'esprit plus sain, à cause de ce que, eux, ils n'étaient jamais sortis de la communauté. Nous sommes descendus aux *fincas*, mais ils n'ont pas non plus eu une distraction, en quelque sorte. Le fait que j'aie voyagé en camionnette à la capitale, c'est un petit changement que subit l'indigène, au fond de lui. Alors, mes petits frères, mes frères, comprenaient mieux que moi, oui.

XVII

Autodéfense du village

> « ... ils ont commencé à accomplir le destin
> qu'ils portaient caché dans la moelle de leurs
> os... »
>
> Popol Vuh.

Ça m'a provoqué beaucoup de confusions, c'est vrai, le séjour comme domestique, rester à la *finca* pendant longtemps sans rentrer chez moi. Les problèmes de mes parents. J'étais toute désorientée. Un certain changement que j'ai subi au fond de moi. Pour les autres, ce n'était pas tellement difficile pour eux de comprendre que ça c'est la réalité et que ça c'est faux. Moi j'ai eu un peu de mal. Qu'est-ce que ça voulait dire, l'exploitation, pour moi ? J'ai commencé à voir : pourquoi les termes sont différents ? Pourquoi est-ce qu'ils nous rejettent ? Pourquoi est-ce qu'ils n'acceptent pas l'indigène ? Et pourquoi avant la terre était à nous ? C'étaient nos ancêtres, ceux qui vivaient là. Et pourquoi est-ce que les étrangers ne nous acceptent pas comme indigènes ? C'est là que se trouve la discrimination ! Une oppression terrible qui nous est venue de l'Action Catholique *. Qui essaye d'endormir le peuple ; et les autres qui profitent de ce que tout le monde dort. Et finalement j'ai réussi à avoir les idées claires. Ça a été quand je me suis consacrée au travail d'organisation, aux autres. On ne m'a pas appris à organiser les gens, parce que, de fait, je savais le faire comme catéchiste. Alors, nous avons commencé à faire des groupes de femmes qui avaient envie de lutter. Et moi, pour ma part, je considérais comme faisant partie de la lutte le fait d'apprendre aux enfants comment se comporter quand vient l'ennemi. Ça a été un élément important pour moi quand j'ai appris à distinguer les ennemis. Ainsi, le propriétaire terrien était un grand ennemi, très noir, pour moi. Le soldat aussi était un ennemi criminel, ça oui. Et les riches, en général. Nous avons commencé à employer le terme ennemis. Parce que dans notre culture il n'existe pas d'ennemi à ce point, comme ce que ces gens-là sont arrivés à faire avec nous autres, de nous exploiter, de nous opprimer, de nous discriminer ; au contraire pour nous, dans la communauté, nous sommes tous égaux. Nous devons tous nous rendre service les uns aux autres. Nous devons tous nous échanger nos petites affaires. Ça n'existe pas pour nous, quelque chose de supérieur et quelque chose d'inférieur.

Mais nous nous sommes rendu compte qu'au Guatemala il existait quelque chose de supérieur et quelque chose d'inférieur, qui est nous. Que les *ladinos* se présentent comme une race meilleure. Il y a eu un temps où on dit que les *ladinos* doutaient de ce que nous étions des personnes. Que nous étions une sorte d'animal. Tout ça, je suis arrivée à l'avoir bien clair dans ma tête. C'est alors que je me suis donnée au travail et que je me suis dit, nous devons vaincre l'ennemi. Nous avons commencé à nous organiser. Notre organisation n'avait pas de nom. Tous, nous avons commencé à nous rappeler les pièges de nos ancêtres. On dit qu'ils faisaient des pièges dans leurs maisons ; ils en faisaient sur le chemin, quand les *conquistadores*, qui étaient les Espagnols, sont arrivés. Que nos ancêtres étaient combatifs. C'étaient des hommes. C'étaient des mensonges ce que disent les Blancs, que nos ancêtres n'ont pas su se défendre. Parce qu'ils employaient des pièges. Ça, c'est ce que disaient les grands-parents ; mon grand-père, précisément, quand il a vu que nous commençons à dire, nous devons nous défendre contre les propriétaires terriens. Et si c'est possible, chasser le propriétaire terrien pour qu'il nous laisse en paix. Si eux nous menacent, pourquoi nous autres nous ne menaçons pas le propriétaire terrien ? Mon grand-père nous appuyait beaucoup. Ça faisait toute une histoire à la maison, parce que mes frères tiraient leurs conclusions, moi je tirais mes conclusions, et tout le monde tirait ses conclusions. Mon grand-père disait : « Oui, mes enfants, vous devez vous défendre. Nos ancêtres se sont défendus. C'est un mensonge ce que disent les Blancs, qu'ils nous ont trouvés en train de dormir. Eux aussi, ils ont lutté. » Et nous autres, pourquoi est-ce que nous n'allons pas lutter avec les armes qu'utilise le propriétaire terrien ? Si une personne âgée nous dit ça, c'est parce que c'est la vérité, c'est sûr.

Le premier pas que nous avons fait, dans la communauté, ça a été que mon papa, parce qu'il était l'élu, vive au sein de la communauté. C'était l'opinion de la communauté, que mon papa devait vivre en son sein. Après que Kjell a eu divisé nos petites terres en parcelles, les autres sont allés vivre d'un côté ou de l'autre, sur les différentes parcelles. Si bien que nous étions à une certaine distance des voisins. Alors, ce que nous avons proposé avec mes frères — mon papa a eu l'occasion de se trouver avec nous à ce moment —, c'est que nous partagions la petite terre que nous avons dans la plaine, en terrain plat. Que tous les gens de la communauté qui vivent loin descendent, et que nous vivions tous ensemble, avec nos petites maisons bien serrées, avec nos petites maisons bien rapprochées, pour que nous puissions nous appeler au cas où entre le propriétaire terrien. Ça a été le premier pas que nous avons fait. Mais, qu'est-ce que nous allions dire aux gens ? Les gens savaient que nous devions nous défendre contre le propriétaire terrien, mais nous n'avions pas la lucidité de penser qu'un jour la répression allait arriver pour nous tuer massivement. Nous avons fait une réunion, et à cette réunion nous avons parlé entre nous. On a discuté de ce qu'on partage la petite terre que nous avons derrière la maison pour que les voisins puissent vivre près de nous. Et on a parlé aussi avec l'autre voisin pour qu'il répartisse aussi un morceau de son petit bout de terre. Nous nous sommes proposé d'avoir au bout de deux mois toutes les maisons des voisins proches de notre maison. On a fait cette proposition à la communauté. Vous êtes disposés à descendre vos maisons, pour que nous vivions ensemble, et que, quand les propriétaires terriens viennent, ils nous trouvent tous ensemble ?

Nous étions en train de faire ce plan quand la répression est venue près de notre village. Elle est venue à San Pablo, un village qui se trouve près. Ils ont séquestré les leaders principaux de la communauté, le principal catéchiste de la communauté, l'élu des indigènes, ils les ont séquestrés avec toute leur famille. Ils séquestrent encore d'autres catéchistes. Les séquestrés étaient des hommes, des femmes et des enfants. Ils étaient eux aussi en lutte contre d'autres propriétaires terriens, mais, en même temps, ils n'étaient pas organisés. Ça a été pour nous un exemple et nous nous sommes partagé le travail avec mes frères, avec les voisins. Tout le monde est allé couper des palmes pour élever les maisons. Les uns préparaient l'emplacement des maisons, d'autres coupaient les feuilles, d'autres coupaient des petites branches pour les murs. On s'est distribué le travail. Nous avons construit les petites maisons plus près. Et arrive un moment où la troupe des soldats

177

est entrée. Première fois que nous voyons une troupe de quatre-vingt-dix soldats dans le village. Alors nous autres nous n'avons rien pu faire, mais nous ne les avons pas non plus provoqués. Et s'ils en attrapent un... La communauté avait plus ou moins son idée de comment elle allait affronter cette situation. L'idée, au départ, était qu'ils nous tuent tous ou qu'ils nous laissent en paix. Mais nous n'allons pas permettre qu'un de nos compagnons quitte seul ce village. Et ça a été comme ça. Les soldats sont restés quinze jours dans le village, utilisant notre maison commune, c'est-à-dire, notre maison où nous célébrons nos cérémonies, où nous faisons des réunions. Ils l'ont utilisée comme une maison à eux. Ils ont vécu là. La nuit ils sortaient dans la *milpa* pour gratter les pommes de terre semées, pour couper des *ejotes* ou des haricots tendres, et ils mangeaient très bien. Ils cueillaient les *elotes* qu'ils voulaient. Et pour nous autres, les indigènes, avant de goûter un épi mûr, il faut faire une cérémonie pour le goûter, parce que c'est le fruit de la terre et du travail des paysans. C'était une façon de violer, d'aller contre notre culture. Nous étions fâchés, mais nous ne leur avons pas montré notre colère, parce qu'ils étaient quatre-vingt-dix soldats et ils étaient capables de nous massacrer tous. Ils avaient des armes. Après ça, ils sont partis au bout de quinze jours.

Ma maman était à la maison une nuit que nous nous préparions déjà à dormir, vers dix heures par là, quand elle regarde vers le bas de la maison où il y a un petit champ semé de pommes de terre, et elle voit qu'une chose noire est en train de remuer parmi les pommes de terre. Ma maman a pensé que c'était un des animaux des voisins et elle a commencé à lui jeter du bois ; et c'était un soldat, c'est bien ça, qui était en train de voler des pommes de terre. Ça a été la première fois que ma maman est devenue agressive contre les soldats, sans se soucier s'ils allaient la mitrailler. Ma maman était là avec tous les chiens, nous avions pas mal de chiens. Tous les voisins, nous nous sommes proposé d'acheter un chien de plus chacun, parce que les chiens allaient nous servir pour nous défendre. Alors, ma maman, avec ses bouts de bois et ses chiens, et le soldat a dit : « Non, je suis quelqu'un, c'est moi. » Alors ma maman lui a dit : « Si tu veux manger quelque chose, pourquoi est-ce que tu ne vas pas travailler, hein ? Que tu veilles sur les riches, et ils ne te donnent même pas à manger. Ici, bien vrai, chaque culture a coûté du travail, petit gars, elle lui a dit. Laisse ce qui est à moi, ou je te fais tâter du bâton. » Alors, le soldat a dû abandonner les

178

pommes de terre, et il s'est en allé en courant. Le jour suivant, ils sont partis de là. Ils s'en sont allés.

Après que les soldats ont quitté le village, c'est alors que le village, pratiquement, va s'unir pour dire, qu'est-ce que nous allons faire avec la *milpa*. Laissons les coutumes, les cérémonies, planifions d'abord notre sécurité et ensuite viendra le tour de tout ce que nous voulons faire. C'est ainsi que la communauté a pris sa décision. À partir de maintenant, compagnons, personne ne va arracher le secret de notre communauté. Ça doit être un secret, que ni l'ennemi ni les autres voisins ne doivent savoir ce que nous faisons ici. Tous étaient d'accord. On a commencé à apprendre aux enfants à être discrets. De fait, ils sont discrets, mais leur recommander qu'ils ne doivent pas raconter un seul mot à d'autres enfants en dehors de la communauté, sur ce que font les parents, sur ce que fait la communauté. Nous avons mis au point notre signal. Notre signal c'était, tout ce que nous utilisions ; rien que des choses de la nature.

Je me rappelle que nous, les indigènes, nous avons fait une cérémonie avant de commencer à prendre toutes nos mesures d'autodéfense. Une cérémonie en communauté où nous avons demandé au maître de toute la nature, qui est pour nous autres le dieu unique, qu'il nous aide et qu'il nous donne l'autorisation de toucher à toutes les choses de la nature pour défendre notre vie. On a fait une cérémonie, beaucoup de sentiment, beaucoup de tout ça, ça oui, parce que nous pensions, ça dépend de notre communauté, ça dépend de notre autodéfense, que deux, trois, quatre ou cinq membres de la communauté se retrouvent assassinés, ou séquestrés, ou torturés. Après, il y a eu quand, le second jour, tous ceux de la communauté ont apporté une idée pour se défendre. Les uns apportaient des pierres, d'autres des machettes, d'autres des bâtons, d'autres des instruments de travail. Les femmes, avec du sel, avec de l'eau chaude, etc. Nous avons commencé à mettre nos idées en commun. Comment nous allons nous servir de ça. Les compagnons disent, moi je crois que ça c'est utile pour se défendre. Comment nous allons l'utiliser. Mon idée est celle-ci. Et ils donnent leur idée sur comment ils utiliseraient la chose s'ils arrivent. Chacun y met du sien. C'est alors que nous nous sommes très bien organisés : qui va être chargé d'enseigner, et de réfléchir comment utiliser les idées de la communauté. Qui sont les gens qui vont être chargés de réfléchir. Comment donner une formation aux enfants, comment distribuer les tâches aux enfants, comme à des adultes, et qui sera chargé de s'occuper des femmes pour qu'elles participent à des

179

activités concrètes, en tant que femmes, et quand nous allons faire l'assemblée générale pour faire une évaluation de tout ça. On commence à avoir déjà davantage l'idée de s'organiser dans la communauté.

Moi, tout ça, ça me fascinait. Comme je disais auparavant, ils nous ont réparti les petites parcelles, et le Gouvernement a essayé d'établir entre les communautés des divisions, comme ce qui se passe avec ses propres parcelles, sur ses terres à lui, alors la terre ne suffisait déjà plus pour que nous puissions vivre tous ensemble en un même endroit. À partir de là, beaucoup de nos voisins ont dû aller vivre comme ça, bien loin, avec de la distance entre les maisons. Parce qu'ils nous ont donné des parcelles bien séparées, très éloignées. Le but de ce général qui est arrivé à la présidence était avant tout de nous diviser en tant que communauté, unis comme nous l'étions depuis si longtemps. Nous avons vécu ainsi environ deux ou trois ans, séparés, parcelle par parcelle. Malgré toute cette méthode, qu'ils ont voulu nous imposer pour nous diviser, les petites terres ne nous suffisaient pas. Nous nous retrouvions pour ainsi dire chacun, dans la communauté, avec une *manzana* de terre. Ce que nous avons fait, c'est que nous avons, tous les voisins, mis quelque chose en commun de nos terres. Mais, malgré ça, les maisons sont restées séparées. Et, justement, quand la répression s'est rapprochée de nous, nous nous sommes rendu compte qu'il fallait réunir les maisons pour pouvoir affronter les soldats quand ils viendraient nous réprimer dans les villages. Mais les villages qui se trouvaient proches n'étaient pas les seuls réprimés, il y avait des massacres dans d'autres villages. Par exemple, Chajul*, Nebaj*, Cotzál* sont les villages qui ont souffert en premier de la répression.

Comme nous avons dû, à nous tous, construire les petites maisons des voisins, ça nous a pris deux ou trois mois pour les faire toutes et pour pouvoir vivre ensemble. Ça a été aussi pour que les mesures prises pour nous défendre soient plus efficaces. C'est alors que nous avons commencé à mettre en œuvre l'autodéfense, ou les mesures pour nous défendre, et nous sommes arrivés à un point où chacun des membres de la communauté avait à accomplir certaines tâches. Depuis les enfants jusqu'aux femmes, aux jeunes, aux hommes et aux anciens, qui jouent aussi un rôle dans la communauté. Et aussi nos petits animaux, comme les chiens, par exemple, des animaux comme ça qui peuvent nous aider, pour qu'ils soient aussi un moyen d'autodéfense. C'est aussi à ce moment que nous avons commencé à développer les secrets, les choses que nous devons faire en secret, les pièges. Que personne ne doit connaître les pièges que nous installons dans nos villages. Nous devions chacun de nous connaître les pièges du voisin d'à côté, parce que sinon, au lieu de se refermer sur un type de l'armée ou sur un des gardes du corps des riches, ça tombait sur un membre de la communauté. Un de nos compagnons ou un petit groupe se chargeait d'installer et de perfectionner les pièges qu'il y avait. Au départ, les pièges étaient plutôt faits pour les souris, qui mangent la *mazorca,* pour les animaux de la montagne qui descendaient manger notre *milpa.* Ces pièges, nous leur avons donné une autre utilité, pour pêcher du soldat. Il s'agit surtout de grands fossés, avec des fils qui soient invisibles, que l'armée ou l'animal ne les voient pas. Ça consiste aussi en quelque chose de métallique, qui sert à arrêter l'ennemi. D'autant que nous savons que l'armée n'arrive pas en camion ni à bicyclette ni à moto, vu que pour aller jusqu'à notre village, il n'y a pas de routes, ils doivent arriver à pied et ils doivent passer par un seul chemin. Parce que nous avons vérifié que, par couardise, l'armée ne s'enhardit pas à s'enfoncer dans les montagnes. Ils en ont peur parce qu'ils pensent que c'est là que se trouvent les *guerrilleros.* Pauvre armée, vraiment, parce qu'elle ne sait même pas ce qu'est un *guerrillero ;* alors ils se l'imaginent comme un monstre, comme des oiseaux, ou une sorte d'animal. Et ils ont peur de s'enfoncer dans les montagnes. Ils doivent marcher sur les chemins. Nos pièges couvrent tous les principaux chemins qui mènent à notre village. Il ne s'agit pas d'un seul piège, il y en a des différents, parce qu'un des pièges peut ne pas fonctionner. C'étaient les premières expériences que nous faisions. Alors, nous devions utiliser au moins comme trois pièges sur chaque chemin. Après les pièges du chemin, il y a des pièges dans chacune des maisons de chaque compagnon, de façon à ce que, si l'armée réussit à entrer dans le village par d'autres chemins, de toute manière ils auront une peur bleue dans la maison de n'importe quel compagnon. Et il y avait aussi comme ça une sortie de secours pour chacun de nos compagnons, pour chacun de nous. Dans mon cas, je travaillais à aider un peu pour l'autodéfense, pour les pièges, ou tout ce qui concernait les mesures de sécurité. Mais en même temps, je participais aux tâches d'organisation et à la formation de nos compagnons. À cette époque nous pouvions assumer n'importe quelle tâche qu'exigerait le moment et qui serait nécessaire à la communauté.

C'est justement alors que nous nous sommes consacrés à la formation de beaucoup de compagnons, qui doivent jouer le même rôle que nous. Alors on n'a déjà plus besoin de faire toujours le même travail. On change sans arrêt pour que chacun de nous ait aussi une certaine expérience dans des tâches différentes. Nous nous mettons à organiser les enfants, les femmes, les hommes. Nous nous mettons à installer nos mesures de sécurité, par exemple, la sortie de secours. Qui sont ceux qui sortent en premier, ceux qui sortent en second, en troisième, et les derniers, au cas où l'armée s'emparerait du village. Au départ, quand nous n'avions pas de pratique et qu'il nous manquait beaucoup d'initiative pour nous affronter à l'armée, nous avions planifié que les femmes sortiraient avec leurs petits, puis les enfants, et les hommes restaient les derniers dans la sortie de secours. Mais la pratique elle-même nous a appris que cette méthode ou ce schéma que nous avions tracé n'est pas tellement efficace. C'est comme ça que nous avons constamment changé notre façon de sortir. À un moment, il est arrivé qu'il se pouvait que les femmes avec leurs enfants soient davantage respectées par l'armée, parce que ceux qu'ils séquestraient le plus, c'étaient les hommes, plus précisément nos leaders de la communauté. Face à cette situation, que les hommes se retirent et que les femmes soient l'arrière-garde, pour affronter les coups. Ce n'était pas seulement un schéma, une façon de penser théorie et de rédiger des papiers et que ça reste là, non, nous mettons constamment en pratique ce que nous pensons, nous faisons ensemble l'expérience de ce que nous devons mettre en œuvre. Alors, au moment où on s'y attend le moins, on donne un signal d'agitation dans le village pour voir comment nous réagissons. C'est-à-dire, nous commençons à faire marcher nos pièges, nos sorties de secours. Nous avons vu que ça ne serait pas tellement efficace de sortir en file pour aller nous cacher dans la montagne, quand arriverait l'armée. Alors, nous avons dû ouvrir de grands trous, ou de grands passages, sous terre. De sorte qu'à un signal donné par le responsable du village, nous puissions sortir tous, et aboutir à un même endroit ; c'est justement là que nous avons rompu avec beaucoup de nos schémas culturels, mais, ça ne fait rien, nous prenions en compte que c'était une façon de nous sauver. La plus grande partie de la communauté savait répondre à beaucoup de situations et nous savions comment agir. La communauté a élu le responsable, mais tout ce qui se fait doit recevoir l'opinion favorable des autres. Ce que n'approuve pas la communauté, on ne peut pas le mettre en œuvre. Tout le monde est égal au départ, hommes et femmes, et les enfants aussi. Ce que nous

182

avons mis en œuvre en premier, ça a été que pour la sortie de secours il y ait un signal. Ce signal c'est très sérieux. On ne le donne que quand l'ennemi est proche. Et, selon le côté où il se trouve, le signal va changer. Il y a un signal de jour et un signal de nuit, vu que la nuit nous ne pouvons pas voir d'où vient l'ennemi. Alors nous avons dû, en collaboration avec d'autres villages, construire une maison à chacun des quatre endroits du village par où peut entrer l'ennemi. La nuit, les uns seront chargés de la mission d'être nos veilleurs de nuit. Et le jour, d'autres en seront chargés.

Il y a eu un cas, c'était quand j'étais au village, la première fois que nous installions notre autodéfense ; après que les soldats, ceux qui sont restés quinze jours au village, sont partis. Ceux-là, ils se sont doutés de ce que le peuple était organisé. Ils ont soupçonné certaines choses quand ils étaient dans le village, si secrète qu'ait été notre organisation. Ils sont revenus une nuit, et tout notre réseau d'information fonctionnait déjà. Nous avions construit un campement pour le village, pour que à un moment donné le jour où nous ne pourrions plus vivre au village, nous puissions aller au campement. Et c'est justement là que nous avons commencé à donner une utilité à tous ces êtres de la nature : les plantes, les arbres et les montagnes. Le village a commencé à s'adapter davantage à une vie encore plus difficile, au cas où nous ne pourrions descendre pendant quinze, vingt jours au village. Mais c'est préférable pour nous, et ne pas se faire massacrer. Nous nous sommes entraînés à ce que tout le monde, la nuit, qu'il y ait des ennemis ou qu'il n'y en ait pas, aille dormir au campement du village, pour plus de sécurité. Nos compagnons nous donnaient le signal, de loin. Bien sûr, il y avait les pièges sur le chemin, il y avait les pièges dans les maisons, il y avait tous nos moyens, comme par exemple une maison d'un compagnon sur chaque chemin... Cette maison restait vide. Mais il restait les chiens. Chaque fois, quand le soldat entre de nuit, les chiens aboient et ils suivent les soldats. Jusqu'à ce que les chiens se taisent, nous savons qu'ils ne sont pas partis. Les chiens donnent leur contribution de cette manière. Nous savons que l'armée se trouve dans le village. Le jour ou l'heure où l'armée s'en va, les chiens font aussi du bruit. C'est le signal que l'armée a quitté le village. Mais ça ne suffisait pas avec ça. Ils sont entrés la première nuit et ils sont arrivés aux maisons et ils n'ont rencontré personne. Ils se sont mis à frapper les chiens parce qu'aucun des voisins n'était à la maison. Ils ont frappé les chiens, ils en ont tué quelques-uns et ils sont partis. Alors nous autres, nous avons dit, ils sont entrés dans les maisons, ils vont continuer à nous chercher. Alors

183

maintenant, nous avons de bonnes raisons pour chercher de nouvelles façons de faire. C'est comme ça que la communauté elle-même essaye de perfectionner certaines choses qui ne l'étaient pas encore.

Ensuite nous avons repris le travail en commun, vu que dans notre communauté il n'y a pas un travail spécifique qui serait seulement pour la femme ou seulement pour l'homme. Non, nous devons tous aller aux champs, et si on a besoin de construire une maison pour un voisin ou quoi que ce soit, nous le faisons collectivement. Nous n'avons pas de choses individuelles, parce que ça permettrait que la communauté se disperse, et si l'ennemi arrive, il est capable d'en séquestrer quelques-uns. Alors, nous devons travailler en commun, pour le cas où l'armée entre. Nous les femmes, nous faisions des tours de garde, à peu près deux ou trois nuits. L'autre semaine, c'était aux compagnons hommes.

Avant de réaliser toutes ces tâches, nous devons savoir bien clairement comment nous allons les faire. Alors on a réfléchi : et si à un moment, nous pouvions sortir, par exemple, et si nous ne pouvions pas utiliser nos pièges, s'ils n'étaient pas efficaces. Si nous ne pouvions pas utiliser nos sorties de secours ou tout autre moyen de sécurité, nous devions au moins avoir pour armes du peuple, la machette, les pierres, l'eau bouillante, le *chile,* le sel. Toutes ces choses-là, nous leur avons trouvé une utilisation. Nous savons comment lancer une pierre si l'armée arrive. Nous savons comment envoyer une livre de sel au visage, et que ce soit efficace. Ça, c'est davantage dans le cas des ennemis paramilitaires, de ceux du régime, vu que nous savons que nous serions tout à fait dans l'incapacité de répondre à des mitraillettes. Mais s'il entre un membre de la police secrète avec un pistolet, c'est bien possible que nos armes populaires soient efficaces. Nous avons utilisé davantage la chaux. La chaux est très fine, et pour la lancer il faut avoir une certaine force dans les poignets pour qu'elle arrive à l'endroit où on veut, dans les yeux. Nous avons appris, grâce à notre pratique et à un entraînement constant que nous nous donnons, à avoir du poignet et à bien situer où est notre ennemi. Avec la chaux, on peut rendre aveugle un homme de la police secrète, alors ; il faudrait pour cela lui lancer la chaux au visage. Une pierre, par exemple, eh bien il faut que nous cherchions la tête, le visage de notre ennemi. Si nous l'envoyons dans son dos, ça peut être efficace, mais pas comme certains endroits du corps de l'ennemi. Ça se pratique, au cours d'un entraînement constant de tout le village, du peuple. Un autre moyen, ce serait de leur lancer de l'eau bouillante au cas où nous ne pouvons déjà plus sortir de notre petite maison. Ça signifie que tout le peuple doit être préparé, en un même endroit, avec tout son matériel d'autodéfense. Toute la famille sait où est rassemblé le matériel du voisin, de l'oncle, de tous, au cas où à un moment nous ne pouvons pas utiliser celui de notre maison. Nous avons besoin de chercher sans cesse de nouvelles façons de faire, et de nous baser sur quelque chose, parce que sinon, on tomberait dans des actions qu'il nous plaît de faire mais que nous ne savons pas pourquoi nous les faisons. Et ainsi, notre arme principale, notre texte, ça va être la Bible. Nous nous sommes mis à étudier la Bible, comme un document de formation pour notre village. Il y a de belles histoires dans la Bible.

XVIII

La Bible et l'autodéfense

> « ... quand sont arrivés les étrangers qui sont venus de l'est, quand ils sont arrivés, ceux qui ont apporté le christianisme qui a mis fin au pouvoir à l'est, qui a fait pleurer le ciel et rempli de tristesse le pain de maïs du Katún... »
>
> CHILAM BALAM.

> « Son chef n'a pas été abattu par de jeunes guerriers, ni blessé par des fils de titans. C'est Judith, fille de Merari, qui l'a désarmé par la beauté de son visage ! »
>
> LA BIBLE, Judith, XVI, 6.

Nous autres, nous nous sommes mis à étudier la Bible, comme notre principal document. La Bible a beaucoup de rapports avec les relations que nous avons avec nos ancêtres, et avec nos ancêtres, qui ont eux aussi vécu une vie semblable à la nôtre. L'important, c'est que nous nous sommes mis à intégrer cette réalité comme notre réalité. C'est ainsi que nous avons commencé à étudier la Bible. Ce n'est pas quelque chose qu'il faut mémoriser, ce n'est pas quelque chose qu'on dit ou qu'on récite et rien de plus. Y compris, ça nous éloigne un peu de l'image que nous avions, comme catholiques ou comme chrétiens, que Dieu est tout là-haut et que Dieu a un grand royaume pour nous les pauvres ; nous ne pensions pas à notre réalité comme à une réalité que nous sommes en train de vivre. C'est alors que nous nous sommes mis à étudier les textes essentiels. Nous avons le cas du texte de l'Exode, qui est quelque chose que nous avons étudié ; nous l'avons analysé. Il s'agit beaucoup de la vie de Moïse, qui a essayé d'arracher son peuple à l'oppression, qui a essayé de tout faire pour que ce peuple soit libéré. Nous autres, nous comparions le Moïse de ces temps-là aux « Moïses » de maintenant, que nous sommes. Il s'agit de la vie d'un homme, de la vie de Moïse. Nous avons commencé à rechercher des textes qui représentent chacun de nous. Un peu comme pour comparer avec notre culture indigène. Nous avons l'exemple de Moïse qui représente les hommes. Et nous avons l'exemple de Judith, qui est aussi une femme très célèbre en son temps, qui apparaît dans la Bible et qui a tant lutté pour son peuple, elle a fait beaucoup de tentatives contre le roi qu'il y avait à cette époque, jusqu'à lui ôter la tête. Elle avance, avec la victoire à la main, la tête du roi. Ça, ça nous donne une façon de voir, une idée de plus de comment nous les chrétiens devons nous défendre. Et ça nous faisait penser que sans une juste violence, aucun peuple ne pouvait arriver à arracher sa victoire. Ce n'est pas que nous autres les indigènes nous pensions à de grandes richesses, non, seulement avoir le nécessaire pour vivre. Et aussi l'histoire de David, qui est un petit berger qui apparaît dans la Bible et qui a pu se rendre maître du roi de cette époque, qui était le roi Goliath ; ça, c'est pour les enfants, dans notre communauté. Et c'est comme ça que nous cherchons des textes, des psaumes, qui nous enseignent comment nous défendre de nos ennemis.

Moi, je me rappelle que je tirais de grands exemples de tout texte qui pouvait servir à ma communauté, qui nous servait à tous pour mieux comprendre la situation. Ce n'est pas seulement aujourd'hui qu'apparaissent les grands rois, les grands puissants qui tiennent le pouvoir dans leurs mains, non, nos ancêtres aussi ont subi ça. C'est ainsi que nous faisons le rapprochement avec la vie de nos ancêtres qui ont été conquis à cause d'une telle ambition de pouvoir, et qui ont été assassinés et torturés, nos ancêtres, parce qu'indigènes. C'est ainsi que nous allons en approfondissant mieux. Nous sommes arrivés à une conclusion, comme ça. Qu'être chrétien, c'est penser à nos frères qui nous entourent, penser que chaque homme de notre race indigène doit manger. Et que c'est aussi une image de Dieu lui-même, qui dit que sur terre on a le droit d'avoir ce dont on a besoin. C'était notre texte principal pour l'étude, en tant que chrétiens, et il nous faisait voir ce qu'est le rôle d'un chrétien. Depuis toute petite, comme catéchiste, j'ai étudié la Bible, j'ai étudié les chants, la doctrine, mais d'une façon très superficielle.

187

Une autre idée qu'ils nous ont mise dans la tête, c'est que tout est péché. Alors, nous en sommes arrivés, à un moment, à penser que, si tout est péché, pourquoi le propriétaire terrien tue les humbles paysans, nous qui ne savons même pas abuser de la nature, et après ils nous ôtent la vie ? Au départ j'étais catéchiste et je pensais que oui, il y avait un dieu, et qu'il fallait être à la disposition de Dieu. Je pensais que Dieu était tout là-haut. Qu'il avait un royaume pour les pauvres. Mais nous avons découvert que Dieu n'est pas d'accord avec la souffrance que nous vivons ; que ce n'est pas le destin que Dieu nous a donné, non, ce sont les hommes de la terre, eux-mêmes, qui nous ont fait ce destin de souffrance, de pauvreté, de misère, de discrimination. Y compris nous sommes même allés jusqu'à tirer de la Bible des idées pour perfectionner nos armes populaires ; ça a été la seule solution qui nous restait.

Moi, je suis chrétienne et je participe à la lutte en tant que chrétienne. Pour moi, en tant que chrétienne, il y a une chose importante : c'est la vie du Christ. Tout au long de son histoire, le Christ a été humble. Il est né dans une petite chaumière, comme l'histoire le raconte. Il a été persécuté, et, face à ça, il a dû faire le choix d'avoir un petit groupe pour que sa semence ne disparaisse pas. Ça a été ses disciples, ses apôtres. Et y compris, peut-être qu'en ce temps-là il n'y avait pas d'autre manière de se défendre, sinon le Christ l'aurait utilisée contre ses oppresseurs, contre ses ennemis. Il est allé jusqu'à donner sa vie, mais la vie du Christ n'est pas morte, puisque toutes les générations le continuent. Et c'est justement ce que nous avons compris : les voisins, nos catéchistes les plus importants, qui sont tombés, ils sont morts, mais dans le peuple nous les faisons vivre à travers notre lutte. À travers notre participation dans la lutte contre le régime, contre un ennemi qui nous opprime. Nous n'avons pas beaucoup besoin de conseils ou de théories, ou de textes, vu que c'est la vie qui nous a appris. Moi, de mon côté, avec les horreurs que j'ai subies, ça me suffit. J'ai aussi ressenti au plus profond de mon être ce que c'est que la discrimination. Ce qu'est l'exploitation, c'est ma vie qui l'explique très exactement. Dans mon travail, j'ai bien souvent souffert de la faim. Je crois que si j'essayais de raconter toutes les fois que j'ai eu faim dans ma vie, ça me prendrait beaucoup de temps. Quand quelqu'un comprend ça, voit sa propre réalité, il voit naître au fond de lui de la haine envers ces oppresseurs, qui causent cette souffrance au peuple. Et comme je disais, et je le répète, ce n'est pas notre destin d'être pauvres. Ce n'est pas parce que nous ne travaillons pas, comme disent les riches ; que les Indiens sont pauvres parce qu'ils ne travaillent pas, parce qu'ils dorment tout le temps. Et la pratique me montre qu'à partir de trois heures du matin nous sommes hors de notre petite maison pour aller au travail.

Ça a signifié beaucoup de choses, pour moi, pour pouvoir me décider à une lutte. Voilà ma motivation, mais c'est aussi la motivation de tous. Surtout des pères de famille. Ils n'oublient jamais leurs enfants, qu'ils auraient aimé avoir un enfant à leur côté, mais il est mort d'intoxication dans les *fincas* ; il est mort de malnutrition, ou tout simplement ils l'ont donné parce qu'ils n'ont pas le moyen de s'occuper du petit. C'est une longue histoire, et justement quand on voit la vie de tous les personnages chrétiens qui ont vécu à cette époque, la réalité nous montre quel rôle nous devons jouer nous les chrétiens, en tant que chrétiens. Et pourtant, je me vois obligée de dire qu'y compris les religions sont manipulées par ce même système, manipulées par ces mêmes régimes qu'on trouve partout. Ils les utilisent, à travers leurs conceptions, ou grâce à leurs moyens. Nous pouvons voir, c'est vrai, que jamais un curé n'ira travailler à la *finca,* jamais il n'ira travailler à la cueillette du coton ou du café. Il ne pourrait pas dire ce que c'est que la cueillette du café. Beaucoup de prêtres ne savent pas ce que c'est que le coton. Alors, nous, c'est la réalité elle-même qui nous enseigne que, en tant que chrétiens, nous devons faire une Église de pauvres, et qu'ils ne viennent pas nous imposer une Église qui ne sait même pas parler de la faim. C'est justement là que nous savons distinguer ce que le système a voulu nous imposer pour mieux nous diviser, et pour nous endormir, en tant que pauvres. Alors, nous, nous en prenons ceci et cela. Par rapport aux péchés, je veux dire que la conception, par exemple, de la religion catholique, ou de toute autre religion beaucoup plus conservatrice que la catholique, est de dire que Dieu aime les pauvres et que Dieu a un grand paradis pour les pauvres dans le ciel. Alors il faut se contenter de la vie qu'on a. Mais justement, nous, en tant que chrétiens, nous avons compris qu'être chrétiens, ce n'est pas être d'accord avec toutes les injustices qui se commettent contre notre peuple. Ce n'est pas être d'accord avec toute la discrimination qui s'attaque à un peuple humble, qui ne mange même pas de viande, et ensuite on l'humilie davantage qu'un cheval, si je puis dire. Tout ça nous l'avons découvert en voyant tout ce qui est arrivé dans notre vie. Bien sûr, ce réveil qu'il y a chez les indigènes ne s'est pas fait d'un jour à l'autre, parce qu'aussi bien l'Action Catholique *, les autres religions, que le système, tous ont essayé de nous maintenir comme nous étions.

Tant que ça ne surgit pas du peuple lui-même, tout ce qui est la conception de chaque religion est selon moi une arme essentielle du système. Bien sûr, pour la communauté, ce n'était pas difficile de comprendre tout ce qui a trait à la réflexion sur ce qui touche à nos mesures de sécurité, parce que c'est une réalité que nous vivons.

Comme je disais, pour nous la Bible est une arme essentielle, qui nous a appris à faire beaucoup de chemin. Et qui sait, ça vaut peut-être pour tous ceux qui se disent chrétiens, mais les chrétiens en théorie ne comprennent pas pourquoi nous autres nous lui donnons une autre signification, précisément parce qu'ils n'ont pas vécu notre réalité. En second lieu, parce que peut-être ils ne savent pas analyser. Je peux assurer que n'importe quelle personne de ma communauté, analphabète, si on lui fait analyser un paragraphe de la Bible, même si on lui lit seulement ou si on le traduit dans sa langue, eh bien elle saura en tirer de grandes conclusions, parce qu'elle n'aura pas de mal à comprendre ce que c'est que la réalité, et ce qu'est la différence entre le paradis au loin, là-haut ou dans le ciel, et la réalité que vit le peuple. Justement si nous faisons ça, c'est parce que nous nous sentons chrétiens, et le devoir d'un chrétien est de réfléchir à comment faire pour que le royaume de Dieu existe sur la terre, avec nos frères. Ce règne, il ne pourra exister que quand nous aurons tous de quoi manger. Quand nos enfants, nos frères, nos parents, ne devront pas mourir de faim et de malnutrition. Ce serait ça, la gloire, un royaume pour nous autres, parce que nous ne l'avons jamais eu. C'est exactement l'opposé de ce que pense un curé. Mais ça non plus, ce n'est pas la généralité, non, parce qu'il y a beaucoup de curés qui sont arrivés dans notre région et qui étaient anticommunistes, et pourtant ils ont compris que le peuple n'était pas communiste, mais qu'il était sous-alimenté, ils ont vu que le peuple n'était pas communiste, mais qu'il était discriminé par le système.

C'est comme ça qu'ils ont choisi la lutte de notre peuple, ils ont choisi la réalité que nous justement, les indigènes, nous vivons. Bien sûr, beaucoup de curés se disent chrétiens mais ils défendent leurs petits intérêts. Pour ne pas nuire à ces petits intérêts, ils s'éloignent du peuple. C'est bien mieux pour nous, parce que nous savons que nous n'avons pas besoin d'un roi qui soit dans un palais, mais d'un frère qui vive à nos côtés. Nous autres, nous n'avons pas besoin d'un chef qui nous enseigne où est Dieu, s'il existe ou s'il n'existe pas, non, nous, dans notre conception à nous, nous croyons qu'il y a un dieu, mais ce dieu est le père de tous, et en même temps il n'est pas d'accord quand un de ses enfants se meurt, ou est malheureux et n'a pas la plus petite joie. Nous pensons que quand nous nous sommes mis à nous servir de la Bible, quand nous nous sommes mis à l'étudier en relation avec notre réalité, c'est parce qu'en elle nous avons trouvé un texte qui nous guide. Ce n'est pas pour autant le texte essentiel pour aboutir au changement, non, chacun de nous doit connaître notre réalité et choisir de se consacrer aux autres. C'était avant tout notre étude. Si nous avions eu un autre moyen pour étudier, peut-être que ce serait différent. Mais nous avons compris que tout élément de la nature sert à l'homme pour changer si l'homme est disposé à changer. Nous considérons que la Bible est une arme fondamentale pour notre peuple. Aujourd'hui, je peux dire que c'est une lutte que rien ne peut stopper. C'est une lutte que ni le régime ni l'impérialisme ne peuvent arrêter parce que c'est une lutte de la faim, de la misère. Ni le régime ni l'impérialisme ne peuvent dire, ils n'ont pas faim, alors que nous sommes tous en train de mourir de faim.

Par rapport à l'autodéfense, comme je disais, nous avons commencé à étudier la Bible. Nous avons commencé à perfectionner nos armes populaires. Nous savions très bien que le régime, que ces couards de soldats... C'est peut-être très dur que je parle comme ça, mais je ne peux pas employer d'autre mot pour eux. Nos armes étaient si simples. Et pourtant elles n'étaient pas si simples. Quand nous avons commencé à utiliser tout ça, que, tout le peuple, nous avions des armes populaires... Comme j'ai dit, une nuit que les soldats sont entrés, le peuple n'était pas à la maison. Toute la population était sortie du village, pour aller au campement. Ils ont vérifié que nous étions sortis du village et ils ont pensé que peut-être ça leur réussirait mieux de prendre le village de jour. Un autre jour, alors qu'on s'y attendait le moins, peut-être quelque chose comme quinze jours plus tard, nos compagnons de garde étaient en train de surveiller, et l'armée est entrée dans notre village. Nous autres, nous étions en train de construire les petites maisons des voisins. Il nous manquait quelques petites baraques, par là. Nos veilleurs étaient deux. L'un était chargé de prévenir la communauté et l'autre de faire traîner ou d'arrêter l'armée quand elle entrerait. Ils étaient conscients qu'ils devaient donner leur sang pour leur communauté. Dans ce cas, celui qui ne peut pas se sauver, il doit être prêt à accepter la mort. L'armée est arrivée, il y en a deux qui sont entrés d'abord, ils étaient déguisés. Comme nous savons très bien reconnaître les caractéristiques de l'armée, à la façon de marcher, de s'habiller, à tout, les veilleurs ont découvert que c'étaient des soldats déguisés. Ils demandaient les noms de certains compagnons de la communauté pour les attraper ou les séquestrer. L'un des veilleurs a réussi à s'en aller, il a pu s'échapper et il est immédiatement allé prévenir la communauté que l'ennemi était proche. On lui a demandé si c'était bien sûr ou non. « Si, c'est sûr, les soldats viennent par là et ils sont deux, mais quand je suis monté, j'ai vu les autres qui arrivent plus loin et ils ont l'uniforme vert olive. » Toute la communauté a dû s'échapper immédiatement hors du village et nous nous sommes concentrés en un seul lieu. Nous avions tant de peine de ne pas voir arriver l'autre veilleur. Ils étaient capables de l'avoir séquestré. Mais il est apparu ensuite et il a raconté combien de soldats sont arrivés, comment était chacun d'eux. La taille des armes qu'ils avaient. L'arrière-garde et l'avant-garde de l'armée. Cette information nous a aidés à réfléchir parce que c'était le jour et nous n'avions pas nos pièges d'installés. Alors nous avons dit, qu'est-ce que nous allons faire avec cette armée ? Ils sont entrés dans le village et ils ont commencé à frapper les chiens, à tuer les animaux. Ils sont entrés dans les maisons et ils ont tout volé. Ils nous cherchaient comme des fous. Alors nous avons demandé, qui sont ceux qui se proposent pour donner leur vie dans cette situation. Moi la première et mes frères et d'autres voisins, nous avons tout de suite levé la main. On a fait le plan de donner une bonne frayeur à l'armée pour leur démontrer que nous sommes un peuple organisé et que nous ne restons pas simplement passifs à attendre l'armée. Nous avons mis moins d'une demi-heure à planifier de quelle manière les gens allaient désarmer les soldats. Nous avons pris les gens : qui irait le premier, le second, le troisième, le quatrième, pour les attraper. Comment est-ce que nous allons faire ? Nous n'avions pas la capacité d'attraper les quatre-vingt-dix soldats qui sont entrés dans le village, mais par contre l'arrière-garde, oui.

Mon village est un village très éloigné du bourg, très montagneux. Pour passer à l'autre village, il faut traverser des montagnes. Nous avons un petit chemin où passent à peine les chevaux pour aller au village... Il y a de grands ruisseaux près de la maison. Le chemin n'est pas droit, il fait des virages. Alors nous avons dit, nous allons attendre l'armée dans un virage et quand tous les soldats passent, nous allons tendre une embuscade au dernier. Nous savions que nous exposions tous notre vie, mais malgré ça, nous étions bien certains que c'était par cet exemple que nous allions faire beaucoup pour le bien de la communauté, pour que l'armée ne vienne pas sans cesse nous surveiller. Et ça s'est passé comme ça, que nous avons pris une de nos compagnes, une plus jeune, une compagne encore très jeune fille, la plus jolie de la communauté. Elle aussi exposait sa vie, et elle s'exposait à être violée. Et pourtant elle a dit, je suis certaine que si c'est mon rôle dans la lutte, je dois le faire. Si telle est ma contribution pour la communauté, je vais le faire... La compagne a pris de l'avance par d'autres chemins, elle est arrivée sur le chemin par où l'armée devait passer en sortant du village, et nous autres, nous avons monté une embuscade. Nous n'avions pas d'armes à feu, nous avions nos armes populaires. Nous avions inventé un cocktail Molotov. Dans une bouteille de limonade nous avions mis de l'essence, un peu de ferraille, mélangée comme ça avec de l'huile, et une mèche. Si bien que si à un moment donné l'armée en attrape un de nous, ou que nous ne puissions rien faire, nous mettons le feu aux soldats. Ce cocktail a la capacité de brûler deux ou trois soldats parce que ça se colle sur eux et ça peut leur brûler les vêtements. Nous avions des frondes, c'est-à-dire, celles qu'utilisaient nos grands-parents pour veiller sur la *milpa* quand elle donne l'*elote*. Les oiseaux viennent se poser dessus pour manger les *elotes*. Nous avons des frondes qui lancent une pierre au loin et quand on calcule bien où va la pierre, elle touche l'endroit qu'on veut. Nous avions des machettes, des pierres, des bâtons, du *chile,* du sel. Tout ce qu'il y a comme armes populaires, les nôtres, mais pas d'armes comme celles qu'a l'ennemi. On a dit, dans la communauté, que la jeune fille qui irait sur le chemin, essayerait de faire la coquette avec le dernier soldat et de le retenir pour parler avec lui. Nous nous étions répartis, qui allait d'abord tomber, ensuite qui allait induire le soldat en erreur, qui allait lui faire peur et qui allait le désarmer. Chacun de nous devait accomplir une tâche concrète et spécifique pour la capture du soldat. D'abord sont passés les gens sans armes, les membres de la police secrète, les soldats déguisés. Ensuite sont passés les autres. Toute la troupe, ils étaient comme à deux mètres de distance, et c'est alors qu'est arrivé le dernier. La compagne venait sur le chemin. Elle n'a pas fait attention aux autres et c'est un miracle s'ils ne l'ont pas violée, vu que les soldats, quand ils arrivent dans la région, ils essayent d'attraper les filles pour les violer et ils se moquent bien de qui c'est et d'où elle vient, vraiment. La compagne était décidée à supporter n'importe quoi. Elle s'est trouvée face au dernier soldat et elle lui a demandé d'où ils venaient. Alors le soldat a commencé à lui dire : « Nous sommes allés dans ce village, et tu ne sais pas ce que sont devenus les gens ? » La compagne a dit : « Non, je ne sais pas. » « Ça fait deux fois que nous venons et il n'y a personne, a dit le soldat, et ils vivaient là. » Pendant ce temps, un des voisins s'est précipité sur le chemin, un autre venait derrière le soldat. Moi, j'étais chargée de me jeter d'en haut du chemin, si bien que nous avons fait perdre contrôle au soldat. Un de nos compagnons lui a dit : « Ne bouge pas, mains en l'air. » Alors ce qu'a pensé le soldat, c'est que peut-être il avait une arme dirigée sur sa tête, ou derrière lui, ou je ne sais quoi, et il n'a rien fait. L'autre compagnon est arrivé et a dit : « Jette ton arme. » Alors il a jeté son arme. Nous lui avons enlevé son ceinturon. Nous avons fouillé son sac. Nous lui avons enlevé ses grenades, tout, et nous avons pris son arme. C'était très drôle pour moi, et c'est quelque chose que je ne vais jamais oublier, parce que nous ne savions pas comment manipuler une arme. Nous avons récupéré une arme longue, grande ; nous avons récupéré un pistolet, mais nous ne savions même pas nous servir du pistolet. Je me rappelle que je lui ai enlevé son pistolet, au soldat, et je le lui ai mis en face, faisant comme si je savais m'en servir, et je ne savais rien. Il aurait pu me l'enlever, parce que je ne savais pas m'en servir. Mais nous l'avons emmené à la pointe des armes. Nous l'avons fait monter par la montagne pour que si les autres retournaient en arrière ils ne nous trouvent pas sur le chemin, parce que ce serait subir un massacre.

À cette action avaient participé deux compagnes de quarante-cinq ans, par là, et un compagnon de cinquante ans. La compagne qui avait attiré le soldat avait vers les quatorze ans. Nous avons emmené le soldat déjà désarmé à ma maison, en prenant toutes les mesures nécessaires. C'est-à-dire, nous lui avons bandé les yeux pour qu'il ne reconnaisse pas la maison où il allait. Nous l'avons fait se perdre. Nous lui avons fait faire beaucoup de détours autour de l'endroit pour qu'il se désoriente. Nous sommes arrivés à la maison. Pour moi, ça me faisait rire ; et je n'arrêtais pas de rire parce que nous ne savions pas nous servir de l'arme. Il y avait une de ces joies chez nous, dans la communauté. Quand nous sommes arrivés à l'endroit près duquel il y a le campement, toute la communauté nous attendait. Et attendait que nous arrivions avec notre soldat capturé. Nous sommes arrivés à ma maison. Il y est resté longtemps, nous lui avons enlevé l'uniforme qu'il portait, nous lui avons mis un vieux pantalon, une vieille chemise, de sorte que si ses compagnons venaient — nous essayions de le laisser attaché —, ça ne leur donne pas d'indication que c'était un soldat. Nous avions aussi l'idée que cet uniforme allait nous servir pour tromper les autres soldats ensuite. Ça a été une action très belle, parce

194

que toutes les mères de ce village ont demandé au soldat qu'il aille porter un bon message à l'armée où il était, pour que tous les soldats qui y étaient pensent un peu à nos ancêtres. Le soldat était un indigène d'une autre ethnie. Les mamans lui disaient que comment c'était-il possible qu'il en soit arrivé à être un soldat, un ennemi de son ethnie, de son peuple, de sa race indigène. Que nos ancêtres jamais n'ont enseigné ces mauvais exemples. Elles lui ont demandé, à ce soldat, d'être une lumière dans le camp où il était. Les mères lui montraient que pour donner la vie à un enfant, il faut beaucoup d'efforts, beaucoup de travail, et pour l'aider à grandir aussi. Et ensuite, qu'il devienne un criminel comme lui. Elles ne le supportaient pas. Toutes les mères de la communauté sont passées devant le soldat, ensuite les hommes aussi lui ont demandé qu'il s'en aille raconter son expérience à l'armée, et qu'il assume le rôle, en tant que soldat, de persuader ses compagnons pour qu'ils ne soient pas si criminels comme ils le sont et qu'ils ne violent pas les femmes des meilleurs fils de notre peuple, les meilleurs, à l'exemple de nos ancêtres, et toute une série de recommandations. Ensuite on a dit au soldat que nous sommes un peuple organisé, qui est capable de donner jusqu'aux dernières gouttes de son sang, et qui donc doit répondre à tout ce que l'armée fait. Et nous lui avons fait voir que ce n'est pas le soldat qui est coupable, mais que les coupables sont les riches, et ceux qui n'exposent pas leur vie, et ceux qui se trouvent dans une bonne maison. Ceux qui sont bons à élaborer des papiers. Que c'est le soldat qui, lui, va dans les villages, de par-ci et de par-là, en cherchant à maltraiter son peuple, en assassinant son peuple. Ce soldat s'est trouvé très impressionné, avec un grand message.

Immédiatement nous viennent d'autres idées, parce que nous voulions nous servir de cette arme, mais nous ne pouvions rien faire. Ce n'était pas tant seulement pour tuer le soldat, parce que nous autres nous savions bien qu'une vie vaut plus que beaucoup de vies. Nous savions que ce soldat essayerait d'aller dire ce qu'il a vu et ressenti et ce que nous lui avons fait, et que ça signifierait pour nous autres un massacre où devraient mourir des enfants, des femmes, des hommes et des vieillards de la communauté ; que tout un peuple devrait y mourir, massacré. Alors nous avons dit, ce que nous allons faire avec cet homme, c'est l'exécuter, le tuer. Mais pas le tuer ici dans la communauté, non, en dehors. Tout de suite, le peuple, devant tout le risque que nous courions, avait de nouvelles idées qui lui venaient sur ce qu'il fallait faire. Nous avons pris la décision, même si nous devions mourir, mais que ce soldat remplisse vraiment le rôle qu'il devait remplir et que nous lui avions fixé. Après quelque trois heures que nous le gardions là, nous l'avons laissé partir. Le soldat, tout déguisé. Tous ses compagnons, c'est-à-dire la troupe de quatre-vingt-dix soldats, ne sont pas retournés en arrière, tellement ils étaient lâches alors ils ont pensé que c'étaient des *guerrilleros* qui avaient monté l'embuscade. Alors ce qu'ils ont fait c'est qu'ils ont couru plus loin jusqu'au bourg. Ils sont partis rapidement et ils n'ont pas essayé de défendre leur compagnon qui était resté. Nous autres nous n'avons pas tué le soldat, ce sont les soldats eux-mêmes qui se sont chargés de le tuer quand il est arrivé de nouveau à son camp et ils ont dit que c'était un infiltré parce que comment était-ce possible qu'il soit resté et ensuite soit revenu. Ils ont dit que la loi disait qu'un homme qui abandonne son arme est un homme fusillé. Alors ils l'ont tué.

C'était la première action que nous avons faite dans mon village, et nous étions heureux. Nous avions deux armes, nous avions une grenade, nous avions des cartouches de balles, mais nous ne savions pas comment nous en servir, personne ne savait. Tout le monde était très préoccupé de chercher des gens qui nous apprennent mais nous ne savions ni où ni qui, vu que si nous allions voir quelqu'un, nous étions accusés comme des *guerrilleros* qui ont des armes. Et ça nous faisait de la peine d'ouvrir l'arme et de voir ce qu'il y avait à l'intérieur, parce que nous voyions bien qu'elle tuait les autres, ou que les balles en sortaient à tout moment. Nous n'avons pas pu nous servir de l'arme, mais nos parents conservent leur matériel quand c'est important. Par exemple une machette qui ne sert pas pour l'instant, on essaye d'y mettre de l'huile et de l'envelopper dans des sacs de plastique pour qu'elle ne s'oxyde pas, qu'elle ne prenne pas l'humidité ou la pluie. Et c'est ça que nous avons dû faire avec les armes parce que nous ne savions pas comment nous en servir.

À partir de ce moment, l'armée avait une de ces frousses de venir dans nos villages. Ils ne sont jamais revenus au village, vu que pour y arriver il fallait passer par les montagnes. S'ils sont en avion, de toute façon ils devraient passer au-dessus des montagnes. Ils avaient une terreur des montagnes, et de nous autres. Et nous, nous étions heureux. Pour nous, c'était la joie la plus grande qui puisse exister. Nous avons essayé de nous unir tous. Personne n'est descendu à la *finca*, personne n'est descendu au marché ni en d'autres endroits, parce qu'il aurait été séquestré. Ce que nous avons fait, c'est de sortir par la montagne, et d'aller dans d'autres bourgades où ils vendent un sel de l'endroit, c'est-à-dire, ce sont des pierres noires. Mais c'est du sel. Je ne sais pas si ça existe seulement au Guatemala, mais c'est une pierre noire, noire, et cette pierre c'est du sel. Elle a une saveur très agréable, très bonne. Alors, nous procurer de grandes pierres et essayer de manger avec ces pierres et ne pas aller acheter de sel au marché. Et les compagnons sont sortis pour aller chercher du sel, par d'autres moyens. Ces pierres, ça se fait à Sacapúlas *, un village du Quiché qui est très curieux, parce qu'il est situé sur l'*altiplano,* là où il fait froid. Mais quand on descend un petit peu, il fait chaud. Ça se trouve dans un ravin, et ce ravin permet de produire toutes sortes de fruits qui poussent sur la côte sud. Ça donne des mangues, des pastèques, des bananes. C'est là qu'on trouve cette pierre à sel. Ils cherchent à vendre cette pierre et ils la vendent très bon marché parce que personne ne la leur achète. On dit que c'est le sel des Indiens, comme on l'appelle au Guatemala. Nous autres, nous ne mangeons pas de sucre, nous ne sommes pas habitués à prendre du café. Nous vivons avec notre *atol,* la pâte de maïs dont nous faisons de l'*atol.* C'est notre boisson. Nous avons produit notre maïs sur nos terres. Nous nous sommes tous unis pour mieux cultiver et nous approprier notre petite terre. Les propriétaires terriens avaient une de ces peurs de s'approcher de notre village, parce qu'ils pensaient qu'ils y seraient séquestrés ou qu'ils allaient affronter un village organisé. Alors, ils ne s'approchaient pas. Si bien que les propriétaires terriens sont partis. Ils ne nous menaçaient déjà plus comme avant. Les soldats ne venaient déjà plus.

Nous sommes restés comme des maîtres sur notre petite terre. Nous nous sommes mis à cultiver, sans plus descendre au bourg. C'était une discipline que nous devions appliquer dans la communauté pour préserver la vie de tous et ne l'exposer que quand il faudrait. À partir de ce moment-là ma communauté était organisée. Moi je ne pouvais plus y rester davantage parce que je n'avais pas un rôle important à jouer dans ma communauté, vu qu'elle était tout entière capable de diriger sa lutte, elle était capable de s'organiser et de juger et de décider tout de suite des choses. Pour un rôle de direction, d'une personne principale qui doit expliquer toutes les choses, il n'y avait pas de place. Alors, je me suis décidée à quitter la communauté, à aller enseigner dans une autre communauté ; à mettre en pratique les pièges que mon village avait découverts et que mes propres voisins ont mis en pratique. C'est comme ça que je suis allée dans un autre village pour enseigner aux gens.

XIX

Prise du village par l'armée

> « N'attendez pas que les étrangers vous rappellent ce que vous devez, car pour un tel engagement vous avez conscience et esprit. Tout le bien que vous faites doit venir de votre propre initiative. »
>
> POPOL VUH.

À cette époque, j'étais libre. Mon papa me disait, tu es indépendante, tu dois faire ce que tu veux faire, mais toujours pourvu que ce soit en fonction de notre peuple. C'était l'idée de mon père. J'avais entière liberté pour me décider d'aller à un autre endroit. Alors j'ai dit : « Je m'en vais. » Justement parce que nous, dans notre village, aucun soldat ne nous a séquestrés. Personne n'a été violé. Mais dans d'autres villages, je ne supportais pas de voir que beaucoup de femmes, des centaines de femmes, des jeunes filles, des veuves, étaient enceintes parce que les soldats les obligeaient à se laisser utiliser sexuellement. Moi, ça me faisait honte de rester dans mon coin si isolé, parce que j'étais tranquille, et de ne pas penser aux autres. Alors j'ai décidé de m'en aller. Mon père le savait et il disait, là où tu vas te fourrer, il est possible que tu ne sois pas maîtresse de ta vie. Ils vont te tuer à un moment. Ils vont te tuer demain, après-demain ou n'importe quand. Mais moi je savais que c'était un engagement que je devais tenir d'aller enseigner aux autres comment ils doivent se défendre contre un ennemi. Un engagement vis-à-vis du peuple, et, plus précisément, un engagement en tant que la chrétienne que je suis, qui a la foi et croit qu'il y a de la joie pour tous, mais que cette joie est accaparée par

198

quelques-uns. C'était ma motivation. Je devais enseigner aux autres. C'est pour cela que je suis allée dans la communauté qui en avait le plus besoin, celle où il y avait le plus de menaces et où moi j'avais déjà des amies.

Dans les *fincas* j'ai connu beaucoup de compagnes, des amies, de cette communauté, et je les ai connues aussi quand nous allions à la rivière pour chercher des petites bêtes, les *jutes,* pour les vendre au bourg. Ces amies en cherchaient aussi. Ce sont comme de petits escargots, et quand on les vend au marché, les gens en mangent beaucoup parce qu'ils viennent de la montagne. Alors, tous les dimanches, ma maman descendait aussi à la rivière pour attraper tous ces petits animaux, pour pêcher les *jutes,* et le jour suivant elle les portait au marché pour les vendre. C'est plutôt les femmes qui le font parce que les hommes, tous les samedis, s'emploient à arranger les *corrales* pour les animaux, ou à faire de petits travaux dans la maison, qu'ils n'ont jamais le temps de faire la semaine. C'est ainsi que nous passions notre temps à chercher des *jutes.* En même temps, nous, les femmes, nous aimons beaucoup la rivière. Alors, c'est une ambiance très agréable quand on descend à la rivière, même si nous devons passer toute la journée dans l'eau à chercher les *jutes* entre les pierres. Mais, pour moi, c'était un plaisir. Et ainsi il y avait mes amies, et nous avons fait connaissance et notre amitié s'est renforcée quand nous étions dans les *fincas,* à la cueillette du coton, justement, quand elles étaient très petites. Et comme pour la cueillette du coton, il faut trois mains, comme nous disons au Guatemala... La première main, c'est aux adultes de la cueillir. Le coton est comme une éponge, comme de la neige. Et la seconde main, c'est encore en partie le travail des adultes. La troisième main, c'est aux enfants de la cueillir, vu que les enfants peuvent se mettre sous les arbustes. Le coton n'est pas haut, non, il est petit. Un mètre de haut, et les plus grands de deux mètres, ou un mètre et demi. Alors les enfants vont sous le coton pour tout enlever, vu qu'il ne faut perdre aucune partie du coton, parce qu'alors ils ne nous payent pas ce qu'ils sont censés nous payer. Alors, avec ces amies, bien souvent nous nous arrangions, comme moi j'étais grande et elles toutes petites. Alors moi je faisais la seconde main, par exemple, et mes amies faisaient la troisième. Elle se mettaient par-dessous, et moi en haut.

Et comme ça, nous parlions, en cueillant le coton. Nous sommes devenues très amies. Et quand j'entends la nouvelle par mes voisins, qu'ils ont dit qu'une telle et une telle ont été violées par l'armée, tout ça, ça m'a mise en rage. De penser que mes amies étaient jolies, étaient humbles. C'est plus pour ça que je me suis décidée. Je disais, ce n'est pas possible que ça se passe comme ça, et que moi je reste chez moi. Bien sûr, nous n'étions pas comme un territoire libéré, non, d'un moment à l'autre on craignait de voir l'ennemi, vu que le régime peut toujours compter sur des machines modernes, sur des armes modernes, alors c'était possible qu'il y ait un massacre dans mon village. Et pourtant je sentais davantage la nécessité d'être à un autre endroit, et je me suis rendue à l'autre village. J'ai pu rester auprès de mes amies et elles me racontaient tout leur désespoir d'avoir été violées. Elles étaient quatre amies. Deux d'entre elles sont tombées enceintes de l'armée et les deux autres non. Mais elles étaient malades, parce qu'elles avaient été violées par cinq soldats quand ils sont entrés dans leur maison. Une des deux filles enceintes me disait, quand je vivais dans sa maison : « Je déteste cet enfant que je porte et je ne sais pas quoi en faire. Cet enfant n'est pas mon enfant », et elle se lamentait et pleurait et tout. Mais moi je lui disais : « Tu dois aimer ton enfant, ce n'est pas ta faute. » Et elle disait : « C'est parce que je déteste les soldats. Comment est-il possible que je doive nourrir le fils d'un soldat ? », disait la compagne. Elle a avorté de l'enfant. Mais avec l'aide de sa propre communauté ; elle était d'une autre ethnie. Sa propre communauté l'a aidée et lui disait que ce n'était pas un cas rare, mais qu'il en a été de même avec nos ancêtres qui ont été violées, qui ont eu des enfants sans le vouloir, sans amour pour vouloir un enfant. Mais mes deux amies souffraient beaucoup. Moi, je ne savais que faire, je me sentais impuissante.

Dans cette communauté, nous parlions la même langue. Ce qui se passe, c'est qu'au Guatemala la langue quiché domine de beaucoup. Les langues principales sont le quiché, le cakchiquel et le mam. De ces trois langues mères partent toutes les autres séries de langues qui existent. Mais il ne faut pas croire que dans une ethnie on parle toujours la même langue. Par exemple les Ixiles, ce sont des Quichés mais ils ne parlent pas le quiché et leurs traditions sont différentes de celles des Quichés. Ainsi, c'est une conjonction d'ethnies et de langues et de coutumes et de traditions, etc. C'est-à-dire, qu'il y ait trois langues mères ne veut pas dire que nous nous comprenions tous. Nous ne nous comprenons pas. Il en était ainsi avec mes compagnes. Elles étaient d'un autre peuple, d'une autre communauté. Nous nous comprenions, quand bien même avec beaucoup de déformations de la même langue...

Les deux qui n'étaient pas enceintes et qui ont été violées devaient avoir quatorze ans. Elles étaient très mal, et je ne savais pas ce qu'elles avaient, vraiment. L'une ne pouvait pas bien marcher, et l'autre avait très très mal au ventre. Elle disait qu'elle avait mal au ventre et moi, sincèrement, face à ça, je n'avais aucune connaissance. Et les deux qui étaient enceintes refusaient leurs enfants et ne voulaient pas être mères d'enfants de soldats. Je me sentais impuissante devant tout ça. Je ne savais pas quoi faire. Ça me faisait très pitié de les voir. Leur situation était très confuse. Pour elles, mon séjour a été très bénéfique parce que je les accompagnais comme quand nous étions jeunes, quand nous étions plus petites filles. C'est ainsi que nous avons commencé à mettre en place les mêmes pièges, même si c'était avec d'autres points de vue, parce que cette communauté-là avait beaucoup de choses cachées et qu'elle n'avait pas installées par respect envers tous ces instruments. Alors nous avons vu qu'il y avait une grande nécessité de les mettre en place, parce que la vie valait davantage, même si ça devait révéler beaucoup de nos secrets d'indigènes. Et nous avons commencé à les mettre en place. Une autre communauté qui se trouvait près de cet endroit où j'étais, le village de Cotzál *, était très persécutée. Elle a été très réprimée en 1960.

À partir de cette époque, il y a eu des massacres, beaucoup de femmes ont été violées, beaucoup d'hommes ont été torturés. Alors, dans ce village, est venue une femme, c'était une ancienne. Chez nous au Guatemala, malheureusement, comme disait mon grand-père, aujourd'hui nous ne pouvons pas vivre longtemps. L'âge auquel une personne peut arriver, c'est environ soixante ans, c'est-à-dire l'espérance de vie. Les gens meurent très vite à cause de toutes les conditions de vie. Mais cette dame était admirable ; c'était un cas, dans ce village. Elle devait avoir ses quatre-vingt-dix ans, par là. Ils venaient de lui tuer son dernier fils. D'abord ils ont tué son mari. Le mari est allé au bourg, et il n'est plus revenu. L'un des fils est allé le chercher, et il n'est plus revenu. L'autre fils est parti, et il n'est pas revenu non plus. Les autres ont été séquestrés dans leur maison. Si bien qu'ils ont laissé cette vieille femme toute seule. Elle cherchait un refuge, et moi j'étais dans le village. Alors, avec les compagnons, nous avions mis en place l'autodéfense comme nous l'avions fait dans mon village. Nous avions mis en pratique tous les pièges de ce même village. Alors, mes

201

compagnons disaient qu'il y avait une vieille femme qui veut venir dans notre communauté et qui pense qu'elle aussi doit rester ici. Alors moi je leur disais, bien sûr que oui, et comment, il s'agit de nous aider et de nous défendre jusqu'au dernier. Que si l'armée entre aux heures de la nuit, la petite vieille devait déjà être là. Alors nous avons dit qu'avant que tombe la nuit, nous devions tous aller dormir dans la montagne. Pendant la nuit nous faisions des gardes combinées. Un jeune garçon ou une jeune fille ou un homme et une jeune fille, et nous faisions des tours de garde, comme ça, pour veiller sur la communauté toute la nuit. C'était déjà un changement dans la façon de voir du village. Ce village-là voulait que nous organisions les tâches autrement pour une raison. C'est que pour faire la garde de nuit nous devions donner l'image d'un tronc, sans bouger, parce que sinon nous serions de la chair à canon pour l'armée. Alors la compagne devait rester d'un côté, comme pour donner l'image de quelque chose d'autre qu'un être humain. C'était la façon de voir de ce village-là. Les pièges eux-mêmes étaient différents. Les armes étaient différentes. En accord avec les coutumes des compagnons de la communauté. Moi, ils m'ont acceptée, même si je dois dire que chez nous, les indigènes, nous sommes malheureusement séparés par les barrières ethniques, les barrières idiomatiques ; c'est quelque chose de caractéristique du Guatemala. Nous vivons dans un endroit si petit, et il y a une barrière si grande qui ne permet pas le dialogue entre les uns et les autres. En même temps, chez nous les indigènes, nous disons ça c'est mon ethnie et c'est là que je dois vivre, alors. Une autre ethnie n'a pas de raison de venir se mélanger à cette ethnie. Toutes ces barrières que le régime lui-même alimente toujours davantage. Alors, nous avons commencé à travailler, ils m'ont très bien acceptée, à cause de tout le service que je rendais au village.

C'est ainsi que l'armée prend le village une nuit. Et quand ils entendaient les chiens, ils tiraient au hasard en l'air. Ils tiraient de partout et il n'y avait personne dans sa maison. Le village avait pratiquement enlevé toutes ses affaires des maisons et les avait transportées à son campement, celui du village, de la communauté. Alors même si l'armée voulait voler, il n'y avait rien dans les maisons. Et même s'ils brûlaient les maisons, elles ne signifiaient pas beaucoup vu que les montagnes mêmes protégeaient les communautés. Ainsi se passent deux, trois, quatre nuits. La femme âgée en avait assez. Elle ne supportait pas le froid. Il pleuvait beaucoup, beaucoup. Quand arrivaient les torrents de pluie, pendant la nuit, l'eau passait par en dessous des campements que nous avions dans la montagne et nous étions tous trempés. Alors cette dame était déjà vieille, elle ne supportait pas le froid et un jour elle s'est décidée : « Qu'ils me tuent mais je ne m'en vais déjà plus avec vous dans la montagne. » Pour nous, c'était difficile d'accepter de laisser une ancienne si bonne qui nous avait appris tant de choses et qui, y compris, nous avait aidés à perfectionner beaucoup de choses grâce à son expérience d'ancienne. Alors la communauté a dit qu'elle n'était pas d'accord que la vieille dame reste dans sa baraque. Mais elle a dit : « Non, moi je reste. Je dois rester ici. S'ils me tuent, eh bien qu'ils me tuent, je n'ai pas d'enfants, pas de petits-enfants, tous mes petits-enfants ont été séquestrés, et je n'ai plus pour qui vivre, vraiment. Et, si j'ai donné ma contribution, eh bien, ça a été ma part. » Alors, avec tant de tristesse, tant de douleur, il a fallu laisser la dame dans sa maison.

Vient la nuit, et nous nous en allons tous du côté de la montagne. Nous sommes sortis chacun de son côté et nous nous sommes tous rencontrés dans la montagne. Dans toutes les petites maisons il y avait des pièges à la porte des maisons. Le piège consiste en un bâton, et un fossé très, très grand. Comme la hauteur qu'il y a entre le toit et le sol. Ce trou est traversé par un bâton, et on met dessus une planche de façon à ce que celui qui s'arrête dessus, il tombe dans le trou. Le jour on l'arrange bien, mais la nuit on met le piège. Ça, on le savait, nous et toute la communauté, pour qu'aucun de nous ne tombe dans le trou. Et la vieille dame a mis son piège. Elle l'a installé, a préparé sa hache, sa machette, ses pioches, ses pierres, tout ce dont elle avait besoin pour se défendre, elle l'a mis dans un coin et elle s'est endormie. Nous autres nous sommes partis et nous avons vu qu'ils nous faisaient le signal de loin. Nous avons toujours des compagnons qui surveillent aux points principaux par où entre l'armée. Alors les compagnons nous ont envoyé le signal au moyen d'*ocotes*. Ils allumaient une grande flamme et selon les tours que le compagnon fait faire à la flamme, ça indique le nombre de soldats qui entrent dans le village. Et quand l'armée quitte le village, le compagnon doit aussi faire le signal pour nous indiquer s'ils sont tous partis ou non. Alors, tout le monde était désespéré. Moi, de mon côté, j'étais dans le plus grand désespoir parce que j'étais sûre qu'ils allaient tuer la dame, ou qu'ils allaient la violer, parce que je savais que ces assassins étaient tellement criminels qu'ils ne savaient pas respecter la vie d'une personne, que ce soit une personne âgée ou un enfant. Ils aiment bien violer les vieillards, comme les enfants. C'était vers les deux heures du matin, les chiens aboyaient, ils tiraient et tout ça et on n'entendait pas les cris de la dame. Nous étions loin de la communauté, mais, en même temps, nous pouvions recueillir tous les sons du village. On n'entendait rien. Nous avons pensé qu'ils l'avaient déjà tuée, la pauvre femme. C'était vers trois heures et demie du matin, le compagnon nous a fait des signaux, que l'armée avait quitté le village. Il nous a indiqué le nombre de ceux qui étaient sortis. Non. Il n'en était sorti qu'une partie. Nous autres, nous ne savions que faire. Alors nous avons attendu qu'il fasse jour pour voir si nous rentrions au village ou si nous restions dans la montagne. Vers cinq heures et demie du matin, par là, il faisait déjà presque jour et voilà que nous voyons arriver la dame qui vient vers nous. Comment est-il possible qu'elle a échappé à la mort ! Elle s'est arrêtée et elle a dit : « J'ai une surprise pour vous », et elle riait et elle pleurait à la fois. Mais elle pleurait de la joie qu'elle avait. Une anxiété, quelque chose qu'on pouvait lire sur le visage de cette dame. Et nous autres tout de suite nous nous sommes dit que c'était une « oreille ». Parce que dans beaucoup de communautés il y a eu des espions qui se vendent au régime et je peux dire que ce n'est pas leur faute, non, c'est la nécessité même qui les oblige à se vendre. Comme ils sont menacés, ils ne voient pas d'autre alternative. Et ils se prêtent comme un instrument pour tirer des informations de la communauté et les passer au régime ; ce qui est la cause de beaucoup de morts. Alors nous avons pensé que la dame était une « oreille », même si nous en doutions beaucoup parce que cette dame était quelqu'un de très clair. Et tout de suite la communauté a pris la chose très au sérieux parce que déjà à cette époque nous savions très bien que, ce n'est pas que la violence nous plaise, mais c'est vrai que c'était la seule alternative qui nous restait pour défendre notre vie, alors nous l'employions avec de justes raisons. Alors si la dame se vend, nous devrions l'exécuter malgré toute notre douleur. Et la dame dit : « Je vous apporte une surprise. J'ai tué un soldat, elle dit, j'ai tué un soldat. » Et personne n'y croyait. Bien sûr, comment était-ce possible de croire que cette femme, qui d'abord était âgée, ensuite, n'y voyait déjà plus et en troisième lieu n'avait pas d'armes égales aux armes des ennemis... Alors la dame a dit : « Je suis contente, je ne veux pas mourir, je veux vivre encore. J'ai tué un soldat. » Et personne ne la croyait. « Je vous dis la vérité, elle disait, si vous voulez, je vous apprends les armes. » Elle portait la grande arme du soldat, un pistolet, et elle était heureuse, la dame. Apprenez-moi, apprenez-moi comment on se sert de ça. Pour moi c'était un rêve, c'était comme un feuilleton de télévision, à n'y pas croire. Après, la dame a dit : « Ce qui s'est passé c'est qu'ils sont entrés dans ma maison, ils ont réussi à sauter par-dessus le piège, tous, la plus grande partie des soldats, moi je me suis cachée et je suis sortie par un autre côté, pour essayer de me sauver de la maison, et comme je me suis rendu compte qu'ils allaient me cueillir, j'ai juste pris la hache, parce que je n'avais rien d'autre. Et le soldat qui était dehors, en train de regarder dedans, je lui ai donné un coup de hache sur la tête et il est tombé par terre, et les autres ont pensé que c'étaient des *guerrilleros*. Alors, pour sortir en courant, un des soldats est tombé dans le piège et l'autre se roulait par terre. Les autres soldats se sont chargés de mitrailler leur compagnon qui était blessé. Il essayait de s'échapper. »

Il était vieux, et bien sûr, après nous avons vu que la blessure n'était pas grande, ce n'était pas assez pour qu'ils le tuent. Mais les autres se sont chargés de tuer leur compagnon, et ils sont partis. C'est à ça qu'on devait le signal qu'ils nous ont envoyé, comme quoi ils n'étaient pas tous partis, et c'est ce qui nous a donné plus de soupçons quand la dame est arrivée au campement, parce que nous savions que toute l'armée n'était pas sortie du village. Pour moi c'était un plaisir, que ça me réjouissait tant, vraiment. Et je disais, voilà la victoire de nos secrets que personne n'a découverts, et c'est ce que nous devons faire parce que ce n'est pas juste que notre vie à nous ne vaille pas tant que la vie de n'importe quel oiseau, et qu'ils nous tuent comme ils le veulent. La dame méritait une récompense, mais alors une grande récompense. Mais nous ne savions même pas quoi lui donner, vraiment. Un remerciement pour ce qu'elle avait fait. La dame a proposé, et elle a dit : « Je veux vivre, je veux continuer avec vous. » Elle en dansait presque, maintenant nous avons avec quoi nous défendre. Si nous savons manipuler ceci, nous aurions une arme égale à ce qu'ils ont eux. C'est ça qui a tué mes enfants, dit la dame. Bien sûr, pour elle c'était quelque chose de différent, et pour nous aussi. Qu'allions-nous faire avec le soldat ? Parce qu'il est tombé dans le piège avec tout, ses armes. Il avait même des grenades. Il était bien équipé. Nous avons pu ramasser le mort, nous l'avons fait sortir de la communauté et nous sommes allés le laisser sur un chemin où on puisse le voir, mais sans que ça grille la communauté. Même si de toute façon les autres savaient qu'il était resté chez nous. L'autre n'était pas mort, il était vivant, mais dans le piège. Nous ne savions pas quoi faire avec celui-là parce que si nous nous approchions du piège, il était capable de nous mitrailler. Alors, nous lui avons dit qu'il pose toutes ses armes. Nous lui avons envoyé une corde dans le trou, en lui parlant de loin, en lui disant qu'il nous envoie les armes, et qu'il aurait la vie sauve mais que s'il s'y opposait, lui aussi allait mourir. Alors le soldat, qui devait avoir tellement de peine de se trouver dans ce trou, a dit que oui, il nous a attaché ses armes avec la corde et nous les avons tirées. Mais, comment vérifier s'il avait une autre arme ? Ça nous donnait bien du souci. Mais beaucoup de gens de la communauté ont dit : « Même s'il a des armes, il pourra en tuer un de nous, mais il ne pourra pas nous tuer tous. » Alors nous avons fait sortir le soldat avec une corde et nous l'avons tous tiré. Il est sorti et c'était bien vrai qu'il était entièrement désarmé. Il nous avait remis toutes ses armes.

Avec ce soldat on a employé la même méthode qu'avec l'autre dans ma communauté, et on lui disait de même, comment est-ce possible qu'un soldat soit comme ça ? Et les compagnes qui étaient enceintes ont eu à lui expliquer, à ce soldat, qu'elles attendaient un enfant d'un soldat. Mais qu'elles ne se sentaient pas capables de donner la vie à un sang comme celui qu'a un soldat. C'est-à-dire que pour un indigène, c'était quelque chose comme un monstre, qu'il ne supportait pas. Alors le soldat s'est mis à pleurer et il a dit : « Ce n'est pas ma faute. Ils m'envoient. Avant de venir ici, ils nous ont obligés, a dit le soldat, et si nous n'obéissons pas, ils nous tuent. Nous sommes sous les ordres d'un capitaine, et c'est lui qui nous fait agir. Et si je m'en vais de l'armée, de toute manière je suis ennemi du peuple, et si j'abandonne mes armes, je suis ennemi de l'armée. Alors s'ils ne me tuent pas d'un côté, ils me tuent de l'autre. Je ne sais pas quoi faire », il a dit. Alors nous lui avons dit qu'à partir de maintenant, si pour lui c'était difficile, qu'il essaye de se cacher ou de se trouver quoi faire, mais qu'il ne soit pas un criminel, comme l'armée. Et lui nous a expliqué beaucoup de choses sur les tortures qu'il subissait dans la caserne. Et il disait : « Dès le premier jour, quand je suis arrivé à la caserne, ils m'ont dit que mes parents étaient des idiots » ; et lui aussi, comme il était indigène. « Mes parents sont des idiots parce qu'ils ne savent pas parler, qu'à moi ils allaient m'apprendre à parler comme doivent parler les personnes. Alors ils ont commencé à m'apprendre l'espagnol et ils m'ont donné une paire de souliers, que j'ai eu du mal à m'en servir, mais malgré ça, je devais les porter, à force de coups. Ils me battaient pour que je m'habitue. Ensuite ils me disaient que je devais tuer les communistes de Cuba, de Russie. Je devais les tuer tous et c'est alors qu'ils m'ont donné une arme. » Et nous autres nous lui demandions : « Et qui est-ce que tu tues avec cette arme ? Pourquoi est-ce que tu viens nous chercher nous ? — C'est qu'ils te disent que si ton père ou ta mère sont contre toi, cette arme doit aussi servir pour les tuer. Moi je me sers de l'arme comme ils m'envoient le faire. Tout ça, ce n'est pas de ma faute. Ils m'ont attrapé dans le village. » Il pleurait, et ça nous faisait même pitié, parce qu'on est des hommes.

À cette époque je comprenais déjà très bien la situation, je savais que les coupables n'étaient pas les soldats. Ce sont les régimes qui obligent aussi les gens de notre peuple à être soldats. Le soldat a donc parlé, là, et il nous a dit tout ce qu'ils faisaient. À cette époque nous avons été plus habiles, parce que la première fois, comme je disais, on a juste demandé quelque chose au soldat, et on ne lui a même pas demandé pourquoi il le faisait. Le second déjà, on a pu en tirer plus d'informations, sur la façon dont ils traitent le soldat à l'armée. « Nous devons obéir au capitaine. Le capitaine va toujours derrière nous, et si nous n'obéissons pas, il nous mitraille. » Nous, nous lui disions : « Et pourquoi alors vous ne vous unissez pas, s'il n'y a qu'un seul capitaine ? — C'est que nous ne pensons pas tous pareil, il disait. Beaucoup en sont arrivés à croire en ce que nous faisons. » Et nous lui demandions : « Et vous, qu'est-ce que vous défendez ? Où se trouvent les communistes ? » Le soldat ne savait même pas à quoi ressemblent les communistes. Nous lui avons demandé : « Quelle figure ils ont, les communistes ? » Et lui disait : « C'est qu'ils nous disent qu'ils se trouvent dans les montagnes, qu'ils n'ont pas une figure humaine, et tout ça. » Il n'avait même pas idée de ce qu'il faisait. Alors nous lui avons dit : « Tu défends un riche. Tu défends le pouvoir, mais tu ne défends pas ton peuple. — C'est vrai, il a dit. A partir de maintenant, je n'y retourne plus. Je vous promets, je vous jure, que je ne retourne pas à la caserne. » Et nous, nous lui disions, si tu es vraiment un fils du peuple, si vraiment tu te souviens des conseils de nos ancêtres, alors tu dois aller te chercher ta vie où tu peux, mais ne continue pas à être un criminel. Ne continue pas à nous tuer. Et le soldat est parti convaincu et nous avons su qu'il n'est plus retourné à l'armée, mais qu'il s'est caché. Peut-être qu'ils l'ont tué, ou qu'il est vivant, mais il n'est pas retourné au camp. Et c'était la seconde expérience que je faisais de l'organisation, de la lutte du peuple. Mon rêve était de continuer à lutter et de connaître mon peuple indigène de plus près. En même temps, j'étais très préoccupée par tout ce qui venait de nos ancêtres, pour continuer à le mettre en pratique ; même si les tortures, les séquestrations ont fait beaucoup de mal au peuple. Mais ce n'était pas pour ça qu'il fallait perdre espoir que ça change. C'est alors que j'ai commencé à travailler déjà dans une organisation paysanne, et je suis passée à une autre étape de ma vie. C'est déjà autre chose, d'autres formes de lutte.

XX

Mort de doña Petrona Chona

« Inhumains seront leurs soldats, cruels
leurs courageux mâtins. »

CHILAM BALAM.

Il y a quelque chose que je n'ai pas dit avant et que je crois opportun
de dire, quand je parlais des propriétaires terriens de ma région, les
García et les Martinez. J'ai vu un cas, dont je me souviens maintenant,
parce que me viennent aussi les souvenirs de la vie d'autres gens.
L'année 1975, les García, qui ont un marché saisonnier près de ma
terre, essayaient de faire que tous les Indiens y vendent leur maïs, leurs
haricots, pour l'acheter bon marché, et eux le transportaient à d'autres
endroits où ils prenaient plus cher. Je suis aussi allée travailler très
souvent dans cette *finca* quand j'étais petite, vu qu'elle se trouvait très
près de la maison. J'avais à cueillir le café. Là-bas, ils faisaient surtout
le café. Les bananiers faisaient de l'ombre au café. Alors ce
propriétaire terrien-là ne nous permettait pas de cueillir les bananes
parce que c'était l'ombre du café. Les bananes pourrissaient sur leur
tige et nous tous nous avions faim et nous ne pouvions en manger. Et
j'avais une amie qui s'appelait Petrona Chona : cette amie avait deux
enfants. Le fils devait avoir ses deux ans, et la fillette ses trois ans. Elle
avait un mari. Petrona était toute jeunette, et son mari aussi. Ils
travaillaient les deux dans cette *finca* des García. Il est arrivé un
moment, où le fils du propriétaire terrien, Carlos García il s'appelle ce
fils, s'est mis à s'amouracher de la jeune femme. Je le hais au plus
profond de mon être. Alors il lui disait que si elle voulait être sa
maîtresse... Elle était indigène. Elle lui dit : « Comment ce serait

209

possible, vraiment, je suis une femme mariée. » Alors, lui a continué, en la menaçant tellement... Il lui disait qu'il l'aimait, qu'il la voulait et qu'il l'aimait, et tout ça. Tous les jours le fils du propriétaire terrien venait sur le lieu de travail, et comme il n'avait rien à faire, il passait son temps à ça.

Un vendredi que la jeune femme n'est pas allée travailler parce que son petit enfant était malade, elle est restée à la maison. Ils vivaient dans la *finca.* Ils payaient un loyer et ils travaillaient comme *mozos,* et ils ne gagnaient rien. Ce qu'ils gagnaient, c'était le loyer du terrain, et pour la petite maison qu'ils avaient. La jeune femme me disait qu'elle était très désespérée parce qu'ils ne mangeaient rien et ils travaillaient tout le temps. Un vendredi, elle est restée à la maison et le fils du propriétaire terrien est venu chez elle. Il est allé la chercher au travail et comme il ne l'a pas trouvée, il est allé chez elle, à sa petite baraque ; et là il s'est mis à lui dire qu'il voulait être son amant et qu'elle le laisse faire usage de son corps, lui, le fils du propriétaire terrien. Elle était très inquiète pour son enfant, et elle a dit que non et que non. Ils sont restés un grand moment à discuter, et malheureusement nous étions en train de travailler un peu loin. Il y avait des *mozos* près de la maison, mais ils travaillaient. À la fin elle n'a pas voulu se laisser faire et le fils du propriétaire terrien est parti. Ce qu'a fait cet assassin de Carlos García, c'est qu'il a envoyé le garde du corps de son papa assassiner la jeune femme chez elle. Mais il a dit au garde du corps qu'il ne devait pas la tuer avec des armes à feu, mais à purs coups de machette. Bien sûr, le garde du corps le faisait aussi pour obéir, et il est allé à la maison de la jeune femme et il a commencé à la découper à coups de machette par surprise.

C'est le premier cadavre que j'ai vu dans ma vie, et c'est pour ça, je disais que j'aurais à raconter beaucoup de cadavres que j'ai ramassés, mais ça a été le premier que j'ai ramassé. Et il a découpé la jeune femme, il a coupé un doigt à l'enfant, parce que la jeune femme le portait sur le dos, et l'autre enfant est sorti de la maison en courant de terreur. Il a ôté l'enfant du dos de la mère, il l'a mis d'un côté, et il a donné des coups de machette à la jeune femme de telle sorte qu'il l'a coupée, si je ne me trompe pas, en vingt-cinq morceaux. Elle s'est retrouvée en morceaux. Je ne l'oublie pas, parce que, juste avant, le matin, la jeune femme a parlé avec moi. Elle me disait qu'ils allaient abandonner la *finca,* eh bien non, il ne lui a pas laissé le temps. La jeune femme a crié mais aucun des *mozos* ne s'est approché parce qu'ils ont vu d'abord entrer le fils du propriétaire terrien et ensuite le garde du corps. Alors, quel est le *mozo* qui allait s'en mêler ? Pour se faire lui aussi assassiner, ou priver de travail. Alors, ils ont laissé la jeune femme en morceaux. Le vendredi soir, je suis allée voir le cadavre de la jeune femme, étalé par terre. Il y avait là toutes les parties de son corps, d'un côté. Je ne pouvais pas croire que c'était Petrona qui était étalée là. Elle est restée là. Personne n'avait le courage de la soulever. Pas même la communauté. Beaucoup de gens sont arrivés. Et comme à cet endroit travaillaient des gens différents, ils venaient de différents endroits, personne ne s'approchait du cadavre de la jeune femme. Mon papa est venu, et il a pleuré de la voir. Il disait, c'était une si bonne personne que doña Petrona. Personne ne voulait y croire. On a recueilli le petit et on lui a attaché son petit doigt pour qu'il ne coule pas tant de sang. Nous ne savions pas quoi faire. Elle est restée là pendant la nuit, et le matin du samedi. Et entre la nuit du samedi et le dimanche. Personne ne voulait la ramasser. Mon papa a dit, bon, eh bien oui, c'est à nous de ramasser cette jeune femme. Elle sentait déjà beaucoup. Son odeur parvenait loin de la maison. Mon papa disait, oui, c'est à nous de la ramasser, nous devons le faire. Et comme, selon la loi du Guatemala, il ne faut pas ramasser un cadavre tant que les autorités n'arrivent pas, nous avons immédiatement prévenu les autorités. Mais comme les autorités vivent dans le bourg et qu'elles ne vont pas se déplacer avant de ne plus avoir à faire, alors elles ne sont arrivées que le lundi. Et le lundi le cadavre avait déjà des mouches et tout ça. Et c'est un endroit très chaud, et l'odeur, et tout. Alors mon papa disait, bon, même s'ils nous prennent pour les coupables du crime, nous devons ramasser le cadavre. Nous avons ramassé doña Petrona dans des paniers et son sang était bien coagulé par terre. Ses mains, sa tête, tout, tout séparé. Nous avons ramassé tout ça dans des paniers, nous avons tout mis dans une caisse, nous l'avons enterrée le dimanche. Les gens, beaucoup se sont approchés, et beaucoup ne se sont même pas approchés, parce que c'était un crime et personne ne voulait se compromettre, ni voir, parce qu'on se ferait aussi accuser par les autorités. Nous savions que le propriétaire terrien pouvait faire beaucoup de choses. Le maire est arrivé le lundi.

Et c'était la première fois que moi je me sentais, je ne sais comment le dire, comme une invalide. Je ne pouvais rien faire. Juste avant qu'arrive le maire sur place, le propriétaire lui a parlé, et ils riaient. Et, comme nous ne comprenions pas ce qu'ils disaient, ils ne nous ont pas demandé de faire de déclaration sur comment ça s'était passé, quand, à quelle heure. Rien. Le maire est arrivé comme si ce n'était rien. Et il est reparti tranquillement. Et pour tout arranger, pour que le peuple ne dise rien, ils ont emmené le garde du corps quinze jours à la prison. Après quinze jours, il est retourné à son travail. Chaque fois que je me rappelle ça, j'ai la même sensation qui se présente. La première fois que j'ai eu à ramasser un cadavre. Tout en morceaux. Peut-être pendant six ans, j'ai rêvé de doña Petrona. Il n'y avait pas de nuit où il ne me reste pas la sensation d'avoir rêvé d'elle. Pendant longtemps je n'ai pas pu dormir en pensant à elle.

Le père fait ses adieux à la communauté

> « Jamais notre peuple ne sera dispersé. Son
> destin triomphera des jours funestes qui doi-
> vent venir en un temps inconnu. Il aura
> toujours une place sûre sur la terre que nous
> avons occupée. »
>
> POPOL VUH.

Mon père est sorti de la prison en 77. De temps en temps il venait nous rendre visite, et comme je disais auparavant, il ne pouvait déjà pas passer par les chemins. Il ne pouvait pas voyager en camionnette, mais il devait traverser de grandes montagnes pour arriver à la maison, parce qu'il était possible que l'armée ou les propriétaires terriens se chargent de l'assassiner. Cette année-là, il est entré au CUC. C'était au moment de sa fondation. De fait, le CUC existait déjà comme une organisation secrète. Mais elle est apparue publiquement en mai 1978, quand elle pouvait déjà résister comme organisation. Il y a été avec beaucoup de compagnons, avec Emeterio Toj Medrano, avec d'autres camarades qui ont été assassinés et d'autres qui sont vivants. Ils ont commencé à réfléchir davantage comment allait être le CUC et quels étaient ses objectifs. C'est ainsi que le CUC n'a pas été reconnu par le Gouvernement. Alors il a été nécessaire que le CUC soit une organisation spontanée et en même temps secrète. Ensuite nous autres aussi nous avons commencé à nous y intégrer, d'abord comme collaborateurs, ensuite comme membres. 78, ça a été l'année où mon père est retourné à la maison, et moi aussi j'y suis retournée et c'est comme ça qu'ils nous ont fait notre adieu. Ça a été les derniers moments où nous nous sommes tous retrouvés réunis, tous ceux de la famille. C'était l'époque où peut-être que mon père n'allait plus jamais pouvoir revenir à la maison. De fait, il était pourchassé. Même si des fois, il passait en se cachant. Mais c'était très risqué pour lui de revenir un jour. En second lieu, un de mes frères était menacé. C'était le petit frère qui a été brûlé. Parce que lui aussi était un catéchiste depuis tout petit, et il a continué et il est arrivé à être secrétaire de notre communauté. Mais on ne veut pas dire par secrétaire une grande personne qui sait lire et écrire. Lui, il mettait en pratique le peu qu'il avait appris.

Nous sommes arrivés à la communauté. Tous les voisins étaient joliment gais, parce que ça faisait longtemps que nous ne venions plus. Alors ils ont dit qu'ils allaient célébrer une fête de la communauté pendant laquelle ils allaient sortir tous les instruments mayas que nous conservons dans les villages. Le *tún,* le *sijolaj,* la *chirimia,* la *marimba.* Ils ont fait une fête. Ils ont inventé une fête pour cette période, qui n'était pas une période de cérémonie. Et ce n'étaient pas non plus des temps de fête. Alors ils ont dit que la fête allait être celle de notre adieu, parce qu'ils pensaient qu'un jour nous n'allions plus nous voir. Vu que la plus grande partie d'entre eux s'en étaient allés lutter dans la montagne. Certains étaient descendus et se trouvaient là. Et c'était un grand honneur pour la communauté. La fête a commencé. Nous avons été invités. Je me rappelle que nous étions dans la maison que nous avons pour les réunions, depuis bien longtemps. Là nous nous sommes tous assis. Au Guatemala, dans nos traditions indigènes, quand c'est une fête très importante, on fait de l'*atol,* on fait du *tamal,* et c'est la fois où on mange de la viande. Toute la communauté avait contribué pour donner un porc. Ils ont tué le porc. Ils ont fait à manger pour toute la communauté. Et vers les heures de la nuit, quand c'était déjà sept ou huit heures, la musique a commencé. Toujours, dans ma communauté, on fait aussi brûler des bombes faites de poudre, que nous élaborons nous-mêmes. J'avais oublié cette bombe, elle se fabrique depuis très longtemps. Elle est en mortier. Elle se met dans du mortier et on brûle la mèche. Alors la bombe va en l'air et elle explose avec un assez grand bruit. Quand nous avons commencé à mettre en place notre autodéfense, cette bombe nous servait aussi, pour la lancer contre l'armée à un moment donné. Ils se sont mis à faire beaucoup de bombes pour les faire exploser cette nuit. Il y a eu la fête, il y a eu les danses. Beaucoup ont dansé, ça c'est à minuit ; c'est une tradition pour la communauté que si c'est une fête assez sacrée pour nous autres, on attend minuit pour la célébrer. Minuit parce que c'est alors qu'on quitte le jour précédent, disent nos grands-parents, et que le jour suivant commence. Alors ça avait une grande signification pour la communauté de faire la célébration à minuit, et de nous laisser à nous le moment de minuit pour pouvoir exprimer un peu ce que nous sentons ou ce que nous pensons de la communauté. Vers onze heures et demie, par là, ils nous ont laissé de la place pour que nous puissions parler. Et mon papa a parlé. Il disait qu'il se sentait très heureux de quitter la communauté, de s'en aller ailleurs, vu que dans la communauté tous étaient déjà des enfants mûrs, des enfants qui savent s'occuper d'eux tout seuls. Alors, il fallait éduquer d'autres enfants, les éduquer ailleurs. « Il est possible que je ne revienne pas, alors faites bien attention à vous. » Ça a été un adieu. À ce moment ma mère aussi disait : « Moi je reste ici, mais je sens qu'on a besoin de moi dans d'autres endroits. Il est possible que nous nous en allions en laissant toute la communauté, et que nous partions ailleurs. »

Et ainsi, chacun de nous a fait ses adieux à la communauté. Tout le monde pleurait, et, des fois, ils riaient parce qu'ils étaient contents et ils ne savaient comment exprimer leur joie. En ce temps-là mon père était très content, et il disait que la tête d'un homme ne sert pas seulement à porter un chapeau. Comme nous autres les indigènes nous portons des chapeaux. Elle ne servait pas que pour le chapeau, mais elle servait pour réfléchir à tout ce que la communauté doit faire, pour arriver à un changement, et que ce changement permette un changement dans la société à tous les niveaux. Un changement qui fasse que nous autres nous puissions exprimer nos sentiments, faire de nouveau nos cérémonies comme nous les faisions, parce qu'à ce moment-là, il n'y avait pas de place pour ça. Et ainsi mon papa a parlé beaucoup, et devant toute la communauté il nous a fait ses adieux, parce qu'il devait s'en aller à un autre endroit. Moi, de mon côté, je devais partir ailleurs. Et ma mère, encore ailleurs. Si bien que nous allions tous nous disperser. S'ils m'attrapaient moi, je ne pourrais pas dire où étaient mes parents. Pour nous autres, c'était une situation difficile de penser que le papa et la maman allaient d'un côté, et les enfants d'un autre. Mais c'était la réalité et c'était ce que nous devions accepter. Alors mon papa a commencé à nous faire ses adieux et je me rappelle qu'il a dit : « Mes enfants, à partir de maintenant votre père ça va être le peuple. Il est possible que l'ennemi va nous ôter cette petite vie que nous avons, mais nous devons veiller sur elle et la défendre jusqu'au dernier. Mais s'il n'y a pas moyen, ayez confiance, et ayez l'espoir que votre père est le peuple, parce que le peuple s'emploiera à veiller sur vous comme je l'ai fait moi. » Mon père disait : « Bien des fois, je n'ai pas pu me consacrer à vous parce que j'ai dû nourrir l'INTA, parce que l'INTA m'a enlevé toutes mes forces, parce que les propriétaires terriens nous menaçaient, alors, ça n'a pas été ma faute. C'est leur faute à eux. Et nous avons raison de raconter tout ça à notre peuple, pour que ce soit une petite contribution. » Ensuite mon papa nous disait à nous autres, les femmes, que nous étions encore célibataires ; que nous avions entière liberté pour faire ce que nous voulions. Que nous soyons indépendantes. Mais que nous participions nous-mêmes avec tout ce que nous pouvions donner, sans personne derrière nous qui nous commande ou nous oblige à faire quoi que ce soit. Il disait qu'il nous laissait notre pleine liberté, mais que cette pleine liberté, il aimerait mieux qu'on l'utilise pour le bien du peuple, que ce soit comme un enseignement pour le peuple, et que c'était ce qu'il enseignait. Il disait : « Ils peuvent me tuer, mais ils ne pourront achever mes enfants. Et s'ils tuent l'un de vous, moi je devrai marcher jusqu'à mes derniers moments. » L'adieu a été très triste. Bien sûr, c'était le début d'un engagement, c'était pour nous engager davantage dans le travail. La cérémonie s'est terminée avec beaucoup de larmes pour la communauté, les voisins, les oncles, les cousins. Et il fallait aussi dire adieu à beaucoup d'autres de notre communauté... Parce que beaucoup d'anciens, beaucoup d'hommes, devaient aussi s'en aller dans la montagne, parce qu'ils ne pouvaient vivre au village. Ils étaient menacés, et ce sont aussi des gens que la communauté juge importants et qui vont contribuer au changement. Et, même s'ils ne parviennent pas jusqu'à la victoire, quand même, grâce à leur exemple, beaucoup arriveront jusqu'à la victoire. Alors, il fallait dire adieu à bien des gens cette nuit. Il n'y avait pas que nous autres.

C'est alors que, le jour suivant, mon père s'est mis en marche pour le Quiché, et moi je suis restée encore une semaine à la maison. Je me rappelle que c'étaient les derniers moments que nous étions réunis avec mes frères, et une fois les huit jours passés, je suis partie pour d'autres endroits, et avec une mission spécifique du CUC. J'étais chargée de l'organisation des gens. J'étais chargée aussi d'apprendre l'espagnol, d'apprendre à lire et à écrire. Beaucoup de tâches, que je me suis proposée pour accomplir quand il y a eu l'adieu, et de fait, j'ai commencé à les mettre en route.

XXII

Apparition publique du CUC

> « Ils disent toujours : pauvres Indiens, ils
> ne savent pas parler, alors beaucoup de gens
> parlent à leur place ; c'est pour ça que je me
> suis décidée à apprendre l'espagnol. »
>
> RIGOBERTA MENCHÚ.

Quand le général Kjell est arrivé au pouvoir, il a commencé à donner son élan à la réforme agraire. Mais, en premier lieu, il a donné son élan à sa campagne électorale. Et alors beaucoup de paysans de la côte sud ont été forcés par les propriétaires terriens de voter pour Kjell. Par les *caporales*. Ils ont dit que celui qui ne votait pas serait privé de son travail. C'était pareil comme ce qu'ils faisaient avant, sauf que moi à cette époque je ne comprenais pas. Kjell a fait sa campagne dans les départements, dans les communes. Et je me rappelle qu'à ce moment il est venu à Uspantán*. Nous étions au bourg, c'était un dimanche. Et Kjell parlait beaucoup, qu'il allait donner du pain, qu'il allait répartir la terre. C'est que eux, ils disent pain, ils ne savent même pas dire *tortilla*. Bien souvent ils ne savent même pas ce que mange un Indien. Nous autres nous mangeons du maïs et des herbes des champs. Notre alimentation, ce sont les *tortillas*. Mais eux, quand ils arrivent à la campagne, ils nous offrent plus que la *tortilla*, parce qu'ils nous offrent du pain. Ils allaient nous donner du pain, ils allaient nous donner la santé, des écoles, des routes, une série de choses qu'ils nous énuméraient à ce moment. La terre. Ils nous disaient, la terre est à vous désormais. Ça veut dire qu'à partir de là nous allions être propriétaires de la terre. C'était en 74. C'est comme ça que beaucoup de gens ont dû

217

voter à cette époque. Moi je n'ai pas encore voté, parce que j'étais mineure. Mes parents, mes frères et sœurs, même ma maman a dû voter, en croyant que c'était vrai, que c'était la solution de notre problème. Et, après ça, quand Kjell est arrivé au pouvoir, il a commencé à répartir de petites parcelles. Ce qui se passe, c'est qu'avant, la lutte était entre les propriétaires de *fincas* et les communautés. C'est ce que j'ai raconté dans mon histoire, quand ils nous ont enlevé la terre. Mais quand Kjell est arrivé, il a trouvé la solution du problème, ça oui. Il nous a divisé nos terres en petites parcelles, et il a dit que nous en étions les propriétaires. C'est-à-dire, cet homme, il a été plus intelligent que les autres qui sont partis. Alors il a donné des parcelles à chacun des voisins. Nous avions des parcelles. Nos parcelles étaient de une *manzana*. Bien vite, il s'est mis à nous soutirer de l'argent d'un autre côté. C'est quand ils ont mis en place l'INAFOR [1], c'est-à-dire une institution qui veille sur les arbres et le bois au Guatemala. Alors, qu'est-ce que nous allions faire, nous autres ? Je me rappelle qu'avec mon papa, nous nous sommes fait bien du souci. Nous ne pouvions pas abattre un arbre parce que nous avions notre propre parcelle, et personne ne pouvait sortir de sa propre parcelle. Nous devions aller au tribunal pour solliciter, en adressant un texte à l'INAFOR, qu'ils nous vendent tant d'arbres. Les arbres coûtaient cinq *quetzales*. Et nous autres, le bois, c'est pratiquement ce qui nous permet de manger. Nous n'avons pas de cuisinières, pas de gaz, rien. Beaucoup de paysans abattaient l'arbre, l'INAFOR arrivait et les paysans se retrouvaient prisonniers pour avoir tué un arbre. C'est alors que les grands problèmes ont surgi sur les parcelles, sur l'*altiplano*. Mais nous devons voir que l'arrivée de Kjell au pouvoir a aussi provoqué de grands problèmes dans les *fincas*. Les paysans, la plupart sur l'*altiplano*, davantage dans la région du Quiché, là où est né le CUC, ont commencé à s'unir et à protester contre l'INAFOR et à protester contre la réforme agraire ; vu que c'était fait pour essayer de nous diviser. Si nous sommes en vie, c'est grâce à la communauté ; parce que même si le Gouvernement, ou un étranger, qui que ce soit, nous impose des limites pour nous diviser, la communauté sait qu'elle doit vivre en communauté. Alors ce que nous avons fait nous autres au village, ça a été de mettre d'un côté une partie des terres pour semer nos petites *milpas*, et de l'autre une autre partie pour nos animaux, même si nous avions des parcelles séparées par la réforme agraire.

1. Institut National de Reboisement du Guatemala.

Nous avons décidé de les mettre en commun, même s'il y avait des limites, comme celles qu'ils nous ont imposées. Beaucoup de paysans se sont mis à protester à cause de ça. Et à cause des mauvaises conditions dans les *fincas.*

C'étaient des temps où on traitait les travailleurs avec sauvagerie. Alors le peuple, quand il s'est mis à protester contre la réforme agraire, il a eu aussi des raisons de protester pour d'autres choses. Eux, ils étaient tellement légaux. Et nous, nous étions si humbles, et la réponse qu'ils nous donnaient, elle n'était pas si humble que ça. Nous avons fait des textes, nous avons fait des papiers que la communauté signait pour les envoyer à l'INAFOR, en lui demandant, en les implorant, qu'ils nous laissent couper nos arbres pour pouvoir manger. L'INAFOR disait non. Tous doivent payer. La colère que ça nous cause, c'est que, par exemple, dans mon village, il y avait de grands arbres. Quand nous autres nous allions à l'INAFOR pour demander l'autorisation d'abattre un arbre, ils se faisaient quasiment supplier pour nous l'accorder, et en même temps, nous devions payer. Mais quand venaient les grands marchands, je ne sais qui, pour couper du bois en quantité, c'est-à-dire pour vendre, pour exporter, ceux-là, oui, ils avaient toute liberté pour couper comme cinq cents, six cents arbres. Ça a fait naître chez les gens une plus grande conscience. On a fait des signatures pour protester, pour les envoyer à la présidence de la République pour solliciter qu'on ne nous laisse pas sans bois. Mais il n'y a pas eu de réponse. Nous avons fait des protestations contre les parcelles, nous voulions être propriétaires de nos petites cultures, mais sans être divisés. Il n'y a pas non plus eu de réponse. C'est alors que nous, les paysans, nous sommes presque tous descendus sur les côtes. La plupart des gens de l'*altiplano* ont dû aller sur les côtes parce que là ils gagnaient un peu d'argent et ne devaient pas utiliser de bois.

Quand presque tous les gens de l'*altiplano,* la plus grande partie, s'en sont allés sur la côte, il s'est mis à y avoir du chômage sur la côte, des gens privés de travail. Parce que beaucoup, parmi les propriétaires terriens, imposaient les conditions qu'ils voulaient. Parce que, comme il y avait beaucoup de gens qui voulaient du travail, ce n'était pas un problème pour le propriétaire terrien de licencier deux cents, trois cents paysans d'un coup. Il y en avait d'autres qui faisaient le travail. Alors, on s'est mis à maltraiter les paysans pour ce qui est de la nourriture. Ils leur donnaient à manger quand ils le voulaient, et sinon, ils n'en donnaient pas. Les mauvais traitements les plus poussés et les plus frontaux ont commencé dans les *fincas.*

219

C'est ainsi que le CUC a commencé à surgir en tant que tel. En organisant les paysans sur l'*altiplano* et sur la côte. Mais ce n'était pas une organisation avec un nom et tout, non, c'était des groupes de communautés, des communautés de base, comme ça. Arrive le moment où le CUC demande à être autorisé, et fait une demande à la présidence pour être admis comme un syndicat des paysans, qui défende leurs droits. On n'a pas accepté la représentativité du CUC en tant qu'institution qui défend les paysans, on ne lui a pas donné de réponse. Alors le CUC a continué à agir. Tout de suite, ils ont commencé à réprimer ses dirigeants, surtout dans le Quiché. Ils se sont mis à rechercher les gens qui organisaient le CUC. C'est alors que le CUC a dit, bon, s'ils ne nous acceptent pas comme organisation, comme institution légale, eh bien ce sont eux-mêmes qui nous rendent illégaux. Et le CUC a commencé à agir clandestinement.

En 78, c'est l'année où Kjell quitte le pouvoir, et arrive Lucas García. Lucas, c'est la même chose, oui. Il est venu dans les villages des communes, et il nous a tout promis. Autant que nous avait promis Kjell, des routes, et des écoles, des maîtres, des docteurs, etc. Les gens n'en croyaient pas un mot. Parce qu'on n'a rien eu. Alors, nous disions, voilà d'autres menteurs, qu'ils continuent avec leurs mensonges. Alors personne ne voulait aller voter. Mais, derrière le beau discours, il y avait une autre menace, on nous disait que si nous n'allions pas voter la répression s'abattrait sur les villages. Les gens ont été obligés d'aller voter. Pourtant, la plupart des gens ont voté nul. C'est-à-dire, en blanc, ou pour rien, ou pour tous. Les votes étaient faux. C'est ainsi qu'est arrivé Lucas, mais, avant que Kjell quitte le pouvoir, c'est là qu'ils ont massacré cent six paysans de Panzós, une région de Cobán*. C'était le 29 mai 1978. Panzós est un bourg où ils ont découvert du pétrole dans le sol, alors ils se sont mis à dépouiller les paysans. Et comme les paysans ne savaient pas où aller, ils sont descendus de façon organisée, avec les leaders de leur communauté. C'étaient des indigènes Kekchis, et l'armée les a massacrés comme elle tue de vulgaires oiseaux. Parmi eux sont morts des hommes, des femmes et des enfants. On a vu couler le sang dans le parc de Panzós. Pour nous, ça a été un outrage de front. C'est comme s'ils nous avaient assassinés nous-mêmes, comme si nous étions nous-mêmes sous la torture, quand ils ont tué tous ces gens. C'est sorti dans la presse. Mais comme on ne faisait pas tellement attention aux massacres, mais qu'ils s'occupaient du nouveau Gouvernement, tout ça, c'est retombé.

Personne ne s'est intéressé à la mort de tous ces paysans. Alors le CUC dit, ce n'est pas juste, et c'est à ce moment qu'il se fait connaître comme organisation, sous le nom de Comité d'Union Paysanne, qui défend les droits des paysans. Nos objectifs étaient d'exiger un salaire juste des propriétaires terriens. Exiger qu'ils nous respectent en tant que communautés ; qu'ils nous traitent convenablement, comme nous le méritons en tant que personnes, et pas comme de vulgaires animaux ; qu'ils respectent notre religion, nos coutumes, notre culture, vu que beaucoup de villages du Quiché ne pouvaient célébrer leurs cérémonies parce qu'ils étaient persécutés, ou qu'on les considérait comme des subversifs ou des communistes. Le CUC défend tout ça. Il est apparu publiquement. Dès qu'il apparaît publiquement, la répression s'attaque à lui. Nous avons fait une grande manifestation, pour faire connaître le CUC, il y avait des hommes, des femmes et des enfants indigènes. Mais le CUC a aussi la conviction que nous les indigènes nous ne sommes pas les seuls à être exploités au Guatemala, non, il y a aussi nos compagnons les *ladinos* pauvres. Alors, le CUC défend les paysans ; c'est pour ça qu'y entrent et les indigènes et les *ladinos* pauvres du Guatemala. C'est alors que nous avons commencé à avoir des relations entre *ladinos* et indigènes, cette fois plus directement, en tant qu'organisation. Le CUC apparaît, et il fait ses grèves, ses manifestations, en réclamant un salaire juste. On a à peine obtenu le salaire de trois *quetzales* vingt. Le minimum, vraiment. Et trois vingt pour une famille qui doit donner à manger à neuf ou dix enfants, ce n'est pas juste. Dans les *fincas,* les propriétaires terriens ont dit, c'est bien. Ils ont signé la convention de payer le salaire minimum de trois vingt. Ils étaient d'accord. Pour nous, c'était une victoire de gagner trois vingt comme salaire. Mais dans la pratique, le propriétaire terrien ne donnait pas ça. Il continuait à payer la même chose à ses *mozos.* Un *quetzal* vingt-cinq. Ce qu'a fait le propriétaire terrien, c'est qu'il s'est mis à exiger davantage de détails dans le travail. Il a accru ses moyens de contrôle, en premier lieu, et, en même temps, chaque erreur que commet le paysan, il la lui fait payer. On ne pouvait déjà plus laisser passer la plus petite mouche sur une feuille, ou s'y promener, parce que nous devions payer la plante. Pour les paysans, c'était dur. Nous avons continué à réclamer, et nous ne savions pas comment agir. Avec les premiers compagnons tombés, ça a été un rude coup, mais nous avons poursuivi nos activités.

C'était en 78, quand Lucas García est arrivé, avec une telle envie de tuer, et qu'il se met à réprimer la zone du Quiché, comme si c'était un bout de chiffon entre ses mains. Il a installé des bases militaires en beaucoup d'endroits dans les villages, et viennent les viols, les tortures, les séquestrations. Viennent les massacres. C'est ce qu'ont souffert les villages de Chajul *, Cotzál *, Nebaj *. À nouveau la répression s'abat sur eux. Surtout contre les indigènes. Tous les jours apparaissaient divers cimetières clandestins, comme ils les appellent, en différents endroits du pays. C'est-à-dire, ils séquestrent les gens d'un village, ils les torturent et ensuite apparaît une trentaine de cadavres en un même endroit. Un ravin, par exemple. De sorte qu'ils invitent tous les gens à aller y chercher les gens de leur famille. Alors les gens n'ont pas le courage d'aller voir les cadavres, parce qu'ils savent que s'ils y vont, ils seront eux aussi séquestrés. Alors les cadavres restaient là. Ce qu'ils faisaient, c'est qu'ils creusaient un trou pour les cadavres et ils les mettaient tous là-dedans, et c'était un cimetière clandestin. C'est alors que les paysans se sont unis avec les ouvriers, les syndicats, et ça a été la grève des mineurs de Ixtahuacan en 77. C'était une grève d'ouvriers. Ouvriers agricoles et ouvriers de l'industrie allaient confondus, au cours de la marche.

La dernière grève que nous avons faite a été importante, très importante. La grève de soixante-dix mille paysans de la côte sud. Organisés par le CUC.

En 79, quand je suis entrée au CUC, j'ai été chargée d'agir dans de nombreuses régions, et j'ai commencé à être dirigeante de l'organisation. Je descendais dans différents endroits, et c'est comme ça qu'il m'a été donné de vivre avec différentes ethnies de l'*altiplano*. Je voyageais ici et là, je dormais dans diverses maisons de compagnons. Le plus pénible pour moi était que nous ne nous comprenions pas. Eux ne savaient pas parler l'espagnol et moi je ne savais pas parler leur langue. Je me sentais impuissante devant tout ça, parce que je disais, comment est-ce possible ? Voilà une barrière qu'ils ont entretenue justement pour que nous les indigènes nous ne puissions nous unir, pour que nous ne discutions pas de nos problèmes. Et, jusqu'où elle est allée, cette barrière ! Malgré ça, je le comprenais très bien. Je me suis mise à apprendre le mam, le cakchiquel et le tzutuhil. Trois langues que je me suis proposé d'apprendre, et en plus je devais apprendre l'espagnol. Je ne le parlais pas bien. Qu'est-ce que je me trompais ! Je ne savais pas non plus lire ni écrire. Alors, pour moi, apprendre l'espagnol, ça voulait dire que je devais écouter et mémoriser, comme avec une

222

cassette. Et pour apprendre les autres langues, pareil, parce que je ne savais pas non plus les écrire. Alors, je me suis mélangée un moment, parce qu'apprendre à lire et à écrire, tout en apprenant l'espagnol et trois langues en plus — outre ma langue —, c'était une de ces confusions. Je me suis mise à penser qu'il était préférable d'en apprendre une et ensuite une autre. Et vu que l'espagnol était une langue qui nous unit tous, parce qu'apprendre vingt-deux langues au Guatemala, ce n'est pas possible, et ce n'était pas non plus le moment de le faire.

C'est à cette époque que j'allais de partout. Je descendais aussi sur la côte, mais avec une tâche politique : organiser les gens et en même temps me faire comprendre moi-même en racontant mon passé, en racontant les causes de mon histoire, les causes de toute la douleur que nous subissions. Ce qui était la cause de la pauvreté. Quand on connaît son travail et qu'on a déjà des responsabilités, on essaye de le faire du mieux qu'on peut, parce qu'on sait qu'on a souffert tant de choses et que ce n'est pas possible que le peuple le subisse. Je connaissais tous les contacts et je devais aller accomplir beaucoup de missions ; transporter des papiers, des machines, des tracts, des textes pour apprendre aux gens. Je me rappelle que les textes où j'ai appris une partie de mon espagnol et où j'ai appris en partie à lire et à écrire, c'étaient des textes avec des dessins, des caricatures, des graphiques. C'est-à-dire, ce n'étaient pas que des lettres, parce que les lettres n'avaient pas beaucoup de sens pour moi et je ne savais pas ce que ça voulait dire. En même temps j'ai eu l'occasion de me trouver plus proche d'un couvent religieux où les nonnes m'ont également appris à lire et à écrire. Elles m'ont appris à parler l'espagnol. Comme je le disais auparavant, pas tous les prêtres sont des gens qui ne voient pas la réalité et la souffrance du peuple. Il y en a beaucoup qui aiment le peuple et à travers cet amour pour le peuple ils aiment également chacun de nous, pour que nous soyons comme une lumière pour le peuple. Alors, je garde beaucoup de bons souvenirs de beaucoup de religieuses, parce qu'elles m'ont aidée. Elles m'ont prise par la main comme une petite fille, oui, qui avait beaucoup de choses à apprendre. Et moi je me sentais très soucieuse de faire mon possible, d'apprendre quelque chose. Parce que je dis que c'est ma vie qui m'a appris beaucoup de choses. Mais un être humain est aussi fait pour en surmonter bien d'autres. La nécessité me forçait à apprendre l'espagnol.

XXIII

Activité politique
dans d'autres communautés

> « Nous avons révélé nos secrets à qui c'était dû. À l'art de l'écriture sont initiés ceux qui doivent savoir, et personne d'autre. »
>
> POPOL VUH.

En 1979 nous avons continué à organiser les gens. Je me rappelle qu'après l'adieu de la communauté, je ne savais rien de mes parents. Je ne savais pas où ils se trouvaient. Eux non plus ne savaient rien de moi. Nous avons cessé de nous voir pendant un long moment. Je voyageais aux *fincas*, je voyageais dans d'autres endroits, mais je ne pouvais pas retourner dans mon village parce que j'étais persécutée comme mes parents. Nous vivions toute une vie de cohabitation avec d'autres personnes, avec des compagnons indigènes des autres ethnies, avec beaucoup d'amies que j'ai connues dans l'organisation. C'était pareil que si je vivais avec mes frères et sœurs, avec mes parents. J'avais l'affection de tous. C'est comme ça que nous avons organisé tout le monde, la plus grande partie des travailleurs de la côte sud, des plantations de canne, de café et de coton. Et quand les compagnons retournaient sur l'*altiplano*, ils se chargeaient de démultiplier leur organisation, pour que nous soyons tous organisés. Et comme la plus grande partie étaient des indigènes et des *ladinos* pauvres, ce n'était pas non plus la peine de faire des cours pour leur expliquer leur situation, vu que nous vivions la même. Le travail s'est très bien passé. Il est arrivé un moment où le temps ne nous suffisait pas : nous devions courir d'un endroit à un autre, transporter des documents, transporter tout ça. Nous le faisions pour une raison : pour que le peuple ne se fasse pas tant griller, parce que nous autres, de fait, nous étions déjà grillés et l'ennemi nous connaissait. Moi, j'allais d'une région à l'autre, et aussi je devais dormir dans des maisons différentes. Et c'est ça qui m'a tellement donné à réfléchir, tellement, parce que je me suis retrouvée avec les barrières idiomatiques. Nous ne nous comprenions pas, et moi ça me faisait tant envie de pouvoir discuter avec tous les gens, je désirais être avec beaucoup de femmes comme avec ma mère. Mais je ne pouvais pas parler avec elles parce qu'elles ne me comprenaient pas et moi non plus je ne les comprenais pas. Alors j'ai dit, ce n'est pas possible de continuer ainsi ; nous devons travailler maintenant pour que les gens comprennent les leurs ; pour qu'ils puissent discuter avec les leurs.

C'est à ce moment que je me suis consacrée à m'occuper de beaucoup de compagnes de plus près, pour leur apprendre le peu que je sais et pour qu'elles aussi soient dirigeantes de leurs communautés. Je me rappelle que nous parlions de beaucoup de choses, de notre situation de femmes, de notre situation de jeunes. Nous sommes arrivées à une conclusion avec les compagnes : que nous n'avions pas d'enfance, et que nous n'avions pas eu de jeunesse, parce que, étant déjà grandes, nous avions tant de responsabilités pour nourrir tant de frères, que c'était comme si nous avions beaucoup d'enfants. Il y avait des fois où je restais dans certains endroits avec des compagnons indigènes, dans leurs petites maisons. Je me souviens très bien d'un village de Huehuetenango *, où une fois je suis restée dans la maison d'un monsieur, d'un compagnon. Il avait dix enfants, et j'ai commis une erreur. C'est quelque chose que je n'ai pas pris en compte, non, en pensant que nous avions vécu la même situation. Ça a été de ne pas apporter avec moi quelque chose, une couverture, pour le voyage. J'avais un drap, rien de plus, pour dormir la nuit. Je suis arrivée à ce village de l'*altiplano,* et il y avait un de ces froids, mais alors quel froid ! Un froid terrible ! Alors moi j'espérais que ces gens me prêteraient peut-être un vêtement ou une étoffe pour me mettre dessus. La nuit arrive, et quand j'ai vu que ces gens n'avaient pas même eux quoi se mettre pour dormir, ça m'a fait une telle peine. Comment allions-nous passer la nuit ? Mais un froid ! Les chiens entraient à tout moment dans leur petite maison parce qu'elle était tout ouverte. Alors, j'ai dit : « Dites, nous allons rester ici ? » Je pensais peut-être aller chercher des feuilles de la montagne pour nous réchauffer. C'était déjà bien tard pour penser à tout ça, mais ils ont rassemblé pas mal de feuilles, ces gens-là... Et avec ça, tout le monde s'est couché par terre près du feu ; ils étaient tous en train de dormir, et moi je me disais, et où est-ce que je me mets, moi, alors ? Et je me suis mise au milieu d'eux. Et quand arrive minuit, il y a un de ces froids qui rentre, que nous étions pour ainsi dire congelés ! Et eux ils l'ont senti, et ils se sont levés, et ils ont dit, il fait bien froid. Oui, je leur ai dit, mais j'avais déjà la mâchoire presque toute raide de supporter un tel froid, comme je n'en avais jamais ressenti. Sur ma terre, même si je vis sur l'*altiplano,* le froid ne se compare pas. Et eux ils se sont levés un moment, et ils se sont rendormis. Ça m'a fait réfléchir jusqu'où un être humain peut arriver à supporter tant de choses. Qu'on dit bien souvent qu'on ne les supporte pas, et on les supporte très bien. Les enfants étaient très bien, tranquilles, par terre. Et comme ils m'aimaient beaucoup, ils me considéraient comme une dirigeante, ils m'ont dit, tiens, voilà un *petate,* pour que tu puisses t'asseoir dessus. Moi, de mon côté, je n'ai pas pu me servir du *petate,* parce que ça me faisait honte, et en même temps, je pensais que nous étions tous égaux et si moi j'avais le droit d'utiliser le *petate,* eux aussi devaient y avoir droit. Je disais au monsieur que je me sentais honteuse de tout ce qu'ils faisaient pour moi, alors que moi aussi j'étais humble, je viens de la campagne, des mêmes conditions, et si nous recherchons l'égalité pour tous, nous devons dès maintenant apprendre à partager tout ce qu'il y a. Et même si ce n'était pas beaucoup de partager le *petate* avec les autres enfants, je ne méritais pas qu'ils me le donnent. Ça me donnait tellement à réfléchir ; je disais, dans ma maison, il y avait un bout de *petate* pour chacun. Ça veut dire que je n'ai pas vécu autant la souffrance que d'autres la vivent.

C'est ainsi que j'ai commencé à découvrir bien des choses que moi je n'ai pas vécues et que beaucoup les vivent. Et ça me mettait tellement en rage, et je disais, tous ces riches qui gaspillent jusqu'à leur lit. Ça ne leur suffit pas d'avoir un coussin, il leur en faut deux ou trois sur un lit, et ici il n'y a pas même un *petate* pour nous reposer. Ça me donnait beaucoup à penser. Et c'est ainsi que je vivais, avec tous ces gens. Je dormais à un endroit une nuit, deux, trois nuits, ensuite je m'en allais ailleurs pour mon travail. Et je me sentais contente.

Quelque chose que je veux raconter, c'est que j'ai eu un ami. C'est un homme qui m'a appris l'espagnol. C'était un homme *ladino,* un maître, collaborateur du CUC. Il m'apprenait l'espagnol, il m'aidait pour beaucoup de choses. Nous faisions des réunions secrètes parce que l'endroit où il vivait ne permettait pas de le faire librement. Alors, ce compagnon m'a appris beaucoup de choses. Y compris il m'a appris à aimer tellement, tellement, les *ladinos*. Et il m'a appris à clarifier mes idées que j'avais, et qui étaient fausses, que tous les *ladinos* étaient mauvais. Mais lui ne m'a pas appris avec des idées, non, il m'a appris à partir de la pratique, dans tout son comportement avec moi. Et, à cette époque, nous allions bavarder, pendant les nuits. C'est justement au moment où nous avons commencé à soutenir la lutte de tous les paysans en général, et que nous devions faire des actions coordonnées. Par exemple, si on fait une grève, on la fait au niveau général. Si on fait une assemblée, on demande aussi l'opinion de toutes les masses. J'étais chargée de recueillir l'opinion de tous les compagnons dont je m'occupais pour l'envoyer à la coordination régionale, selon les départements où je me trouvais, et ensuite ça allait à la coordination nationale, où beaucoup de compagnons essayaient de discuter de tout ça. Alors, cet exemple du compagnon *ladino* m'a vraiment fait comprendre que le système nous a mis cette grande barrière entre Indiens et *ladinos,* et qu'à cause de ce même système, qui a essayé de mieux nous diviser, nous n'avons pas compris que les *ladinos* aussi vivent les pires situations, comme nous autres.

C'est alors que je me suis beaucoup attachée aux compagnons *ladinos,* et nous avons commencé à discuter. Comme l'organisation est faite pour les Indiens et les *ladinos,* nous avons commencé à mettre en pratique la conception de notre organisation. Je me rappelle qu'il y avait de grandes discussions avec les compagnons *ladinos.* Justement quand nous nous sommes mis à la critique et à l'autocritique, que ça se pratique je crois dans toutes les luttes révolutionnaires pour que le changement soit plus profond. Quand pour la première fois, moi, j'ai signalé une erreur commise par un compagnon *ladino,* je me sentais la femme la plus effondrée du monde, vraiment ; parce que jamais de ma vie je n'avais critiqué un *ladino.* Et justement parce que l'humiliation, je l'ai sentie dans ma propre chair, parce qu'on m'a toujours traitée d'Indienne. « C'est que c'est une indigène », ils disaient, comme une insulte. Alors, pour moi, critiquer un compagnon *ladino,* c'était comme me mettre un masque et faire quelque chose d'effronté. Et pourtant, ma critique était constructive. C'était pour corriger le compagnon et ensuite accepter que ce même compagnon me critique moi. C'étaient les premières choses que j'avais du mal à accepter dans la lutte. Moi, comme je disais, j'étais indigéniste, pas indigène. Indigéniste jusque pour la soupe, je défendais jusqu'aux dernières bribes de mes ancêtres. Mais je le concevais d'une façon qui n'était pas correcte, parce que

227

nous ne nous comprenons que quand nous nous parlons les uns aux autres. C'est seulement comme ça que toutes les choses peuvent se corriger. Petit à petit j'ai découvert beaucoup de choses où il fallait comprendre les compagnons *ladinos,* et où, en même temps, eux devaient nous comprendre nous, les indigènes. Parce que je me suis trouvée avec beaucoup de compagnons *ladinos* avec lesquels nous partagions les pires conditions, mais eux se sentaient *ladinos,* et comme ils étaient *ladinos,* ils ne comprenaient pas que la pauvreté nous unissait tant. Alors, peu à peu, aussi bien eux que moi, nous avons discuté de beaucoup de choses importantes : voir que la racine de nos problèmes vient de la possession de la terre. Toutes les grandes richesses de notre pays sont entre les mains de quelques-uns.

Ce monsieur était un compagnon qui s'était beaucoup rangé du côté des pauvres. Même si je dois reconnaître qu'il était de classe moyenne. C'était une personne qui a eu accès aux études, qui a réussi à avoir une profession, et tout ça. Mais il était bien conscient qu'il devait partager tout ce qu'il avait, y compris ses connaissances, avec les pauvres. Il préférait travailler au niveau de collaborateur. Il ne voulait pas être membre du CUC, parce qu'il disait, je ne mérite pas de me dire paysan, parce que je suis un intellectuel. Il reconnaissait qu'il n'était pas capable bien des fois de faire ou de connaître toutes ces choses que le paysan connaît, ou comme celles que connaît le pauvre. Il disait, je ne pourrais pas parler de la faim avec un paysan. Je me rappelle que quand nous disions que la racine de nos problèmes venait de la terre et que nous étions exploités, je ressentais comme un élément de plus de ma condition le fait d'être indigène, parce qu'en plus d'être exploitée, j'étais discriminée. C'était une raison de plus d'avoir tant envie de lutter. Et je me mettais à penser à toute mon histoire de petite fille, quand nous allions au marché, et, comme nous ne parlions pas l'espagnol, ils nous trompaient en achetant nos produits. Il y avait des fois qu'ils disaient qu'ils payaient, par exemple, nos petits haricots, nos herbes, quand nous allions au marché. Et quand nous rentrions à la maison, nous faisions le compte, et l'argent ne tombait pas juste. Ils m'exploitaient en ce sens, mais en même temps ils me discriminaient, parce que je ne savais rien.

Alors j'ai appris beaucoup de choses avec les compagnons *ladinos.* Avant tout, la compréhension de notre problématique, et que c'était à nous-mêmes de trouver la solution. Il y avait des fois que, c'est vrai, on se lançait dans de grandes discussions, parce que nous ne nous comprenions pas entre Indiens et *ladinos.* La séparation entre Indiens et *ladinos* est ce qui a contribué, au Guatemala, à la situation que nous vivons. Et ça, c'est vrai que ça nous a touchés durement dans notre cœur. Les *ladinos* sont les métis, enfants d'espagnols et d'indigènes, qui parlent l'espagnol. Tous ces gens sont minoritaires. Le pourcentage d'indigènes est plus grand. Beaucoup disent que c'est soixante pour cent, d'autres quatre-vingts pour cent. On ne sait pas quel est le nombre, pour une raison : il y a des indigènes qui ne portent déjà plus leur costume et qui ont perdu leur langue, alors on ne les considère plus comme des indigènes. Et il y a des indigènes de classe moyenne qui ont abandonné leurs traditions. Ceux-là non plus on ne les considère pas comme des indigènes. Alors c'est cette minorité de *ladinos* qu'on considère comme le meilleur sang, qui a plus de qualité ; et les indigènes, on les considère comme une sorte d'animal ; et c'est là que se marque la discrimination. Les métis essayent de s'arracher à cette coquille qui les emprisonne, d'être fils d'indigènes et d'Espagnols, et ils veulent être différents. Ils ne veulent déjà plus être mélangés. Ils ne disent plus un mot qui ait trait au mélange. Mais entre les *ladinos,* il y a aussi une différence : entre les *ladinos* riches et les *ladinos* pauvres. Et chez les *ladinos* pauvres, il y a une autre distinction, parce qu'au Guatemala on considère que les pauvres sont des gens qui ne travaillent pas, qui ne font que dormir, qui n'ont aucune joie dans la vie. Mais entre nous les indigènes et les *ladinos* pauvres, il y a aussi cette grande barrière. Ils peuvent vivre dans les pires conditions, mais ils se sentent *ladinos* ; et être *ladino,* c'est comme une grande chose ; c'est ne pas être indigène. C'est comme ça qu'ils se sont éloignés dans leur façon d'agir, de penser. Les *ladinos* cherchent à dépasser leur condition, ils cherchent à sortir de la coquille. Parce que le *ladino,* malgré qu'il est pauvre, qu'il est exploité comme nous, il essaye d'avoir quelque chose de plus que l'indigène. Au marché, par exemple, on ne va pas voler le *ladino* comme on vole l'indigène. Le *ladino* peut réclamer, ou maltraiter, même une dame élégante, mais l'indigène n'en est pas capable. Le *ladino* a beaucoup de moyens pour parler ; s'il est avec un avocat, il n'a pas besoin d'intermédiaire. C'est-à-dire que le *ladino* a quelques petits moyens d'accès. C'est comme ça que ce même *ladino* pauvre se met à rejeter l'indigène. Dans une camionnette, si un *ladino* y monte, c'est quelque chose de normal. Si un indigène y monte, tout le monde est dégoûté. Ils nous trouvent sales, pire qu'un animal ou qu'un chat merdeux. Si un Indien s'approche d'un *ladino,* le *ladino* préférera quitter sa place pour ne pas être à côté de l'indigène. Cette forme de rejet, nous la ressentons, nous autres. Si on voit les conditions de vie d'un *ladino* pauvre et les nôtres, on ne voit aucune différence, ce sont les mêmes.

Quand j'étais petite, je pensais beaucoup à ça : qu'est-ce qu'il peut bien y avoir ? qu'est-ce que le *ladino* a de plus, qu'on ne l'a pas ? Je me comparais à eux. Ce serait-il qu'il a quelque chose de différent, dans son corps, dans des parties de lui ? Et le système essaye d'entretenir toute cette situation. Séparer l'indigène du *ladino*. Les radios, toutes les radios parlent en espagnol. L'indigène ne peut pas avoir accès à l'écoute de la radio.

Même si nous étions tous pauvres, nous ne nous comprenions pas. C'est ainsi que j'ai commencé à être davantage sensible à la situation. Je comprenais que malgré mes dures expériences, malgré mon amour envers tous les compagnons, envers le peuple, il y avait beaucoup de choses que j'avais du mal à accepter. Et j'ai commencé à découvrir certaines attitudes que j'avais. Très radicales. La discrimination a fait que je me suis complètement isolée du monde des compagnons *ladinos*. Et j'avais aussi certaines attitudes dans mon esprit, que je n'exprimais pas, mais quand même, j'avais une épine dans le cœur à force de dire bien des fois : « C'est que ce sont des *ladinos*, ils ne comprennent pas parce qu'ils sont *ladinos*. » Mais, à partir des discussions que nous avions avec les compagnons, nous nous sommes mieux compris. Il est arrivé un moment où nous devions accomplir certaines tâches à deux. Un compagnon *ladino* et moi, une indigène. Pour moi c'était incroyable de marcher au côté d'un *ladino*. Depuis tout le temps qu'ils nous ont dit que les Indiens sont à part. Pour moi, c'était un rêve, et, y compris, je me sentais très sur mes gardes avec ce compagnon. Mais c'étaient les premiers jours, et peu à peu nous avons discuté pour en savoir davantage. Pour faire le changement, nous devions nous unir, Indiens et *ladinos*. Ce qu'ils valorisaient le plus chez moi, c'était ma connaissance des pièges. Ma connaissance de l'autodéfense. Comme je savais chercher des formes de sorties de secours. Je devais les enseigner à beaucoup de compagnons. Il est venu un moment où, grâce à ma façon de m'intégrer, de participer, en tant que femme, que chrétienne, qu'indigène, dans la lutte, les compagnons m'ont donné des responsabilités, également en accord avec mes capacités. Alors, j'avais un tas de responsabilités dans la lutte. Et il en était de même avec mon père. Et lui me racontait, pendant le peu de temps que nous nous sommes vus, son expérience, et il disait : « Voici venu le moment où moi, je suis dirigeant d'un peuple entier, et je dois m'occuper de *ladinos* et d'indigènes. Je ne sais ni lire ni écrire. Je ne sais pas non plus très bien l'espagnol. Je me suis senti comme un homme invalide. Mais malgré ça, ce que je reconnais, c'est mon expérience, et il faut la partager avec tous. » Ça me confirmait toujours davantage dans ma certitude : que j'avais raison dans la lutte d'effacer toutes ces images qu'ils nous ont imposées, les différences culturelles, les barrières ethniques. Que nous les Indiens nous devons tous nous comprendre pareil, même si nous avons différentes formes d'expression de notre religion ou de nos croyances. Mais la culture est la même. J'ai découvert que nous les indigènes nous avons quelque chose en commun, malgré les barrières idiomatiques, les barrières ethniques, les différences de costumes. Que notre culture est le maïs. Et j'étais déjà une femme instruite, non pas dans le sens d'avoir un diplôme, encore moins de savoir lire tant de livres, mais j'avais lu toute l'histoire de mon peuple, toute l'histoire de mes compagnons indigènes des différentes ethnies. J'ai été proche de nombreuses ethnies, et elles m'ont appris beaucoup de choses, y compris des choses que j'avais déjà perdues moi.

On arrive en 79. Nous avons mis en route de grandes tâches sur la côte sud et sur l'*altiplano,* en dirigeant la lutte des autres. L'organisation n'était déjà plus une petite graine. Elle a gagné le cœur de la plus grande partie des Guatémaltèques. Et pour la plupart nous sommes des indigènes, des paysans, ou alors ce sont des *ladinos* pauvres, paysans. J'allais partout sur l'*altiplano,* nous descendions sur la côte sud, et nous avons commencé à nous implanter à l'Est. Mais à l'Est il y a quelque chose d'important. Les indigènes n'existent déjà plus. Ils ont abandonné leurs costumes, leurs langues, il n'y a déjà plus de langues. Il n'y a que les plus âgés qui parlent encore un peu le chortí. Moi ça me faisait beaucoup enrager que ces compagnons aient perdu leurs coutumes, leur culture, vu qu'ils étaient tous *mozos* dans les *fincas.* Ou ils étaient *caporales,* officiers, soldats, ou fondés de pouvoir militaires. Ça me donnait beaucoup à réfléchir, parce qu'ils n'ont pas voulu devenir ça, non, on les a utilisés sauvagement. Je me rappelais mon papa quand il nous disait : « Mes enfants, n'ayez pas l'ambition d'aller aux écoles, parce que c'est là qu'ils nous enlèvent nos coutumes. » Ces gens de l'Est, ils avaient davantage accès à de petites écoles, mais ils n'ont pas l'accès aux métiers. Certains ont de l'argent, mais la plupart ont juste accès à la seconde, troisième, ou sixième année d'école primaire. Ils avaient déjà un niveau différent, bien que ce soit dans la même pauvreté, ils avaient un autre niveau, ça oui, puisque nous autres les indigènes nous ne savons même pas ce que c'est qu'un maître. Alors, je disais, Dieu merci que nos parents n'ont pas non plus accepté quelqu'un, une école dans notre communauté, pour effacer ce qui nous appartient. Il y avait des fois que j'avais l'occasion d'écouter comment les maîtres enseignaient, dans les communautés. Ils disaient que l'arrivée des Espagnols était une conquête, que c'était une victoire, alors que la pratique nous enseignait le contraire. Ils disaient que les indigènes ne savaient pas se battre. Les indigènes sont morts très nombreux parce qu'ils tuaient les chevaux et ils ne tuaient pas les gens, ils disaient. Tout ça me mettait en rage, mais je gardais ma colère pour l'éducation d'autres gens en d'autres endroits. Ça me confirmait dans l'idée que même s'il s'agit d'une personne qui sait lire et écrire, il ne faut pas accepter cette mauvaise éducation qu'ils donnent au peuple, et que le peuple ne doit pas penser comme pense le pouvoir, pour ne pas être comme un peuple que ce sont les autres qui pensent pour lui.

Nous autres nous savons trier ce qui est vraiment utile pour notre peuple, et ça nous le voyons dans la pratique. Et c'est ce qui a garanti que nous, les indigènes, nous existons jusqu'à aujourd'hui, parce que sinon, nous serions déjà disparus. Toutes les armes que le régime a mises en place, nous avons su les repousser. Et ça je ne dis pas que je l'ai fait à moi toute seule. Je dis que ça, nous l'avons fait à nous tous, et toutes ces conclusions, c'est justement ma communauté qui les a tirées, et ma communauté a su m'apprendre à respecter toutes ces choses qui doivent rester secrètes tant que nous existons, et toutes nos générations sauront aussi les tenir secrètes. C'est justement vers ça que nous allons, c'est ça. Quand nous avons commencé à nous organiser, nous avons commencé à utiliser ce que nous avions de secret. Nos pièges. Personne ne les connaissait parce que nous l'avions tenu secret. Nos opinions. Si un curé vient au village, nous tous, les indigènes, nous fermons notre bouche. Les femmes, nous nous couvrons avec nos pans de tissu, et les hommes essayent aussi de baisser la tête. De faire comme si nous ne pensions rien. Mais quand nous sommes entre nous, les indigènes, nous savons discuter, nous savons penser et nous savons juger. Ce qui se passe, c'est que, comme on ne nous a pas donné un lieu de parole, un lieu pour nous exprimer, pour juger et pour prendre en compte nos opinions, nous non plus nous n'avons pas ouvert la bouche pour le plaisir. Je crois que, par rapport à ça, nous avons su choisir ce qui nous correspond, et lutter pour ce qui nous revient.

Comme je disais, la vie d'un animal, pour nous, ça signifie beaucoup. La vie d'un arbre. Et la vie de toute chose qui existe dans la nature, ça signifie beaucoup. Et encore plus la vie d'un être humain. C'est pour ça que quand il s'agit de défendre notre vie, nous sommes prêts à la défendre, même si nous devons pour cela mettre au grand jour nos secrets.

C'est comme ça qu'on trouve que les indigènes sont des idiots. Ils ne savent pas penser, ils ne savent rien, dit-on. Mais non, c'est que nous avons su cacher notre identité parce que nous avons su résister, nous avons su cacher ce que le régime a voulu nous enlever. Que ce soit pour les religions, ou pour la répartition des terres, ou pour les écoles, que ce soit par le moyen des livres, ou des radios, des choses modernes, ils ont voulu nous imposer de nouvelles choses, et nous enlever ce qui est à nous. Mais en ce sens, pourquoi nous faisons nos rites pour les cérémonies, par exemple ? Et pourquoi nous n'adoptons pas l'Action Catholique * comme la seule en qui nous confier, en faisant juste les cérémonies chrétiennes ? Nous n'avons pas voulu faire ça, parce que nous savons justement que c'est une arme pour essayer de nous enlever ce qui est à nous.

XXIV

Torture et mort de son frère, brûlé vif

> « Ma mère disait que quand une femme voit
> son fils torturé, brûlé vif, elle n'est capable de
> pardonner à personne et elle n'est pas capable
> de s'arracher cette haine. »
>
> RIGOBERTA MENCHÚ.

> « ... mais l'hiver prochain viendra la revan-
> che ; et ils entretenaient le foyer avec des
> fagots de grandes épines, parce que dans le feu
> des guerriers, qui est le feu de la guerre, les
> épines elles-mêmes pleurent. »
>
> MIGUEL ANGEL ASTURIAS,
> *Hommes de Maïs.*

C'est en 1979, je me rappelle, que mon petit frère est tombé, la première personne à être torturée dans ma famille. Il avait seize ans. Quand il y a eu les adieux de la famille, chacun est parti de son côté ; lui, il est resté dans la communauté, vu que, comme je disais, il était le secrétaire de la communauté. C'était le plus jeune de mes frères, après j'ai deux petites sœurs plus jeunes. L'une était avec ma mère, et l'autre est restée dans la communauté pour apprendre l'autodéfense et s'y entraîner. Parce qu'elle n'a pas trouvé d'autre solution, ma mère était allée à d'autres endroits. Mes frères aussi parce qu'ils étaient pourchassés, et pour ne pas exposer la communauté... C'est que nous, ma famille, le Gouvernement a donné une image de nous comme si nous étions des monstres, comme si nous étions des étrangers. Mais mon père était quiché, il n'était pas cubain. Le Gouvernement nous

234

accusait d'être communistes et de semer la « mauvaise zizanie ». Alors, pour ne pas exposer la communauté, et pour extirper la « mauvaise zizanie », nous avons dû nous en aller ailleurs. Mais mon petit frère était resté dans la communauté. Il a été séquestré le 9 septembre 1979. C'était un dimanche, et il était descendu à un autre village. Mon frère a travaillé dans son village, et aussi dans d'autres. Il s'appelait Patrocinio Menchú Tum. Ma maman est une Tum. Mon frère avait une tâche à accomplir. Il aimait beaucoup les questions d'organisation. Alors il est allé organiser d'autres endroits, et c'est là que l'armée l'a détecté et l'a séquestré. À partir du 9 septembre, ma mère était très inquiète, et nous aussi. À ce moment, je rends encore grâces qu'ils ne nous ont pas tous tués, ma mère s'est présentée aux autorités. Elle disait, s'ils me tuent à cause de mon fils, qu'ils me tuent. Moi je me trouvais dans une autre région. Je me trouvais du côté de Huehuetenango * quand mon frère est tombé. Ils disent que le jour où il est tombé, ma mère se trouvait à la maison. Mes frères n'étaient pas loin non plus. Alors ma mère est allée au bourg pour voir où était son fils, et personne ne l'a renseignée sur où était son fils. Pourtant il avait été donné par quelqu'un de la communauté.

Comme je disais avant, là où on s'y attend le moins il y a des gens qui se prêtent à toutes les manœuvres. Par pure nécessité, bien souvent, ils vendent leurs propres frères. Cet homme de la communauté avait été un compagnon, une personne qui collaborait toujours et qui était d'accord avec nous. Mais ils lui ont offert quinze *quetzales,* c'est-à-dire quinze dollars, pour qu'il donne mon frère, et il l'a donné. L'armée ne savait pas qui il était. Ce jour-là mon frère allait à un autre village avec une autre jeune fille, quand ils l'ont attrapé. Alors la jeune fille et la maman de cette jeune fille ont suivi les pas de mon frère. Dès le début, ils lui ont attaché les mains dans le dos, et ils ont commencé à le pousser rien qu'à coups de crosse. Mon frère tombait, il ne pouvait pas se protéger le visage. Tout de suite, ce qui a commencé à saigner en premier, ça a été son visage, à mon petit frère. Ils l'ont emmené par la montagne, là où il y avait des pierres, des troncs d'arbres. Il a marché quelque chose comme deux kilomètres, à force de coups de crosse, à force de coups. Alors ils ont menacé la jeune fille et sa mère. Elles risquaient leur vie pour ne pas abandonner mon petit frère et apprendre où ils l'emmenaient. Elle dit qu'ils lui ont dit : « Vous voulez que nous vous fassions la même chose qu'à lui, vous voulez que nous vous violions ici ? », a dit ce soldat, ce criminel. Et il a dit à la dame que si elles restaient elles allaient être torturées comme lui, parce que lui était

235

communiste, un subversif, et les subversifs devaient mourir avec les châtiments qu'ils méritent. C'est une histoire incroyable. Nous avons réussi à savoir comment ils sont morts, quelles tortures ils ont subies du début jusqu'aux derniers moments. Alors ils ont emmené mon petit frère, qui perdait du sang en différents endroits de son corps. Quand elles l'ont laissé, il n'avait déjà plus l'air d'une personne. Il avait tout le visage défiguré par les coups, de pierres, de troncs d'arbres, mon petit frère était tout en pièces. Ses habits s'étaient déchirés à cause de toutes ses chutes. À ce moment ils ont laissé les femmes s'en aller. Elles l'ont laissé là. Quand il est arrivé au camp, il marchait à peine, il ne pouvait déjà plus marcher. Et son visage, il n'y voyait plus, ils avaient même enfoncé des pierres dans ses yeux, dans les yeux de mon petit frère. Arrivé au camp, ils l'ont soumis à de grandes tortures, des coups, pour qu'il dise où se trouvaient les *guerrilleros* et où se trouvait sa famille. Qu'est-ce qu'il faisait avec la Bible, et pourquoi les curés sont des *guerrilleros*. Ils accusent tout de suite la Bible comme un élément subversif et ils accusaient les curés et les religieuses comme des *guerrilleros*. Ils lui ont demandé quelle relation les curés avaient avec les *guerrilleros*. Quelle relation avait toute la communauté avec les *guerrilleros*. Et comme ça ils l'ont soumis à de grandes tortures. Jour et nuit, ils lui faisaient souffrir de grandes, de grandes douleurs. Ils lui attachaient, ils lui attachaient les testicules, les organes, à mon frère, par-derrière, avec un fil, et ils le faisaient courir. Alors, ça ne se pouvait pas, il ne les supportait pas, mon petit frère, de si grandes douleurs, et il criait, il demandait secours. Et ils le laissent dans un puits, je ne sais pas comment ils l'appellent, un trou où il y a de l'eau, un peu de boue, et ils l'ont laissé là tout nu toute la nuit. Mon frère s'est retrouvé avec beaucoup de cadavres, déjà morts, dans ce trou, où il ne supportait pas l'odeur de tous ces morts. Il y avait encore d'autres gens, là, tous torturés. Là où il a été, il avait reconnu beaucoup de catéchistes qui avaient eux aussi été séquestrés dans d'autres villages et qui étaient en train de subir toutes ces souffrances comme lui.

Mon frère est resté plus de seize jours soumis aux tortures. Ils lui ont arraché les ongles, ils lui ont coupé les doigts, ils lui ont coupé la peau, ils ont brûlé sa peau en partie. Beaucoup de blessures, les premières blessures étaient enflées, infectées. Et lui il vivait toujours. Ils lui ont tondu la tête, ils l'ont laissé juste avec le cuir, et en même temps, ils lui ont découpé le cuir de la tête, et ils le lui ont rabattu sur les trois côtés, et ils lui ont tailladé la partie grasse du visage. Mon frère avait des tortures sur toutes les parties de son corps, mais ils faisaient très attention aux artères et aux veines pour qu'il puisse supporter les tortures sans mourir. Ils lui donnaient à manger pour qu'il résiste et ne meure pas sous les coups. Là, il y avait vingt hommes, torturés, ou en train de subir des tortures. Il y avait aussi une femme. Ils l'avaient violée, et après l'avoir violée, ils l'avaient torturée. Tout de suite ma mère nous a contactés par d'autres moyens, et je suis rentrée à la maison. Mon frère était disparu depuis trois jours quand je suis arrivée à la maison. Avant tout pour consoler ma mère, parce que nous savions que les ennemis étaient de vrais criminels, et que nous ne pouvions rien faire, rien. Si nous allions réclamer, ils nous séquestraient tout de suite. Elle y a été les premiers jours mais ils l'ont menacée et ils lui ont dit que si elle revenait une seconde fois, elle aurait le même sort que son fils. Et ils lui ont dit tout à trac, à ma mère, que son fils était soumis à des tortures, alors qu'elle ne s'en préoccupe pas.

Et voilà que, le 23 septembre, nous apprenons que les militaires ont distribué des feuillets dans différents villages. Ils ne sont pas arrivés jusqu'à mon village, parce qu'ils savaient que le peuple était préparé et prêt à les attendre à tout moment. Dans d'autres villages, où nous avons aussi des compagnons, ils ont donné des feuillets, et fait de la propagande, en annonçant le châtiment pour les *guerrilleros.* Qu'ils avaient en leur pouvoir tant de *guerrilleros,* et qu'à tel endroit ils allaient appliquer un châtiment pour eux. Alors, quand la nouvelle nous est arrivée, c'était comme vers les onze heures du matin, je me rappelle, le 23, et ma mère disait, sûrement que mon fils sera parmi les châtiés, là-bas. Ça allait être public, c'est-à-dire qu'ils appelaient les gens à assister aux châtiments. En même temps, le feuillet disait, nous avons eu l'occasion de l'avoir entre les mains, que celui qui n'allait pas assister était complice des *guerrilleros.* C'est-à-dire, une façon de menacer le peuple de cette façon. Alors ma mère disait, allons-y, vu qu'ils convoquent tout le monde, alors nous devons y aller. Mon père aussi est tout de suite arrivé à la maison, et il disait, ce n'est pas possible de laisser passer cette occasion, nous devons aller voir. Nous étions comme fous. Mes frères sont arrivés. Nous étions tous à la maison, mes frères, mes petites sœurs, ma maman, mon papa, moi. Nous étions en train de préparer notre repas pour manger à midi quand nous avons entendu cette nouvelle, et nous n'avons même pas fait le repas, nous ne nous sommes pas permis d'emporter un peu de nourriture pour la route.

Nous sommes partis. Nous devions traverser un long passage de montagne pour arriver à l'autre village. C'est à Chajul * qu'ils ont été châtiés. Alors, ma maman dit, nous devons arriver demain ! Nous savions que c'était loin. Nous sommes donc partis, dès onze heures du matin, le 23, pour Chajul *. Nous avons réussi à traverser une grande partie de la montagne, à pied. Toute une partie de la nuit, nous avons marché, avec de l'*ocote,* dans la montagne. Vers les huit heures du matin nous entrions dans le village de Chajul *. Les soldats avaient encerclé le petit village. Il y avait quelque chose comme cinq cents soldats. Ils avaient fait sortir tous les gens de leurs maisons, en les menaçant, que s'ils n'allaient pas assister au châtiment, ils auraient droit aux mêmes tortures ou aux mêmes châtiments. Nous, ils nous ont arrêtés sur le chemin, mais ils ne savaient pas que nous étions la famille d'un des torturés. Et ils disaient, où allez-vous ? Et mon père a dit, nous allons rendre visite au saint de Chajul *. C'est un saint très visité, par beaucoup de villages. Le soldat disait, rien de tout ça, passez votre chemin, allez à tel endroit. Et si vous y allez, vous allez voir que vous n'allez pas sortir de ce village. Alors nous avons dit, c'est bon. Nous avons été arrêtés environ par vingt soldats, en différents endroits, avant d'arriver au village. Tous nous ont menacés pareil. Ils étaient en train d'attendre les gens qu'ils n'ont pas trouvés chez eux quand ils ont fouillé les maisons, parce que s'ils allaient au travail, ils devaient obligatoirement retourner au village pour voir les châtiments. Nous sommes arrivés sur place et il y avait beaucoup de gens, très tôt déjà. Des enfants, des hommes, des femmes se trouvaient là. Quelques minutes après, l'armée entourait les gens qui étaient en train d'assister. Il y avait des appareils, des petits chars, des jeeps, il y avait toutes les armes. Ils ont commencé à voler en hélicoptère au-dessus du village pour que les *guerrilleros* ne viennent pas. C'était leur crainte. Et l'officier a ouvert le meeting. Je me rappelle qu'il a commencé à dire qu'ils allaient faire venir un groupe de *guerrilleros* qui étaient en leur pouvoir, et qu'il allait leur arriver un petit châtiment. C'est un petit châtiment, parce qu'il y a des châtiments plus importants, il dit, vous allez voir le châtiment que ça va être ! Pour les punir d'être communistes, d'être cubains, d'être subversifs ! Et si vous autres vous vous mêlez aux subversifs, aux communistes, il vous arrivera la même chose que ce qui arrive à ces subversifs qui vont arriver dans un moment. Ma mère était presque sûre à cent pour cent que son fils allait arriver. Moi je doutais encore, vraiment, parce que je savais que mon frère n'était pas criminel au point de subir tous ces châtiments. Et, quelques minutes plus tard sont entrés trois camions de l'armée. Un

238

allait en avant. Celui du milieu était celui qui transportait les torturés, et l'autre derrière. Ils les protégeaient très bien même avec des petits chars. Entre le camion où ils transportaient les torturés. Ils ont commencé à les faire sortir un par un. Tous portaient l'uniforme de l'armée. Mais nous voyions les visages monstrueux, pas reconnaissables. Alors ma mère s'approche du camion pour voir si elle reconnaissait son fils. Chacun des torturés avait des coups différents sur le visage. C'est-à-dire, ils avaient des visages différents les uns des autres. Et ma maman reconnaît le petit frère, son fils, qui était là parmi les autres. Ils les ont mis en rang. Les uns étaient presque, pour ainsi dire, à moitié morts, ou ils étaient presque en train d'agoniser, et les autres, ça se voyait que vraiment, ils souffraient beaucoup, beaucoup. Dans le cas de mon petit frère, il était très torturé et il ne pouvait presque pas rester debout.

Tous les torturés avaient en commun qu'ils n'avaient plus d'ongles, on leur avait coupé des parties de la plante des pieds. Ils étaient pieds nus. Ils les ont obligés à marcher et ils les ont mis en rang. Ils tombaient tout de suite par terre. Ils les ramassaient. Il y avait une troupe de soldats qui étaient au courant de ce que l'officier ordonnait. Et il continue son grand discours, l'officier, où il dit que nous devions nous contenter de nos terres, nous devions nous contenter de manger notre pain avec du *chile,* mais que nous ne devions pas nous laisser entraîner par les idées des communistes. Que tout le peuple avait accès à tout, qu'il était content. Il a à peu près répété, si je ne me trompe pas, une centaine de fois « communistes ». Il commençait par l'Union soviétique, Cuba, Nicaragua. Et il disait que les communistes, ceux-là mêmes d'Union soviétique, avaient passé à Cuba, et ensuite au Nicaragua, et que maintenant ils étaient au Guatemala. Et que ces Cubains auraient la même mort que les torturés.

À chaque pause qu'il faisait dans son discours, ils faisaient se relever les torturés à coups de crosse, avec leurs armes. Personne ne pouvait sortir du cercle du meeting. Tout le monde pleurait. Moi, je ne sais pas, chaque fois que je raconte ça, je ne peux retenir mes larmes, parce que pour moi c'est une réalité que je ne peux pas oublier et ce n'est pas non plus facile pour moi de le raconter. Ma mère pleurait. Elle regardait son fils. Mon petit frère ne nous a pratiquement pas reconnus. Ou qui sait... Ma mère dit que si, qu'il lui a encore fait un sourire, mais moi, ça, je ne l'ai pas vu, non. Ils étaient monstrueux. Ils étaient gros, gros, tous, gros. Ils étaient enflés, tout blessés. Et moi j'ai vu, parce que je me suis approchée plus près d'eux, les vêtements étaient raides.

239

Raides à cause de l'eau qui leur sortait du corps. Vers la moitié du discours, ça faisait déjà une heure et demie ou deux heures, déjà, le capitaine a obligé la troupe à enlever les vêtements des torturés pour que tout le monde se rende compte du châtiment, si nous nous fourrions dans le communisme, le terrorisme, c'est ce châtiment qui nous arriverait. En menaçant le peuple. Et ils voulaient à tout prix qu'on fasse ce qu'ils disaient. Ils n'arrivaient pas à enlever les vêtements aux torturés comme ça normalement. Alors arrivent les soldats et ils coupent avec des ciseaux les vêtements depuis les pieds jusqu'en haut, et ils enlèvent les vêtements des corps torturés. Tous avaient des tortures différentes. Le capitaine s'est appliqué à expliquer chacune des tortures. Ça c'est une perforation d'aiguilles, il disait. Ça c'est des brûlures avec des fils électriques. Et ainsi il expliquait chacune des tortures et les torturés. Il y avait comme trois personnes qui avaient l'air de vessies. C'est-à-dire, enflés, mais ils n'avaient aucune blessure sur le corps. Mais ils étaient enflés, enflés. Et lui il disait que ça c'est justement à cause de quelque chose que nous leur mettons dans le corps et qui fait mal. Ce qui est important c'est qu'ils sachent que ça fait mal et que le peuple sache que ce n'est pas facile d'avoir un corps comme celui qu'ils avaient.

Dans le cas de mon petit frère, il était tailladé en différents endroits du corps. Il avait la tête rasée et il avait aussi la tête toute coupée. Il n'avait pas d'ongles. Il n'avait pas de plante de pieds. Les premiers blessés perdaient de l'eau à cause de l'infection qu'avait eue leur corps. Et dans le cas de la compagne, la femme, ça oui que je l'ai reconnue. Elle était d'un village proche de chez nous. Ils lui avaient rasé ses parties. Elle n'avait plus la pointe d'un de ses seins, et l'autre était tout coupé. Elle présentait des morsures de dents sur différents endroits de son corps. Elle était toute mordue, cette compagne. Elle n'avait pas d'oreilles. Tous, ils n'avaient plus une partie de la langue, ou ils avaient la langue découpée en morceaux. Pour moi ce n'était pas possible de fixer mon attention, de voir que ça se passait comme ça. On pensait que ce sont des êtres humains, et quelle douleur ils devaient avoir ressentie, ces corps, pour en arriver à ce point qu'on ne puisse pas les reconnaître.

Tout le peuple pleurait, même les enfants. Moi je restais à regarder les enfants. Ils pleuraient et ils avaient une de ces peurs. Ils s'accrochaient à leurs mamans. Nous ne savions pas quoi faire. Pendant le discours, chaque fois le capitaine disait que notre gouvernement était démocratique et qu'il nous donnait de tout. Ce que nous aimions le mieux. Que les subversifs apportaient des idées étrangères, des idées exotiques, que ça nous menait à la torture et marquait les corps des hommes. Et que si nous autres nous suivions les consignes exotiques, nous aurions droit à la mort, comme eux y ont droit. Et qu'ils avaient tous les types d'armes que nous pouvions choisir, pour nous tuer. Le capitaine faisait un panorama de tout le pouvoir qu'ils avaient, les capacités qu'ils avaient. Que nous, en tant que peuple, nous n'avions pas la même capacité d'affrontement qu'eux. C'était surtout pour remplir ses objectifs d'installer la terreur dans le peuple, et pour que personne ne parle. Ma mère pleurait. Ma mère était presque, presque sur le point d'exposer sa vie pour aller embrasser, voir son fils. Mes frères, mon papa ont dû la retenir pour qu'elle n'expose pas sa vie. Mon papa, je le voyais, incroyable, il ne lui sortait pas une seule larme, mais il avait une de ces rages. Et cette rage, bien sûr, nous l'avions tous. Nous autres, surtout, nous nous sommes mis à pleurer, comme tout le peuple pleurait. Nous ne pouvions pas croire, moi je ne croyais pas que mon petit frère était comme ça. Quelle faute était la sienne, vraiment ! C'était un enfant innocent, et voilà ce qui lui arrivait. Après ça, l'officier a envoyé la troupe pour transporter les châtiés, nus, enflés. Ils les ont portés en les traînant, et ils ne pouvaient déjà plus marcher. En les traînant pour les rapprocher d'un endroit.

Ils les ont concentrés dans un endroit où tout le monde pouvait les voir. Ils les ont mis en rangs. L'officier a appelé les plus criminels, les *kaibiles,* qui ont un uniforme distinct des autres soldats. Ce sont les plus entraînés, les plus puissants. Ils appellent les *kaibiles,* et ceux-ci se sont chargés de verser de l'essence sur chacun des torturés. Et le capitaine disait, ce n'est pas le dernier des châtiments, il y en a encore un, il y a encore une souffrance de plus à subir. Et c'est ce que nous avons fait avec tous les subversifs que nous avons attrapés, parce qu'ils doivent mourir rien qu'à force de coups. Et si ça ne vous apprend rien, alors vous devrez aussi subir ça. C'est que les Indiens se laissent manipuler par les communistes. C'est que les Indiens, comme personne ne leur a rien dit, alors pour ça ils vont avec les communistes, il a dit. À la fois il voulait convaincre le peuple, et il le maltraitait dans son discours. Alors ils les ont mis en ordre et ils leur ont versé de l'essence dessus. Et l'armée s'est chargée de mettre le feu à chacun d'eux. Beaucoup appelaient à l'aide. Ils avaient l'air à moitié morts, quand ils étaient placés là, mais quand les corps se sont mis à brûler, ils se sont mis à appeler à l'aide. Les uns ont encore crié, beaucoup ont fait des sauts, mais ils n'avaient plus de voix. Bien sûr, tout de suite, leur

241

respiration s'est étouffée. Mais, pour moi, c'était incroyable que le peuple... beaucoup avaient leurs armes, là, leurs machettes, ceux qui étaient sur le chemin du travail, d'autres n'avaient rien dans les mains, mais le peuple, tout de suite, quand il a vu que l'armée mettait le feu, tout le monde voulait frapper, exposer sa vie, malgré toutes les armes... Couards comme ils sont, les soldats eux-mêmes se sont rendu compte que tout le peuple était agressif. Même chez les enfants, on voyait de la rage, mais cette rage ils ne savaient comment l'exprimer. Alors, immédiatement, l'officier a donné l'ordre à la troupe de se retirer. Tous se sont retirés les armes à la main, en criant des consignes, comme s'il y avait eu une fête. Ils étaient heureux. Ils lançaient de grands éclats de rire et ils disaient, Vive la patrie ! Vive le Guatemala ! Vive notre président ! Vive l'armée ! Vive Lucas ! Le peuple a pris ses armes, et a couru après l'armée. Ils sont tout de suite partis. Parce que ce dont on avait peur, là, c'était un massacre. Ils avaient toutes sortes d'armes. Y compris les avions volaient au-dessus. De toute façon, s'il y avait un affrontement avec l'armée, le peuple aurait été massacré. Mais personne ne pensait à la mort.

Moi, pour ma part, je ne pensais pas à la mort, je pensais à faire quelque chose, même si c'était de tuer un soldat. Je voulais démontrer mon agressivité à ce moment-là. Beaucoup de gens du peuple sont sortis immédiatement pour chercher de l'eau pour éteindre le feu, et personne n'est arrivé à temps. Beaucoup ont dû aller apporter de l'eau — l'eau se trouve à un seul endroit où tout le monde va —, mais c'était très loin et personne n'a rien pu faire. Les cadavres sursautaient. Même quand le feu s'est éteint, les corps continuaient à sursauter. Pour moi, c'était horrible d'accepter ça. Bon, ce n'était pas seulement la vie de mon petit frère. C'était la vie de beaucoup, et on pensait que la douleur ne nous touchait pas seulement nous, mais aussi tous ceux des familles des autres : Dieu seul sait s'ils se trouvaient là ou non ! De toute façon, c'étaient des frères indigènes. Et ce qu'on se disait, c'est que les indigènes, il y a déjà la sous-alimentation qui les tue. Et quand à grand-peine nos parents peuvent nous donner un peu de vie et nous faire grandir avec tant de sacrifices, ils nous brûlent de cette façon. Sauvagement. Je disais, ce n'est pas possible, et c'est justement là que pour moi, personnellement, s'est concrétisée ma certitude de dire, si c'est un péché de tuer un être humain, pourquoi est-ce que ce n'est pas un péché, ce que le régime fait avec nous ?

Tout le monde s'est mobilisé, si bien qu'au bout de deux heures il y avait des cercueils pour chacun des cadavres. Tout le peuple s'est mobilisé pour chercher une couverture pour mettre dessus. Je me rappelle qu'ils ont coupé des bottes de fleurs et qu'ils les ont placées tout près. Le peuple du Guatemala, la plus grande partie sont des chrétiens. D'une façon ou d'une autre ils expriment leur foi, et ils sont allés chercher le curé et — naturellement ce curé a été assassiné aussi — ils lui ont demandé une grâce, parce qu'il se trouvait loin du village, qu'il bénisse la couverture pour la mettre par-dessus les cadavres. Quand le feu s'est éteint, quand personne ne savait quoi faire, par moments ça faisait peur de voir les torturés ainsi brûlés, et par moments, ça donnait du courage, une envie de continuer de l'avant. Ma mère se mourait presque à force de tant de douleur. Elle a embrassé son fils, elle a encore parlé avec le mort, le torturé. Elle l'embrassait et tout, tout brûlé qu'il était. Je disais à ma maman, allons-nous-en à la maison. Nous ne pouvions regarder... Nous ne pouvions continuer à regarder ces morts. Ce n'était pas tant la lâcheté de ne pas les regarder, mais c'était une rage. C'était quelque chose qu'on ne pouvait pas supporter. Alors tous les gens ont promis de donner une sépulture chrétienne à tous ces torturés et ces morts. Alors ma maman disait, je ne peux plus rester ici. Nous avons dû marcher, nous retirer de tout ça, et ne pas continuer à regarder. Mon père, mes frères, nous étions là, avec une telle douleur. Nous avons seulement vu que le peuple... il avait des fleurs, il avait tout. Le peuple a décidé de les enterrer au même endroit. Ils ne les ont pas emportés chez eux. Dans une maison, il y aurait eu une veillée funèbre, mais le peuple disait, ils ne sont pas morts dans une maison, alors ils méritent que ce lieu devienne saint pour eux. Nous les avons laissés là. Et il s'est mis à pleuvoir. Il pleuvait beaucoup. Alors, les gens, mouillés, et tout, à veiller sur les cadavres. Personne n'a quitté cet endroit. Tous sont restés là. Nous autres, nous sommes rentrés à la maison. Nous avions l'air muets, ivres ; personne n'ouvrait la bouche. Nous sommes arrivés à la maison, et mon papa a dit, je retourne au travail.

C'est alors que mon papa s'est mis à nous parler. Il disait, avec raison, que si beaucoup étaient assez courageux pour donner jusqu'à leurs derniers moments, jusqu'à leurs dernières gouttes de sang, alors pourquoi est-ce que nous autres nous ne serions pas assez courageux pour les donner aussi ? Et ma mère disait aussi : « Ce n'est pas possible que les autres mères souffrent ce que moi j'ai souffert. Ce n'est pas possible que tout le peuple doive en passer par là, qu'ils nous tuent un enfant. Moi aussi je me décide, disait ma maman, à tout abandonner. Je m'en vais. » Et nous disions tous ainsi, oui, parce qu'il n'y avait pas autre chose à faire. Même si, de mon côté, je ne savais pas ce qui était le plus efficace : aller prendre les armes, aller nous battre avec toute l'envie qu'on avait, ou aller dans un village quelconque et continuer à éveiller la conscience du peuple. Mon père disait : « Moi, pour mes vieux jours, je serai *guerrillero*. Je me battrai pour mon fils avec des armes. » Mais il pensait aussi que la communauté était importante, parce qu'il avait l'expérience de l'organisation. Nous avons tiré la conclusion que l'important était d'organiser le peuple pour qu'il n'ait pas à souffrir la même chose que nous, ce film de cauchemar que nous avons eu avec mon petit frère. Le jour suivant mon papa a arrangé ses affaires et tout d'un coup il a dit adieu à la maison. « Si je reviens ou si je ne reviens pas, il a dit, je sais que la maison va rester là. J'essayerai de m'occuper de tout ce qui concerne la communauté, ce qui a toujours été mon rêve. Alors je m'en vais. » Mon papa est parti.

Ma maman est restée à la maison, et elle ne savait pas quoi faire. Elle ne supportait pas, elle se rappelait tout. Elle pleurait dans les moments où elle se rappelait. Mais, la plupart du temps, ma maman ne pleurait pas. Elle essayait d'être contente. Et elle disait que ce fils-là, elle avait eu beaucoup de mal à le faire grandir, parce qu'il était presque mourant quand il était petit. Elle a dû faire beaucoup de dettes pour le guérir. Et ensuite, il lui est arrivé ça. Et ça lui faisait très mal. Mais il y avait des fois où elle se sentait contente. Je me rappelle qu'à cette époque, ma mère avait beaucoup de relations déjà avec des compagnons de la montagne[1]. Et, comme il restait des habits de mon petit frère, il était resté ses pantalons, ses chemises, alors ma maman a donné les vêtements à un compagnon de la montagne. Elle lui disait que ces vêtements, c'était justice que ce soit pour rendre service à ce compagnon, parce que c'était les vêtements de son fils et que son fils a toujours été contre la situation que nous vivons. Et vu que les compagnons étaient aussi contre ça, alors ils devaient mettre ces vêtements à profit. Ma maman des fois était folle. Tous les voisins venaient la voir. Et ma maman pensait toujours : « Si je me mets à pleurer devant les voisins, quel exemple ça sera ? Il ne s'agit pas de pleurer, non, il s'agit de se battre », elle disait. Elle devenait une femme très dure. Et malgré qu'elle était tout le temps un peu mal, qu'elle se sentait très fatiguée, elle continuait de l'avant. Moi je suis

1. Les *compañeros de la montaña* : ce sont les *guerrilleros*. Voir lexique.

restée encore une semaine à la maison. Après ça, je me suis décidée, et j'ai dit : « Je dois m'en aller. » C'est alors que je suis partie, avec encore plus d'envie, au travail. Je savais que ma maman aussi devait quitter la maison. Nous n'avons déjà pratiquement plus communiqué, ni où nous allons ni ce que nous allons faire. Mes frères, j'ai pu leur dire adieu, et je n'ai pas non plus su ce qu'ils allaient faire. Chacun a pris sa décision de son côté. Et je suis partie.

XXV

Occupation de l'ambassade d'Espagne

« Mon père disait : il y en a qui ont à donner
leur sang, et il y en a qui ont à donner leurs
forces ; alors, tant que nous pouvons, donnons
nos forces. »

RIGOBERTA MENCHÚ.

Au mois de novembre de cette même année 79, par pur hasard, j'ai
vu mon père. Je m'étais déplacée dans le Quiché parce qu'il allait y
avoir une réunion. Se trouvaient là des gens de différents endroits, qui
travaillaient comme dirigeants du comité. J'ai été invitée à cette
réunion. Quand j'ai vu mon père, j'étais heureuse. Et, devant tous les
compagnons, mon papa disait : « Cette fille mal élevée, elle a toujours
été une bonne fille », et que si un jour mon père tombait ou qu'ils le
tuaient, il leur demandait d'être mes pères, nos pères à nous. La
réunion a duré longtemps et il s'y est passé beaucoup de choses en
rapport avec le travail. Nous avons eu l'occasion de discuter, avec mon
papa, après la réunion, pendant deux jours. Nous avons parlé de toutes
les expériences du travail. Il était content, et il disait que dans la
mesure où le peuple pourrait s'organiser par lui-même, dans la mesure
où il y aurait de nouveaux compagnons pour diriger sa lutte, lui était
prêt à prendre les armes. Parce que, il disait, je suis un chrétien et le
devoir d'un chrétien est de lutter contre toutes les injustices qu'on
commet contre notre peuple, et ce n'est pas possible que notre peuple
donne son juste sang, son sang pur, pour quelques-uns qui ont le
pouvoir.

Il avait les idées tout à fait claires, comme s'il était un homme de théorie, instruit et tout. Tous ses concepts étaient clairs. Et ensuite mon papa me recommandait beaucoup que nous continuions le travail. « Il est possible que nous ne nous voyions pas d'ici longtemps, mais tenez compte de ce que, que je sois vivant ou que je ne sois pas vivant, je vous aiderai toujours en tout ce que je pourrai. » Ensuite il nous disait de nous occuper de ma maman. Que nous essayions de la chercher, d'aller voir si nous la trouvions, pour qu'elle n'expose pas non plus tellement sa vie, vu que, disait mon papa : « Il y en a qui ont à donner leur sang, et il y en a qui ont à donner leurs forces ; alors, tant que nous pouvons, donnons nos forces. Vu les nécessités qu'il y a, c'est à nous de veiller très bien sur notre petite vie pour que cette petite vie soit aussi une force pour notre peuple. » Et mon papa disait clairement : « Nous ne voulons plus de morts, nous ne voulons plus de martyrs, parce que des martyrs, il y en a de trop sur nos terres, dans nos campagnes, qui ont été massacrés. Alors, ce dont on a besoin, c'est de préserver autant qu'on peut notre vie et continuer d'apporter à la lutte... » Et nous nous sommes dit adieu avec mon papa. Et mon papa me recommandait beaucoup d'être là en janvier ; parce que, en janvier, il y allait avoir une action dans la capitale pour exiger du régime qu'il réponde de la situation que nous vivons, et que cette situation ne prendra fin que quand beaucoup de nous exposent leur vie. Ça allait être une autre manifestation, où nous serions, étudiants, ouvriers, syndicats, paysans, chrétiens. Et nous allions tous protester contre la répression qu'il y avait dans le Quiché. Dans le Quiché, il y avait beaucoup de soldats qui séquestraient. On sait juste la nouvelle qu'il y a eu dix, quinze disparus à tel endroit, mais ils ne disent pas qui c'était. Et les nouvelles étaient comme ça chaque jour. Alors, mon papa disait, c'est important que tu y sois. Il allait y avoir là mon papa, mes frères, et si c'était possible, que j'y sois aussi. Je suis restée convaincue que je devais m'y trouver. Après, je suis arrivée à ma zone de travail, où il y avait besoin d'organiser, et où ils étaient aussi réprimés. Qu'allions-nous faire ? Nous avons mis sur pied un cours d'autodéfense.

Mon père m'a envoyé dire la date de la manifestation, et moi, j'avais un engagement. Je me rappelle le compagnon paysan qui était là, et il m'a dit : « Non, camarade, pour moi c'est le cours qui est important. Ce n'est pas possible que tu ailles à la capitale. » Et moi j'ai beaucoup réfléchi. Peut-être la seule fois que j'ai l'occasion de voir mon papa. J'aimais beaucoup mon papa. Mais la situation ne permettait pas que j'y aille. Le cours était important aussi, pour aider dans l'immédiat les paysans. Et je suis restée à mes activités.

Ça a été une marche sur la capitale pour demander que l'armée quitte la zone. Les manifestants amenaient aussi avec eux beaucoup d'enfants orphelins comme preuve de la répression. Ils ont pris différentes stations émettrices pour faire connaître notre situation, et en même temps on a pensé qu'il fallait qu'elle soit connue sur le plan international, et on ne pouvait la faire connaître qu'en prenant une ambassade, où les ambassadeurs seraient des porte-voix. Parce que malheureusement pour la plupart nous étions trop pauvres pour penser à une tournée hors du pays. Nous étions très pauvres et l'organisation n'avait pas la capacité de combattre l'armée. Le peuple essayait de trouver des armes pour se défendre avec tant d'anxiété. Et c'est ainsi qu'ils ont pris l'ambassade de Suisse au Guatemala. D'autres ont pris des stations radios. Les paysans venaient de nombreuses régions. De la côte sud, de l'Est, mais la plupart étaient du Quiché, parce que c'est là que se concentrait la répression. Presque tous les paysans étaient des dirigeants de la lutte. C'est le cas de mon père, le cas de beaucoup d'autres compagnons qui sont tombés là. Pour finir on a pris l'ambassade d'Espagne. Avant qu'ils prennent l'ambassade d'Espagne — ça a été un miracle —, j'ai su que ma mère était prête à y aller, et mes frères aussi. Mais l'organisation a dit que non, parce qu'on avait déjà ce pressentiment, la crainte que quelque chose allait arriver. Tous les compagnons étaient prêts à supporter n'importe quel danger. Alors, ils sont entrés dans l'ambassade d'Espagne. Ce qui allait se passer ensuite, ça ne pouvait même pas nous venir à l'idée. D'abord, parce qu'il y avait des personnalités importantes. En second lieu, parce qu'il y avait là aussi des éléments du régime, qui sont tombés, qui sont morts brûlés ensemble avec les paysans. Bien évidemment nous savions qu'il allait y avoir une tension, mais nous pensions qu'il était possible qu'à tous ceux qui ont pris l'ambassade, ils leur accordent de sortir du pays, comme réfugiés politiques, pour qu'ils puissent aussi faire connaître leur lutte au-dehors. L'objectif était précisément d'informer le monde entier de ce qui se passait au Guatemala, et informer aussi les gens de l'intérieur.

Ils ont été brûlés, et la seule chose qu'on a pu retirer, ça a été leurs cendres. Cette situation, ça a été un coup terrible. Pour ma part, ce n'était pas tant pleurer la vie de mon père. Pour moi c'était quelque chose de facile à admettre que mon père meure, parce qu'il a eu droit à une vie tellement sauvage, tellement criminelle, comme nous tous. Mon père était prêt, il savait bien qu'il devait donner sa vie. Alors pour moi, ce n'était pas une telle douleur d'accepter la mort de mon père, c'était une joie parce que je savais que mon père n'a pas eu de grandes souffrances, comme celles que je m'imaginais qu'il allait subir s'il tombait vivant entre les mains de l'ennemi. C'était ma crainte. Mais ce qui me faisait mal, c'est vrai, très, très mal, c'était la vie de beaucoup de compagnons, de nos compagnons, qui n'ambitionnaient même pas un morceau de pouvoir. Ils voulaient de quoi vivre, le nécessaire pour leur peuple. Ça m'a renforcée encore davantage dans ma décision de lutter. J'ai eu des moments difficiles, qu'il fallait affronter. D'abord, quand ils sont tombés, la nouvelle est sortie, et ils ont dit qu'ils étaient méconnaissables. Moi je pensais qu'il y avait là ma mère, mes frères. Ce que je n'acceptais pas, c'est qu'ils tombent tous ensemble. Même si nous devons donner notre sang, mais que nous ne soyons pas ensemble, que ce soit individuellement, qu'il en reste ne serait-ce qu'un de notre famille. Je ne supportais pas ça. Ce n'était pas possible que je me retrouve toute seule. Y compris je voulais mourir. Mais ce sont des choses qui vous viennent, comme tout être humain. On le supporte, on arrive à tout supporter. Je voulais aller à la ville comme une folle. Aller même connaître la tombe de mon père. Mais dans cette situation, il y avait encore tant de choses à faire avec le peuple. Alors j'ai pris la décision de ne pas y aller. Tant pis si je ne connais pas la tombe de mon père. Il y aura beaucoup de compagnons qu'il nous faudra enterrer, alors l'affection sera pour tous et pas seulement pour mon père. Je ne suis pas allée à la capitale. On a enterré les brûlés.

Ça a été quelque chose de très surprenant pour tout le peuple du Guatemala. Jamais dans son histoire le peuple n'a manifesté autant de combativité, à tous les niveaux. Des milliers de personnes ont enterré tous les compagnons brûlés. Les gens y allaient avec une révolte et une haine envers le régime. On voyait qu'à tous les niveaux, c'est-à-dire, les pauvres, les gens de classe moyenne, les professions libérales, ils s'exposaient pour enterrer les compagnons de l'ambassade d'Espagne. On a pris l'ambassade d'Espagne. Peut-être à cause des relations mêmes qui existent avec l'Espagne. Ça a été bénéfique, parce que l'Espagne a immédiatement rompu les relations avec le Guatemala. Bien que, si on y pense, l'Espagne ait beaucoup à voir avec notre situation. Elle a beaucoup à voir avec la signification de la souffrance même du peuple, plus précisément la souffrance des indigènes.

Là, les versions qu'ils ont données, ça a été que les paysans étaient armés, que les paysans se sont brûlés eux-mêmes, etc. La stricte vérité, ni moi ni les autres compagnons nous ne pourrions la dire, vu qu'aucun de ceux qui ont occupé l'ambassade n'est sorti vivant. Tous, ils sont tous morts. Et même les compagnons qui coordonnaient cette action, ceux qui y compris faisaient la surveillance. Après ce qui s'est passé à l'ambassade, ils ont été mitraillés à d'autres endroits. Les G 2[1] et la police ont pris l'ambassade. De fait il y avait déjà des journalistes près de l'ambassade, à cause de toute la mobilisation que faisaient les compagnons. On dit que les policiers ont lancé des bombes, ou je ne sais quoi, dans l'ambassade, et qu'elle s'est mise à brûler. Les seuls indices qu'on a eus, c'est que les brûlés étaient rigides, rigides, comme tout tordus. A cause des études que les compagnons ont faites ensuite, et des analyses d'autres personnes qui s'y connaissent en explosifs ou bombes pour tuer les gens, on se dit que peut-être ils ont utilisé des bombes au phosphore, et rien qu'avec la fumée qu'ils ont tout de suite respirée, ils sont devenus rigides. Mais c'est incroyable, parce que mon papa avait des perforations faites par cinq balles dans la tête et une dans le cœur ; et il était très, très rigide. On pense que les mêmes grenades qu'ils ont lancées dans l'ambassade sont celles qui ont perforé les cadavres.

On a eu droit à des versions sans fin par rapport à ça. Pourtant, un de nos compagnons, Gregorio Yujá Xona, est resté à moitié vivant parmi tous les cadavres. Ce compagnon, on a pu le recueillir. On l'a emmené à un hôpital privé, pour qu'il soit soigné. C'était le seul qui pouvait dire la vérité. Plus tard il a été séquestré par des hommes armés dans l'hôpital, des hommes en uniforme, qui l'ont tranquillement fait sortir. Le jour suivant il a été trouvé en face de l'université de San Carlos du Guatemala, torturé, avec des perforations de balles, mort. Alors, c'est le régime lui-même qui n'a pas permis que ce compagnon reste en vie. On n'a pas réussi à parler avec lui, parce qu'il était à l'agonie. La stricte vérité, c'est que nous autres nous savons que les paysans n'ont pas pu apporter des armes à feu. Peut-être qu'ils avaient leurs armes populaires, comme des machettes, des pierres. C'est la seule chose qu'ils ont utilisée dans tous les endroits où ils sont entrés. Et, comme j'ai dit à un monsieur qui me le demandait, qui voulait des renseignements spécifiques, que je raconte exactement la vérité sur ce qui s'est passé à l'ambassade d'Espagne, je ne peux pas donner ma

1 Section de Renseignements des Forces Armées.

version personnelle de choses inventées, parce qu'aucun de nos compagnons ne peut dire la vérité. Ça a marqué aussi bien ma vie à moi que la vie de nombreux compagnons. Nous sommes passés à une étape nouvelle de la lutte.

XXVI

Rigoberta parle de son père

« Après notre départ souvenez-vous de
nous. Ne nous laissez pas tomber dans l'oubli.
Évoquez nos visages et nos paroles. Notre
image sera une rosée dans le cœur de ceux qui
voudront l'évoquer. »

POPOL VUH.

Mon père a été l'élu de la communauté et ma mère aussi. Mon papa
disait, nous ne faisons pas ça pour que les voisins disent qu'est-ce
qu'ils sont bons, non, nous le faisons pour nos ancêtres. Alors, chaque
fois que nous faisions quelque chose de mal et que les voisins
pouvaient le voir comme un mauvais exemple, mon père nous corrigeait
tout de suite. Mais pas en nous insultant, non, il estimait que ça, c'était
ce que nous apprend l'époque où nous vivons. Il dit que c'est la faute à
l'époque où nous vivons, mais en même temps, cette époque, nous
autres nous devons la vaincre grâce à la présence réelle de nos
ancêtres. Alors, il nous donne une série d'exemples de nos grands-
parents, que tes petits-grands-parents faisaient comme ça. Qu'ils
parlaient de ça. Par exemple quand mon papa était pourchassé et que
bien des fois il devait s'en aller d'ici, la responsabilité est revenue à
mon frère. Alors, mon frère aîné ne parle pas de lui-même, mais il dit :
« Ça, c'est ce que faisait mon papa. » Et ils connaissent toute la vie de
nos grands-parents, comme un film. Mon papa disait : « Il y a
beaucoup de secrets qu'il ne faut pas raconter. Nous devons préserver
nos secrets. » Il disait qu'aucun riche, aucun propriétaire terrien,
aucun curé, aucune religieuse, ne peut connaître nos secrets. Si nous

autres nous ne préservons pas les secrets des ancêtres, il disait, nous sommes responsables de leur mort. Et ça, c'est quelque chose qui nous a un peu liés, parce que chaque chose que nous faisions, nous la faisions en pensant aux autres ; si c'est bien pour eux ou si c'est mal, et surtout à cause de la fonction qu'avait mon père, parce que tout le monde l'aimait et le considérait comme un homme très important. Alors, nous, ses enfants, nous devions aussi suivre son exemple, et comme nous avons un grand-père... mon grand-père est encore en vie, je crois, il a déjà cent seize ans, c'est le papa de ma maman. Alors, ce grand-père racontait beaucoup de moments de sa vie, et il disait qu'avant, il a encore vécu l'esclavage. Il était le plus âgé de la famille, de tous ses frères, et à cette époque, le plus âgé de la famille était obligé de devenir un esclave des Blancs. À n'importe quel moment que le propriétaire terrien venait le chercher, il était obligé d'y aller, parce qu'il était leur esclave, oui. Et c'est tombé sur mon grand-père parce qu'il est l'aîné de la famille. Il racontait beaucoup de parties de sa vie. Et c'était comme une éducation, pour nous. Mon papa nous disait : « Mes enfants, chaque fois que vous pouvez et que vous avez le temps, discutez avec votre petit-grand-père, qui sait ce que disaient nos ancêtres. » Pour nous, c'était comme une discussion politique chaque fois que nous parlions avec mon grand-père, et il nous racontait une partie de sa vie et une partie de la vie de ses grands-parents ; une partie de la vie des autres, qui ont vécu avant lui. Il nous donnait l'explication de pourquoi les gens ne vivent pas maintenant autant que vivaient nos ancêtres. Il dit que pendant son enfance il a vu des gens de cent dix-sept, cent quinze ans, qui étaient en vie. Des femmes de cent dix ans. Il disait, vous, les enfants, ce n'est pas vous les coupables, les coupables sont les appareils modernes qui sont arrivés sur notre terre. Et bien sûr, il faut penser que mon grand-père n'a jamais eu d'école ni de collège. Il disait, c'est que maintenant vous mangez des choses chimiques, et ça ne vous permet pas de vivre la longue vie que vous devez avoir. Ce n'est pas votre faute, mais c'est comme ça. Et mon grand-père disait beaucoup de mal des Espagnols. La racine de notre situation, c'étaient les Espagnols. Ils ont commencé à emporter un tas de choses de nos terres, ils ont commencé à voler. Et après il disait, les meilleurs fils de nos ancêtres sont ceux qui ont été déshonorés. Y compris les reines qui étaient élues par notre communauté, elles étaient violées. Et c'est pour ça que sont nés les *ladinos*. Les *caxlanos*. C'est-à-dire, de deux sangs, indigène et espagnol. *Caxlan* veut dire un peu mélangé.

Les *caxlanos* sont des voleurs, disait mon grand-père. Ne faites pas attention à eux. Vous, préservez tout ce qui vient de nos ancêtres. Il nous faisait sans cesse des discours sur sa vie, sur lui-même. Alors, ça nous aidait beaucoup à préserver encore nos choses ; la plus grande partie du peuple conserve beaucoup de choses. Mais il en a aussi perdu beaucoup. Elles ne se font déjà plus exactement comme avant. Nous avons quelques secrets, nous autres, et ma maman avait beaucoup de petits secrets qu'elle nous apprenait, de petites choses. Par exemple, quand il y a un tas de chiens qui aboient ou qui mordent les gens. Ma maman, jamais un chien ne l'a mordue, parce qu'elle a un petit secret pour calmer les chiens. Et ça fait partie, je crois, de la nature, parce que c'est efficace. Mon père était un homme très simple, pareil que ma maman. Ma maman était ronde de visage. Je ressemble un peu à ma mère. Mon papa était très patient, il ne se mettait pas en colère. Il avait une attitude très bonne. Toutes les fois qu'il nous corrigeait, il parlait avec nous. Malheureusement, nous n'avions pas un père très près de nous, vu que bien souvent il était à la *finca*, ou à la capitale, à s'occuper de papiers, ou à chercher quelques centimes pour nous. Bien souvent, nous le voyions tous les mois, ou tous les deux, trois mois, à la maison, où nous nous retrouvions tous, et tout de suite nous nous séparions. Peu nombreuses ont été les fois où nous avons été ensemble avec lui. Mais, si court qu'ait été le temps qu'il est resté avec nous, grâce à son enseignement, nous avons tous appris beaucoup de lui. Et aussi la communauté. Je me sens fière de mon père. Malgré le fait que c'était un homme qui était orphelin, et qu'il n'a pas eu de papa pour lui enseigner ni l'éduquer, et pas davantage de mère, et que d'autres gens ont essayé de lui enseigner de mauvaises choses, la haine et le rejet ; eh bien malgré ça, il a fait sa vie tout seul, et il a été un homme très complet dans le domaine de l'humain, je dirais. Il a dû traverser de grandes souffrances, et il a eu à résoudre de grands problèmes, mais il n'a jamais perdu son calme pour le faire. Et c'est ce qui est important pour moi. Moi, bien des fois, je ne peux pas faire certaines choses, même si je sais qu'elles sont très importantes, mais lui il faisait tout avec toute la sérénité qu'exigeait le travail. Parce que, s'il avait été un homme nerveux, il ne pouvait rien faire avec tout ce qui lui est arrivé dans la vie.

Moi, je n'ai pas eu toujours l'occasion, mais je l'ai eue plus que mes frères et sœurs, de rester près de mon papa, puisque, depuis toute petite, j'ai commencé à voyager avec lui à la capitale. Il y avait des fois que je quittais le travail à la *finca* pour accompagner mon papa à la capitale, ou à d'autres endroits. Alors, il discutait avec moi, il m'expliquait les choses. Quand nous n'avions pas de quoi manger ou que je devais supporter la faim avec lui, il m'expliquait le pourquoi. C'est quand je ne gagnais encore rien. Alors, mon papa me disait que pour gagner un centime, quelque chose que nous savions très bien, c'est qu'il fallait faire un peu de sacrifices pour y arriver. Et quand j'ai été déjà plus grande, mon papa regrettait beaucoup que je ne sois pas une élève ou une femme qui apprenne beaucoup de choses. Il disait toujours, malheureusement, si je te mets dans une école, ils vont te déclasser, ils vont te ladiniser, et je ne veux pas de ça pour toi et c'est pour ça que je ne t'y mets pas. Peut-être que mon papa aurait eu l'occasion de me donner une école vers quatorze, quinze ans. Mais il ne pouvait pas, parce qu'il connaissait les conséquences et les idées qu'ils allaient me mettre dans la tête à l'école.

Et je me rappelle une fois que nous sommes allés travailler dans une zone plus au nord du Quiché, dans l'Ixcán. C'est la zone qu'ils appellent la Zone Reine. Elle est très connue au Guatemala. C'est une montagne grande, grande. Il n'y passe ni camion, ni camionnette, ni bicyclette, ni rien. Il faut marcher à pied à travers de grandes montagnes pour arriver à cette zone. Nous autres, nous y sommes allés parce que notre maïs s'était épuisé. On disait en ce temps-là qu'il y avait du travail dans la Zone Reine, parce qu'il y avait un curé qui depuis de nombreuses années était installé dans la montagne et que ce curé essayait d'aider les gens avec un peu d'argent pour qu'eux-mêmes puissent cultiver leurs petites parcelles. Que là on pouvait ramasser beaucoup de fruits ; que cette région donnait la plupart des fruits, le maïs, les légumes, les haricots, tout ce que les gens voulaient semer. C'est une zone chaude. Alors, notre maïs s'est épuisé, et mon papa a dit, nous allons travailler là-bas, et peut-être que ça nous réussira mieux que de descendre à la *finca*. Si en échange de notre travail, ils nous donnaient du maïs. Nous sommes partis avec toutes les affaires que nous devions prendre pour la semaine ou le mois que nous allions rester là-bas. Nous avons emporté des petits *tamales* tout faits pour éviter de passer du temps à faire à manger. Et nous sommes partis comme ça, bien chargés, de la maison. Nous étions mes frères aînés, moi et mon père. Nous avons mis trois jours pour arriver à la Zone Reine. Et c'est là que j'ai découvert qu'il y avait beaucoup d'êtres, indigènes comme moi, qui n'avaient même pas accès à voir d'autres gens. Des gens isolés dans la montagne qui ne connaissent pas les autres gens du monde. Quand est venue la première nuit, nous étions dans un village, que je ne sais pas comment il s'appelle en espagnol, mais nous nous disions Amai. Les gens se cachaient et ne nous laissaient pas entrer dans leurs maisons. Nous avions soif et nous voulions nous reposer un moment. Les gens ne voulaient pas nous recevoir. Nous nous sommes mis dans le patio d'une maison abandonnée, par là, et le jour suivant nous avons continué notre chemin. Nous sommes arrivés au second village qu'il y avait. Mon papa avait un ami, qui depuis a été un élément du Gouvernement. Il lui a demandé l'hospitalité, et nous sommes restés chez lui. Ensuite nous avons continué à marcher. Pendant le chemin, mon papa nous expliquait les merveilles qu'on trouve sur notre terre, justement en se souvenant de nos ancêtres. Tout ce contact qu'un paysan a avec la nature. Nous gardions le silence, et nous écoutions celui de la montagne. C'est un silence agréable. Et, dans ce silence, chantent des oiseaux, chantent des animaux. C'était une zone très belle. Le troisième jour de marche, nous sommes arrivés au village. Dans ce village, c'était une merveille, parce que tous les gens avaient des bananiers dans leurs maisons. Tous les gens avaient plein de produits, des bananes, du *yuca,* du maïs, des haricots, de l'*ayote,* du *chilacayote,* toutes les choses qui poussent là. Il y en avait beaucoup, il y en avait de trop. Mais ce qui se passait, c'est que trois jours de marche dans la montagne, et un autre jour pour aller de mon village au bourg, pratiquement quatre jours, c'était difficile pour eux de faire sortir leurs produits. Ils n'étaient pas capables de les porter pour les amener ailleurs, parce que même les chevaux n'arrivaient pas jusqu'à chez eux. Il y avait des chevaux, mais ils appartenaient aux propriétaires terriens, qui vivaient déjà non loin. Même s'ils n'étaient pas les propriétaires de toute cette zone.

Alors, les gens nous ont reçus, et ils avaient tous peur... Ils ont eu de rudes expériences avec des gens qui profitaient de toute cette richesse qu'ils ont. Les gens disaient, nous n'avons pas faim, mais nous n'avons pas non plus d'autres choses, les vêtements, nous les achetons tous les trois ou quatre ans. La plupart des enfants étaient nus, enflés. Ils ne mangeaient pratiquement pas de maïs, parce qu'ils allaient le porter au monsieur qui vivait non loin. C'était un propriétaire terrien, mais il n'était pas encore propriétaire des terres que nous avons connues. Ils lui vendaient le maïs pour qu'il leur donne un peu d'argent. Là, oui, il y avait une pharmacie. Il y avait un bar. C'était pratiquement tout ce qu'il y avait. C'est-à-dire, ce qu'ils gagnaient, ils le dépensaient tout de suite. Les gens mangeaient tous les jours des bananes cuites ou mises sur le feu. Ils ne mangeaient presque pas de *tortillas*, parce qu'il n'y avait pas de marché où acheter la chaux. Même la chaux coûtait très très cher à cet endroit. Il y avait des petits commerçants, c'est à peine s'ils apportaient du savon. Ces gens abandonnés dans la forêt n'avaient même pas de sel.

Nous avons vécu là un mois. Ça a été le meilleur moment. Tous les jours, nous travaillions. Il y avait des jolies rivières, jolies parce que c'était du cristal, les pierres qu'il y avait dans les rivières étaient à moitié blanches ou grises, ce qui faisait que la couleur de la rivière était grise, ou toute blanche. C'était ce qui me plaisait le plus quand j'étais là-bas. Mais il y avait beaucoup de serpents. Le peuple se faisait tout le temps piquer par des serpents. Les serpents à midi se mettaient à dorer au soleil. Il faisait une chaleur terrible. Alors mon papa disait, nous devons savoir l'heure ici, parce que sinon, ces animaux vont nous manger. Nous devons savoir quand les serpents se mettent en route, parce qu'ils sortent aussi au soleil et après ils entrent dans la rivière quand ils sont tout chauds. Alors ils peuvent nous refiler une gale, une de ces maladies que les serpents ont. Mais nous aimions bien attraper des petits poissons dans l'eau des grandes rivières qui passaient là. Il y avait quatre rivières. Les Quatre Torrents, les gens de là-bas les appellent. Ce sont quatre rivières qui se rejoignent et ensuite en forment une seule grande. Le bruit que ça fait, c'est comme si on était à côté d'un avion quand il s'envole.

Nous y sommes restés un mois à travailler, à cause de la maigre nourriture. Nous avons dû nous alimenter avec des bananes, des patates douces, des *yucas*, parce qu'il n'y avait pas de maïs pour donner à manger aux gens, et il n'y avait pas non plus de chaux pour que les gens puissent se nourrir. Que font les fruits ? Tous les enfants avaient des vers, des bêtes dans le ventre. Tous les enfants avaient un ventre tout gros. Et je disais à mon papa, ces enfants sont bien gros. Moi aussi j'avais l'expérience des vers, j'ai eu des vers à la *finca*. Et mon papa disait, c'est parce qu'ils ne mangent que des bananes. Ces enfants ne vont pas vivre, ces enfants vont mourir. Ensuite nous sommes rentrés. C'est alors que nous avons vu combien le maïs avait de qualité, combien la chaux avait de qualité. C'est pour ça qu'ils sont tellement sacrés, disaient nos ancêtres. Vraiment, sans maïs, sans chaux, l'homme n'a pas de force. Et peut-être est-ce que c'est ça qui a fait que nous sommes beaucoup d'indigènes à être en vie, rien qu'en mangeant du maïs, avec de la chaux dedans. Quand nous sommes rentrés — nous avions marché pendant deux jours —, mon papa s'est évanoui sur le chemin. Bien sûr, c'était à cause de toute les faiblesses qu'il avait.

En ce temps-là, je devais avoir treize ans. Je portais cinquante livres de maïs. Mes parents en portaient cent livres : mon papa et mes frères. Avec le *mecapal,* comme nous disons nous autres au Guatemala. Avec de la corde et tout, nous transportions le maïs, et voilà mon papa qui s'évanouit. Nous ne savions pas quoi faire de lui. J'avais une horreur, une de ces peurs. Nous étions en plein dans la montagne. C'était la première peur que j'avais dans la vie. J'avais eu peur quand je me suis perdue dans la montagne ; peur de si des lions venaient me manger, ou tout autre animal. Mais ce n'était pas tellement de la peur que j'avais, parce que je disais, s'ils viennent, je vais leur parler et ils vont me comprendre. Mais à cette époque, c'était peut-être parce que j'étais plus grande. C'était une peur que je ne saurais pas comment décrire. Je disais seulement, mon Dieu, mais nous sommes si peu dans la montagne ! Il y avait mes deux frères aînés et mon papa ; et mon papa était évanoui. Ensuite nous avons pu le relever. Nous avons dû nous répartir tout son chargement à lui entre nous trois, et en laisser un petit peu pour mon papa parce que nous ne pouvions tout porter.

C'était la première fois que j'ai senti que mon père me manquerait s'il mourait. Mais mon papa disait : « N'ayez pas peur, parce que c'est la vie, et s'il n'y avait pas toute cette douleur, qui sait peut-être la vie serait différente, peut-être qu'on ne la ressentirait pas comme une vie. Mais c'est ça la vie, que nous devons souffrir et en même temps nous devons avoir du plaisir. » Mon père, il aimait aussi bien mes frères, mais pour moi, il ressentait la même affection que moi pour lui, je l'aimais beaucoup, et n'importe quoi, si j'avais mal au ventre, j'allais voir mon papa au lieu de ma maman. Il discutait de tout avec moi. Par exemple, quand nous allions travailler, il avait avec moi des discussions comme s'il parlait avec un voisin. Il avait beaucoup de confiance en moi et il m'expliquait un tas de choses. Moi, derrière mon papa. Et ce qui me plaisait, c'est que mon papa ne restait jamais sans rien faire. Des fois il arrivait à la maison et il fallait arranger un peu les arbres qui étaient près de la maison pour que les poules aillent y dormir la nuit. Alors mon papa montait en haut des arbres et il me disait, si tu veux, viens avec moi, et moi je lui donnais la main pour qu'il m'aide à grimper en haut des arbres. Et chaque fois que mon père ouvrait une brèche pour entrer dans la montagne, j'allais derrière lui pour voir comme il faisait. Et ainsi, n'importe quoi, j'allais avec lui. Et surtout, je l'accompagnais au travail, parce que ma sœur aînée a été une femme qui a beaucoup travaillé aux champs et qui a travaillé aussi dans les *fincas* comme moi, mais, quand elle a été un peu plus grande, elle a été chargée de garder la petite maison sur l'*altiplano*. Nous autres nous allions au travail, et elle, elle restait. Alors, mon travail était presque le même que le travail de mon papa, et j'aimais beaucoup le travail que nous faisions. Mon papa me tirait toujours de bien des problèmes, et c'est pour ça qu'il m'a tant manqué quand il est mort, même si ça faisait bien longtemps que nous ne nous voyions plus. Pour bien des choses, j'étais toujours dépendante de lui, il m'ôtait mes doutes. Je pouvais lui demander n'importe quoi, il m'expliquait exactement ce dont je doutais. En même temps, il me défendait beaucoup. Aussi bien de mes frères que de ma mère. De n'importe quoi. Bien sûr, si c'était la justice qui me tombait dessus, si c'étaient mes erreurs, alors il y mettait aussi la main. Mais il me défendait pour tout.

Ce qu'il y a, c'est que j'ai été très timide quand j'étais petite. J'étais très humiliée. Bien des fois, je ne me plaignais même pas quand mes frères me battaient. Et ainsi, quand j'ai grandi, je ne me sentais pas sûre pour faire beaucoup de choses, je doutais de beaucoup de choses. Mon papa essayait de me sortir de là, et il répondait toujours de moi. Beaucoup de choses que j'avais du mal à faire, mon papa m'expliquait et me disait : « On a du mal à apprendre, mais ça se fait, et ça s'apprend. » Quand il se réunissait avec des gens, il me choisissait moi, en premier, pour que je cesse un peu cette façon de garder mes opinions pour moi. J'aimais bien m'y mettre aussi quand tous les autres donnaient leur avis. Alors, mon papa m'apprenait à parler, tu dois parler ici, il me disait. Je ne me suis presque jamais disputée avec aucun jeune de mon village, parce que j'ai un peu la même attitude que les hommes, de se mêler de différentes choses, et je m'en mêle pareil que mes frères. Par exemple, l'obscurité, ma sœur aînée a horreur de l'obscurité. Il y avait des fois qu'ils nous envoyaient travailler la nuit, à trois heures du matin, dans un autre village, et nous devions passer par une montagne, avec un petit peu d'*ocote*. Ma sœur avait l'impression que des lions surgissaient à tout moment, et moi je n'avais pas peur. Si je sentais qu'il y avait quelque chose, je m'arrêtais, et s'il n'y avait rien, je continuais à marcher.

XXVII

Séquestration et mort
de la mère de Rigoberta

> « L'époque que nous vivons, nous devons la
> vaincre grâce à la présence de nos ancêtres. »
>
> RIGOBERTA MENCHÚ.

> « Ils voulaient incendier mes terres, achever
> mes jeunes gens et mes nourrissons, et enlever
> les vierges. Le seigneur tout-puissant les a
> repoussés par la main d'une femme. »
>
> Judith, XVI, 5-5.

C'est ainsi que ma mère est retournée au bourg, et elle va en cachette acheter des choses pour la communauté, quand ils la séquestrent, le 19 avril 80.

Je savais que ma mère, quand ils ont tué mon père, était en chemin pour retourner à mon village. J'étais tellement en peine pour elle, parce que je me disais qu'elle avait beaucoup à faire, si elle restait chez d'autres ethnies, dans d'autres endroits, pour organiser les gens. Si ma mère est revenue sur l'*altiplano*, c'est justement parce que plus de huit compagnons, des voisins, de mon village, sont tombés dans l'incendie de l'ambassade d'Espagne. Ces huit compagnons étaient les meilleurs de notre village, c'étaient des compagnons très actifs. Alors ma maman disait, je rentre sur ma terre, parce que ma communauté a besoin de moi en ce moment. Et elle est revenue. Les curés, les religieuses, qui se trouvaient à cette époque dans mon village, lui ont offert de l'aide pour qu'elle puisse sortir du pays, mais ma maman n'a jamais pensé même à être réfugiée. Elle disait : « Ce n'est pas possible, mon peuple a besoin de moi et c'est ici que je dois rester. » Elle est rentrée à la maison, et c'est vrai, ça oui, la communauté était presque en train de mourir de faim, vu que les gens ne pouvaient pas descendre à un bourg ni à aucun endroit, et personne n'osait exposer sa vie rien que pour aller acheter quelque chose à manger.

Des fois j'entendais dire que ma mère se trouvait dans d'autres départements, parce que par hasard des gens me parlaient de la dame qui avait telle expérience, et tout ça. Alors, je disais, c'est ma mère. Quelle bonne chose qu'elle ne soit pas sur l'*altiplano*. Mais pour moi, c'étaient de grandes inquiétudes, parce que je ne savais pas où elle était ni ce qui pouvait lui arriver. On sait bien, et on a la conviction, que si à un moment donné nos parents perdent la vie, ils la perdent en toute conscience. Et j'avais l'espoir de les voir encore. Si nous pouvions un jour nous réunir tous. Ma maman disait qu'avec l'histoire de sa vie, son témoignage vécu, elle essayait de dire aux femmes qu'elles devaient participer en tant que femmes pour que quand tomberait la répression, et quand il faudrait souffrir, les hommes ne soient pas seuls à souffrir. Les femmes devaient aussi participer en tant que femmes, et les paroles de ma mère disaient qu'une révolution, qu'un changement, sans la participation des femmes, ne serait pas un changement et qu'il n'y aurait pas de victoire. Elle avait les idées claires comme si c'était une femme avec plein de théories, et avec une telle pratique. Ma maman ne parlait presque pas l'espagnol, mais elle parlait deux langues, le quiché et un peu le kekchi. Ma maman se servait de tout ce courage et de tout ce savoir qu'elle avait, et elle est allée organiser les gens. Ay, mais ça me faisait très mal quand j'entendais dire que ma mère était du côté de Solola et ensuite j'entendais d'autres gens dire qu'elle était vers Chimaltenango, ou qu'elle était dans le Quiché.
Ainsi ma maman a commencé à parcourir beaucoup de départements, en organisant les gens. Et, justement, elle allait tout droit vers les femmes, et elle disait qu'une femme, quand elle voit son fils torturé, son fils brûlé vif, elle n'était capable de pardonner à personne, et elle ne pouvait pas s'arracher cette haine, cette rancune ; je ne suis pas capable de pardonner à mes ennemis. Elle apportait un grand message, et elle a eu beaucoup de réussites en beaucoup d'endroits. Ma maman a été très respectée par beaucoup de gens. Y compris elle est allée même chez les *pobladores*. Ma maman était très active. Elle travaillait toujours pareil, et elle discutait avec les gens. C'est-à-dire, il

n'y avait pas besoin de réunions pour arriver à parler avec ma maman, non, mais elle allait dans les maisons, elle discutait et elle travaillait tout en faisant les *tortillas* et en contant son expérience. C'était ça, son travail. Elle racontait son expérience et elle aidait les gens dans leur travail. Je me rappelle, quand mon petit frère a disparu, tous ceux de la communauté se sont unis, se sont rassemblés et ont fait une protestation, après que ma mère est allée réclamer à la police, à l'armée, et qu'ils ne lui ont donné aucune réponse. Alors, tous, ils y sont tous allés. Pour la première fois, la communauté agissait ensemble, la plupart étaient des femmes. Nous savions que si c'étaient les hommes qui descendaient, ils étaient séquestrés et torturés. Alors ma mère disait qu'il était préférable de faire une manifestation de femmes et d'enfants, on allait voir s'ils étaient assez éhontés, les ennemis, l'armée ; s'ils étaient assez lâches pour massacrer les femmes et les enfants. Mais ils en sont aussi capables. C'est-à-dire, qu'elles y sont allées en étant clairement conscientes qu'il allait y avoir un massacre dans le bourg. Elles sont arrivées au bourg, elles ont pris la municipalité, et là, elles ont fait prisonnier le maire. S'il leur rendait justice, elles le respectaient, mais s'il se mettait la justice dans la poche, lui aussi serait exécuté. C'était la première fois que les femmes agissaient ainsi. Et tout le monde les admirait. D'abord elles venaient de loin, de notre village. En second lieu elles venaient avec leurs enfants pour protester contre les autorités à cause de la séquestration, et leur apprendre qu'elles les désavouaient.

Quelques jours après, c'est quand on a pris le Congrès de la République. Il y avait là ma maman, mon papa, les paysans. C'était le jour de la fête nationale du Guatemala. Tous les députés étaient réunis. Et avec l'aide des syndicats du Guatemala, avec l'aide du CUC, d'autres indigènes du Quiché se sont joints à ceux d'Uspantán * pour la marche qui a pris le Congrès. Quand les députés se sont rendu compte, ils ne pouvaient déjà plus nous faire sortir. Nous avions l'appui des syndicats et d'autres paysans et des étudiants aussi. Alors, qu'est-ce qu'ils allaient faire ? Nous massacrer ? Ça a été le premier danger qu'on a couru. Ça a été quelque chose de très drôle. Quand ils sont entrés au Congrès, tout de suite les soldats ont levé leurs armes. Et celui qui allait en tête de la manifestation était un de mes frères. Quand mon frère aîné commence à parler, ils lèvent leur fusil et ils le mettent en joue. Alors arrive ma petite sœur avec sa fleur blanche. Et ça signifie beaucoup pour nous autres. Comme je disais avant, nous ne cueillons une fleur que quand il y en a grand besoin ou quand il se passe quelque chose d'important. Alors tous les manifestants lèvent les mêmes bottes de fleurs en l'air, pour dire qu'ils demandaient le respect de leur vie et en même temps une solution au problème. Ma petite sœur est passée devant le fusil et elle s'est mise en face avec sa fleur, alors ils n'ont déjà plus osé tirer sur mon frère. Nous avons occupé le Congrès pour réclamer mon frère qui a été séquestré, et les centaines de catéchistes qui ont été séquestrés dans différents villages du bourg, et pour réclamer aussi que l'armée sorte des communautés. Que l'armée ne continue pas à massacrer et à violer les femmes. C'était une protestation pour demander au président que la répression cesse, et ça, nous le faisions pacifiquement. Et rien. La réponse, tout de suite, ça a été qu'on brûle mon frère. Ils ont encore massacré dans d'autres villages, comme toujours. Alors, face à ça, nous autres nous devions agir sous une forme très rapide.

Ce qu'ils nous ont dit, c'est que le Congrès n'était pas la maison des Indiens, et que les Indiens n'avaient pas non plus le droit d'entrer au Congrès. Que c'était une maison respectable, parce que c'était la maison des personnalités du Gouvernement. Mais les paysans ont dit, nous y sommes, et tuez-nous ici… C'est-à-dire, ils sont allés exposer leur vie. Si là il allait y avoir un massacre, ils savaient que ce massacre ne serait pas pour des prunes, mais qu'il y aurait une protestation face à cette situation. Et à partir de là nous avons continué à nous organiser sans arrêt, avec tant de joie, pour une cause juste, et des raisons qui venaient de quelque chose, de quelque chose de réel.

Ma mère a été séquestrée, et dès les premiers jours de sa séquestration elle a été violée par les hauts chefs militaires du bourg. Et je veux dire par avance que toutes les étapes des viols et des tortures qu'ils ont fait subir à ma mère, je les ai là dans mes mains. Je ne peux pas éclaircir beaucoup de choses, parce que ça met en cause la vie de compagnons qui travaillent encore très bien dans leurs activités. Ma mère a été violée par ceux qui la séquestraient. Ensuite, ils l'ont descendue au camp, un camp qui s'appelait Chojul, ce qui veut dire sous le ravin. Là, ils avaient beaucoup de trous où ils châtiaient les séquestrés et où mon petit frère a aussi été torturé. Ils l'ont descendue au même endroit. En arrivant au camp elle a été violée par les hauts chefs militaires qui commandaient la troupe. Ensuite, ma mère a été soumise à de grandes tortures. Dès le premier jour, ils ont commencé à la raser, à lui mettre un uniforme, et ensuite ils lui disaient, si tu es un *guerrillero*, pourquoi est-ce que tu ne te bats pas contre nous ici. Et ma mère ne disait rien. Ils demandaient à ma mère, en la frappant, de leur dire où nous étions nous autres. Et que si elle leur faisait une déclaration, ils la laissaient libre. Mais ma mère savait très bien qu'ils le faisaient pour torturer ses autres enfants, et qu'ils ne la laisseraient pas libre. Ma mère n'a donné aucune déclaration. Elle faisait celle qui dissimule pour tout. Elle faisait comme si elle ne savait rien. Elle a défendu jusqu'au dernier moment chacun de ses enfants. Et, au troisième jour qu'elle était sous les tortures, ils lui avaient coupé les oreilles. Ils lui coupaient tout le corps, bout par bout. Ils ont commencé par de petites tortures, par de petits coups, pour arriver ensuite aux coups les plus durs. Les premières tortures qu'elle avait reçues, ça s'était infecté. Malheureusement, elle est passée par toutes les souffrances qu'ils ont fait aussi subir à son fils. Ils la torturaient sans arrêt. Ils ne lui ont pas donné à manger pendant de nombreux jours. Ma mère, avec toutes ces douleurs, toutes les tortures qu'elle avait sur le corps, toute défigurée, sans manger, a commencé à perdre connaissance, elle a commencé à agoniser. Ils l'ont laissée agoniser un bon moment. Ensuite, l'officier a envoyé chercher l'équipe médicale qu'il y a là à l'armée, et ils lui ont fait des injections, et assez de sérum pour que ma mère revive. Qu'elle revienne à elle à nouveau. Ils lui donnaient des médicaments ; ils l'ont très bien soignée, ils ont cherché un endroit où elle soit bien. Et quand ma mère se sentait un peu bien, alors, bien sûr, elle réclamait à manger. Ils lui donnaient à manger. Après ça, ils ont commencé à la violer de nouveau. Ma mère a été défigurée par ces mêmes militaires. Elle a supporté beaucoup, elle ne mourait pas. Quand ma mère s'est mise de nouveau à agoniser, ils ont envoyé nous appeler ; ils nous cherchaient par tous les moyens. Ils ont apporté les vêtements de ma mère à la municipalité du bourg d'Uspantán *. Ils les ont exhibés de façon à ce que nous ayons la preuve que ma mère était entre leurs mains. Nous avons envoyé certaines personnes enquêter sur ce qui se passait avec elle, et ce qu'ils disaient, c'était que nous devions nous présenter ; ma mère était en vie. Que ma mère était entre leurs mains et qu'ils la torturaient. Elle avait besoin de voir un de ses enfants. Comme ça, sans arrêt. Nous avions perdu mon petit frère, mais ma petite sœur, je ne savais pas si elle était tombée avec ma mère ou si elle était dans d'autres maisons. Personne ne savait. Pour moi c'étaït douloureux d'accepter que ma mère soit sous les tortures et que je ne savais rien des autres membres de ma famille. Aucun de nous ne s'est présenté. Encore moins mes frères. J'ai pu contacter un de mes frères, et il m'a dit qu'il ne fallait pas exposer sa vie. De toute façon ils allaient tuer ma mère, comme ils nous tueraient nous aussi. Ces souffrances, nous devions les garder comme un témoignage de nos parents, et que eux non plus jamais ne s'étaient exposés quand bien même ils passaient par de grandes souffrances. C'est comme ça que nous avons dû accepter que ma mère, de toute façon, devait mourir.

Comme ils ont vu qu'aucun des enfants n'est descendu chercher les vêtements de ma mère, les militaires l'ont emmenée à un endroit, près du bourg, où il y avait beaucoup de montagnes. Mon espoir était que ma mère meure près de toute la nature qu'elle adorait tant. Ils l'ont conduite sous un arbre, et ils l'ont laissée là, presque agonisante. Ils ne permettaient pas à ma mère de se retourner, et comme tout son visage était défiguré, elle était toute coupée, toute infectée, elle ne pouvait faire aucun mouvement par elle-même. Ils l'ont laissée là plus de quatre ou cinq jours, en train d'agoniser ; elle devait supporter le soleil, supporter la pluie et la nuit. Si bien que ma mère avait déjà des vers, parce que dans la montagne, il y a une mouche qui se pose sur n'importe quelle blessure, et tout de suite, si on ne soigne pas le blessé, en deux jours il y a déjà des vers là où est passé l'animal. Et comme toutes les blessures de ma mère étaient ouvertes, alors elle avait des vers, et elle était encore vivante. Ensuite, en agonisant, ma mère est morte. Quand ma mère est morte, les militaires se sont encore arrêtés au-dessus d'elle, et ils ont uriné dans la bouche de ma mère, alors qu'elle était déjà morte. Après, ils ont laissé là une troupe en permanence pour garder son cadavre, et pour que personne ne recueille une partie de son corps, ni même ses restes. Les soldats étaient là, près du cadavre, et ils sentaient l'odeur de ma mère quand elle s'est mise à sentir assez fort. Ils étaient là, près d'elle, ils mangeaient près de ma mère, et, je demande pardon aux animaux, je crois que même les animaux n'agissent pas comme ces sauvages de l'armée. Ensuite ma mère a été mangée par des animaux, par des chiens, par des *zopilotes*, qui abondent beaucoup dans cette région, et d'autres animaux, qui s'y sont mis aussi. Pendant quatre mois, jusqu'à ce qu'ils ont vu qu'il n'y avait plus aucun morceau des restes de ma mère, ni même ses os, et ils ont quitté l'endroit. Bien sûr, pour nous autres, quand nous avons su que ma mère était en train d'agoniser, c'était très douloureux, mais ensuite, quand elle était déjà morte, bien sûr nous n'étions pas contents, parce qu'aucun être humain ne peut être content de voir tout ça. Mais quand même, nous étions satisfaits parce que nous savions que le corps de ma mère n'avait plus à souffrir davantage, parce qu'il est déjà passé par toutes les souffrances, et c'était la seule chose qui nous restait, de souhaiter qu'ils la tuent rapidement, qu'elle ne soit déjà plus en vie.

XXVIII

À propos de la mort

> « Ils se sont mis peu à peu à descendre sur
> le versant du Couchant. Alors un nuage,
> comme une pluie, les a cachés. »
>
> POPOL VUH.

Le phénomène de la mort, chez nous les indigènes, c'est quelque chose à quoi on se prépare. C'est quelque chose qui n'arrive pas comme un fait inconnu, mais c'est comme un entraînement. Par exemple, le cercueil du mort, on le construit bien avant, pour que la personne qui va mourir, le vieux, connaisse son cercueil. Et, au moment où il va mourir, où il sent qu'il va mourir, il appelle la personne qu'il aime le plus, celle dont il est le plus proche, ça peut être une fille ou une petite-fille, dans le cas d'une grand-mère ; ou un fils, ou un petit-fils dans le cas d'un grand-père, ou toute autre personne qui est très proche, pour lui faire ses dernières recommandations et lui transmettre, en même temps, le secret de ses ancêtres, et aussi lui faire part de sa propre expérience, de ses réflexions. Les secrets, les recommandations sur la façon dont il faut se comporter dans la vie, avec la communauté indigène, avec les *ladinos*. C'est-à-dire, des choses qui se répètent depuis des générations, pour préserver la culture indigène. La personne qui reçoit les recommandations garde le secret, et elle va les transmettre, avant de mourir, de génération en génération. Ensuite il réunit la famille et il lui parle aussi, il lui répète les recommandations, il lui répète ce qu'il a vécu. Ce n'est pas comme les secrets, qu'on ne les dit qu'à une seule personne ; les recommandations, il peut les faire à tout le monde, et il meurt tranquillement. Il meurt avec l'impression d'avoir accompli son devoir, sa vie, ce qu'il avait à faire.

La cérémonie de la mort se fait dans la maison du mort. Tout le peuple, tout le monde vient veiller le mort, rendre visite à la famille, et la communauté se charge de toutes les dépenses. C'est-à-dire que la famille n'a aucune dépense à faire. On veille le mort, on prépare à manger pour les gens qui sont là.

Une chose très importante est la boisson, ce qu'on sert à boire. C'est une occasion où on mange également mieux. On peut manger de la viande et d'autres choses. En plus de ça, on fait une sorte de cérémonie. On place des bougies aux quatre points cardinaux. Un peu en répétant la cérémonie qu'on fait avec le maïs, pour les semailles du maïs. On coupe des fleurs, et c'est l'une des rares fois qu'on le fait. Pour le mort, oui, on coupe des fleurs et on les met autour de son cercueil. Ensuite on parle du mort. Tout le monde raconte quelque chose sur le mort. Sa famille parle, et s'il n'a pas de famille, c'est l'élu du peuple qui parle, qui est comme sa famille. On parle de lui, on raconte ce qu'il a fait dans sa vie. Et on ne fait pas seulement son éloge, mais aussi la critique. Pendant toute la nuit on parle du mort, de ce qu'il a fait dans la vie. En se souvenant de la personne.

On ne laisse pas le mort longtemps dans la maison, on ne le veille pas beaucoup, non, on l'enterre avant que se passent vingt-quatre heures. Il doit rester le moins possible. Une nuit pour qu'on puisse faire la cérémonie, mais ensuite on l'enterre. C'est très important cette histoire de sépultures. Un détail, quand on l'enterre, on met dans son cercueil tous les objets qu'il aimait le plus dans la vie. Les objets ne vont pas servir à ses héritiers, mais restent avec lui. Par exemple, sa machette, la machette qui l'a accompagné durant sa vie. On enterre toutes les choses qui lui plaisaient ; sa tasse pour boire, ses ustensiles de la vie quotidienne qui l'ont accompagné vivant. Et ses vêtements, quand il est mort, on les laisse dans un coin et on ne les utilise déjà plus, à moins que ça puisse servir à un ami très cher, à une personne qu'il aimait beaucoup. Pendant son agonie, tout le monde guette ce qu'il va dire et recommander. On raconte qu'au moment où il est en train d'agoniser, il fait un bilan de sa vie, et repasse dans son esprit par tous les endroits où il a vécu. C'est-à-dire, s'il a vécu dans une *finca*, il y passe à nouveau, en esprit, dans sa tête.

Le fait de tuer quelqu'un. La mort vécue par les autres — c'est-à-dire, la mort par accident, ou d'une autre façon —, c'est une chose dont nous souffrons beaucoup, parce que nous en souffrons dans notre propre chair. Par exemple la façon qu'est mort mon petit frère, assassiné. Nous n'aimons même pas tuer un animal. Parce que ça ne nous plaît pas de tuer. Il n'y a pas de violence dans la communauté indigène. Par exemple, la mort d'un enfant. Si un enfant est mort de malnutrition, ce n'est pas la faute du père, non, mais la faute des conditions que nous fait le *ladino,* c'est un outrage dû au système. Surtout avant, tout était la faute du *ladino.* Maintenant nous avons réfléchi. Beaucoup de choses que répétaient les grands-parents, c'est que maintenant, ils veulent en finir avec nous par leurs médicaments, par toutes ces choses. Que maintenant ils veulent nous faire vivre d'une autre façon que celle que nous voulons. Tuer est pour nous autres quelque chose de monstrueux. De là l'indignation que nous ressentons pour toute cette répression. Bien plus, se donner à la lutte, c'est une réaction de front contre tout ça, toute cette souffrance que nous ressentons.

Nous autres, nous avons déposé notre confiance entre les mains des compagnons de la montagne. Ils ont vu notre situation, et ils vivent un peu ce que nous autres nous vivons. Ils se sont pliés aux mêmes conditions que nous. On aime seulement celui qui mange la même chose que nous. Une fois que l'indigène leur ouvre son cœur, ils seront tous ses frères dans la montagne. Nous ne nous sommes pas sentis abusés, comme par exemple ça nous est arrivé avec l'armée, qui vient emmener les enfants des indigènes. Ça veut dire qu'elle brise sa culture, tout son passé. Nous le ressentons comme un outrage quand ils viennent attraper les hommes, les jeunes gens, parce que nous savons que nous allons les revoir mais ils ne seront déjà plus les mêmes. Dans le cas du soldat, il y a quelque chose d'encore beaucoup plus grave, ce n'est pas seulement le fait qu'il puisse perdre sa culture, mais aussi que le soldat indigène peut en arriver à tuer les autres.

Quand les indigènes décident de partir pour la montagne, ils savent qu'il peut arriver n'importe quoi. Ils peuvent mourir au combat, à tout moment. Comme on ne peut pas, dans la montagne, faire tous ces rites autour de la mort, parce que c'est un peu difficile à cause des conditions, on fait dans le village une cérémonie, la cérémonie des recommandations. La même cérémonie que fait le mort avant de mourir, avec sa famille, l'indigène la fait avant de s'en aller pour la montagne, au cas où il arriverait quelque chose, ça sert pour transmettre ses secrets, avant de s'en aller à la *guerrilla*. Ils se réunissent une nuit. Par exemple, une famille qui s'en va le jour suivant se réunit, et fait la cérémonie, les recommandations. Ensuite elle s'en va. C'est pour accomplir le rite, au cas où il arrive quelque chose.

XXIX

À propos des fêtes
et des reines indigènes

> « Ce qui nous fait le plus mal, à nous autres
> les indigènes, c'est que notre costume, ils le
> trouvent joli, mais la personne qui le porte,
> c'est comme si elle n'était rien. »
>
> RIGOBERTA MENCHÚ.

Maintenant, à propos des fêtes dans les villages, celles-ci sont avant tout un mélange ; la vraie fête que célébraient nos ancêtres, qui sait, elle n'existe déjà peut-être plus. Et en remplacement de ces fêtes, maintenant, on célèbre les jours d'un saint, ou d'un personnage. Bien souvent dans les écoles on célèbre le jour de Tecún Umán*. C'est-à-dire, Tecún Umán* est le héros quiché qu'on a dit qu'il a lutté contre les Espagnols et ensuite ils l'ont tué. Alors dans les écoles on fait une fête chaque année. On commémore le jour de Tecún Umán* comme héros national des Quichés. Mais nous autres, ça, nous ne le célébrons pas, parce que d'abord, disent les parents, ce héros n'est pas mort. Alors nous autres nous ne célébrons pas cette fête. Ce sont les *ladinos* qui la célèbrent dans les écoles. Mais pour nous autres, c'est comme le rejeter que de dire qu'il a été un héros, qu'il s'est battu et qu'il est mort, parce qu'ils le racontent au passé. On célèbre son anniversaire comme quelque chose qui a représenté la lutte en ces temps-là. Mais pour nous autres la lutte existe encore, et surtout, la souffrance existe. Nous ne voulons pas qu'on dise que ça s'est passé, mais que ça existe aujourd'hui, alors, nos parents ne permettent pas qu'on le célèbre, parce que nous ne savons pas la réalité, même si les *ladinos* le racontent comme une histoire vraie. On dit que Técún Umán* veut dire le grand-père de tous. Le « mán » veut dire quelque chose comme papa, ou comme grand-père, quelque chose de respectable. Lui était justement le leader de tous les indigènes, comme leur roi, par exemple, ou comme leur président. Alors, quand les Espagnols sont entrés, il y a eu de grandes batailles, et sont morts beaucoup de rois comme lui, alors lui, il était le dernier qui est tombé dans la bataille contre les Espagnols. Mais notre position vis-à-vis de Tecún Umán* est différente de celle que racontent les *ladinos.* Le jour de la fête de l'Indépendance du Guatemala, nous ne le célébrons pas non plus, parce que justement, pour nous autres, ce n'est pas une fête. Nous autres, nous le considérons comme une fête des *ladinos,* parce que l'indépendance, comme ils l'appellent, pour nous ne signifie rien, elle signifie davantage de douleur, elle signifie que nous devons faire de grands efforts pour ne pas perdre notre culture. Ça, pour nous, ça n'a aucune signification. Elle ne se célèbre que dans les écoles, et ceux qui ont accès à l'école, c'est avant tout les gens qui ont de l'argent. La plupart des indigènes n'ont pas accès aux écoles, aux collèges. Ça se célèbre surtout chez les gens bourgeois, les gens de classe moyenne, et déjà en dessous, il n'y a rien de tout ça. Quand les maîtres arrivent dans les villages, ils commencent à donner l'idée du capitalisme, et qu'il faut dépasser sa condition. Alors ils essayent de nous mettre ces idées dans la tête. Je me rappelle que dans mon village, il y a eu deux professeurs pendant un temps et ils ont commencé à enseigner au peuple. Mais les enfants eux-mêmes informaient leurs parents sur tout ce qu'ils leur apprenaient à l'école. Alors les parents ont dit, ici nous ne voulons pas que nos enfants soient ladinisés, et alors, ils ont fait fuir les maîtres. Parce que justement ce que le maître a demandé, c'était de célébrer le 15 septembre. Les enfants devaient se mettre l'uniforme de l'école. Ils devaient acheter des chaussures. Ce que jamais on n'achète pour un enfant. Alors, ils exigent qu'ils se mettent l'uniforme, qu'ils doivent se déguiser, quitter leurs vêtements, leurs costumes, et qu'ils doivent tous mettre un tissu de la même couleur. Alors les parents n'ont pas voulu qu'on ladinise leurs enfants, et ils ont fait déguerpir les maîtres. Pour l'indigène, il vaut mieux ne pas faire d'études que se ladiniser.

Comme je disais, les fêtes du peuple se font toujours pour un saint, ou pour une image. Ça a commencé surtout quand l'Action Catholique* s'est mise à fonctionner, et en même temps quand on a pris la Bible comme un instrument qui parle des ancêtres. Alors le peuple s'est beaucoup identifié avec la Bible, il s'est beaucoup identifié avec la religion catholique. C'est comme ça qu'aujourd'hui il existe dans nos villages la fête de nos patrons, un saint, ou une image, par exemple, parce qu'il est arrivé un moment où le peuple s'est adapté à tout ça et l'a fait sien. Toutes ces fêtes, l'indigène les prend comme un repos de son travail. Mais un repos qui, en même temps, lui fait du mal, parce que justement au lieu de se reposer deux trois jours, il doit rester au village toute la journée pendant ces fêtes. Il n'y a qu'en cas de maladie, ou s'il est très occupé, ou qu'il n'a rien à manger, qu'il ne va pas à la fête. On utilise la *marimba* pour la musique. Il y a des jours, ou des années, auparavant, je me rappelle qu'il y avait des *marimbas,* mais des *marimbas* avec pas beaucoup d'instruments, et ce sont les gens du village eux-mêmes qui en jouent, et ça donne des danses où l'indigène représente comme sa révolte contre les Espagnols ; la danse de la conquête, que nous l'appelons. Les indigènes mettent des masques blancs ou rouges pour représenter les Espagnols. Alors, les Espagnols ont des chevaux, et les indigènes combattent un peu avec les armes populaires, des machettes, des pierres, et ça fait une bataille. Et on le fait comme une danse. Nous l'appelons la danse de la conquête. Tout me plaisait. La danse de la conquête me plaît beaucoup, beaucoup, parce qu'elle montre une signification précise de ce que pensent les indigènes. Sur la conquête. Il y a d'autres danses, la danse du taureau, la danse du cerf, qui se fait aussi dans le peuple. Et ce sont surtout les gens adultes qui dansent, ceux qui ont plus de trente-cinq ans. Et des hommes qui dansent déguisés, qui se font un visage comme un taureau ou un cerf.

Mon bourg s'appelle San Miguel Uspantán*. On célèbre Miguel Uspantán deux fois par an. Une fête consacrée au bourg, le jour de San Miguel, et comme les gens ont beaucoup d'affection pour la Vierge, alors la fête de la Vierge est dédiée en même temps à San Miguel de Uspantán*. La fête commence à partir du 5 ou du 6 mai, et elle ne se termine que le 9 mai. Pendant tous ces jours, les gens vont être sur pied. Même les gens des villages les plus lointains descendent au bourg, et c'est comme une rencontre entre les différentes communautés qui vivent loin du bourg. Ils descendent, ils vendent tous leurs petits produits. Par exemple, s'il y a un animal qu'il faut vendre, on le vend à la fête, parce qu'il y a aussi beaucoup de commerçants qui viennent. Il y a aussi des loteries, et là, on perd tout. Il y a des commerçants importants, il y a aussi des messes, des premières communions. Il y a aussi des *cantinas*. À la sortie de la messe, on va à la *cantina*. Les femmes boivent aussi. C'est quelque chose d'incroyable dans ces bourgs, parce que ce n'est pas seulement l'homme qui veut se détendre et oublier un moment les problèmes, la femme aussi. C'est le fait que bien souvent, la mère n'a pas eu un moment pour respirer, alors, pendant les fêtes, elles en profitent pour se reposer un peu, et comme je disais, j'analyse ça comme un repos pour le peuple. Ma mère aussi buvait. Maintenant, mon père avait un caractère, que quand il buvait, quand il n'en pouvait déjà plus, il laissait tomber et il allait au lit, ou bien il s'endormait. Des fois ils allaient ensemble boire, ou des fois, ma mère se montrait ivre, et mon père pas. Pour notre peuple, il n'est pas rare de voir une femme qui boit. De fait, beaucoup de femmes boivent. Et encore pire pendant les fêtes. Il y a eu des cas où les femmes s'endorment par-dessus leurs enfants, et ça, c'est un scandale. Tous, tous, tous se soûlent. Après la fête il ne reste pas un sou. Les *ladinos* aussi sont là. Comme tous les *ladinos* n'ont pas les moyens de vivre bien, alors beaucoup de *ladinos* pauvres viennent aussi se mêler à toute cette ivrognerie. Mais il y beaucoup de *ladinos* qui profitent de ce moment pour vendre, ils installent leurs commerces et ils font de l'argent. Pour eux, chaque fête, c'est pour faire de l'argent.

Je me rappelle la fois que j'ai fait ma première communion. Mes parents m'avaient acheté un petit bout de *corte*, et un petit corsage et un petit tablier, tout petit. Ils ont aussi dû m'acheter des fleurs et des bougies, et tout ce qu'il y avait besoin. Alors, avant même la fête, ils ont déjà dû faire des dettes. Mon père était content parce que j'étais en vie, parce que c'est déjà un miracle quand un enfant arrive à avoir cinq ans. On pense qu'il va pouvoir survivre. Alors, par pure joie, peut-être, mon père est allé boire, et il a dépensé son argent. Ça a fait que nous avons dû descendre pour longtemps à la *finca*, parce qu'après la fête nous devions payer toutes les dettes. Et je me rappelle que j'ai très peu vu, très peu ressenti pendant cette fête, parce que nous avons été pour ainsi dire tout seuls, à marcher, ou à rester dans l'auberge du coin. Je n'en ai pas senti le goût.

Une fois l'an, il y a aussi une fête, et c'est quand on élit la reine du bourg. Il doit y avoir une reine indigène et une reine *ladina*. On fixe les jours pour la présentation de la reine indigène, et ensuite vient la présentation de la reine des *ladinos*. Je ne saurais dire comment est née cette forme de représentation. On élit une indigène, peut-être la plus humble, la plus réservée, comme reine de tous les indigènes du bourg.

Ça se fait comme ça dans presque tous les bourgs du Guatemala. Ça se fait dans les tout petits villages. Mais ce qu'il faudrait voir, c'est de qui vient l'initiative. C'est quelque chose de tout à fait incroyable pour moi, parce que, avant, ils parlaient de la reine indigène, mais moi je ne connaissais rien de tout ça, parce que je vivais dans la montagne et pendant toute mon enfance je ne suis jamais descendue au bourg pour les fêtes. Les gens en parlaient mais moi je ne savais pas. C'est en 77 que j'ai eu l'occasion de me trouver au bourg et on a élu une reine. J'ai vu que beaucoup de *ladinos* ont voté pour la reine indigène. Il y avait comme trois candidates, pour les petites jeunes filles indigènes. Je me rappelle qu'elles avaient un ami qui était *ladino*, et il est allé déposer beaucoup d'argent pour que gagne celle qu'il préférait. C'est un concours, parce que les votes se paient. Et c'est une collecte qu'on fait en même temps pour acheter les affaires de la reine. La municipalité, c'est-à-dire les autorités du bourg, donne aussi une quantité d'argent pour que la reine se présente en public, et tout ça. C'est du folklore, je m'imagine qu'on l'a imposé après. Ça ne vient pas d'il y a longtemps. Celle à qui on achète le plus de votes devient reine. Les votes sont vendus par des groupes de gens qui sont intéressés par chacune des jeunes filles. Les candidates, elles sont élues plutôt par les jeunes du bourg, ou les personnes qui sont les plus proches, ou qui se trouvent dans un comité, ou une coordination qui émane du bourg lui-même, ou à travers la municipalité, c'est-à-dire, les autorités du bourg. C'est-à-dire que ce n'est pas le peuple en général, ce n'est pas le peuple indigène. Et comme la plus grande partie des *ladinos* se sont concentrés dans les bourgs du Guatemala, alors la plus grande partie des Indiens s'en vont du bourg, et ce sont les *ladinos* qui y restent pour y vivre. C'est comme ça que ça s'est passé dans mon bourg d'Uspantán *. Très peu d'indigènes vivent dans le bourg lui-même. J'ai vu qu'ils se sont mis à voter, et qu'ensuite a gagné une telle et tout le monde est allé la féliciter. Mais ce sont des groupes réduits. J'ai demandé à un autre ami qui était indigène et il m'a dit que c'était la mairie qui organisait toutes ces manifestations, et qui payait et finançait la reine indigène. Alors, c'est quelque chose qui m'a fait tant de peine, parce que, d'abord, ils choisissent la jeune fille la plus jolie de la communauté ou du bourg, et en même temps, c'est comme un commerce qu'ils font avec cette indigène. Et les reines, une fois qu'elles sont élues, sortent le jour de la fête dans des voitures et des chars de fête. C'est toujours le jour d'avant, le 5 ou le 4 mai, qu'est élue la reine indigène, et le 8, c'est la

275

reine *ladina*. Ou bien ils élisent d'abord la reine *ladina* et ensuite la reine indigène. Elles ne se présentent pas en même temps.

Alors, moi, tout ça me donnait beaucoup à penser. Ensuite ils organisent un grand folklore, et ils s'en vont au mois d'août, qui est le mois de la fête de Cobán*, avec toutes les reines indigènes venues de toutes parts. Cette fête est organisée par chaque président qui se trouve au pouvoir. Alors, ils invitent des gens importants, par exemple des sénateurs, des personnalités d'autres pays, des ambassadeurs. Et ils participent à la fête présidentielle. Alors, la reine qui a été choisie dans le bourg, est forcée d'y aller, c'est obligatoire, dans la loi, qu'elle s'y trouve. Toutes les reines y vont, avec leurs costumes des différentes régions. Elles arrivent à Cobán* par leurs propres moyens. À Cobán*, il va y avoir le général président, il y aura aussi tous les principaux députés, les personnalités invitées, et un tas de touristes ; ce qu'il y a toujours eu dans les communautés du Guatemala, dans les endroits touristiques du Guatemala. Et alors ils prendront toutes les photos qu'ils voudront. Et pour l'indigène, qu'on prenne une photo de lui dans la rue, c'est abuser de sa dignité, abuser de lui. Ils prennent des photos d'elles, et ils les font agir comme font les artistes des riches. Parce que, au Guatemala, chez les pauvres, il n'y a pas d'artistes. Alors, ils imposent aux indigènes de tourner en rond, de faire des baisers, de faire des salutations, pour que tout le public y assiste, surtout à cause du costume. Et ils passent comme ça, ils font une série de présentations. Je me rappelle que, des mois avant que la fête n'arrive, ils vont s'occuper de toutes les reines, pour qu'on leur apprenne la façon de se présenter, parce qu'on pense que l'indigène ne sait pas. Alors on leur apprend, et elles vont déjà toutes préparées à la fête de Cobán*. Une amie qui a été reine me racontait qu'ils lui ont très bien appris comment elle devait se présenter. Cette compagne ne savait pas bien parler l'espagnol. Alors, elle a dû apprendre le discours qu'elle allait dire ; un salut pour le président, un salut pour les gens les plus importants, un salut pour les militaires. Elle était obligée d'apprendre ce qu'elle devait dire. Après qu'elle a appris tous les mouvements qu'elle devait faire, ils l'ont emmenée dans une pension, même pas à l'hôtel où étaient les invités. Après la fête, ils leur ont dit, vous avez rempli votre rôle, alors allez-vous-en. Alors elles, elles ont exigé qu'ils leur donnent un endroit où elles puissent rester. À la fin, ils leur ont donné un peu, pour qu'elles aillent à une pension ; dans les pensions, au Guatemala, n'importe qui y va. Des ivrognes y vont. Alors les compagnes ont dû rester dans une pension après la présentation.

Et c'est ça qui nous fait le plus mal, à nous autres les indigènes. Ça veut dire que le costume, oui, ils le trouvent joli, parce que ça fait rentrer de l'argent, mais la personne qui le porte, c'est comme si elle n'était rien. Après, ils tirent de grosses sommes des gens qui sont allés à la fête. La présentation de la reine leur rapporte beaucoup d'argent. Tous les gens doivent payer pour entrer là. Il n'y a que les gens qui ont de l'argent qui peuvent y entrer.

XXX

Femme ladina et femme indigène

Ma mère disait : « Je ne t'oblige pas à cesser
de te sentir une femme, mais ta participation
doit être égale à celle de tes frères. »

RIGOBERTA MENCHÚ.

L'indigène n'est pas coquette. Elle n'a pas le temps, par exemple, de se faire une coiffure, de s'arranger les cheveux, et tout ça. Mais le *ladino*, si. Même s'il n'a pas de quoi manger, il préfère se mettre des épingles dans les cheveux, et porter une ceinture, et absolument porter des petits souliers. Il y a beaucoup de choses qui nous différencient. Je me rappelle que ma maman disait : « Ma fille, tu n'as pas besoin de te maquiller, parce que si tu te maquilles, ce serait abuser des merveilles que Dieu nous a données. » Mais il est arrivé un moment où j'ai commencé à me séparer de ma maman, et ça lui donnait beaucoup de souci. Ce n'est pas que je n'aimais pas ma mère, mais j'avais un degré de plus d'affection pour mon père. Ça doit être à cause de tout son travail, à cause des menaces contre lui. Je n'ai jamais pensé que ma mère recevrait en partage une mort plus dure que celle de mon père. Je pensais toujours que mon père aurait des choses plus dures à subir que ma mère. Mais quand j'avais dix ans, j'étais plus proche de ma mère, à cet âge, elle me parlait des choses de la vie. Elle m'enseignait, en me parlant des expériences de sa grand-mère, elle me racontait quand sa grand-mère était enceinte. Elle ne me transmettait pas ses propres expériences. Pas parce qu'elle n'en avait pas eues, mais parce qu'elle se sentait plus à l'aise en me les enseignant à travers les expériences d'une autre.

Bon, ma mère me disait qu'une femme indigène n'est respectée que si elle porte son linge, ou son costume complet. Parce qu'il suffit qu'elle n'ait rien pour se couvrir le visage, et déjà la communauté commence à ne pas respecter cette femme, et la femme a besoin de beaucoup de respect. « Jamais, ma fille, tu ne dois cesser de porter le tablier », disait ma mère. C'est justement comme ça qu'on marque l'étape de l'entrée dans la jeunesse ; après dix ans. Alors, les parents achètent à la fille tout ce dont elle a besoin. Deux tabliers, deux *cortes*, deux *perrajes*. De sorte que quand on en lave un, on en a un autre à mettre. Quand on va accomplir une tâche, on doit mettre tout son costume complet. Ne pas se couper les cheveux, disait ma maman. « Quand tu te coupes les cheveux, les gens te remarquent, et ils disent, cette femme est en train de rompre avec beaucoup de choses, et les gens ne te respectent plus comme ils le doivent. » Ma mère nous grondait beaucoup quand on sortait en courant sans tablier. « Arrange-toi comme tu dois toujours être. Tu ne dois pas changer ta façon de t'arranger ou de t'habiller, parce que tu es la même et tu ne vas pas changer à partir d'aujourd'hui. » Elle m'expliquait aussi ce qu'était le maïs pour nous autres. Le maïs coupé. Elle me disait qu'une femme enceinte ne devait pas porter du maïs coupé dans son tablier, parce que cette bouture est ce qui donne vie au maïs. C'est la matrice du maïs qui nous nourrit. Mais ce n'est pas non plus comparable à l'enfant. L'enfant va manger du maïs quand il sera grand. L'enfant mérite autant de respect que la bouture du maïs. Alors, on ne peut comparer les deux. On ne doit pas les mélanger. C'était ça la signification qu'y voyait ma mère. C'est que le tablier aussi est considéré comme quelque chose d'important, la femme s'en sert toujours, au marché, dans la rue, dans tout son travail, alors c'est quelque chose de sacré pour la femme et elle doit toujours le garder. Et après ma mère m'expliquait beaucoup de détails. Par exemple les oiseaux, les remèdes. Ne t'avise jamais de manger de cette herbe ou de la prendre comme remède. Alors elle expliquait pourquoi on ne doit pas prendre cette herbe. Une femme enceinte ne peut pas prendre n'importe quelle sorte de remèdes, n'importe quelle décoction d'arbre non plus... Et elle m'expliquait ensuite que je devais avoir mes règles. Je lui posais beaucoup de questions à voix haute, pendant que nous cueillions des herbes, au pied des montagnes, mais, comme je disais, elle discutait plutôt sur mes grands-parents, pas sur elle. Mais quand j'avais mal au ventre, je ne le disais pas à ma maman, j'allais plutôt chercher mon père, à cause de la confiance même que j'avais en lui. Et il y avait des détails que j'aurais pu demander à ma mère, mais je demandais à mon papa. Et ma maman disait qu'on l'a un peu abandonnée quand elle était petite fille. On ne s'est pas occupé d'elle, et elle a dû tout apprendre toute seule. Elle disait, moi quand j'ai eu mes règles, je ne savais même pas ce que c'était. Ma maman se mettait très en colère. Elle nous apprenait très bien tout ce qu'il y avait à faire, mais si nous ne le faisions pas bien, ma maman nous punissait. Elle disait, si je ne les corrige pas maintenant, après, qui est-ce qui va leur apprendre. C'est pour vous, ce n'est pas pour moi. Je me rappelle que j'ai commencé à faire les *tortillas* vers trois ans environ. Ma maman dit qu'à trois ans je savais faire beaucoup de choses. Je pouvais laver le *nixtamal*. Elle m'apprenait comment ça se lavait et comment ça se faisait. Quand j'ai été déjà plus grande ma maman m'expliquait que je ne pouvais pas marcher au-dessus de certaines choses. Par exemple une assiette ou un verre. Ne pas marcher au-dessus du maïs, vu que le maïs est la nourriture de tous. Des détails, comme ça, qu'on doit apprendre.

Je me rappelle aussi quand nous allions semer aux champs. Ma maman m'expliquait toujours quels sont les jours fertiles pour semer. Ma mère a toujours fait des rêves avec la nature. Je m'imagine que c'étaient surtout ses imaginations à elle. Mais quand on a une croyance, bien souvent les choses se passent comme on le croit. J'ai vérifié ça bien souvent avec les remèdes. Je dis, ça oui, ça va me soigner. Et, logiquement, ça me soigne, même si ce n'est pas le remède qui a produit cet effet. Je crois que ma mère était comme ça. Elle disait que quand elle était petite, elle grimpait aux arbres et sur les troncs, et elle faisait paître les bêtes, et tout. Elle conversait beaucoup avec les animaux. Par exemple, quand elle battait un animal, ensuite elle lui disait, je t'ai battu pour ça, ne te fâche pas. Et comme ça, elle s'entend de nouveau bien avec lui. Et elle racontait que quand elle était petite, elle avait recueilli un petit cochon dans la montagne, et elle savait que le petit cochon n'appartenait à personne, parce qu'il n'y avait pas de voisins ; nous étions les seules familles à vivre en cet endroit. Il y avait des familles loin, loin à des kilomètres de l'endroit où nous nous trouvions. Elle a recueilli le petit cochon, l'a emporté à la maison, et, comme mon grand-père est un homme très honnête, il est capable de battre n'importe quel de ses enfants s'il volait, même si c'était une petite chose, ou un fruit.

Pour les indigènes, c'est interdit de voler dans une maison de voisins. Personne ne peut abuser du travail des voisins. Alors, elle l'a caché dans le *temascal*, et elle a laissé là le petit cochon. Mon grand-père avait deux vaches et les vaches donnaient du lait, et ils faisaient du fromage, et ce fromage allait pour le marché, où ils le vendaient aux riches. Alors ma maman retirait une partie du lait et le donnait au petit cochon pour qu'il grandisse sans que mon grand-père le voie. Mais au bout de quinze jours — c'est incroyable, parce que le petit cochon était en vie —, il était grand, et il grandissait de jour en jour, bien qu'il n'avait pas de maman. Alors mon grand-père s'est rendu compte que ma maman avait un petit cochon. Et il a presque tué ma maman, et il lui a dit : « Va rendre le petit cochon. Je ne veux pas dans ma maison des cochons volés aux voisins. » Et ma maman savait bien qu'elle ne l'avait pas volé. Il y a eu toute une histoire, mais ensuite ils ont permis que le petit cochon grandisse, même si mon grand-père disait à ma maman qu'elle devait chercher par elle-même de quoi nourrir le cochon. Et ainsi, ma mère se sacrifiait. Vient un moment où le porc est déjà grand, il devait avoir cinq ou six mois, et ma maman se désespérait et discutait avec lui. Elle lui disait : « Mon papa ne t'aime pas, mais moi, si, je t'aime. » Ensuite, une nuit, arrivent les coyotes, et ils emportent le porc. Ils étaient trois ou quatre coyotes. Alors le porc s'est mis à crier, et ma maman est sortie en courant. Ma mère, bien résolue, a pénétré dans la montagne, en courant pour rattraper le porc, mais quand ils se sont davantage enfoncés dans la montagne, ma mère a senti un vent. Alors ma maman s'est dit : « Ah, c'est clair que ce porc appartient au monde, il n'est pas à moi. » Et ma maman a abandonné l'animal et elle est rentrée, mais tout le temps elle rêvait de son petit cochon. Elle le voyait quand les coyotes le tenaient dans leur gueule et l'emportaient.

À cette époque, ma mère disait qu'elle allait apprendre avec un *chimán*, comme nous appelons un monsieur qui devine les choses des indigènes. C'est comme un médecin pour l'indigène, ou comme un prêtre. Alors ma maman disait, je vais être *chimán*, et je m'en vais avec un de ces messieurs. Et ma maman est partie et elle a appris beaucoup de choses des imaginations du *chimán*, qui ont beaucoup de rapports avec les animaux, avec les herbes, avec l'eau, avec le soleil. Ma maman a beaucoup appris mais qui sait, peut-être ce n'était pas ça son devoir, mais en tout cas ça l'a beaucoup aidée pour apprendre à se concentrer et pour beaucoup d'autres choses. Ma maman aimait beaucoup la nature. Le ciel du Guatemala en général est toujours bleu, alors, quand il se met à y avoir des nuages aux lisières des montagnes, ça veut dire qu'il va pleuvoir. Ma mère savait distinguer quels sont les jours où il allait pleuvoir, comment était la pluie qui allait tomber, si elle allait être forte, ou moins forte. Ma mère, quand se mettait à passer un rang de nuages, qui allaient vers telle direction, disait : « Dépêchons-nous les enfants parce qu'il va pleuvoir. » Et c'est vrai qu'il pleuvait, comme si elle l'avait calculé elle-même. Elle a eu beaucoup de joies, malgré la vie très triste que nous avions, et malgré qu'elle souffrait beaucoup quand elle nous voyait malades. Je me rappelle qu'il y avait des fois que je ne pouvais pas marcher, parce que j'avais la plante des pieds qui se fendait. Quand il pleuvait, c'était la boue elle-même qui me les fendait, et ça pourrissait entre les doigts.

Une des choses que je me rappelle, c'est que ma mère connaissait beaucoup de médecines naturelles de la campagne, et, n'importe quelle maladie que nous avions, elle cherchait des feuilles de plantes et elle nous guérissait tout de suite. Des choses, comme ça, des particularités de ma mère, c'était qu'elle aimait bien offrir des petites choses. N'importe qui venait à la maison, même s'il n'y avait pas le nécessaire, ou suffisamment, elle nous disait qu'à toute personne qu'on reçoit dans une maison on doit toujours offrir quelque chose, même si c'est un petit peu de *pinol,* et si c'est le moment de manger, même si c'est juste une *tortilla* avec du sel, ou ce qu'on peut trouver, bien sûr. « Il faut toujours savoir offrir », disait ma maman. Parce que la personne qui sait offrir, elle aussi recevra à un moment donné. Quand elle se trouvera dans une situation difficile, elle n'aura pas à affronter toutes les souffrances toute seule, non, elle recevra toujours de l'aide, même si ce n'est pas de la même personne à qui elle a offert, mais parce qu'ainsi il y aura toujours des gens qui vont vous estimer. Elle nous obligeait aussi toujours à garder un peu d'eau chaude sur le feu. Toute personne qui passait à la maison, on pouvait faire au moins ne serait-ce qu'un peu d'*atol.*

Elle nous apprenait aussi à nous occuper de toutes les choses de la maison, à les préserver. Par exemple les marmites. Elle avait beaucoup de marmites de terre cuite depuis ça faisait très longtemps, qui ne s'étaient pas cassées ou qui ne s'étaient pas abîmées, parce qu'elle savait très bien conserver ses petites choses. Alors elle nous disait qu'avec la pauvreté, on ne peut pas acheter des choses à tout moment, et on ne doit pas non plus seulement exiger du mari, non, on doit soi-même y mettre du sien pour avoir ses petites choses. Et elle nous donnait des exemples de gens qu'elle avait vus, ou qu'elle-même avait aidés à ce qu'ils s'améliorent ; c'est le cas de beaucoup de femmes qui ne savent pas la valeur d'une marmite, et quand elles ne l'ont plus, elles sont bien obligées d'en acheter une autre. Elle était comme ça, en toutes choses. Et une autre des choses qu'elle nous enseignait aussi de nos traditions, c'est qu'il ne faut pas mélanger les vêtements de femme avec les vêtements d'homme. Elle nous disait de mettre d'un côté les vêtements de mes frères, quand on fait la lessive. D'abord on lave les vêtements des hommes, elle disait, et en dernier, les nôtres. Dans notre culture, bien souvent on considère l'homme comme quelque chose de différent — bon, on estime aussi la femme, mais si nous autres nous faisons les choses, nous devons les faire bien, en premier lieu, pour les hommes. En second lieu, parce que c'est une façon d'encourager spécialement les hommes, que nos ancêtres avaient aussi. De ne pas mélanger ses affaires, parce que c'était l'ordre que je crois ils respectaient. C'est ce que disait ma maman, qu'il ne fallait pas mélanger les vêtements de l'homme avec ceux de la femme, pour les laver. Ma maman disait que nous les femmes, nous avons d'autres choses, comme par exemple, nos règles, que l'homme n'a pas. Alors, tous nos vêtements à nous sont à part. Et c'est comme ça pour tout ; qu'il ne faut pas mélanger les choses. Surtout pour les vêtements. Pour les choses de la vaisselle, et tout ce qu'il y a à la maison, ce n'est déjà plus chacun le sien.

Et il y a quelque chose que je voyais faire à ma mère aussi. Très souvent, mon papa rentrait du travail fatigué, et ma maman préférait donner à mon papa la plus grande part de nourriture, et elle, elle restait avec peu. Et moi je lui demandais toujours à ma maman, pourquoi donc mon papa devait manger beaucoup ? Ma maman disait que mon papa dépensait tout le temps beaucoup de forces dans son travail, et que si nous ne prenions pas soin de lui, mon papa pouvait tomber malade et devenir faible. C'était l'encouragement qu'elle donnait à mon papa, c'est pour ça qu'elle lui donnait à manger. C'était comme ça pour tout, mais une des choses importantes, disait ma maman, est que ça dépend de la femme si on dépense moins d'argent. Parce qu'à la campagne, les choses qui s'achètent pour la semaine, ou les dépenses de la maison, ça dépend de la femme, comment elle se débrouille avec. C'est la femme qui garde l'argent. Si c'est à la femme d'aller au marché, elle achète, mais sinon, elle doit indiquer à l'homme ce qui manque à la maison, pour que lui l'achète. Ma maman n'allait presque pas au marché. C'est mon papa qui y allait, et il faisait tous les achats que ma maman lui demandait, même si c'était une marmite, ou un balai, ce qu'il devait acheter. Une autre chose, c'est que comme ma maman a été sage-femme pendant longtemps, elle connaissait la plupart des plantes médicinales, n'importe quel remède, pour les gens, que ce soient des adultes ou des enfants, alors, il y avait des fois qu'à trois ou quatre heures du matin, on l'appelait pour aller voir un malade. Elle n'était presque jamais à la maison. Pour ça, elle devait nous faire beaucoup de recommandations, et depuis tout petits elle nous a enseigné comment on doit s'occuper de la maison, comment on doit prendre soin de toutes les choses pour qu'elles ne s'abîment pas. Ma mère était très heureuse, parce que j'ai une sœur qui a copié exactement ma maman. Elle a appris tous, tous les détails de ma maman, et c'est comme ça que ma sœur faisait à la maison. Elle est mariée, et je ne sais pas où elle peut se trouver maintenant.

Ma maman n'avait pas besoin de nous montrer la nourriture, parce que nous autres, nous devions chercher de quoi manger de par nous-mêmes. Et pour ne pas manger seulement une sorte d'herbes, parce qu'on en a assez, alors il fallait chercher de nouvelles choses à manger. Et encore plus quand c'est le temps de la récolte, et une seule de nous autres reste à la maison, parce que tous vont faire la moisson. Alors, celle qui reste à la maison se charge de chercher à manger pour midi

Ma maman, elle aimait être toujours en train de faire quelque chose. Elle savait faire des *petates,* elle savait faire des tissages et des tresses pour les chapeaux, elle savait aussi faire des marmites en terre cuite, des *comales ;* tout ça, ma maman savait le faire. À tout moment, par exemple un dimanche, qu'elle n'allait pas faire la lessive parce que c'étaient nous autres qui y allions quand nous étions déjà grandes, ma maman se mettait à faire des choses pour la maison. Par exemple ça lui laissait le temps de faire son *comal,* ou deux, ou des marmites de terre cuite. Ou ce dont les gens la chargeaient. Dans les derniers temps, elle avait une vache, qui l'aimait beaucoup, beaucoup (ou qu'elle aimait beaucoup, beaucoup ?).

Quand nous autres avons grandi, quand il y avait déjà mes belles-sœurs, ma sœur, ce n'était pas tellement nécessaire que ma mère soit aussi là pour remplir toutes les tâches de la maison. Alors elle se levait, et elle sortait tout de suite pour voir les animaux, pour les laisser dans les endroits où ils allaient rester toute la journée. Et quand les *mozos* partaient ensuite au travail, elle aussi allait travailler aux champs. Les gens l'estimaient beaucoup parce qu'elle était la dame qui allait de partout, même si des fois nous autres nous ne voulions pas que ma mère continue d'aller et venir, parce qu'elle nous manquait à la maison. Il y avait des fois qu'elle ne rentrait pas pendant deux, trois jours, parce qu'elle devait s'occuper de ses malades. Et nous autres, surtout mes frères, ils se fâchaient. Ils voulaient que ma mère reste à la maison. Ensuite, ça a été quand elle s'est déjà mise à aller dans les autres villages, et quand elle a commencé à travailler comme une femme organisée. Elle partait voir les malades, mais en même temps, elle travaillait dans l'organisation. Elle organisait les femmes.

Et il y avait une chose que ma mère disait par rapport au machisme. Il faut tenir compte de ce que ma mère ne savait ni lire ni écrire, et elle ne savait rien non plus des théories. Ce qu'elle disait elle, c'est que ni l'homme n'est coupable ni la femme n'est coupable du machisme, mais que le machisme fait partie de toute la société. Mais que pour combattre le machisme, il ne fallait pas s'attaquer à l'homme, et pas non plus s'attaquer à la femme. Parce que ma mère disait, ou c'est l'homme qui est machiste, ou c'est la femme qui est machiste, elle disait ma maman. Parce que bien des fois on tombe dans les deux extrêmes, et la femme dit, je suis libre, et elle se radicalise en ce sens. Alors, au lieu de résoudre le problème, on l'agrandit encore. Et ma maman disait : « Nous autres les femmes, nous avons un rôle très important à jouer face à cette situation, vu que nous autres nous savons mieux exprimer l'affection. » Et elle donnait l'exemple de mon papa, que quand ils étaient jeunes, mon papa aimait toujours qu'on le serve. Et en même temps, il était très jaloux. Mais ma maman racontait qu'ils se sont mis à discuter, parce qu'ils devaient apprendre à mener une vie d'adultes.

Quand elle s'est mariée, ils ont eu du mal à comprendre qu'ils devaient mener une autre vie, que la vie d'un couple marié n'était pas la même qu'avant. Bon, moi, je ne peux pas le justifier, parce que je suis une femme célibataire, mais ma maman disait que, dans le couple, il va toujours y avoir des problèmes. Qu'on le veuille ou non, si élevé que soit le mariage, il va y avoir des problèmes. Mais, pourtant, ce sera aux deux de résoudre ces problèmes. Et pour les résoudre, il faut qu'ils fassent leur propre vie à tous deux ; une vie d'adultes. C'est peut-être à ça que se référait ma maman. Quand elle parlait du problème de la jalousie qu'avait mon papa. Alors, c'est seulement quand ils se sont mis à discuter, qu'ils se sont compris tous les deux, que le problème se résout. Parce que si consciente que soit la femme, si conscient que soit l'homme, si on ne discute pas, ils ne se comprennent pas, et elle disait : « C'est que personne, même pas les autres femmes, ne va te résoudre ton problème, si tu ne te mets pas toi-même à penser comment tu vas le faire. » Et aussi dans le cas des hommes. Et, un autre des exemples que ma maman donnait, c'est que, quand mon papa était furieux, ma maman ne lui répondait jamais. Mais les moments où ils étaient les deux bien, dans leurs cinq sens, c'est quand ils discutaient. C'est comme ça que commencent à s'en aller les défauts qu'ils ont tous les deux. C'est comme ça qu'ils ont réussi à faire une bonne famille. Bien sûr, il y avait des problèmes, et il y avait des fois où ils se disputaient, mais ça ne voulait pas dire que le mariage soit un mauvais mariage, non, ils s'entendaient bien et ils se comprenaient. Et c'était surtout à cause de ça que ma mère avait toute la liberté de faire son travail et qu'elle sortait. Parce que chez nous, les indigènes, bien des fois, on a du mal à accepter que la femme puisse sortir seule... Du fait, comme je disais, que depuis toutes petites nous devons aller avec notre maman ou avec un de nos petits frères. Et ça continue comme ça, cette histoire. La femme mariée n'a pas toute la liberté de sortir, de s'en aller seule ou de rendre visite aux voisins. Peut-être à cause de la jalousie du mari, ou qui sait, comme nous en tenons toujours compte nous autres, c'est la vie en communauté, pour qu'elle ne soit pas mal vue par la société. C'est l'image que nous devons donner vis-à-vis de tous. C'est de là que vient cette façon de vivre, bien souvent dépendante des autres. Mais ma maman avait l'entière liberté de sortir, parce qu'elle était la dame qui représentait la communauté. On avait réussi une vie relativement en commun, dans ma communauté ; des fois les femmes s'en allaient toutes au marché, elles descendaient ensemble au bourg, faisaient leurs achats. Et je me rappelle que chaque fois que nous descendions au bourg, il venait tout un groupe de femmes, de dames de la communauté, parce que nous autres, entre voisins, nous avons un dialogue important. Il y avait aussi des fois où on descendait tous ensemble, hommes, femmes et enfants, sur le chemin. Nous nous séparions pour faire les achats et nous rentrions.

Ma maman avait aussi beaucoup de patience, avec ses fils, avec ses brus. Il y avait beaucoup de problèmes parce que nous autres nous avons grandi dans une famille très nombreuse. Il y avait mes grands-parents, il y avait tous les enfants, et la première belle-sœur avait déjà trois enfants et elle vivait encore avec nous. Ça aussi ça faisait qu'il y avait pas mal de travail : s'occuper de la petite maison, de la nourriture, et de la vaisselle. Alors, la plupart d'entre nous allaient au travail. Ma belle-sœur restait à la maison, et des fois elle s'en allait travailler avec nous autres. Mais c'était agréable quand tout le monde sortait travailler. Nous avions davantage de plaisir quand nous faisions la cueillette des haricots, et que nous faisions la récolte, la *tapizca*. Avant la *tapizca* bien souvent on cueille les haricots, d'autres fois c'est après. Nous avions un bon dialogue avec mes frères, mes sœurs. Et arrive le moment où les autres se marient, et ma maman avait de grands problèmes à affronter, parce que, d'abord, les épouses de ses fils n'étaient pas habituées au travail, comme nous autres le faisons. Et, en même temps, elles ne voulaient pas vivre de leur côté, parce que ce sont des personnes qui viennent aussi de grandes familles, et la femme se sentirait mal si elle se trouvait seule avec son mari dans une maison. Alors elles se sont installées à la maison avec nous, et c'est une obligation, dans chaque communauté, que la femme vive avec les parents du jeune homme. Et nous avons commencé à avoir des problèmes parce que ma sœur avait très mauvais caractère et ça ne lui plaisait pas qu'on fasse les choses à moitié, non, elle aimait qu'on les termine et qu'on les finisse rapidement. Ma sœur ne se reposait pratiquement pas. Elle était toujours en train de travailler, toujours en pleine occupation, et mes belles-sœurs, bien sûr, avaient du mal à s'adapter au travail. On s'est trouvé dans la grande nécessité de mettre mes belles-sœurs dans un endroit à part, parce qu'il n'y avait pas moyen qu'elles puissent vivre dans notre maison.

Ainsi, ma maman affrontait de grands problèmes, parce qu'elle devait partager son affection entre tous ses fils, et aussi ses brus. Et nous autres, nous étions très rancuniers. Il y avait un peu de jalousie de notre part quand ma maman s'en allait chez les autres frères, quand ils ont déjà eu leur maison à eux. Parce que ma maman prenait encore soin d'eux comme si c'étaient des enfants. Nous avons commencé à faire des jalousies, et nous disputions ma maman quand elle rentrait à la maison. Nous nous sommes disputés avec mes frères, à cause des belles-sœurs. Mais ma maman partageait entre tous, et elle disait que si elle en aimait un, elle devait nous aimer tous. Ou alors elle devait tous nous rejeter. Ma mère ne savait pas exprimer ses connaissances des choses politiques, mais elle était très politisée, grâce à son travail, et elle pensait que nous autres nous devions apprendre à être des femmes, mais des femmes utiles à la communauté. C'est pour ça que, depuis toutes petites, nous devions aller avec elle, comme pour apprendre le modèle que notre mère nous donnait, ou copier sur elle tous les détails qu'elle nous apprenait sur la politique. Ça a été elle qui s'est décidée la première à la lutte ; avant moi, parce que moi je ne savais pratiquement rien, je ne savais pas seulement ce que ça voulait dire.

Ma mère était une femme qui avait déjà une vision politique, et qui travaillait déjà dans des organisations quand moi je ne savais encore rien. Elle n'a pas appartenu à une organisation spécifique. Elle recevait des informations du CUC, mais quand elle a également connu les compagnons de la montagne, les *guerrilleros*, elle les aimait comme ses enfants. C'est elle qui les a connus d'abord, dans d'autres endroits, parce que ma mère voyageait toujours, pour aller voir les malades, et beaucoup de gens l'appelaient pour qu'elle s'occupe de femmes enceintes, à d'autres endroits. Ça a été comme ça qu'elle les a connus. Quand elle avait l'occasion de travailler avec le CUC, elle agissait en tant que CUC, mais elle n'a pas eu d'organisation spécifique. Elle disait que ce qui importait c'était de faire quelque chose pour le peuple. Elle disait qu'elle serait triste de mourir sans rien faire, sans tenir des choses réelles entre les mains. Quand elle me voyait moi, avant encore que j'aie un travail spécifique en tant que CUC — parce que, avant, j'étais seulement collaboratrice, ce qu'ils me demandaient je le faisais, mais pas en tant que femme organisée —, alors ma maman me disait : « Ma fille, il faut s'organiser. Ce n'est pas quelque chose que j'exige parce que je suis ta mère, mais c'est une obligation pour toi de mettre en pratique ce que tu sais. C'est déjà fini, les temps du paternalisme, où c'est, la pauvre fille, elle ne sait rien. » Ma mère n'a pas fait de distinction entre la lutte de l'homme et la lutte de la femme. Elle disait : « Je ne t'oblige pas à cesser de te sentir une femme, mais ta participation doit être égale à celle de tes frères. Mais tu ne dois pas pour autant te rajouter comme un numéro de plus. Ça veut dire que tu dois accomplir de grandes tâches, analyser ta situation en tant que femme, et exiger ta part. Ce n'est que quand un enfant réclame sa nourriture qu'on s'occupe de lui ; mais un enfant qui ne pleure pas, on ne lui donne rien à manger. » C'est comme ça que j'ai compris que je devais participer d'une façon plus concrète.

Ma maman était aussi très courageuse. Les dimanches elle sortait à trois heures du matin pour aller au bourg, avec son cheval, qui était sa seule compagnie. Mais, comme je disais, ma maman était courageuse, et pourtant, malgré ça, j'ai appris davantage de mon papa. Et ça, je le regrette, parce que ma mère savait beaucoup de choses que je ne sais pas. Par exemple, en ce qui concerne les médecines, ou la façon qu'elle avait de penser la nature. Bien sûr, je connais ça, mais à un niveau général, pas profondément.

Maintenant, ma maman avait une conception de la femme, comme ce que pensaient les femmes de nos ancêtres, qui étaient des femmes très rigides, qui doivent apprendre tout leur rôle de femme pour pouvoir vivre et affronter tant de choses. Et elle avait raison, parce que nous pouvions voir une différence. Mon papa était très tendre et il me défendait beaucoup, mais qui affrontait les grands problèmes au niveau de la famille, c'était ma mère. Elle était capable de voir son fils même en train d'agoniser, et de faire tout le possible pour le sauver. Mais, par exemple, quand mon papa voyait mon petit frère, qui tombait très souvent malade tout seul, qu'il était presque à l'agonie, mon papa s'enfuyait. Pour lui, il valait mieux se soûler et tout oublier. Tandis que ma maman ne se permettait pas le luxe de se soûler quand elle devait faire tout le possible pour arracher mon petit frère du danger de la mort. Il y avait beaucoup de choses de valeur chez mon père, qu'il savait affronter les situations, mais il y avait beaucoup de choses aussi qu'il ne savait pas affronter. Et ma mère, elle, savait affronter beaucoup de choses, mais il y en avait aussi d'autres qu'elle n'avait pas la capacité de faire. Alors, je les aime pareil, et j'ai de l'affection pour les deux, mais je peux dire que j'ai davantage grandi aux côtés de mon papa. Malgré le fait que ma mère a été la maîtresse de beaucoup de gens, moi je n'ai pas appris d'elle autant que je devais apprendre.

XXXI

Les femmes et l'engagement politique

« Nous avons dissimulé notre identité parce
que nous avons su résister. »

RIGOBERTA MENCHÚ.

Je n'ai pas encore abordé le thème, c'est peut-être un thème très
long, de la femme au Guatemala. Il faudrait aussi faire des classifica-
tions. La femme ouvrière, la femme paysanne, la femme *ladina* pauvre,
et la femme bourgeoise. La femme de classe moyenne. Mais il y a
quelque chose d'important chez les femmes du Guatemala, surtout la
femme indigène, quelque chose d'important qui est sa relation avec la
terre ; entre la terre et la mère. La terre nourrit et la femme donne vie.
Face à ça, la femme elle-même doit garder ça comme son secret à elle,
un respect vis-à-vis de la terre. C'est comme une relation entre mari et
femme, la relation entre la mère et la terre. Il y a un dialogue constant
entre la terre et la femme. Ce sentiment doit naître chez la femme à
cause des responsabilités qu'elle a, qui sont étrangères à l'homme.
C'est comme ça que j'ai pu analyser les tâches spécifiques que j'ai dans
l'organisation. Je me rends compte que beaucoup de compagnons sont
révolutionnaires, ce sont de bons compagnons, mais ils n'arrêtent
jamais de ressentir ça, que, quand une femme est leur responsable, ils
pensent que c'est leur avis à eux qui est le meilleur. Et, bien sûr, il ne
faut pas sous-estimer toute cette richesse qu'ont les compagnons, mais
il ne faut pas non plus les laisser faire ce qu'ils veulent. Moi j'ai une
responsabilité et je suis responsable et ils doivent m'accepter telle que
je suis. Alors, je me suis retrouvée avec beaucoup de problèmes en ce
sens, quand bien souvent j'ai dû donner des tâches à ces compagnons.

Des fois j'avais de la peine à assumer ce rôle. Mais je réfléchissais consciemment que c'était mon rapport, et qu'ils devaient me respecter. Mais il m'en coûtait de leur dire, camarade, voici quelles sont tes tâches, camarade, voici quels sont tes défauts ; comment allons-nous faire pour les corriger ? Il ne s'agit pas de dominer l'homme, pas non plus d'être triomphaliste, mais c'est une question de principe ; je dois participer à l'égal de tout compagnon. J'avais beaucoup de mal pour ça, et, comme je disais, je me suis retrouvée avec des compagnons révolutionnaires, des compagnons qui ont beaucoup d'idées pour faire la révolution, mais ils ont un peu de mal à accepter la participation de la femme, aussi bien pour les choses superficielles que pour les choses profondes. J'ai eu aussi à donner des sanctions à beaucoup de compagnons qui essayent d'empêcher leurs compagnes de participer à la lutte, ou à quelqu'une des tâches. Même si des fois ils sont disposés à ce qu'elles participent, mais dans certaines limites. Alors ils disent, ah non ! pour ça, c'est clair que elle, non ! Alors nous avons commencé des discussions avec ces compagnons pour résoudre ce problème.

Bien sûr, ma mère n'avait pas tous ces concepts, toutes ces théories, pour la question de la femme. Mais elle connaissait tant de choses pratiques. J'ai appris beaucoup de ma maman, mais j'ai aussi beaucoup appris avec d'autres personnes. Justement j'ai eu l'occasion de parler avec d'autres femmes qui ne sont pas du pays. Nous avons discuté de l'organisation des femmes, et nous arrivions à une conclusion, que beaucoup de femmes se chargent des problèmes des autres, mais les leurs propres, elles les laissent de côté. C'est quelque chose qui fait mal, et qui nous montre un exemple de ce que nous devons nous-mêmes résoudre nos problèmes, et ne pas demander que quelqu'un vienne les résoudre, parce que c'est des mensonges. Personne ne va nous les résoudre, et nous le voyions précisément avec des compagnes indigènes, qui ont aussi une grande clarté politique, et une participation à un niveau de direction dans l'organisation. Nous voyons le changement, la révolution, la prise du pouvoir, mais ce n'est pas le changement profond d'une société. Et nous sommes arrivées à une conclusion, avec toutes les compagnes — parce qu'il y a un certain temps, nous pensions créer une organisation pour les femmes —, c'est que c'est quelque chose de paternaliste de dire, voici l'organisation pour les femmes, alors que dans la pratique, les femmes aussi travaillent et sont exploitées. Les femmes aussi font la cueillette du café, du coton, et puis, beaucoup de compagnes ont pris les armes à la main, beaucoup de femmes âgées qui sont aussi en train de lutter jour et nuit, alors ce n'est pas possible de dire qu'il faut que nous mettions sur pied maintenant une organisation pour que les femmes se relèvent ou qu'elles travaillent ou qu'elles étudient les problèmes des femmes. Bien sûr, ça n'est pas un concept qui vaut pour toujours. C'est la conjoncture qui maintenant se présente à nous. Peut-être, plus tard, en fonction des nécessités, il y aura une organisation pour les femmes du Guatemala. Dans l'immédiat, nous pensons nous les femmes que c'est alimenter le machisme quand on fait une organisation rien que pour les femmes, parce que ça impliquerait de séparer le travail des femmes du travail de l'homme. Et nous avons trouvé que quand nous discutons des problèmes de la femme, il est nécessaire que l'homme soit présent pour qu'il contribue aussi, qu'il donne son avis sur la manière de prendre ce problème. Qu'ils apprennent eux aussi. Parce que s'ils n'apprennent pas, ils n'avancent pas. La lutte nous a appris que beaucoup de compagnons ont les idées claires, mais si le compagnon ne suit pas les traces de la compagne, il n'arrivera pas à avoir la même clarté qu'elle : alors, il reste en arrière. À quoi nous sert d'éduquer la femme, si l'homme n'est pas présent et ne contribue pas à cet apprentissage et n'apprend pas lui aussi. Créer une organisation pour les femmes, c'est donner une arme de plus au système qui nous opprime. Ça nous ne le voulons pas. Nous devons participer à égalité. Si on pose une question à un compagnon par rapport au machisme, il devrait être capable de donner tout un point de vue sur la femme, et également la femme sur l'homme, parce que les deux ont fait leurs analyses ensemble.

Dans mon cas, que je ne suis pas mariée, j'ai pourtant participé à de grandes discussions où on a parlé des problèmes des femmes et de l'homme dans un même cercle. Alors, nous considérons que c'est comme ça que nous devons avancer bien. Bien sûr, nous ne pouvons pas dire que rien qu'avec ça nous allons effacer le machisme, parce que ce serait un mensonge. Dans tous les pays, révolutionnaires, dans les pays socialistes, ou ceux qu'on voudra, le machisme existe toujours et c'est une maladie commune de tout le monde ; ça fait partie de la société ; alors, on pourra améliorer en partie, effacer en partie. Peut-être qu'on ne va pas pouvoir résoudre totalement le problème.

Et il y a d'autres choses aussi que nous découvrons en ce moment au Guatemala par rapport aux intellectuels et aux gens analphabètes. Nous avons vu que nous n'avons pas tous les capacités qu'ont les intellectuels. Peut-être qu'un intellectuel est plus agile, peut-être qu'il sait faire des synthèses plus fines, mais quand même, bien des fois, nous aussi, les autres, nous avons la même capacité pour beaucoup de choses. Il y a un certain temps, tout le monde considérait qu'un dirigeant devait être une personne qui devait savoir lire, écrire, et élaborer beaucoup de textes. Il est arrivé un moment où nos dirigeants tombaient dans l'erreur et disaient : « C'est que je suis un dirigeant, ma tâche est d'être la direction, et vous vous luttez. » Alors, il y a certains changements qui doivent s'accomplir dans tout processus, et ce n'est pas rare. Je crois que dans tous les processus on en est passé par là, qu'un opportuniste arrive, il sent qu'il est apprécié, et il abuse de la confiance des autres. Et vient un moment où beaucoup de nos dirigeants venaient de la capitale et ils venaient nous voir dans une *finca,* et ils disaient : « C'est que vous autres les paysans, vous êtes idiots, vous ne lisez pas, vous n'étudiez pas. » Alors les paysans leur ont dit : « Tu peux t'en aller dans la merde avec tes livres. Nous, nous avons découvert que la révolution ne se fait pas avec des livres, elle se fait par la lutte. »

C'est comme ça que nous autres, nous nous sommes, avec raison, proposé d'apprendre beaucoup de choses, parce qu'on doit penser que nous avons déjà tout entre nos mains. Il y a de grands sacrifices à faire. Et c'est comme ça que nous autres, les paysans, nous avons appris à être capables de diriger nos luttes. Et ça, nous le devons à notre conception. Bien sûr, pour diriger, on a besoin de quelqu'un qui connaisse la pratique. Ce n'est pas qu'on a les idées plus justes quand on a davantage souffert de la faim. Mais nous n'avons une conscience véritable que quand nous avons vraiment vécu les choses. Je peux dire que dans mon organisation, la plus grande partie des dirigeants sont des indigènes, il y a aussi une participation de compagnons *ladinos,* et des femmes aussi participent à la direction. Nous devons effacer les barrières qui existent. Entre ethnies, Indiens et *ladinos,* barrières entre langues, entre femme et homme, intellectuel et non-intellectuel. Je pourrais dire que c'est la situation même qui fait que les femmes ne se marient pas en s'attendant à quelque chose de joyeux, une jolie famille, une joie, ou quelque chose qui diffère de leur situation, non, elles s'attendent à quelque chose de terrible. Parce que, même si le mariage, pour nous autres, c'est à la fois une joie — puisque l'idée de nos ancêtres est de ne pas éteindre notre race, pour continuer dans nos traditions et nos coutumes, comme ils l'ont fait eux —, en même temps, c'est quelque chose de très douloureux de penser que quand on se marie on aura toute la responsabilité de prendre soin de ses enfants, non seulement d'en prendre soin, mais d'avoir des soucis et de se débrouiller, et d'arriver à ce que les enfants vivent. Parce que c'est un hasard qu'une famille au Guatemala n'ait pas des enfants qui meurent quand ils sont petits.

Alors, pour ma part, j'ai analysé avec d'autres compagnons ma position par rapport au fait de ne pas me marier. J'ai compris que ce n'était pas une folie ce que je ressentais, que ce n'était pas non plus ma folie personnelle, mais que c'est toute une situation qui fait que les femmes réfléchissent beaucoup avant de se marier ; parce que, qui s'occupera des enfants ? Qui les nourrira ? Et, comme je disais, nous sommes habitués à vivre en communauté, à vivre dans un groupe de frères et sœurs, jusqu'à dix, onze. Mais il arrive aussi un moment où on a des exemples de femmes qui restent seules, parce que tous ses frères et sœurs se marient et s'en vont. Alors, il y a des situations où la femme est obligée de se marier, parce qu'elle pense comme ça va être dur, après, si elle reste seule. Savoir qu'on doit multiplier la semence de nos ancêtres... et en même temps, moi, je rejetais le mariage, c'était ça ma folie. Je pensais que c'était seulement la mienne, mais quand je discutais avec d'autres femmes, elles aussi voyaient de la même façon cette situation du mariage. C'est comme quelque chose de terrible, s'attendre à une vie si dure, avec autant de responsabilités, pour que les enfants grandissent. Au Guatemala on ne pense pas à une autre situation, quand on se marie ou qu'on s'engage pour le mariage, tout de suite on pense aux nombreux enfants qu'on va avoir. Moi j'ai eu beaucoup d'amoureux, et, justement, à cause de cette crainte, je ne me suis pas lancée dans le mariage. Mais il est arrivé un moment où j'avais déjà les idées claires — précisément, quand j'ai commencé ma vie de révolutionnaire. J'étais certaine que je luttais pour un peuple, et je luttais pour les nombreux enfants qui n'ont pas de quoi manger, mais, en même temps, je pensais que ce serait triste pour un révolutionnaire de ne pas laisser une semence. Parce que la semence que nous laisserons sera celle qui ensuite va profiter du produit de notre travail. Mais, en même temps, je pensais aux risques d'avoir un enfant, et pour moi, c'est plus facile de tomber à tout endroit, à tout moment, sans laisser personne qui souffre. Ce serait triste pour moi-même si le peuple se charge de mon enfant, de mes semences, parce que jamais on ne trouve chez une autre personne la tendresse d'une mère, elle aura beau prendre en charge la petite créature, et s'intéresser à elle. J'étais très troublée par cette situation, parce que je voyais beaucoup de compagnons qui étaient si décidés, et ils disaient qu'ils arrivaient à la victoire. Mais, en même temps, je savais qu'à un moment donné ils donnent leur vie et ils n'existent déjà plus. Tout ça me faisait horreur, et me donnait beaucoup à penser.

À une époque j'ai eu un fiancé et je ne savais vraiment pas, parce que dans la conception de nos ancêtres, et qui est la nôtre, on ne cherche pas seulement la joie pour soi-même, mais on la cherche aussi pour la famille. Mais en même temps, j'étais très désorientée. La société et un tas de choses ne me laissaient pas libre. J'avais toujours le cœur en souci. Arrive le moment où mes parents meurent. C'est là que j'ai ressenti ce qu'une fille ressent pour un père ou une mère. Quand il tombe. Et justement de la façon dont ils sont tombés eux. C'est à ce moment que je me suis décidée, et je ne peux pas dire non plus que ce soit une décision définitive, parce que je suis ouverte à la vie. Mais quand même, ma conception est qu'on aura bien le temps après la victoire, parce qu'en ce moment-ci, je ne me sentirais pas heureuse de chercher un compagnon et de me donner à lui pendant que beaucoup de gens du peuple n'essayent pas de chercher leur bonheur individuel, mais qu'ils n'ont pas même un moment de repos. Ça m'a donné beaucoup à réfléchir. Et, comme je disais, je suis humaine et je suis une femme, et je ne peux pas dire que je rejette le mariage, mais ma tâche principale, je pense que c'est d'abord mon peuple et ensuite mon bonheur personnel. Je pourrais dire que beaucoup de compagnons se sont consacrés à la lutte sans limite, sans chercher un bonheur personnel. Parce que j'ai connu beaucoup d'amis dans la lutte qui me respectent comme je suis, comme la femme que je suis. Et des compagnons qui ont des moments amers, qui ont des peines, qui ont des soucis, et malgré ça, ils restent dans la lutte et ils vont de l'avant. Et je pourrais dire que peut-être je renonce à ça à cause de la dure expérience que j'ai, d'avoir vu beaucoup d'amis tombés dans la lutte. Ça ne me fait pas seulement peur, ça me panique, parce que moi, je ne voudrais pas être une femme veuve, et une mère torturée, je ne voudrais pas l'être non plus. Beaucoup de choses me limitent. Ce n'est pas seulement le fait de ne pas vouloir avoir un enfant, mais que beaucoup de détails m'ont fait réfléchir pour renoncer à tout ça. Je peux dire que les compagnons hommes souffrent aussi, parce que beaucoup ont dû donner leurs enfants pour pouvoir continuer la lutte, ou se sont séparés de leur compagne dans une autre région. Ce n'est pas parce qu'ils ne veulent pas du mariage, mais parce qu'ils sentent que c'est une exigence pour lutter pour le peuple. Ma conclusion est que, tant qu'on n'a pas de problèmes, il ne faut pas s'en créer davantage, parce que nous en avons déjà assez comme ça, avec les problèmes que nous devons résoudre. Mais nous avons des compagnes qui sont mariées et qui apportent autant que moi. Des compagnes qui ont cinq ou six enfants et qui sont admirables dans la lutte. C'est un certain traumatisme que j'ai et qui fait que j'ai peur de tout ça. Et plus j'y pense, que si j'ai un compagnon, je vais peut-être l'aimer beaucoup, et je ne veux pas que ce soit juste pour une semaine ou deux, parce qu'ensuite il n'existe déjà plus. Tant que je n'ai pas de problèmes, je ne le cherche pas. Mais, comme je dis, je suis ouverte à la vie. Ça ne veut pas dire que je rejette tout, parce que je sais que chaque chose arrive en son temps, et quand on les fait avec calme, c'est là que les choses marchent bien.

Comme je disais, j'avais un fiancé, et il arrive un moment où ce fiancé ambitionnait beaucoup de choses dans la vie, il voulait avoir une bonne maison pour ses enfants, et vivre tranquille. C'était tout le contraire de mes idées. Nous nous connaissions depuis tout petits, mais malheureusement il a quitté le village, il a dû aller à la ville, il s'est fait ouvrier, et ensuite, c'était déjà plus ou moins un compagnon qui avait une possibilité de travail et qui pensait différemment que moi et que mon peuple. Alors, quand j'ai commencé avec mes convictions révolutionnaires, j'ai dû choisir entre deux choses : la lutte ou le fiancé. Je me faisais beaucoup de conclusions, parce que j'aimais ce compagnon et je voyais les sacrifices qu'il faisait pour moi. C'étaient des fiançailles déjà plus ouvertes que celles que font les gens de mon peuple avec ma culture. Alors, il est arrivé un moment où j'étais entre deux choses, ou lui, ou choisir la lutte de mon peuple. Et j'en suis arrivée à ça, c'est vrai, que j'ai dû quitter le fiancé, avec douleur, avec de la peine, mais je disais que j'avais beaucoup à faire pour mon peuple et que je n'avais pas besoin d'une bonne maison tandis que mon peuple vivait dans des conditions d'horreur comme celles où je suis née et où j'ai grandi. C'est alors que je suis partie d'un côté et lui de l'autre. Moi, bien sûr, je lui disais que je ne méritais pas de rester avec lui parce que lui avait d'autres idées et que jamais dans la vie nous n'allions nous comprendre, vu que lui ambitionnait d'autres choses, et que moi j'en poursuivrais d'autres. C'est ainsi que j'ai continué la lutte, et je me trouve seule. Et, comme je disais, il viendra un moment où les conditions pourront être différentes. Quand nous serons tous, qui sait, je ne dis pas heureux dans une bonne maison, mais au moins que nous ne voyions plus nos terres couvertes du sang et de la sueur de tant de gens.

XXXII

La grève
des paysans travailleurs agricoles
et Premier Mai à la capitale

> « Ce dieu vrai qui vient du ciel parlera
> seulement de péché, sur le péché seulement
> sera son enseignement. »
>
> CHILAM BALAM.

Après la prise de l'ambassade, c'est là que nous avons commencé à nous unir avec tous les secteurs des dirigeants qui sont tombés à cet endroit. Moi je participe pour le CUC, en tant que dirigeante. Même si nous avions déjà une relation étroite avec les autres secteurs, il n'y avait pas d'organisation qui nous rassemble tous. Nous avons gardé secrètes beaucoup de choses, avec les compagnons, ce qui nous a permis en même temps de nous renforcer comme organisation. Notre engagement nous a fait voir que nous devions chercher de nouvelles formes de lutte. C'est ainsi qu'en février 1980 a eu lieu la dernière grève des paysans au Guatemala. Les paysans de la cueillette de la canne et du coton ont réalisé une grève de quatre-vingt mille travailleurs sur la côte sud du pays, et dans la Boca Costa *, et sur la côte même, où il y a le coton et la canne. Les travailleurs ont cessé le travail. Nous avons commencé avec huit mille paysans. Ensuite, peu à peu, le nombre a été en augmentant. Il est arrivé un moment où nous avons réussi à paralyser le travail à soixante-dix et quatre-vingt mille paysans pendant quinze jours. Au cours de cette grève on a utilisé, précisément, les armes populaires que nous avions apprises dans chacun de nos différents secteurs, dans nos différentes ethnies sur l'*altiplano*, dans nos différentes communautés. Ils ont employé de nombreuses formes de lutte. Dans le cas de la cueillette de la canne, les propriétaires ont introduit une machine si moderne, qui coupe la canne, qui la recueille, mais les travailleurs continuent à la cueillir. On a découvert qu'elle ne ramasse pas seulement une tonne, mais qu'elle en transporte davantage. Alors, ça vole les travailleurs parce qu'on les paye seulement pour une tonne. Face à cette situation, les compagnons se sont chargés de saboter ces machines, de les brûler pour que le paysan soit payé pour son travail.

C'est ainsi que le peuple paysan s'est également lancé dans des actions plus violentes contre l'armée. Tout de suite, ils nous ont encerclés de troupes, sur terre et dans les airs. Mais malgré ça, ils n'ont rien pu faire, parce que le nombre de paysans était trop élevé pour qu'il y ait un massacre. Nous avons décidé qu'aucun de nos compagnons ne serait assassiné à cet endroit, et que nous avions le devoir de veiller sur la vie de tous et de nous aider mutuellement. En beaucoup d'endroits de l'*altiplano,* quand l'armée a commencé à se mobiliser avant la grève, beaucoup de gens se sont décidés à faire des barricades sur les différentes routes qui mènent à la côte. Pour empêcher, d'abord, que l'armée passe. Ensuite, nous, les paysans de la côte, nous mettions en place de grandes barricades pour que nous ayons des tranchées quand l'armée arriverait. On a lutté rien qu'avec des machettes, des pierres, des bâtons, concentrés en un seul endroit. C'est comme ça que nous avons réussi à paralyser l'économie. Pendant quinze jours nous sommes restés en grève. Mais pour un propriétaire terrien, quinze jours, avec soixante-dix ou quatre-vingt mille paysans en grève, c'était assez dur. C'était un coup relativement dur. Pendant la grève, beaucoup de compagnons ont été tués par balles. Mais quand ils ont commencé à tirer sur les premiers compagnons, les gens se sont encore plus jetés en avant. Les gens se rapprochaient davantage et couraient sur l'armée.

La grève a été déclarée en février 80. Je travaillais avec le CUC, et je continuais le travail comme journalière dans les *fincas.* Je n'étais pas uniquement dirigeante. Nous avons compris que le rôle d'un dirigeant est avant tout de coordonner, vu que la lutte, ce sont nos propres compagnons qui l'impulsent. Nos propres compagnons sont capables de diriger leur lutte. Avant tout, mon travail était de former de nouveaux compagnons, qui puissent assumer les tâches que je fais, ou que fait n'importe quel compagnon dirigeant. Pratiquement, les compagnons doivent apprendre l'espagnol, comme je l'ai appris, ils doivent apprendre à lire et à écrire comme j'ai appris et ils doivent assumer toute la responsabilité que j'assume pour le travail. Et c'est ainsi que nous pouvons constamment changer de tâche, de travail. Pour cette

ASSOCIATION
s Commerçants du Centre Commercial
de la Plaine
Rue de Picardie
92140 CLAMART

FACTURE N° 1

M FONDATION SINCHI SACHA.

DOI^T

le 19/12 1992

EXACOMPTA facture

1	STand Exposition					150 -
	peupé especès -					

raison. Nous avons eu cette expérience, au Guatemala, qu'on nous a toujours dit, ces pauvres Indiens, ils ne savent pas parler. Alors, beaucoup disent, je vais parler pour eux. Ça nous fait très mal. Ça fait partie de la discrimination. Et nous avons compris que chacun est responsable de la lutte, que nous n'avons pas besoin d'un dirigeant qui ne fasse qu'élaborer des textes, mais que nous avons besoin d'un dirigeant qui soit lui aussi dans le danger, qui coure aussi les mêmes risques que tout le peuple.

Quand il y a beaucoup de compagnons qui ont les mêmes capacités, ils doivent tous avoir l'occasion d'être dirigeants de leur lutte. Nous avons fait la grève pour exiger un salaire minimum de cinq *quetzales,* et nous n'avons pas obtenu les cinq *quetzales* mais nous avons obtenu trois vingt. Le propriétaire terrien s'est engagé à nous donner trois *quetzales* vingt comme salaire minimum, mais il n'a pas tenu sa promesse pour beaucoup de choses. Ils ont augmenté les poids d'un côté, et de l'autre ils nous ont volés d'autres façons. Avant la grève, nous gagnions soixante-quinze centimes par jour si on travaillait très bien. Il y avait des cas où ils payaient cinquante, ou quarante-cinq centimes. Nous avons exigé cinq *quetzales.* Bien sûr, c'était un rude coup pour le propriétaire terrien, parce que sauter de soixante-quinze centimes à cinq *quetzales,* c'est pas mal. On a commencé à agir à nouveau quand les propriétaires terriens ont signé la convention pour nous donner les trois *quetzales* vingt. C'était un salaire juste. En même temps, nous exigions qu'on traite bien les travailleurs. C'est-à-dire qu'ils ne nous donnent pas des *tortillas* toutes dures, des haricots pourris, mais qu'ils nous donnent la nourriture que nous méritons en tant que personnes, qu'êtres humains.

Au début de la grève, j'étais sur la côte, mais après je suis allée sur l'*altiplano* pour organiser les gens pour qu'ils manifestent leur solidarité avec la grève de la côte. C'est-à-dire, à cette époque, sur l'*altiplano,* nous avons fait des peintures, nous avons mis des banderoles en signe de révolte contre les propriétaires terriens. Dans différentes villes, différents bourgs. En même temps nous avons distribué des tracts pour inviter les gens à s'intégrer à leur organisation, au CUC. C'est alors que le régime a été le plus préoccupé par la situation, parce qu'ils pensaient que nous n'étions que quelques-uns à exposer notre vie, et ils ne nous prenaient pas tellement comme quelque chose qui a du poids. Bien sûr, les quatre-vingt mille paysans, ils n'étaient pas tous organisés. Beaucoup ont agi de façon spontanée en voyant que les autres étaient en grève, et ils se sont mis eux aussi dans la grève et ils ont aussi réclamé pour leurs droits. Ça a servi à donner une conscience à beaucoup qui ne l'avaient pas. C'était un succès pour les paysans.

Après la grève, il y avait beaucoup, beaucoup à faire, parce que de tous côtés les compagnons paysans réclamaient une organisation. Ils avaient besoin d'une organisation, parce que la répression a commencé, non plus seulement dans le Quiché, mais les compagnons ont aussi commencé à la subir à Chimaltenango, Solola, Huehuetenango*, et comme ça, les endroits indigènes les plus combatifs. Les endroits les plus peuplés par les indigènes.

C'est à ce moment, je me rappelle, que nous avons travaillé avec le compagnon Romeo et d'autres compagnons qui n'existent déjà plus maintenant, qui ont été torturés par le régime. Une grande répression est tombée sur les villages. Ce que l'armée a fait, c'est d'installer des petits chars dans les parcs, ou certains endroits des villages. De là, ils envoyaient tous leurs tirs au-dessus des maisons. C'était pour que tous les gens se réfugient dans les maisons. Ensuite, arrivait le bombardement sur les maisons. Ce qu'ils voulaient c'était exterminer en une seule fois la population. Ne pas la laisser s'en sortir. Pendant les grands bombardements qu'ils ont faits, ma mère a eu à soigner beaucoup de blessés, qui n'avaient plus de doigts, qui n'avaient plus d'yeux. Elle disait, les pauvres gens ! Et les enfants, qui pleuraient, qui pleuraient. On ne pouvait rien faire parce que la récolte était sur le point d'être moissonnée, et ils ont mis le feu à tout, pour que tout brûle. Les enfants qui n'avaient pas de parents ont dû se réfugier dans la montagne. Les gens cherchaient leurs enfants et ne les trouvaient pas. Ils étaient concentrés en un seul endroit. Ils menaient pratiquement une vie de *guerrilleros*.

La participation des curés a été là très bénéfique, parce qu'ils encourageaient le moral du peuple. L'armée lançait comme une sorte de grenade qui brûle, du napalm. Dans la caserne de Chimaltenango, ils ont mis autour de la caserne tous les gens qu'ils avaient séquestrés ; les femmes, les enfants, les hommes, parce que si la *guerrilla* attaquait la caserne, elle devait tuer aussi les séquestrés. Tout ça a été très douloureux pour la population. Dans beaucoup de villages, l'armée n'est pas entrée. Elle est restée à l'écart, et il faut passer par la montagne, alors ils avaient peur que la *guerrilla* puisse les attaquer. C'est pour cela qu'ils préfèrent bombarder. Ils ont fouillé toute la région, et ils ont pris beaucoup de jeunes gens qui n'appartiennent à aucune organisation, à cause de la difficulté du travail dans cette région, et de la concentration de la répression. Et ils se sont mis à former avec eux des milices dans les villages de Chimaltenango. Les jeunes gens sont obligés d'apprendre à tuer. Beaucoup d'entre eux s'échappent, parce qu'ils ne veulent pas rester là. C'est une situation très difficile. Il y a de grandes routes par où passent l'armée et ses camions. Beaucoup de gens vivent dans les campements, après les bombardements.

Mais le peuple maintenant peut compter avec les quatre organisations armées politico-militaires. l'Armée de *Guerrilla* des Pauvres, l'Organisation du Peuple en Armes, les Forces Armées Rebelles et le Parti Guatémaltèque du Travail[1], noyau de la direction nationale. Quand il y a eu l'affaire de l'ambassade d'Espagne, il y avait déjà de fait un rapprochement entre les organisations populaires et les étudiants. Mais quand on a pris l'ambassade, c'est la première action qu'ils ont faite ensemble.

Quand sont tombés dans l'ambassade des compagnons étudiants, paysans et ouvriers, on a pu vérifier qu'il y avait une alliance. Alors on a commencé à voir comment affronter la politique du régime. La répression s'était étendue à tout l'*altiplano* et à la côte. Elle avait touché des secteurs qu'elle n'avait pas touchés au départ. C'est comme ça qu'on en arrive à la conclusion qu'il faut former un front, et nous l'avons appelé Front Populaire 31 Janvier, en l'honneur de nos compagnons tombés ce jour-là dans l'ambassade d'Espagne. Les organisations populaires intègrent ce front : Comité d'Union Paysanne, Noyaux d'Ouvriers Révolutionnaires, Coordination des *Pobladores*, Chrétiens Révolutionnaires « Vicente Menchú », Front Étudiant Révolutionnaire du Secondaire « Robin García », et Front Étudiant Révolutionnaire Universitaire « Robin García ». Robin García était un compagnon étudiant qui s'est beaucoup préoccupé de la sécurité des autres. C'était un dirigeant étudiant, et ils l'ont tué après l'avoir séquestré et torturé. Alors les étudiants le considèrent comme un héros. C'est à ce moment qu'au début de l'année on a proclamé le Front Populaire 31 Janvier, pour affronter la répression politique. Il est apparu en faisant de nombreuses actions dans le pays, et avec le mot d'ordre : « La *camarilla* dehors. » Grâce au CUC, il rassemble presque tous les paysans. La Coordination des *Pobladores* rassemble la

---

1. Les abréviations qui désignent ces organisations sont respectivement les suivantes : EGP, ORPA, FAR et PGT.

population marginale qui vit dans les environs des villes. Quand on sort de la ville de Guatemala, on rencontre une situation très tragique. Les gens vivent dans des maisons de carton. Ce ne sont même pas des maisons.

De leur côté, les étudiants agissent dans leur milieu. Et les ouvriers sont ceux qui ne sont pas dans un syndicat inscrit publiquement, parce que ça voudrait dire leur mort. Mais ils travaillent au niveau individuel. Notre conception à nous autres est de mettre en pratique l'initiative des masses avec leurs armes populaires. Qu'elles sachent fabriquer un cocktail Molotov pour pouvoir affronter l'armée. Qu'elles sachent mettre à l'œuvre leurs connaissances. Ce que nous utilisons le plus au Guatemala, ce sont les bombes de propagande. Nous faisons des barricades et beaucoup d'actions pour le Premier Mai. Nous cherchons à affaiblir le Gouvernement du point de vue économique, politique et militaire. L'affaiblissement économique consiste en ce que les ouvriers travaillent comme d'habitude, mais détraquent leurs machines, ou cassent une pièce, des petites choses comme ça qui affaiblissent le régime. C'est une lutte revendicative, mais c'est aussi une perte économique pour le régime. Tout ce qu'on peut boycotter, on détruit une plantation de café, de coton. Ça dépend de l'attitude du propriétaire terrien. Nous devons faire ça parce que ce n'est pas autorisé de faire des grèves pour exprimer notre révolte contre les propriétaires terriens. L'affaiblissement économique se fait par nos actions. Nous avons essayé de disperser les forces de l'ennemi. Ils n'avaient pas seulement à attaquer les organisations politico-militaires, mais ils devaient aussi se disperser pour nous attaquer nous autres.

Le Premier Mai de cette année-là a aussi été quelque chose de très important. Ça a été l'action la plus importante que nous avons faite au Guatemala. Le Premier Mai, c'est aussi le jour des travailleurs au Guatemala. Ça faisait un certain temps que nous faisions des grèves, des manifestations ce jour-là. Tous les paysans, nous faisions la route depuis l'intérieur jusqu'à la capitale, à pied. En 1980, la répression a démontré la capacité du régime à nous tuer. Elle a ainsi tué des compagnons travailleurs, ouvriers et paysans. La manifestation s'est faite dans la capitale et il y a eu de grandes fusillades contre les gens. Y compris après la manifestation il y a eu des séquestrations. C'est pour ça que le Premier Mai 1981, on l'a célébré de façon combative par nos actions. Nous avons agi aussi bien dans la capitale qu'à l'intérieur, paysans, ouvriers, chrétiens. On a prévenu une semaine à l'avance la police, les autorités, l'armée, qu'on allait faire la célébration du Premier Mai, et eux ont dit qu'ils seraient en alerte, qu'ils allaient contrôler. Et c'est comme ça que le 28 avril, nous avons commencé déjà nos actions dans la capitale, et aussi en partie à l'intérieur. On a fait une série de barricades ; on a lancé une série de bombes de propagande, on a fait des meetings éclairs. Ça c'est parce que chaque action, nous devons la terminer en une minute, deux minutes, parce que sinon, ça impliquerait un massacre pour le peuple. C'est comme ça que de façon très organisée, à la même heure, on a mis les barricades, on a lancé les bombes de propagande, et on a fait le meeting. Dans mon cas, j'ai participé à l'action de l'avenue Bolivar de la capitale. C'est une rue très importante qui traverse une partie du centre et où aboutissent beaucoup de rues dispersées de la capitale. Comme on a fait aussi des barricades dans les différentes rues de la ville, je me rappelle que chacun des participants, nous avions un rôle à tenir dans cette action. Et les gens eux-mêmes disaient : « Dépêchez-vous ! dépêchez-vous ! » Tellement on était angoissés, inquiets que l'ennemi arrive. Beaucoup de compagnons ont lancé des bombes pour expliquer pourquoi on faisait cette action, tandis que d'autres distribuaient des tracts, ou se chargeaient d'appeler l'ennemi : la police, l'armée. C'est notre conception de l'affaiblissement. Nous savons qu'ils ne vont pas nous trouver quand ils arriveront. Nous autres, nous terminons la barricade, nous les appelons, et quand ils arrivent, nous n'y sommes déjà plus.

Le Premier Mai était arrivé. Le Gouvernement et les patrons d'usine ont dû donner ce jour de repos aux travailleurs. Le 2 mai, nous avons commencé à agir à nouveau. Nous avons fait des appels téléphoniques dans chacune des usines, en disant qu'il s'y trouvait des bombes de grande charge explosive et qu'ils seraient responsables de la vie de tant de personnes. Ça a fait qu'ils ont fait sortir tous les travailleurs, et les ont laissés s'en aller. Beaucoup de travailleurs se sont reposés une semaine, vu que nous les menacions tous les jours. C'est comme ça que nous avons obtenu un repos pour tous les travailleurs. Mais surtout nous avons réussi à ce que le Gouvernement reconnaisse notre capacité, qui est celle du peuple lui-même, qui petit à petit fait mieux les choses. Un compagnon a mis une boîte avec des antennes qui avait la même forme qu'une bombe de forte charge explosive. Il l'avait placée près d'un immeuble, où les gens pouvaient la voir. Alors la police est arrivée avec un grand scandale. Ils ont appelé l'armée. L'armée est même venue avec des chars. Ils ont appelé des gens experts en explosifs qui se mettent à la désamorcer avec délicatesse, avec toutes les pinces spéciales qu'ils ont. Quand ils ont découvert qu'il n'y avait rien dedans, ils étaient furieux. Les soldats se sont mis à tirer en l'air. Ils étaient furieux. Nous avons réussi à faire tout ce que nous voulions faire ce Premier Mai. Le Front Populaire 31 Janvier a continué à faire ce genre d'actions aux dates commémoratives. Ou, par exemple, quand les ex-chefs somozistes qui étaient sur le territoire du Honduras ont attaqué le Nicaragua, nous avons manifesté notre révolte en brûlant une agence d'une ligne aérienne du Honduras. L'important, c'est que nous avons utilisé tous les moyens.

La femme a un rôle incroyable dans la lutte révolutionnaire. Qui sait, peut-être après la victoire nous aurons le temps de raconter, d'expliquer notre histoire. Incroyable. Les mères avec leurs enfants, qui à certains moments participent à une barricade, ou placent une bombe de propagande, ou transportent des documents. La femme a eu une grande histoire. Que ce soit une femme ouvrière ou une paysanne ou une femme professeur, elle a de dures expériences. C'est notre propre situation qui nous a conduites à faire toutes ces choses. Et nous ne le faisons pas parce que nous ambitionnons un pouvoir, mais pour qu'il reste quelque chose pour les êtres humains. Et ça nous donne du courage, pour qu'on se mette sur le pied de guerre. Malgré le danger...

Le régime a tant, tant d'espions dans tant d'endroits différents. Ça peut être dans un autobus, un restaurant, un marché, à chaque coin de rue, il en a partout. Ils ont des gens qui roulent dans des voitures blindées présentables, comme ils ont aussi des gens pauvres qui vendent des balais dans les maisons. Mais malgré tout, ce contrôle n'a pas permis d'arrêter la volonté du peuple. À partir des événements de l'ambassade d'Espagne, les chrétiens révolutionnaires ont décidé de former une organisation et de lui donner le nom de mon père : elle s'appelle Chrétiens Révolutionnaires « Vicente Menchú ». Les chrétiens prennent le nom de mon père, comme le héros national des chrétiens, qui, malgré ses dures expériences, n'a jamais perdu la foi. Il n'a jamais confondu ce qu'est le ciel et ce qu'est la terre. Il a choisi de lutter avec un peuple. Un peuple qui a besoin, en s'aidant de sa foi, de dénoncer tous les secrets des risques et de l'exploitation. Il a lutté contre ça comme un chrétien. C'est dû à la différence entre les Églises qui existe au Guatemala. Il existe l'Église pauvre, qui est sur le pied de guerre. C'est comme ça que nous avons opté pour la violence juste. Dans le Quiché, beaucoup de curés ont abandonné l'Église. Ils ont vu que ce n'était pas le communisme qu'il y avait, mais une juste lutte du peuple. Le peuple chrétien avait vu la nécessité d'une organisation. Ce n'est pas seulement pour avoir une organisation et être représentés dans la lutte, mais c'est plutôt l'image de tous les chrétiens qui se retrouvent aujourd'hui dans la montagne, motivés par leur foi chrétienne. La hiérarchie chrétienne n'a pas de place pour se mêler à la lutte du peuple. Ça signifie qu'elle disparaîtra du Guatemala. Beaucoup ne comprennent pas la situation, malgré les massacres. Ils ne veulent pas comprendre la situation. Ils disent que nous devons pardonner, mais ils ne voient pas que le régime ne nous demande pas pardon pour tuer nos frères. Pratiquement, l'Église s'est divisée en deux ; celle des riches, où beaucoup de curés ne veulent pas seulement avoir de problèmes, et l'Église pauvre, qui s'unit à nous.

L'Église a toujours parlé d'amour et de liberté, et il n'y a pas de liberté au Guatemala. Pour nous autres au moins. Et nous n'allons pas non plus attendre de voir le royaume de Dieu au ciel. À ce propos, je peux dire que la plus grande partie des évêques gardent leur Église comme un privilège. Mais il y en a d'autres qui se sont rendu compte que leur devoir n'est pas de défendre un édifice, une structure ; ils ont compris que leur engagement est au côté de leur propre peuple ; on les a persécutés et on les a obligés à quitter l'Église. La hiérarchie ecclésiastique n'a pas défini une attitude claire. Depuis cinq ou six ans, ils se promènent avec des gardes du corps. Ça nous donne beaucoup à penser sur l'attitude de ces messieurs. Quand a commencé la campagne électorale en 81, monseigneur l'Archevêque Casariegos a ordonné qu'on bénisse la campagne électorale. Le cardinal et ses prêtres y mettent la main aussi. Pour mettre au clair la position de tous les curés, le Gouvernement a décidé en juillet 81 de les convoquer par télégrammes avec leurs noms complets et leurs adresses, à une réunion avec les députés, avec le régime, dans la capitale. Ils n'ont rien pu faire d'autre, ils ont dû y assister, les curés et les religieuses. C'est comme ça que l'assassin Lucas leur a demandé de faire une campagne d'alphabétisation. Les curés comme les religieuses, avant qu'ils entrent au Congrès, on leur a demandé leur nom et leur adresse exacte, et on a pris des photos d'eux. Beaucoup de curés ont préféré ne pas parler, par crainte d'être victimes. Celles qui ont été les plus courageuses, ça a été les religieuses, qui ont dit qu'elles n'avaient pas attendu cette réunion pour alphabétiser, parce que de fait, il y avait longtemps qu'elles le faisaient, et qu'elles n'avaient rien à voir avec le Gouvernement. Après ça, beaucoup de curés ont dû entrer dans la clandestinité. Comme ils n'ont pas répondu aux exigences du régime, on a commencé à les attaquer, au moyen de la radio, de la télé. On disait qu'il allait y avoir un contrôle plus strict par rapport à la religion au Guatemala. Ils ont annoncé qu'on allait fouiller les églises, les couvents. Et ainsi ils ont commencé à relever les maisons des religieuses qui avaient une attitude conséquente aux côtés du peuple. Il est arrivé un moment où ils ont séquestré le jésuite Luis Pellecer. Ils l'ont fait parler après l'avoir beaucoup torturé. Mais ça, c'est arrivé parce que l'Église n'a pas répondu comme elle le devait pour la mort de centaines de catéchistes, de douze prêtres. Il y a le cas d'un monseigneur qui a vendu un groupe de quarante paysans de la *finca* San Antonio, qui sont venus se réfugier dans son église, et ensuite il a vendu sa propre nièce, parce que la mère de cette fille était dirigeante syndicale et avait fait campagne pour que réapparaissent les quarante paysans que le monseigneur a vendus. La fille de seize ans a été violée par beaucoup de G 2. Comme la mère était dirigeante syndicale, il y a eu pas mal de pressions, et la fille a pu être sauvée. Mais elle a perdu la raison. Elle ne pouvait pas parler ; elle ne pouvait pas bouger une partie de son corps à cause de tous les viols qu'elle a subis. Ils lui ont donné trois heures pour qu'elle quitte le pays. Maintenant elle est hors du pays, mais elle ne parle toujours pas, elle ne bouge pas.

XXXIII

La clandestinité

> « Mon choix de lutter n'a ni limites ni
> dimensions : il n'y a que nous, qui portons
> notre cause dans notre cœur, pour être prêts à
> courir tous les risques. »
>
> RIGOBERTA MENCHÚ.

Enfin, après tout ça, j'étais pourchassée et je ne pouvais rien faire. Je ne pouvais pas vivre dans la maison d'un compagnon parce que ça voulait dire que je grillais la famille. L'armée me cherchait de partout et cherchait aussi mes frères. J'ai été un temps dans la maison de gens qui m'ont apporté toute leur affection, ils m'ont donné l'appui moral dont j'avais besoin à ce moment. Tous ces souvenirs, ça me fait du mal de me les rappeler, parce que ça a été des temps très amers. Pourtant, je me considérais comme une femme adulte, comme une femme forte, qui pouvait affronter cette situation. Je disais moi-même, Rigoberta, tu dois mûrir davantage. Bien sûr, mon cas était douloureux, mais je pensais aux nombreux enfants qui ne pouvaient rien dire, ou qui ne pourraient après raconter leur histoire comme moi. J'essayais d'oublier beaucoup de choses, mais en même temps, je devais les affronter comme une personne, comme une femme qui a une conscience. Je me disais, je ne suis pas la seule orpheline qui existe au Guatemala, il y en a beaucoup et ce n'est pas ma douleur, c'est la douleur de tout un peuple. Et si c'est la douleur de tout un peuple, nous devons le supporter, nous tous, les orphelins qui sommes restés. Ensuite j'ai eu l'occasion de me trouver avec une de mes petites sœurs, et ma petite sœur me disait qu'elle était plus forte que moi, qu'elle affrontait mieux

307

la situation, parce qu'il arrivait un moment où je perdais même y compris l'espérance. Je lui disais : « Comment est-il possible que mes parents ne soient pas en vie, eux qui n'ont même pas été des assassins, qui n'ont même pas pu voler la moindre chose à un voisin, et ensuite, il leur est arrivé tout ça ? »

Ça me conduisait à une vie difficile, où bien des fois je ne pouvais pas y croire et je ne pouvais pas le supporter. Y compris je souhaitais avoir des vices. Je disais, si j'étais une femme vicieuse, peut-être que je me mettrais à faire le trottoir avec mes vices pour ne pas penser et supporter tout ça. Ma rencontre avec ma petite sœur a été très belle. Elle avait douze ans. Elle m'a dit : « Ce qui est arrivé est un signe de la victoire, et c'est une raison de plus pour nous de lutter. Nous devons agir comme des femmes révolutionnaires. Un révolutionnaire ne naît pas à cause de quelque chose de bon, disait ma petite sœur. Il naît à cause de quelque chose de mauvais, de douloureux. C'est une de nos raisons. Nous devons lutter sans limites, sans calculer ce que nous aurons à souffrir ou ce que nous aurons à vivre. Sans penser qu'il nous arrive des choses monstrueuses dans la vie », elle disait. Et, d'une manière très exacte, elle me prouvait et me faisait voir ma lâcheté, de ne pas accepter, bien souvent, en tant que femme, tout ça. Alors, elle a été d'un grand apport pour moi.

Comme je ne pouvais pas vivre dans une seule maison, je devais changer d'endroit constamment. C'est à ce moment que je suis tombée malade dans la maison de certaines personnes. Je suis restée au lit quinze jours, et je me rappelle que ça a été l'époque où s'est déclaré mon ulcère, après la mort de ma mère. J'étais très mal. Après ça, je voulais déjà sortir un peu, et je le refusais. J'ai rêvé de mon père, et mon père me disait, je ne suis pas d'accord avec toi, ma fille, avec ce que tu fais. Tu es une femme ; assez ! Les paroles de mon père ont été comme un remède qui m'a guérie de tout. Et ainsi mon moral s'est redressé et je suis sortie de la maison où j'étais. Je suis allée dans un petit village, et voilà justement que l'armée me repère. J'étais dans un petit village de Huehuetenango *. Dans la rue. Ce qui s'est passé, c'est que j'en avais assez déjà. Ça me rendait malade de rester cachée dans une maison, et il arrive un moment où on ne le veut déjà plus, vraiment. Je suis sortie, et en sortant, dans la rue, passait une jeep de l'armée. Elle m'a presque emportée en passant à côté de moi, et ses occupants m'ont dit mon nom complet. Ça, pour moi, ça signifiait beaucoup. Ça signifiait ma séquestration ou ma mort. Je ne savais pas comment agir. En ce moment, je me rappelle la sensation que j'avais, que je ne voulais pas mourir. Je voulais faire encore beaucoup de choses. Que ce n'était pas encore le temps où j'allais mourir. Et l'armée est revenue de nouveau. Ils m'ont dit qu'ils voulaient parler avec moi. Ils sont repassés. Il n'y avait presque pas de gens dans la rue. Je ne savais que faire ! J'étais avec une autre personne. Nous avons voulu nous mettre dans un magasin, mais c'était inutile, parce que là, ils allaient nous tuer. Alors nous avons dû courir beaucoup, beaucoup, jusqu'à une église du petit village où nous étions. Nous avons réussi à entrer dans l'église. Mais l'armée a vu où nous sommes entrées. Ils étaient comme fous, à nous rechercher. Ils sont entrés dans l'église. Me réfugier dans la pièce du curé, c'était inutile, parce que de toute façon ils m'en feraient sortir. Alors je me suis dit, voilà, c'est fini, ma contribution à la lutte. Même si ça me faisait tant de peine de mourir, parce que je pensais que ma participation était encore bien valable et il y avait beaucoup de choses à faire. Je me rappelle que j'avais les cheveux longs, longs, et je les portais relevés. Je me suis défait les cheveux et tout de suite je me les suis démêlés. Mes cheveux m'ont couvert le dos, et je suis restée agenouillée. Il y avait deux personnes dans l'église, pas plus. La compagne est allée s'agenouiller à côté d'une personne, et moi je suis restée à côté de l'autre. Là, en attendant le moment où ils m'attraperaient. Ils sont passés par l'église, ils ne nous ont pas vues. Ils étaient comme fous. L'église donnait sur le marché, et ils ont pensé que nous avions réussi à traverser l'église pour aller au marché. Ils ne nous ont pas reconnues. Nous sommes restées là plus d'une heure et demie. Si bien qu'ils ont cherché dans le marché. Ils sont sortis du village pour l'encercler immédiatement. Nous autres, nous avons pu nous échapper par d'autres moyens.

Je n'avais pas peur parce que je ne pensais pas. Quand on court un danger où on sait qu'il nous reste une minute à vivre et rien de plus, on ne se rappelle pas ce qu'on a fait hier. Et on ne pense pas non plus à ce qu'on va faire demain. Je me rappelle que ma tête était vide, vide. La seule chose que j'avais dans la tête c'est que je ne voulais pas mourir, que je voulais vivre encore davantage. C'est comme ça que ça m'a appris vraiment ma lâcheté, que tant de fois j'avais désiré la mort. Pour moi, c'était préférable de ne pas exister, à cause de tout ce qui s'était passé. Ça m'a confirmé une fois de plus ma volonté de participer, et je disais, oui, c'est possible de donner sa vie, mais pas dans ces conditions. Que je puisse donner ma vie, moi, mais que ce soit dans une mission. C'est vrai, une mission spécifique, et pas comme maintenant. Bien sûr, je me trompais à cette époque, parce que bien évidemment je subissais la conséquence de ma contribution à la lutte de mon propre peuple. En souffrant la même chose que tous.

Nous avons pu sortir du village. Je me rappelle que nous avons dû marcher beaucoup pour nous éloigner du village. Je ne pouvais rester nulle part. Ni dans la maison d'un paysan ni dans la maison de certaines religieuses conséquentes. Les compagnons ne savaient pas quoi faire de moi, et ne savaient pas où me cacher. Ce qui se passait, c'est que beaucoup de gens me connaissent. Il y a beaucoup de gens qui me connaissent simplement parce que j'ai été travailleuse dans les *fincas*. Beaucoup de jeunes qui ont été travailleurs aussi, et qui après ont été pris de force pour le service militaire. Alors, tout de suite, dans beaucoup d'endroits, ils me connaissent. C'était la situation que j'affrontais. Les compagnons ont dû m'emmener à la capitale, à la ville de Guatemala. En arrivant à la ville, qu'est-ce que j'allais faire ? Où est-ce que j'irais ? Il n'y avait pas une organisation comme celle qui existe maintenant, qu'on peut cacher n'importe quel compagnon, par tous les moyens. À cette époque, il n'y avait pas encore cette possibilité. Alors, j'ai dû entrer dans une maison de religieuses, comme domestique, en me dissimulant. Avec toutes les horreurs que je traînais au fond de moi, pour moi, c'était un peu un soulagement de pouvoir discuter avec tous les compagnons, ou avec des gens qui vous comprennent. Des gens qui répondent à tout ça. Je suis allée à la maison des religieuses, et là, je ne pouvais parler avec personne, parce que personne ne connaissait ma situation. Tout de suite, ce qu'elles ont fait avec moi, ces personnes, c'est qu'elles m'ont donné à laver une quantité de vêtements et ça aiguisait encore plus les problèmes que j'avais. Parce qu'en lavant les vêtements, je me concentrais sur tout le panorama de mon passé. Je n'avais personne à qui raconter, personne avec qui me soulager. Et si je leur racontais, elles ne me comprendraient pas. Mais je suis restée là, parce qu'il n'y avait pas d'autre solution.

Je suis restée là quelque chose comme quinze jours. Les religieuses ont commencé à me soupçonner, malgré que je ne racontais rien. Je gardais dans mon cœur toutes mes peines, toutes mes souffrances, et je ne disais rien. Et les religieuses, alors elles, elles étaient toutes sacrées. elles ne permettaient pas qu'un humble travailleur s'approche d'elles, mais elles avaient leur communauté, une maison où elles avaient bien à manger. Elles avaient des chambres particulières pour elles. Même leurs vêtements, il fallait les laver avec toute la délicatesse, parce que c'étaient des religieuses. Alors pour moi, c'était insupportable, une souffrance de plus. Je me disais, quel malheur de se trouver dans de telles conditions, en ne souffrant même pas pour quelque chose, mais rien que pour sauver ma vie. Je suis restée chez elles. Aucune des religieuses ne discutait avec moi. Les religieuses, comme ça, elles me laissaient de côté, mais elles me donnaient beaucoup de travaux. À part de laver les vêtements, elles me donnaient la maison à nettoyer, et à faire d'autres choses en extra, en plus de mon travail. Sincèrement, j'avais perdu beaucoup d'énergie avec toutes les peines que j'avais souffertes. En même temps que je suis restée au lit, je n'ai pas mangé pendant plusieurs jours, et j'avais un ulcère, tout s'est accumulé. J'avais tout ça qui me pesait.

Il est arrivé un moment où je me suis mise à être amie avec les domestiques de ces religieuses. Pour le moins qu'il y avait des gens qui m'écoutaient, bien évidemment, je ne racontais pas ma situation, ni non plus mes problèmes, mais je le racontais sous une autre forme. Je racontais mon expérience à la *finca*. Ça me soulageait, pour ne pas accumuler toutes ces choses. Je me rappelle que je me levais très tôt, à cinq heures du matin je prenais déjà mon bain pour me mettre au travail. Elles m'appelaient à une heure et demie, deux heures de l'après-midi, pour manger, et manger tous les restes qu'il y avait dans les assiettes. Pour moi c'était une situation dure et difficile. Et en même temps, j'étais forcée de me taire. Il y avait un groupe d'élèves dans cette maison, et elles m'ont interdit de parler avec les élèves, parce que, je ne sais pas si les religieuses ne se méfiaient pas de moi. Il y avait un jeune homme qui venait tout le temps à la maison. Ce jeune homme, elles lui distribuaient du gâteau. C'était l'unique homme qui pouvait entrer dans la communauté, dans la salle à manger des religieuses. C'était l'homme le plus aimé des religieuses. Alors j'ai pensé que c'était un séminariste ou un prêtre. Mais à sa façon de parler il était un peu différent. On se rendait compte qu'il n'était pas guatémaltèque. Alors, je me disais, mais avec qui est-ce que je me trouve, enfin? Et qu'est-ce que je fais ici? Qui peut bien être cet homme? Et tous les matins, quand venait le jeune homme, elles lui disaient voilà votre café, et votre couvert, et votre gâteau. Sa nourriture, qu'elle est bien chaude, et tout ça. Alors j'ai osé demander à la jeune fille, la cuisinière, qui était ce jeune homme. Alors elle m'a dit, je ne peux pas te le dire, parce que les religieuses vont me disputer si elles s'en rendent compte. Alors, c'est là que j'ai vraiment commencé à soupçonner, oui. Il fallait vraiment que je voie qui c'était. J'ai tout de suite pensé que je devais connaître les gens chez qui je me trouvais, à cause de tout le danger, tout le risque que je courais. Alors, j'ai mis cette jeune fille de mon côté, et je lui ai demandé, qui c'est ? Et elle m'a dit, il est nicaraguayen. Ce jeune homme vient du Nicaragua, et il n'a pas de père, et il est pauvre, voilà. Ça, c'est ce qu'elle dit elle. Alors j'ai commencé à soupçonner beaucoup de choses. Je me suis dit, je vais demander, même si je suis indiscrète. J'ai commencé à me rapprocher d'une des religieuses, en lui demandant, et, bon, alors, qui est ce jeune homme ? La religieuse, qui a commencé à me prendre en confiance, m'a dit que c'était un jeune homme qui travaillait avec Somoza, et qui était pauvre, qu'il n'avait personne pour veiller sur lui, et qu'elles lui faisaient la charité de l'entretenir et tout. Même s'il était payé par le Gouvernement, mais il était pauvre, vraiment. Et même si le Gouvernement voulait lui donner une maison, mais pauvre de lui s'il allait vivre tout seul. Ce ne serait pas possible. Alors c'est pour ça qu'elles le gardaient chez elles. Avec ça, ça m'a suffi pour savoir qui c'était. Ensuite, j'ai très bien vérifié que ce jeune homme travaillait pour la police parallèle. Dans la police secrète du Guatemala, qui est la plus criminelle ; qui séquestre et torture. Et moi, je me trouvais à vivre avec un ennemi. Je ne voulais déjà plus y rester une nuit de plus, je ne voulais pas rester plus longtemps dans cet endroit, parce que je savais qu'ils allaient me découvrir. Mais déjà le fait qu'elles commencent à avoir des soupçons sur moi, le fait qu'elles me disent que je ne pouvais pas parler avec les élèves, c'était un signe qu'elles pensaient quelque chose. J'avais beaucoup de soucis, de préoccupations. La nuit je ne dormais pas, je réfléchissais à ce que j'allais faire. Bien sûr, d'autres personnes travaillaient pour que je puisse sortir du pays ou pour que je puisse rester à un autre endroit. Beaucoup de gens m'aimaient beaucoup. Mais il s'en fallait encore de beaucoup. La personne amie venait, et je lui disais, je ne veux pas rester un moment de plus ici. Et ils pensaient que j'étais désespérée. Alors, je gardais tout ça dans mon cœur, parce que ça me faisait aussi de la peine que tous ces gens, si on ne faisait pas les choses comme il faut, tomberaient dans une autre erreur. Et comme ma vie était en danger, s'ils me trouvaient, ils allaient me tuer.

XXXIV

L'exil

« Nous sommes les vengeurs de la mort.
Notre souche ne s'éteindra pas tant qu'il y aura
de la lumière dans l'étoile du matin. »

POPOL VUH.

C'est alors que vient le moment où je suis sortie de là, heureuse, mais, en même temps, il m'arrivait quelque chose que je n'avais jamais rêvé. Les compagnons m'ont fait sortir du pays en avion jusqu'au Mexique. Je me sentais la femme la plus détruite, la plus brisée du monde, parce que je n'ai jamais imaginé qu'il m'arriverait un jour de devoir abandonner mon pays par la faute de tous ces criminels. Mais j'avais aussi l'espoir de rentrer très vite. Rentrer pour continuer à travailler, parce que je ne voulais pas arrêter un seul moment mon travail, parce que je sais que je ne peux porter le drapeau de mes parents que si je me consacre moi aussi à la même lutte qu'ils n'ont pas terminée, qu'ils ont laissée à moitié inachevée.

Je suis allée en différents endroits du Mexique, et là, c'est bien vrai que je ne savais pas quoi faire. Nous autres les pauvres nous n'avons jamais rêvé d'un voyage à l'étranger, nous n'avons même jamais rêvé d'une promenade. Parce que nous ne le pouvons pas. Alors, je suis sortie, j'ai connu d'autres endroits, d'autres gens. Je me suis trouvée avec beaucoup de gens qui m'aiment vraiment beaucoup, et j'ai reçu d'eux la même affection que de mes êtres les plus chers. Je me rappelle qu'ils me demandaient des témoignages sur la situation au Guatemala, et à cette époque, j'étais pas mal blessée. Ils m'ont invitée à participer

313

à une conférence de nombreux religieux d'Amérique latine, d'Amérique centrale et d'Europe, où ils me demandaient de leur expliquer la vie de la femme, et moi, avec raison, et avec tant de plaisir, j'ai parlé de ma mère à cette réunion. Bien des fois je devais supporter la grande peine que je ressentais quand je parlais d'elle ; mais je le faisais avec tant d'affection, en pensant que ma mère n'était pas la seule femme qui a souffert, mais qu'il y a beaucoup de mères qui sont courageuses comme elle. Ensuite on m'a prévenue que j'allais recevoir des visites et que j'allais être réunie avec des compagnons qui allaient sortir du Guatemala.

J'étais heureuse. Ça n'avait pas d'importance, qui seraient les compagnons ou les compagnes, parce que j'avais un grand amour pour tout mon peuple, et pour moi, ce sont tous comme mes frères, qui que ce soit. Peu de temps après, on m'a fait la surprise de mes petites sœurs et c'est là que je me suis sentie heureuse. Et ça n'a pas d'importance, non, que nous autres, pas seulement moi, mais tous mes frères et sœurs, nous ne connaissions pas la tombe de mon petit frère, de mes petits frères morts à la *finca*. Nous ne connaissons pas la tombe de mon petit frère torturé, ni de ma mère ni de mon père. Mes frères, à partir de la mort de mes parents, je ne sais rien d'eux, j'ai grand espoir qu'ils sont en vie. C'est que quand nous nous sommes séparés, ma petite sœur est allée avec ma mère, elle était comme une collaboratrice. L'autre était allée dans la montagne avec les compagnons *guerrilleros*. Mais elles sont sorties les deux du pays, simplement parce que ma petite sœur, celle qui était dans la montagne, a pensé qu'elle devait aider l'autre, l'accompagner, pour qu'elle ne fasse rien qui ne soit pas comme il faut. Ma sœur a choisi les armes. Huit ans, elle avait, ma petite sœur, quand elle est devenue *guerrillera*. Elle pensait comme une femme adulte, elle se sentait femme, particulièrement pour défendre son peuple. C'est comme ça que ma petite sœur est allée dans la montagne. Peut-être c'est parce qu'elle avait connu les *guerrilleros* avant moi, parce que comme j'ai commencé à sortir de la communauté et à aller dans d'autres communautés, je me suis mise à m'éloigner de la montagne, à rejoindre d'autres villages plus peuplés où il n'y a pas de montagnes comme les merveilles que nous avons chez nous. Ce n'était pas tellement que les *guerrilleros* venaient dans mon village, mais c'est que ma sœur descendaient à la *finca* des Brol, pour la cueillette du café, et il est arrivé un moment où la plus grande partie des *mozos* des Brol étaient des *guerrilleros*, à cause de la situation. Et ma sœur s'est trouvée en contact avec la *guerrilla*. Et elle savait garder tous les secrets. Elle ne racontait jamais à mes parents qu'elle avait un contact direct, parce qu'elle pensait tout de suite qu'elle pouvait causer la mort de mes parents, et elle risquait tout. Elle pensait à la vie de ses parents, et elle pensait aussi à sa vie à elle, alors elle gardait tout ce secret. Quand nous autres nous avons su que ma sœur a disparu, on a tout de suite fait notre enquête et on a cherché et beaucoup de gens disaient, ah, c'est qu'elle était en relation avec la *guerrilla,* alors, c'est évident qu'elle est allée dans la montagne. Nous n'étions pas sûrs et nous avions pensé que peut-être elle s'est perdue, qu'ils l'avaient séquestrée ou ce genre de choses. Parce que les menaces que nous recevions étaient que si ce n'était pas mon père qui tombait, ce serait un de nous autres. Je l'ai su en 79, quand une fois ma sœur est descendue de la montagne, et nous nous sommes rencontrées. Elle m'a dit : « Je suis contente, ne vous faites pas de soucis, même si je dois souffrir de la faim, de la douleur, de longues marches dans la montagne, je le fais avec tant d'amour, et je le fais pour vous. » Ça a été pour la célébration d'une messe dans un village, où ils lui ont donné la permission d'écouter la messe, de faire sa communion, et tout ça. Alors elle est descendue au village, et par pur hasard nous étions à la messe.

Au Mexique j'ai rencontré des gens qui nous avaient aidés depuis l'Europe, avant, quand il y avait mes parents. Ces mêmes personnes nous ont retrouvées. Ils nous ont offert leur aide pour que nous allions vivre en Europe. Ils disaient que ce n'était pas possible qu'un être humain supporte autant. Et ces gens, de bon cœur, nous disaient, allons-nous-en là-bas, là-bas nous vous donnerons une maison, nous vous donnerons tout ce que vous voulez. Y compris il y aura la possibilité pour que tes petites sœurs étudient. Moi je ne pouvais pas décider pour mes petites sœurs, vu que je considérais qu'elles étaient des femmes capables de juger et de penser toutes seules pour leur vie. Alors ils ont parlé avec mes petites sœurs et tout de suite elles ont refusé la proposition qu'ils nous faisaient. Que s'ils voulaient nous aider, qu'ils nous envoient de l'aide, mais pas pour nous autres, pour tous les orphelins qui sont restés. Alors ces gens ne comprenaient pas pourquoi, malgré tout ce qui nous est arrivé, nous voulons encore vivre au Guatemala. Malgré tous les risques que nous courons. Bien sûr, ils ne le comprenaient pas, parce qu'il n'y a que nous, qui portons notre cause dans notre cœur, pour être prêts à courir tous les risques. Après que la rage leur est un peu passée, à ceux de l'armée, de nous chercher comme des fous, nous sommes rentrées au Guatemala, avec l'aide d'autres compagnons.

Nous sommes rentrées au Guatemala, et c'est comme ça que mes petites sœurs ont choisi chacune une organisation. Ma petite sœur, la dernière, disait, moi je suis une compagne. Parce que les compagnons nous ont dit que nous devions choisir ce qui nous convenait le mieux et là où ce serait le plus utile pour que nous puissions apporter davantage. Alors, moi, j'aime le CUC, et je l'aime parce que c'est comme ça que j'ai découvert que nous devions développer ce qu'est la guerre populaire révolutionnaire, lutter contre nos ennemis et, en même temps, que, en tant que peuple, nous devons nous battre pour un changement. J'étais très claire là-dessus. Alors, j'ai dit, j'aime le travail de masse, même si je dois courir tous les risques que je dois courir. Ma petite sœur me disait : « Sœur, à partir de maintenant nous sommes des compagnes, je suis une compagne comme toi et tu es une compagne comme moi. » Et j'avais tant de soucis, parce que ma petite sœur a grandi dans la montagne, elle a grandi dans mon village, c'était un village très montagneux, elle aime les montagnes, le vert, toute la nature. Alors j'ai pensé qu'elle allait peut-être choisir une tâche encore plus dure que la mienne. Et c'est vrai, oui. Elle a dit : « Je ne peux faire honneur au drapeau de ma mère que si moi aussi je prends les armes. C'est la seule chose qui me reste », a dit ma petite sœur, et elle a pris ça avec tant de clarté, un tel sens de la responsabilité. Elle a dit : « Je suis une femme adulte. » Alors elles ont dû chercher par leurs propres moyens comment rejoindre leurs organisations, parce que nous étions déconnectées de tout. C'est comme ça que mes sœurs s'en sont allées dans la montagne et moi je suis restée dans l'organisation de masse. Je me suis beaucoup demandé si je retournais au CUC, mais je me suis rendu compte qu'au CUC il y avait suffisamment de dirigeants, suffisamment de membres paysans, et, en même temps, beaucoup de femmes qui assument des tâches dans l'organisation. Alors, j'ai opté pour ma réflexion chrétienne, pour les Chrétiens Révolutionnaires « Vicente Menchú ». Ce n'est pas parce que c'est le nom de mon père, mais parce que c'est la tâche qui me revient en tant que chrétienne, de travailler avec les masses. Ma tâche était la formation chrétienne des compagnons chrétiens qui, à partir de leur foi, se trouvent dans l'organisation. C'est un peu ce que je racontais avant, que j'ai été catéchiste. Alors, mon travail est le même que d'être catéchiste, sauf que je suis une catéchiste qui sait marcher sur la terre, et pas une catéchiste qui pense au royaume de Dieu uniquement pour après la mort.

Et c'est comme ça que moi, avec toute mon expérience, avec tout ce que j'ai vu, avec tant de douleurs et de souffrances que j'ai subies, j'ai appris à savoir quel est le rôle d'un chrétien dans la lutte et quel est le rôle d'un chrétien sur la terre. Nous sommes arrivés à de grandes conclusions, avec les compagnons. En réfléchissant sur la Bible. Nous avons découvert que la Bible a été utilisée comme un moyen pour accepter la situation, et pas pour guider le peuple pauvre à la lumière. Le travail des chrétiens révolutionnaires, c'est surtout la condamnation, la dénonciation des injustices qu'on commet contre le peuple. Le mouvement n'est pas clandestin. Il est secret, parce que nous sommes des masses, et nous ne pouvons pas nous cacher complètement. Nous autres, de par les conditions où nous sommes, nous disons clandestins pour les compagnons qui ne vivent pas dans la population, qui vivent dans la montagne. Nous appelons secret tout travail qui se fait en cachette, mais en vivant avec la population. Alors, nous dénonçons aussi la position de l'Église, en tant que hiérarchie, que bien des fois ils vont main dans la main avec le régime. C'est justement là-dessus que je réfléchissais beaucoup, vraiment parce qu'ils se disent chrétiens, mais bien souvent ils sont sourds et muets devant la souffrance de leur propre peuple. Et c'est justement à ça que je me référais antérieurement en demandant que les chrétiens accomplissent vraiment dans la pratique ce que c'est que d'être chrétien. Beaucoup se disent chrétiens mais ils ne méritent même pas de s'appeler comme ça. Ils ont toute leur tranquillité, et une jolie maison, et c'est tout. C'est pour ça que je veux dire que l'Église au Guatemala est divisée en deux. L'Église des pauvres, et beaucoup ont choisi cette Église et ils ont les mêmes convictions que le peuple. Et l'Église en tant que hiérarchie et qu'institution, qui continue à être comme une *camarilla*. La plus grande partie de notre peuple est chrétienne. Mais malgré ça, si ses propres bergers, comme ils s'appellent, sont ceux qui enseignent les mauvais exemples, et vont main dans la main avec le régime, nous n'allons pas non plus les supporter. Ça me donnait beaucoup à penser, tout ça. Par exemple, les religieuses, leur vie confortable, ça me faisait peine, parce que c'étaient des femmes perdues, qui ne font rien pour les autres. Alors, ma participation est davantage au niveau de direction. Justement parce que l'ennemi me connaît. Si bien que ma tâche, c'est avant tout de transporter des papiers à l'intérieur du pays.

317

ou dans la ville, et d'organiser les gens tout en pratiquant avec eux la lumière de l'Évangile.

Ma vie ne m'appartient pas, j'ai décidé de l'offrir à une cause. Ils peuvent me tuer à tout moment, mais que ce soit dans une mission où je sais que mon sang ne sera pas inutile, mais qu'il sera un exemple de plus pour les compagnons. Le monde où je vis est si criminel, si sanguinaire que d'un moment à l'autre on peut m'ôter la vie. C'est pour ça que comme unique alternative, ce qui me reste c'est la lutte, la violence juste, c'est ça que j'ai appris dans la Bible. J'ai essayé de faire comprendre ça à une compagne marxiste qui me disait, comment est-ce que je voulais faire la révolution en étant chrétienne. Je lui ai dit que toute la vérité ne se trouvait pas dans la Bible, mais que toute la vérité ne se trouvait pas non plus dans le marxisme. Qu'elle devait accepter ça comme ça.

Parce que nous devons nous défendre contre un ennemi, mais en même temps, défendre notre foi de chrétiens, dans le processus révolutionnaire, et aussi, nous pensons qu'après la victoire nous aurons de grandes tâches en tant que chrétiens pour le changement. Je sais que ma foi chrétienne, personne ne va me l'enlever. Ni le régime, ni la peur, ni les armes. Et c'est ce que je dois enseigner aussi à mon peuple. Qu'ensemble nous pouvons faire l'Église populaire, ce qu'est vraiment une Église, pas une hiérarchie, pas un édifice, mais que ce soit un changement pour nous les gens. J'ai choisi ça aussi, comme une contribution à la guerre populaire. Que le peuple, puisque nous sommes la majorité, que nous soyons ceux qui font le changement. Et je sais et j'ai confiance que le peuple est le seul capable, les masses sont les seules capables de transformer la société. Et ce n'est pas une théorie et rien de plus. J'ai choisi de rester dans la ville ou dans la population, parce que, comme je disais, j'aurais eu l'occasion de porter les armes, mais, dans un changement, nous apportons chacun à sa manière et tout va vers un même objectif. C'est ça ma cause. Comme je disais auparavant, ma cause, elle n'est pas née de quelque chose de bon, elle est née de quelque chose de mauvais, d'amer. Justement, ma cause, elle se radicalise avec la misère que vit mon peuple. Elle se radicalise à cause de la sous-alimentation que j'ai vue et que j'ai subie comme indigène. L'exploitation, la discrimination que j'ai ressenties dans ma propre chair. L'oppression. Ils ne nous laissent pas célébrer nos cérémonies et ils ne nous respectent pas dans notre vie tels que nous sommes. En même temps, ils ont tué mes êtres les plus chers, et je considère aussi comme mes êtres les plus chers les voisins que j'avais dans mon village, et c'est ainsi que mon choix de lutter n'a ni limites ni dimensions. C'est pour ça que je suis passée par beaucoup d'endroits où j'ai eu l'occasion de raconter quelque chose sur mon peuple. Mais j'ai besoin de beaucoup de temps pour raconter sur mon peuple, parce qu'on ne peut pas comprendre comme ça.

Bien sûr, ici, dans tout mon récit, je crois que je donne une image de ça. Mais, malgré tout, je continue à cacher mon identité en tant qu'indigène. Je continue à cacher ce que je considère que personne ne doit connaître, pas même un anthropologue, ou un intellectuel, ils ont beau avoir beaucoup de livres, ils ne savent pas reconnaître tous nos secrets.

Paris, 1982.

LEXIQUE

A

Action Catholique : Association créée en 1945 sur l'*altiplano,* au Guatemala, par Monseigneur Rafael González, avec pour objectif de contrôler les confréries indigènes.

Altiplano : Nom donné à la région nord-ouest du Guatemala, et dans laquelle se trouve concentrée la plus grande partie de la population indigène.

Antigua : Ancienne capitale de la *Capitania General* (Région Militaire) du Guatemala (1542-1773). Actuelle capitale du département de Sacatepéquez.

Atol : Boisson faite de pâte de maïs cuite avec de l'eau, du sel, du sucre et du lait.

Ayote : Plante cucurbitacée dont le fruit est une variété de courge.

B

Bajar la montaña : Défricher, débroussailler la montagne pour y installer de nouvelles cultures.

Boca Costa : Nom donné au versant de la *Sierra Madre* occidentale qui descend vers le Pacifique.

Bojon : Pousse comestible d'une espèce de palmier.

C

Caballería : Mesure agraire qui équivaut à 64 *manzanas,* c'est-à-dire à 45 hectares.

321

Caitos : Diminutif de *caite*, qui est une sandale de cuir avec semelle de caoutchouc.

Camarilla : Coterie d'intrigants politiques influents, politiciens véreux.

Cantina : Bar, où on vend aussi des friandises de toutes sortes.

Caporal : Surveillant d'une *cuadrilla* de travailleurs temporaires dans les *fincas* ou dans les travaux publics.

Cartucho : Nom donné à une fleur blanche (un peu semblable à l'arôme) qui est beaucoup utilisée au Guatemala au cours des fêtes et processions.

Caxlano . Nom que les Quichés donnent au *ladino*.

Cobán : Chef-lieu du département de Alta Verapaz. Peuple Kekchi.

Comal : Disque de terre cuite sur lequel on fait cuire les *tortillas*.

Compadre : N'a pas d'équivalent en français ; il est ici synonyme de « parrain ».

Compañero : Mot qui équivaut à la fois à « camarade » (sens politique), à « ami, compagnon » (dans la vie communautaire). Ici, il est employé tantôt pour désigner les habitants du village, ceux qui participent à la vie de la communauté, et tantôt, surtout vers la fin, pour désigner les militants du CUC, des syndicats ou des organisations politiques. Les *compañeros de la montaña* sont les *guerrilleros*.

Conquistadores : Nom donné aux aventuriers espagnols qui ont conquis l'Amérique latine.

Copal : Résine qu'on utilise comme un encens.

Corral : La cour, l'enclos où on met tous les animaux.

Corte : Tissu de couleurs variées que les femmes indigènes utilisent comme une jupe. Le *corte* est une partie du costume traditionnel guatémaltèque.

Cotzál : Municipalité et chef-lieu du département du Quiché. Peuple Ixil.

Cuadrilla : Groupe de travailleurs temporaires dans une plantation. Groupe de journaliers.

CH

Chajul : Municipalité et chef-lieu municipal du département du Quiché. Peuple Quiché. Ce mot signifie aussi *ocote* en langue quiché.

Chilacayote : Cucurbitacée *ficifolia*. Calebasse.

Chile : Piment fort.

Chimán : Devin, sorcier.

Chimel : Village dépendant de la municipalité de Canillá, dans le département du Quiché. En quiché, c'est l'endroit des lapins.

Chirimia : Instrument à vent.

322

E

Ejote : Cosse tendre du haricot. Haricot vert
Elote : Nom donné à l'épis de maïs jeune, encore vert.

F

Finca : Plantation de café, de coton, de canne à sucre, etc.

G

Galera : Hangar. Baraquement où on entasse les travailleurs dans les *fincas*.
Guaro : Eau-de-vie.
Guerrilleros : Partisans, combattants qui mènent une lutte de guérilla contre les dictatures d'Amérique latine et les forces armées régulières.

H

Huechajal : Équivalent de « enfant de chœur » pour les indigènes.
Hueco : Homosexuel.
Huehuetenango : Chef-lieu départemental et département du Guatemala. Peuple Mam.
Huipil : Corsage brodé ou tissé que portent les femmes indigènes. C'est le haut du costume traditionnel, qui se porte avec le *corte*.

J

Jute : Sorte d'escargot de rivière.

K

Kaibil : Soldat d'élite, entraîné à la contre-insurgence. « Tigre » en langue ixil.

L

Ladino : Actuellement, tout Guatémaltèque qui — quelle que soit sa situation économique — rejette individuellement, ou par tradition culturelle, les valeurs indigènes d'origine maya. Le terme *ladino* implique aussi le métissage.

M

Machete : Grand coutelas utilisé en Amérique du Sud pour abattre les arbres, couper les tiges du maïs, etc.

Manzana : Mesure agraire équivalent à 16 *cuerdas*, c'est-à-dire : 0,7 hectare.

Mapache : Variété de blaireau. Carcajou.

Marimba : Instrument de percussion composé généralement de trente touches en bois de *hormigo*, avec des caisses de résonance en bois ou en calebasses. On frappe les touches avec des *baquetas*, petits bâtons terminés par des boules faites de caoutchouc.

Mazorca : Épis du maïs.

Mecapal : Large bande ou ceinture de cuir naturel qu'on utilise pour porter des charges sur les épaules, en supportant le poids avec la tête.

Milpa : Terre cultivée de maïs.

Mordida : Pot-de-vin.

Morral : Petit sac de laine tissée, pour usage personnel.

Mozo : Travailleur dans une *finca*. Homme qui travaille au village.

N

Nahual : Ce mot désigne le double, l'*alter ego* animal, ou d'une autre nature, que, selon la tradition indigène, possède en lui tout être humain. Il y a une relation entre le *nahual* et la personnalité des gens. L'attribution du *nahual* implique la reconnaissance du nouveau-né comme partie intégrante de la communauté.

Nebaj : Municipalité et chef-lieu municipal du département du Quiché. Peuple Ixil.

Nixtamal : Marmite où on cuit le maïs. Nom donné aussi au maïs cuit avec de la chaux, et qui donne la pâte qui sert à faire les *tortillas*.

O

Ocote : Pin rouge très résineux. On appelle aussi *ocote* un bout de ce bois, ou un éclat, qui sert de torche.

Olote : Le cœur de l'épi de maïs une fois égrené.

Oriente : La partie la plus à l'est du Guatemala, c'est-à-dire les départements de Zacapa, Chiquimula, Jalapa, Jutiapa et Santa Rosa, majoritairement peuplés de *ladinos*.

P

Pamac : Sorte de palme qui est utilisée pour les toits des maisons.

Panela : Sucre non raffiné, brun. Pain de sucre.

Penal : Prison, pénitencier. Ici, il s'agit de la prison départementale, par opposition avec le local de la police de Uspantán.

Perraje : Cape rouge en coton.

Petate : Sorte de natte tressée à partir de la plante appelée *tule*.

Piedra de moler : Pierre à moudre. Pierre rectangulaire et concave dans laquelle on moud à la main le maïs pour faire les *tortillas*.

Pinol : Farine de maïs grillé avec laquelle on fait des boissons rafraîchissantes en mélangeant avec de l'eau, du sucre et du cacao.

Pita : Fibre qu'on extrait de l'agave et avec laquelle on fait des cordes.

Pobladores : Habitants des *poblaciones*, bidonvilles aux alentours des villes.

Pom : Encens, résine que les indigènes brûlent devant leurs dieux.

Q

Quetzal : Monnaie du Guatemala, divisée en cent unités (centimes).

S

Sacapúlas : Municipalité et chef-lieu municipal du département du Quiché. Peuple Quiché. En nahuatl, fourrage émietté.

Santa Rosa Chucuyub : « Santa Rosa en face de la colline » : mot hybride hispano-quiché. Village dépendant de la municipalité de Santa Cruz del Quiché, dans le Quiché.

Sijolaj : Sifflet de terre cuite.

T

Taltuza : Animal rongeur d'Amérique centrale. Espèce de blaireau.

Tamal : Gâteau de pâte de maïs enveloppé de feuilles de maïs ou de bananier et ensuite cuit. Il peut être rempli de légumes et de viande.

Tapanco : Plancher qu'on construit sur les poutres d'une maison pour y emmagasiner les céréales. Grenier.

Tapizcar : Récolter les produits des semailles, en particulier le maïs, le coton et les haricots.

Tecún Umán : En quiché : Tecúm Umam (petit-fils du roi). Un des quatre seigneurs de la maison royale Cawek, qui fut capitaine général des forces quichés. Il mourut en 1524 en combattant contre les troupes de Pedro de

Alvarado, dans les plaines de Quetzaltenango. Il avait pour *nahual* le *quetzal*, qui, selon la légende, s'est envolé de lui au moment où il mourut au combat.

Temascal : Bain de vapeur fait de pierres chauffées.

Tortilla : Galette de maïs qui constitue la nourriture des peuples d'Amérique centrale.

Tún : Tambour fait à partir d'un tronc creux.

Tuza : Nom donné à la feuille qui entoure l'épi de maïs.

U

Uspantán : Municipalité et chef-lieu municipal du département du Quiché. En quiché : « bonne charge ».

V

Vara : Mesure agraire équivalent à 83,5 centimètres.

X

Xilote : Voir *Olote.*

Xilotear : Verbe construit à partir du mot *xilote*, qui est l'équivalent de *olote*. *Xilotear* s'utilise donc pour indiquer que l'épi de maïs est en train de se former.

Y

Yuca : Yucca, plante liliacée, manioc.

Z

Zopilote : Oiseau qui mange les charognes. Urubu, sorte de vautour.

COLLECTION TÉMOINS

HALIMI GISÈLE : *Le Procès de Burgos.*

HARRINGTON MICHAEL : *L'Autre Amérique. La pauvreté aux États-Unis.*

HERSH SEYMOUR M. : *Le Massacre de Song My. La guerre du Vietnam et la conscience américaine.*

HIMMLER HEINRICH : *Discours secrets.*

ISAACS HAROLD R. : *Épitaphe pour une révolution. Journal d'un retour en Chine au crépuscule du siècle.*

JACKSON GEORGE : *Les Frères de Soledad.*

JACKSON GEORGE : *Devant mes yeux la mort...*

JONES LEROI : *Le Peuple du blues.*

JUNG C. G. : *« Ma vie ». Souvenirs, rêves et pensées.*

KOUZNETSOV ÉDOUARD : *Journal d'un condamné à mort.*

KOUZNETSOV ÉDOUARD : *Lettres de Mordovie.*

LAQUEUR WALTER : *Le Terrifiant Secret. La « solution finale » et l'information étouffée.*

LEDDA GAVINO : *Padre Padrone.*

LEDDA GAVINO : *Padre Padrone II. Le langage de la faux.*

LEJEUNE PHILIPPE : *Cher cahier... Témoignages sur le journal personnel.*

LE ROY LADURIE EMMANUEL : *Paris-Montpellier. P.C.-P.S.U. 1945-1963.*

LE ROY LADURIE EMMANUEL : *Parmi les historiens.*

LEWIS OSCAR : *La Vida. Une famille portoricaine dans une culture de pauvreté : San Juan et New York.*

LEWIS OSCAR : *Une mort dans la famille Sanchez.*

LEWIS OSCAR : *Les Enfants de Sanchez.*

LEWIS O., LEWIS R. M., RIGDON S. : *Trois femmes dans la révolution cubaine.*

LIEHM ANTONIN : *Trois générations. Entretiens sur le phénomène culturel tchécoslovaque.*

LODI MARIO : *L'Enfance en liberté.*

LONDON ARTUR : *L'Aveu. Dans l'engrenage du procès de Prague.*

MANDELSTAM NADEJDA : *Contre tout espoir*, I, II et III.

MEDVEDEV JAURÈS : *Grandeur et chute de Lyssenko.*

MENDÈS FRANCE PIERRE : *La vérité guidait leurs pas.*

MLYNÁR ZDENEK : *Le froid vient de Moscou.*

MOCZARSKI KAZIMIERZ : *Entretiens avec le bourreau.*

MYRDAL JAN : *Un village de la Chine populaire* suivi de *Lieou-lin après la révolution culturelle.*

NAIPAUL V. S. : *L'Inde sans espoir.*

NOWAK JAN : *Courrier de Varsovie.*

ONNEN ÉRIC : *Au pied du mur. Chronique berlinoise, janvier 1989-avril 1990.*

OUVRAGES COLLECTIFS : *Romanciers au travail.*

Chili : le dossier noir.

La C.F.D.T. en questions.

PASQUALINI JEAN : *Prisonnier de Mao.*

POLLIER ANNE : *Femmes de Groix ou la laisse de mer.*

RAZOLA MANUEL et CONSTANTE M. : *Triangle bleu. Les Républicains espagnols à Mauthausen.*

SCHWIEFERT PETER : *L'oiseau n'a plus d'ailes...* Les Lettres de Peter Schwiefert présentées par Claude Lanzmann.

SEALE BOBBY : *À l'affût.*

STAJNER KARLO : *7 000 Jours en Sibérie.*

STERN AUGUST : *Un procès « ordinaire » en U.R.S.S. Le Dr Stern devant ses juges.*

TROTSKY LÉON et NATALIA : *Correspondance 1933-1938.*

TROTSKY LÉON, ROSMER A. et M. : *Correspondance 1929-1939.*

VEGH CLAUDINE : *Je ne lui ai pas dit au revoir.*

VIENET RENÉ : *Enragés et situationnistes dans le mouvement des occupations.*

VINCENT GÉRARD : *Le Peuple lycéen.*

WELLERS GEORGES : *Les chambres à gaz ont existé.*

WYLIE LAURENCE : *Un village du Vaucluse.*

WYLIE LAURENCE : *Chanzeaux, village d'Anjou.*

Composition Bussière
et impression S.E.P.C.
à Saint-Amand (Cher), le 2 novembre 1992.
Dépôt légal : novembre 1992.
1er dépôt légal : avril 1983.
Numéro d'imprimeur : 2252.
ISBN 2-07-025987-0./Imprimé en France.